Hervé Ryssen

EL FANATISMO JUDÍO

Hervé Ryssen

Hervé Ryssen (Francia) es historiador y un investigador exhaustivo del mundo intelectual judío. Es autor de doce libros y varios videos documentales acerca de la cuestión judía. En el 2005 publicó *Las Esperanzas planetarias*, libro en el que demuestra los orígenes religiosos del proyecto mundialista. *Psicoanálisis del judaísmo*, publicado en el 2006, muestra como el judaísmo intelectual presenta todos los síntomas de la patología histérica. No existe ninguna "elección divina", sino la manifestación de un trastorno que tiene su origen en la práctica del incesto. Freud había estudiado pacientemente esta cuestión a partir de lo que constataba en su propia comunidad.

En Francia reside una de las mayores comunidades judía de la diáspora con una vida cultural e intelectual muy intensa. Hervé Ryssen ha podido desarrollar su extensa obra en base a numerosas fuentes históricas y contemporáneas, tanto internacionales como francesas.

EL FANATISMO JUDÍO

Le Fanatisme juif : Égalité - Droits de l'homme - Tolérance, Levallois-Perret, éd. Baskerville, 2007

Traducido por Alejo Domínguez Rellán

Publicado por
Omnia Veritas Limited

www.omnia-veritas.com

© Omnia Veritas Limited – Hervé Ryssen – 2020

Reservados todos los derechos. No se permite la reproducción total o parcial de esta obra, sin autorización previa y por escrito de los titulares del *copyright*. La infracción de dichos derechos puede constituir un delito contra la propiedad intelectual.

PRIMERA PARTE 13

LAS ESPERANZAS REVOLUCIONARIAS 13

1. *La salida del gueto* 14
   La "zona de residencia" 14
   La misión de los judíos 23
   El militante revolucionario 30
   El Judeo-bolchevismo 36
   Stalin y los judíos 41
   La guerra civil española 54
   La invasión alemana 61
   La resistencia al nazismo 68
   URSS 1945 79
   La insurrección húngara 87
   Polonia, liberada de sus "fantasmas" 98
   Rumanía liberada 106
   Depuración en Checoslovaquia 111
   Alemania del Este 114
   El refugio en Israel 115

2. *La democracia planetaria* 124
   La mutación cosmopolita 124
   El proyecto planetario 129
   La puesta en vereda del islam 139
   El modelo liberal 143
   Guerras y revoluciones, «en nombre de los derechos humanos» 151
   Una guerra mundial, si es necesario 159

SEGUNDA PARTE 168

EL ESPÍRITU TALMUDICO 168

1. *La mentalidad cosmopolita* 168
   De rodillas ante Israel 168
   Una gran intolerancia a la frustración 177
   La dictadura mediática 183
   Criticar Israel 189
   Mentiras y calumnias 199
   La represión contra los historiadores 202
   La crueldad 208
   La teología de la venganza 222
   La pasión de destruir 229
   La insolencia 237
   La pacificación del mundo 243

2. *El antisemitismo* 250
   El chivo expiatorio 252
   La locura de los hombres 258
   La inocencia 263
   La inversión acusatoria 275
   El anti-sionismo como proyección acusatoria 282
   Faroles y cuentos chinos 285

3. La identidad judía 293
    Los híper-patriotas 293
    La doble pertenencia 300
    La duplicidad 308

TERCERA PARTE **314**

PSICOPATOLOGÍA DEL JUDAÍSMO **314**
    Paradise Mombassa 314
    Maníacos sexuales 320
    Violaciones en psiquiatría 327
    Pedocriminalidad 335
    La ambigüedad sexual 341
    El feminismo 353
    El incesto 362
    La angustia judía 373
    La demencia 389

OTROS TÍTULOS **405**

El pueblo judío promueve un proyecto para toda la humanidad; un proyecto grandioso que está llevando a cabo desde hace siglos contra viento y marea: la instauración de la paz universal sobra la faz de la tierra. La noción de "Paz" está en el núcleo mismo del judaísmo, y no es casualidad que esta palabra (*shalom* en hebreo) aparezca tan frecuentemente en todos los discursos de los judíos del mundo. No se trata solo de un concepto religioso, o de una creencia en el advenimiento de un mundo mejor, obra de Dios en un lejano futuro, sino de un principio rector que determina el compromiso y el quehacer de los judíos en su vida cotidiana. En efecto, los judíos, a través de su trabajo, sus acciones y su implicación en la política, obran cada día para la construcción de la "Paz".

En ese mundo perfecto que construyen, todos los conflictos habrán definitivamente desaparecido de la faz de la tierra, y, en primer lugar, los conflictos entre naciones. Es por esta razón que, allá donde estén, los judíos militan incansablemente a favor de la abolición de las fronteras y de la disolución de las identidades nacionales. Las naciones son supuestamente generadoras de guerras y de desórdenes, por lo que deben ser debilitadas y finalmente suprimidas en favor de un gobierno mundial, único capaz de garantizar la felicidad y la prosperidad sobre la tierra.

Esta idea se encuentra, más o menos desarrollada, tanto en los escritos de intelectuales marxistas-desde Karl Marx a Jacques Derrida- como en los discursos de pensadores liberales como Karl Popper, Milton Friedman, Alain Minc o Guy Sorman. El objetivo es unificar el mundo por todos los medios y nivelar todas las diferencias culturales, supuestamente fuentes generadoras de conflictos. Este es el objetivo por el que intelectuales judíos de todo el mundo trabajan sin descanso. Que sean de izquierda o de derecha, marxistas o liberales, creyentes o ateos, sionistas o "perfectamente integrados", ellos son los más fervientes partidarios del imperio global.

Son también, naturalmente, los mejores propagandistas de la sociedad plural y del mestizaje planetario. Así, vemos como los judíos han alentado siempre la inmigración en todos los países donde se instalaron, no solamente porque la sociedad multicultural corresponde a su proyecto político-religioso, sino también porque la resultante disolución de la identidad nacional los protege de un posible sobresalto nacionalista contra el poder que consiguieron, especialmente en las finanzas, en la política y en el sistema mediático. Todos los intelectuales judíos, sin excepciones, se focalizan en la cuestión de la sociedad "plural" y ejercen una "vigilancia antirracista" constante, más allá de sus divergencias políticas.

Partiendo de esta perspectiva "planetaria", los antiguos comunistas de los años 70 no tuvieron muchas dificultades para incorporase a la derecha liberal neoconservadora. Últimamente, el peligro proviene según ellos sobre todo del Islam y de los jóvenes inmigrantes afromagrebíes y ya no de la "extrema derecha". Se trata pues de consolidar esta sociedad multicultural que tanto han contribuido en instaurar y que ya está en riesgo de desintegración. En Francia, intelectuales como Alexandre Adler, André Glucksmann y Pascal Bruckner que actualmente apoyan la derecha dura liberal y pro-estadounidense, no hacen más que reaccionar en función de los intereses exclusivos de su comunidad.

Como vemos, el judaísmo es esencialmente un proyecto político universal cuyo objetivo es la unificación del mundo, preludio de la pacificación global. Es un trabajo de largo aliento, pero los judíos están absolutamente convencidos de poder conseguirlo, pues tan impregnados están de la "misión" que Dios les asigno. Así como lo estableció el profeta Isaías: "Morará el lobo con el cordero y el tigre con el cabrito se acostará: el becerro, el león y la bestia doméstica andarán juntos y un niño los pastoreará..." (Isaías, XI, 6-9).

El objetivo no es convertir el mundo al judaísmo, sino incitar los demás pueblos a abandonar sus identidades raciales, nacionales y religiosas con el fin de favorecer el espíritu de "tolerancia" entre los hombres. Así es como los judíos militan continuamente para convencer el mundo entero de adoptar su proyecto. Son un pueblo de propagandistas y no es sin motivo si son tan influyentes en los sistemas mediáticos de las sociedades democráticas. Las incesantes campañas de culpabilización de los europeos acerca de la esclavitud, la colonización, el pillaje del tercer mundo o de Auschwitz, no tienen otro fin más que de erradicar los sentimientos de identidad colectiva de estos. Cuando solo queden los judíos sobre esta tierra en conservar su fe y tradiciones, serán por fin reconocidos por todos como el pueblo elegido de Dios. El Mesías de Israel, cuya llegada se espera todos los días desde hace más de dos mil años, restablecerá entonces el reino de David y dará a los judíos un imperio sobre todo el universo. Existen numerosos textos muy explícitos al respecto, tal como lo vamos a ver a continuación.

PRIMERA PARTE

LAS ESPERANZAS REVOLUCIONARIAS

El pueblo judío ha jugado un papel fundamental en el siglo XX. En un principio, se entregó completamente a la causa del comunismo, aportando a esta ideología sus principales doctrinarios y activistas. Ya desde inicios del régimen soviético, en 1917, un gran número de sus dirigentes eran judíos. No se trataba entonces solo de abolir la propiedad privada e instaurar un sistema colectivista, sino, además, de liberar toda la humanidad suprimiendo las fronteras, las religiones, las nacionalidades y todas las tradiciones, con el fin de nivelar todas las diferencias entre los hombres y poder así hacer emerger un hombre nuevo en un mundo perfecto.

En realidad, el régimen bolchevique resultó ser una implacable tiranía para las" gentes del pasado". Millones murieron de hambre, de frío, en hambrunas o simplemente ejecutados con un disparo en la nuca por los agentes de la GPU (Dirección Política del Estado). Los primeros bolcheviques también fueron víctimas de las grandes purgas estalinianas de los años treinta, pero a pesar de eso nada pudo resquebrajar la fe de los innumerables militantes revolucionarios de todo el mundo. Entre ellos, muchos eran judíos guiados por una ideología comunista que correspondía exactamente a las esperanzas de Israel. Karl Marx era de ascendencia judía, al igual que Lenin y Trotsky, y como la mayoría de los dirigentes bolcheviques. Tuvieron que pasar muchas décadas antes de que los judíos tomaran conciencia de su error. Seguramente tendrán que pasar muchas más para que lo reconozcan públicamente.

La mayoría de ellos, incluso dentro de la burguesía occidental, había apoyado el régimen bolchevique desde sus inicios por odio a la autocracia zarista. La llegada de Adolf Hitler al poder en Alemania en 1933 reafirmó aún más las poderosas comunidades judías occidentales en su apoyo incondicional, costara lo que costara, a la Unión Soviética. Finalmente, después de la victoria sobre el nacionalsocialismo, ese entusiasmo empezó a menguar entre algunos de ellos. El giro decisivo se produjo en 1948. Efectivamente, es a partir de esa fecha que el régimen estaliniano, que ya había empezado a apartar los principales dirigentes judíos "cosmopolitas", acentuó aún más las purgas en las instancias del poder.

En occidente las ideas socialistas continuaron prosperando bajo distintas formas y alternativas políticas, alimentando los debates durante las revueltas de 1968. Pero pronto hubo que rendirse a la evidencia: la sociedad capitalista liberal había tenido éxito allí donde el comunismo había fracasado y se mostró incomparablemente más eficaz, tanto para hacer desaparecer las fronteras e identidades nacionales, como para crear riquezas materiales. Después de la caída del muro de Berlín en 1989, el derrumbe de la Unión Soviética garantizaba el triunfo de la democracia. Asistimos entonces a una proliferación sin precedentes de la propaganda planetaria a través de todo el sistema mediático. El advenimiento del mundo sin fronteras y de la paz universal estaba cerca. Esta vez sí, el Mesías por fin llegaría.

1. La salida del gueto

La "zona de residencia"

El reino de Polonia ha desempeñado un papel especial en la historia del judaísmo europeo. En la edad media, mientras que los judíos eran expulsados de todos los demás reinos y principados de Europa, este país era para ellos un refugio. Desde 1264, una carta les otorgaba libertades y grandes privilegios que fueron la base de su existencia religiosa, nacional y económica. En 1334, el rey Casimiro III, bajo la influencia de su amante Esterka, confirmó la carta de Kalisz y los acogió ampliamente en su reino. Este es el motivo por el cual la población judía era muy importante allí antes de la segunda guerra mundial.

Polonia era además el único viejo país de la historia europea en haberse completamente derrumbado, hasta el punto de haber sido objeto de repartos sucesivos entre sus vecinos prusianos, austríacos y rusos al final del siglo XVIII. Después de un breve renacimiento con Napoleón, la mayor parte del país pasó a formar parte del imperio ruso. Por un *ucase* (decreto imperial) del 23 de diciembre de 1791, la zarina Caterina II había concedido a sus sujetos de origen judío el derecho de residir en las provincias occidentales, excluyendo todas las demás. Esta "zona de residencia", que se extendía desde el Báltico hasta el mar Negro, englobaba la mayor parte de los judíos del este. El primer censo de la población judía del imperio ruso remontaba a 1897. De 126,5 millones de habitantes, poco más de cinco millones eran judíos, un 5% de la población de la Rusia de Europa[1]. El censo mostraba también la extrema urbanización de la población judía. Representaban más del 50% de la población urbana de Bielorrusia y de Lituania. En Minsk, 52% de la población era judía; eran el 63% en Bialistok y el 41% en Vilna[2].

En la Polonia anexionada, la urbanización de los judíos se oponía a la casi total ruralidad de los polacos. El 91,5% de los judíos de Polonia vivían en ciudades, mientras que el 83,6% de no-judíos residían en el campo. Los judíos polacos formaban así el 43% de la población urbana total. En Varsovia, la proporción de judíos pasó del 4,5% en 1781 al 33,9% en 1897[3]. En Lodz, pasó del 7% en 1793 al 40,7% en 1910. Sin embargo, de los 3 250 000 judíos que contaba la nueva República polaca en 1931, más de dos millones vivían aún en pequeñas villas, pueblos judíos llamados" shtels[4]"

Esto es lo que escribía al respecto el escritor Marek Halter: «Antes de la guerra, algunos pueblos, algunas regiones de Polonia eran judías al cien por cien. Varsovia, mi ciudad natal, contaba con cerca de un millón de habitantes, de los cuales tres cientos sesenta y ocho mil eran judíos, con sus escuelas primaria y sus yeshivás[5], seis compañías de teatro, diarios, revistas, una quincena de editoriales y otros tantos partidos políticos. Esas mujeres y hombres pensaban, hablaban y escribían en yiddish. Desde Alsacia hasta el Ural, el yiddish era entonces la lengua de diez millones de personas, una lengua viva en la cual seres cantaban, lloraban, reían y sobre todo soñaban la salvación de toda la humanidad[6].»

---

[1] Henri Minczeles, *Histoire générale du Bund*, 1995, Denoël, 1999, p.20.

[2] Alain Brossat, *Le Yiddishland révolutionnaire*, Balland, 1983, p.47.

[3] Mark Zborowski, *Olam*, Plon, 1992, p.447.

[4] Béatrice Philippe, *Les juifs dans le monde contemporain*, MA éd.,1986, p.199.

[5] Un yeshivá: una universidad judía

[6] Marek Halter, *La force du bien*, Robert Laffont, 1995, p.11. El yiddish era la lengua materna del 96,6% de la población judía de la zona de residencia en 1898. Se compone principalmente de palabras alemanas y hebreas, añadiéndose posteriormente palabras polacas, rusas, eslovenas y francesas. El

En 1917, la zona de residencia contaba siete millones de judíos, representando más del 10% de la población. La mayoría de estos judíos ejercían una actividad relacionada con el comercio en los centros urbanos, aunque el sector de la artesanía también era importante (sastres, zapateros, tejedores, carpinteros, cerrajeros, etc.). También había obreros: «Es esta plebe miserable de los talleres y de la pequeña industria la que va a constituir en su mayor parte la base del movimiento obrero judío al final del siglo XIX[7]», escribían Alain Brossat y Sylvia Klingberg en su libro titulado *El yiddishland revolucionario*.

El célebre escritor ruso Aleksandr Solzhenitsyn, por su parte, pintaban un cuadro un tanto distinto al que acostumbran a presentar los historiadores judíos acerca de la situación de sus congéneres en el imperio ruso antes de la revolución de 1917. En su libro muy documentado titulado *Doscientos años juntos (1795-1995)*, publicado en el 2002, Solzhenitsyn aportaba por ejemplo el valioso testimonio del senador Gabriel Romanovitch Derjavine, el cual fue enviado por el zar a finales del siglo XIX para dilucidar las causas de las hambrunas que asolaban Bielorrusia. Este hombre de Estado, que fue posteriormente ministro de justicia bajo Alejandro I, contaba en su reporte que en el campo bielorruso los judíos se dedicaban principalmente a la producción de aguardiente, recorriendo los pueblos, sobre todo en otoño, en tiempos de cosechas: «Dan de beber a los campesinos y a su gente cercana, recaudan sus deudas y los privan de sus últimas subsistencias… Engañan los borrachos y los esquilman de la cabeza a los pies, dejándolos en la más completa indigencia.» Es cierto que los campesinos, «una vez acabada las cosechas, pecan por sus excesivos gastos; beben, comen, festejan, pagan a los judíos sus antiguas deudas, y después, para pagar sus borracheras, todo lo que estos les reclaman; de tal forma que cuando llega el invierno se ven necesitados.» Estos excesos se veían favorecidos por la presencia de numerosas tabernas: «En cada pueblo, escribía Derjavine, hay una o a veces varias tabernas construidas por los propietarios, en las cuales se vende vodka día y noche para mayor beneficio de los destiladores judíos…De esta manera, los judíos consiguen sonsacarles no solamente su pan de cada día, sino también sus herramientas agrícolas, sus bienes, su tiempo, su salud, su

---

yiddish utiliza el alfabeto hebreo y se escribe de derecha a izquierda.

[7] Alain Brossat, Sylvia Klingberg, *Le yiddishland revolutionnaire*, op.cit, p.48

vida misma.» Se valen de «toda clase de tretas y subterfugios» que «reducen al hambre los pobres y estúpidos pueblerinos[8]».

Esta situación explicaba el porqué de las normas de 1804 y 1835 que prohibían a los judíos de Bielorrusia residir en el campo. En Ucrania podían vivir en cualquier parte excepto Kiev y algunas villas; en ninguna parte en Rusia eran obligatorios los guetos dentro de las ciudades. En la segunda mitad del siglo, bajo Alejandro II, las limitaciones impuestas a los judíos fueron cayendo una detrás de otra, de tal forma que podían destilar y vender alcohol en sus lugares de residencia. En 1872 «poseían el 89% de las destilerías[9] » del suroeste.

Solzhenitsyn recordaba también que el gobierno había tomado medidas para fomentar la agricultura judía: las autoridades rusas asignaron para ello más de 30 000 hectáreas, a razón de 40 hectáreas de tierras del Estado por cada familia judía, mientras que en Rusia el lote medio de los campesinos era de algunas hectáreas, raras veces mayores de diez. Aquellas tierras del sur de Ucrania, entre las más fértiles de Europa, les eran entregadas en propiedad hereditaria. Se les había otorgado préstamos en efectivo e incluso se les propuso construirles *isbas* de madera. Este programa fue sin embargo suspendido en 1810. En 1812, resultó que sobre las 848 familias instaladas solo quedaban 538. Las herramientas se habían perdido, rotas o empeñadas. Los bueyes habían sido degollados, robados o vendidos, los campos sembrados demasiado tarde... Solzhenitsyn nos explicaba así la mentalidad de algunos de estos labradores de "choque": Temían que si quedaba demostrado que los judíos eran «capaces de trabajar la tierra» acabarían «por forzarles a ello[10]»

La masa de los judíos vivía ciertamente miserablemente, pero algunos eran inmensamente ricos. El famoso Israel Brodski poseía diecisiete azucareras. Asimismo, muchas grandes fortunas judías se habían edificado sobre la explotación de los recursos naturales rusos, especialmente con la exportación de madera al extranjero y la extracción de oro. También desempeñaban un papel preponderante en

---

[8] Alexandre Soljenitsyne, *Deux siècles ensemble*, tome I, Fayard, 2002, pp.51-54

[9] Alexandre Soljenitsyne, *Deux siècles ensemble*, tome I, Fayard, 2002, pp.153,175.

[10] Alexandre Soljenitsyne, *Deux siècles ensemble*, tome I, Fayard, 2002, pp.79-86.

la exportación de productos agrícolas: «desde 1878, el 60% de las exportaciones de cereales transitaban por manos judías; pronto sería el 100%». La familia Guinzbourg sobresalía de forma notable. Otros, como Samuel Poliakov invertían en las vías férreas, llegando a ser conocido en la década de 1880 como el «rey del ferrocarril», aunque más tarde el Estado ruso sería el primer constructor. La banca era naturalmente su ámbito de predilección: «Más de la mitad de las entidades de crédito, cajas de ahorro y préstamo se hallaban en la Zona de residencia», y «en 1911, el 86% de sus miembros eran judíos[11]» Al inicio del siglo XX, los judíos habían conseguido sólidas posiciones en sectores vitales de la economía rusa y se habían instalado a vivir en las capitales a pesar de las normativas que se lo prohibían: Eran 16 000 en Moscú en 1880, 30 a 40 000 en San Petersburgo en 1900, 81 000 en Kiev en 1913 y el número de judíos establecidos fuera de la zona de residencia aumentaba año tras año. El zar Alejandro II había autorizado a los jóvenes judíos diplomados de la universidad instalarse por todo Rusia. La misma medida fue aprobada en 1879 para los farmacéuticos, las enfermeras y los dentistas.

Con la llegada de Alejandro II en 1855, el régimen se había efectivamente liberalizado y una política de asimilación había de preparar los judíos para la ciudadanía plena. Los judíos pudieron así inscribirse en los institutos y las universidades. A partir de 1874, afluyeron hacia los establecimientos de educación general, lo cual era un privilegio, ya que hasta 1914, solo el 55% de los rusos eran escolarizados. En 1881, los judíos representaban cerca del 9% de los estudiantes, en 1887 esta cifra creció hasta el 14,5%, pero en algunas universidades este porcentaje era mucho más elevado: la facultad de medicina de Kharkov contaba un 42% de judíos, y un 41% en la facultad de derecho de Odessa[12]. En las últimas décadas del siglo XIX, esta *intelliguentsia* judía que dominaba la lengua rusa iba a desempeñar un papel fundamental en los movimientos intelectuales y políticos que socavarían la sociedad rusa tradicional. El poder zarista había contribuido él mismo en formar en sus universidades aquellos que iban a ser los principales promotores de su caída.

---

[11] Alexandre Soljenitsyne, *Deux Siècles ensemble*, tome I, Fayard, 2002, pp.175, 333-335. Esto lo confirmaba el sociólogo sefardí Edgar Morin: «Diecisiete bancos polacos sobre veinte eran judío-gentiles a mediados del siglo XIX» (*Le monde moderne et la queston juive*, Seuil, 2006, p.117)

[12] Alexandre Soljenitsyne, *Deux siècles ensemble*, pp.180,231.

Hasta 1844, los judíos del Este estaban organizados en un Estado separado, administrando sus propios asuntos bajo la autoridad de los Kahals rabínicos. De esta forma, tenían el derecho de elegir sus propios jefes y tenían sus propios tribunales para los asuntos de orden menor. La administración rabínica, el Kahal, era la autoridad legal bajo la cual vivían, así como la organización responsable ante el gobierno central. Se necesitaba el permiso del Kahal local para vivir en la comunidad o poseer una tierra del shtetl. El Kahal recaudaba fondos para las necesidades sociales de los judíos, establecía normas que regían el comercio y la industria, y era el órgano exclusivo de recaudación de los impuestos[13].

La figura principal de la comunidad era el rabino. «La autoridad del rabino se limita a tres funciones principales, explicaba Shmuel Trigano: definir lo permitido y lo prohibido, presidir el tribunal rabínico local y enseñar la Tora en público[14]». Las sentencias judiciales eran por lo tanto competencia suya, al igual que la interpretación de una cuestión talmúdica. Proclamaba las sentencias en los asuntos civiles y se le consultaba en todos los casos en los que se trataba de saber si un acto era permitido o no por la Ley.

Aleksandr Solzhenitsyn citaba el testimonio de un tal Pestel, un oficial ruso y ferviente republicano, que había redactado en la primera mitad del siglo XIX un programa gubernamental en el cual se podía encontrar estas observaciones: «Los jefes espirituales de los judíos, que llaman rabinos, mantienen el pueblo en una dependencia increíble, prohibiéndole, en nombre de la fe, cualquier otra lectura que no sea el Talmud... La dependencia de los judíos respeto a los rabinos es tal que toda orden dada por estos es ejecutada piadosamente sin un murmullo[15]».

El Kahal fue oficialmente suprimido en 1844, pero las comunidades judías se mantenían sin embargo muy estructuradas. La emancipación de los judíos de la tutela de los rabinos había empezado en el siglo anterior bajo la influencia de la "Ilustración". En el judaísmo, esta

---

[13] David Bakan, *Freud et la tradition mystique juive*, 1963, Payot, 2001, pp.117,118,155.

[14] Shmuel Trigano, *La Société juive à travers l'histoire*, t.I, Fayard, 1992, p.515.

[15] Alexandre Soljenitsyne, *Deux siècles ensemble*, tome I, Fayard, 2002, p.76.

corriente intelectual llamada Haskalá, había sido desarrollada por el filósofo judío alemán Moses Mendelssohn, el cual era favorable a una educación laica, al uso de las lenguas locales y a la integración de los judíos en las sociedades gentiles. Pero el principal peligro para los rabinos provenía en aquel entonces del potente movimiento religioso jasídico, que echaba por tierra su autoridad. Los rabinos pusieron toda su energía para contener la influencia de unos y otros.

El movimiento jasídico había representado una nueva forma de judaísmo. Fundado en el siglo XVIII por Israel Ben Eliezer, apodado Baal Shem Tov -el Maestro del Buen Nombre-, este movimiento pietista tuvo una inmensa influencia en las comunidades judías de Europa del Este. El jasidismo subrayaba los aspectos agradables de la vida. Ponía énfasis en el rezo, el fervor, el canto y el baile y era un contrapeso a la erudición pura y a la severidad de las enseñanzas rabínicas. Ya no era necesario ser un erudito para participar de la gracia divina.

Los jasídicos se agrupaban en torno a un jefe carismático llamado tzadik (el Justo), o rebbe. Contrariamente a los rabinos, el tzadik no debía su alta función a su formación. La posición y autoridad de las que era investido no provenían de un saber libresco, sino de una comunión mística con Dios. La falta de erudición de algunos tzadikim era, por cierto, objeto de burlas populares por parte de aquellos que no compartían sus creencias. «Rara vez el tzadik posee el diploma necesario para la función de rabino que otorga un jurado de rabinos al final de los estudios en la yeshivá», escribía Mark Zborowski. Por lo tanto, el tzadik no intervenía en las cuestiones de la Ley. No invadía la vida estrictamente ritual del shtetl que incumbía al rov, el rabino. «El tzadik es aquel que, con su duro trabajo místico y gracias a su filiación genética y espiritual que lo entronca con el gran maestro Baal Shem Tov o a sus discípulos, ha alcanzado el más alto nivel concebible para un mortal; el de ser el intermediario entre Dios y sus infelices hijos pecadores, el pueblo de Israel.» Una vez alcanzado el más alto nivel, el tzadik hablaba literalmente con Dios y poseía dotes milagrosos: «Gracias a su eminente posición, su práctica de la cábala esotérica y a su conocimiento del Nombre (el de Dios, no revelado), es capaz de hacer milagros para sus adeptos.»

La actividad del tzadik consistía esencialmente en asistir y ayudar aquellos que acudían en busca de consuelo o consejos, y en exponerles sus enseñanzas. He aquí lo que escribía Mark Zborowski en su gran estudio sobre las comunidades judías de Europa del Este antes de la guerra: «Se espera un remedio, un amuleto, una bendición o un consejo... A veces, acompañadas de sus hijos, las mujeres vienen también exponer sus problemas al hacedor de milagros. Los enfermos aguardan una curación espectacular. Los locos son traídos a la corte para que el rebbe "ahuyente sus dybbuk".» Centenares de personas venían para consultarlo. «Así es como los tzadikim más reputados, los más rodeados de adeptos, especialmente si descienden de Baal Shem Tov o de sus discípulos, han gozado a menudo de fortunas notables.» Ciertamente, había en esos judíos una «devoción fanática hacia el tzadik[16]», y venían de todo el mundo para verlo y escucharlo.

El tzadik tenía su corte, que variaba en función de su popularidad, y en la que las mujeres eran naturalmente excluidas: «Las grandes fiestas de otoño pueden atraer a la residencia de un famoso tzadik polaco varios miles de khossidim[17] venidos a pasar los días terribles al lado de su maestro... Para sus fieles, él es el "Hombre Santo", "el Maestro de los milagros", "el Intercesor". Para algunos, él es ni más ni menos que un Santo», escribía Zborowski. «"¿Sabéis lo que es un tzadik? Os lo voy a decir. Hay en la religión judía seiscientas trece mitzvot. El hombre común no puede cumplirlas todas. Solo es capaz de hacerlo el tzadik". Habitualmente forman parte de la dinastía de los Justos, cuyo origen se remonta al fundador del jasidismo, el Baal Shem Tov, o a uno de sus discípulos directos. Todos los tzadikim son nietos de un gran patriarca de la dinastía[18].» Una vez adquiridos, los poderes místicos del tzadik se transmitían hereditariamente de padres a hijos, incluso a los yernos a través de las hijas. Más o menos débiles o fuertes según las generaciones, estos poderes no se perdían nunca por completo.

El escritor inglés Israel Zangwill parecía bastante reservado acerca de estas manifestaciones de fervor popular. En *Los soñadores del gueto*, en 1898, escribía: Cada comunidad tiene su propio tzadik, «fuente única de bendición, única fuente de gracia. Cada una lo aloja en un palacio (transformado en lugar de peregrinaje durante las fiestas, como antaño con el Templo), cada una le paga un tributo en oro y objetos de valor.» En todas partes, el tzadik «monopoliza el culto y la devoción que deberían rendirse a Dios.[19]» En adelante, tal como lo escribía Shmuel

---

[16] Mark Zborowski, *Olam*, 1952, 1992, pp.157-164

[17] Pronunciase la kh como la j española. Jasidim

[18] Mark Zborowski, *Olam*, 1952, Plon, 1992, pp.157,158. Sobre los 613 mandamientos, 365 son mandamientos negativos («no harás») y 248 son mandamientos positivos.

[19] Israel Zangwill, *Rêveurs du ghetto*, t II, 1898, Éd. Complexe, 2000, pp.70,71.

Trigano, «sería el tzadik, y no el rabino, quien sería percibido como símbolo de los ideales religiosos[20].»

Los judíos jasídicos, cuyas enseñanzas chocaban de frente con la rigurosa doctrina rabínica, tuvieron que enfrentarse durante mucho tiempo a la hostilidad de los rabinos. En 1772, el "Gaon de Vilna" y los jefes de la comunidad judía de Lituania los declararon heréticos. Años más tarde, para vengarse, los jasidim denunciaron los rabinos ante las autoridades que arrestaron los miembros del kahal de Vilnius «por retención indebida de impuestos recaudados [21].» Requirió mucho tiempo para que la tradición judía asimilara finalmente el jasidismo. Pero, aunque este movimiento de masas ayudó, como lo decía Israel Zangwill, a liberar a «los pueblos sometidos a la tiranía de los rabinos[22]», las comunidades judías de Europa del Este de finales del XIX distaban mucho del universo intelectual occidental.

Los sentimientos de pertenencia comunitaria de los judíos del Este eran también simplemente geográficos. La comunidad se unía para enfrentarse a otra comunidad. «No paran de criticar y burlar el shtelt vecino, escribía Zborowski, pero todos los pueblos y ciudades de una región pueden ligarse alrededor de una causa contra otra región. Más allá de las fronteras, los judíos de Europa oriental se unen en un desprecio común hacia los judíos alemanes, tachados de fríos y acusados de tender a la asimilación. Pero sean cuales sean sus diferencias y antagonismos, los grupos regionales de judíos pertenecen al Klal Israel, la Totalidad de Israel en el mundo.» Y aquí es donde Mark Zborowski desvelaba una información importante, que nos daba una idea de la fuerza del sentimiento comunitario judío: «Se admite de buen grado en el Klal Israel aquel que solo tiene uno de los padres judío. La observancia religiosa no es un criterio. Incluso el que viola los mandamientos sigue siendo judío, al igual que el que come alimentos prohibidos. El que abjura de su fe es repudiado por su familia, incluso se celebra el luto por su pérdida, pero puede arrepentirse y regresar. A pesar de haber renegado, aún queda algo de judío en él... Haga lo que haga, "permanece siempre judío[23]".»

---

[20] Shmuel Trigano, *La société juive à travers l'histoire*, TI, Fayard, 1992, p.515.

[21] Alexandre Soljenitsyne, *Deux siècles ensemble*, tome I, Fayard, 2002, p.41.

[22] Israel Zangwill, *Rêveurs du ghetto*, t II, 1898, Éd. Complexe, 2000, p.79

[23] Mark Zborowski, *Olam*, 1952, Plon, 1992, pp. 408-410. «¡Incluso un judío renegado es judío!» (*Israel Magazine*, abril 2003); «Es judío y permanece

El famoso Elie Wiesel confirmaba esta idea de que los judíos son una nación a parte: «Entre un comerciante de Marruecos y un químico de Chicago, un trapero de Lodz y un industrial de Lyon, un cabalista de Safed y un intelectual de Minsk, existe un parentesco más profundo, más sustancial porque más antiguo, que entre dos ciudadanos de un mismo país, de una misma ciudad y de la misma profesión. Aún estando solo, un judío nunca es solitario[24].» Elie Wiesel escribía además: «Se siente más próximo del profeta Elías que de su vecino de rellano... todo lo que golpeó a sus antepasados le afecta. Sus lutos le pesan, sus triunfos le animan[25].»

En el shtelt, «el mayor halago que se le pueda hacer a un gentil, es: "tiene cara de judío", o "un corazón de judío" ... Un verdadero judío, repiten incesantemente a los niños, es moderado, reservado e intelectual; cualquier distanciamiento de este ideal se expone a severos reproches: "¡un niño judío no anda en bicicleta, un niño judío no ríe como un idiota !"»Y Mark Zborowski añadía: «De paso por el shtelt, los visitantes habían notado que los niños tenían una mirada seria, que hacían muecas pero que no sonreían.» Comparado con los niños polacos cuya actividad principal eran los juegos, «el contraste era sorprendente[26]»

La misión de los judíos

Los visitantes de los shtelts de aquella época seguramente no hayan penetrado todos los secretos de Israel durante su corto paseo por las calles fangosas de esos poblados polacos. En apariencia, la población judía de esos "guetos" podía dar al extraño turista occidental una imagen apacible y pintoresca de la vida comunitaria. Pero lo que ocurrió

---

judío... pase lo que pase» escribe el gran rabino de Francia Joseph Sitruk(*Tribune juive*, octubre 2004): se trata de retener a los judíos en su comunidad, por todos los medios. Sin embargo, estas declaraciones no impiden que miles de judíos olviden y se alejen definitivamente del judaísmo y de su comunidad de origen.

[24] Elie Wiesel, *Le Testament d'un poète juif assasiné*, 1980, Points Seuil, 1995, p.57.

[25] Elie Wiesel, *Memoires 2*, Editions du Seuil, 1996, p.46

[26] Mark Zborowski, *Olam*, 1952, Plon, 1992, pp.441,328

más adelante fortaleció, evidentemente, las certezas de muchos rusos, polacos y ucranianos acerca de la singularidad del pueblo judío.

A pesar de las apariencias, el pueblo judío no es exactamente un pueblo como los demás. Es el "pueblo elegido "de Dios. Si esta idea no significa gran cosa para un goy, tiene desde luego mucha más importancia para un judío, convencido de tener una misión que cumplir en esta tierra. Y esta misión es traer la "Paz" al mundo (shalom). Incumbe a cada judío obrar para lograr ese objetivo, ya que es condición indispensable para lo que es aún más importante: la venida del Mesías. Este es el motivo por el que tantos judíos se entregaron en cuerpo y alma a la aventura bolchevique, y es el motivo, después del derrumbe del comunismo, por el que tantos judíos son hoy en día los más ardientes propagandistas del mundialismo y de la sociedad multicultural. La desaparición de las naciones hace parte del mismo programa igualitario de pacificación del mundo que el proyecto anterior de abolición de las clases sociales y las diferencias entre burgueses y proletarios.

Estas esperanzas dirigen los judíos desde hace siglos. Un célebre novelista de la literatura judía, el inglés Israel Zangwill había expresado esta idea en su momento en *Los Soñadores del gueto*, una novela publicada en 1898: «La fraternidad humana es por lo que luchamos, escribía... El judío será el mensajero de paz del mundo[27].»

Ya hemos tratado esta cuestión en nuestros anteriores libros, pero los textos no son escasos sobre este tema. Se puede citar por ejemplo a Gershom Scholem, que fue uno de los más importantes intelectuales judíos del siglo XX. Este confirmaba también que la fe religiosa de los judíos se basaba primero y ante todo en la esperanza de la instauración de una paz definitiva y la venida de un mesías: «El Mesías vendrá y restaurará el reino de David en su potencia originaria, escribía. Reconstruirá el santuario y reunirá los judíos dispersos de Israel.» Gershom Scholem citaba aquí a Maimónides, que ya escribía en el siglo XII en su *Código de leyes*: "En aquellos tiempos, ya no habrá hambruna ni guerra, ni envidia ni discordia, porque la tierra será poseída en abundancia. El mundo entero no tendrá otra preocupación más que el conocimiento de Dios. Entonces los hijos de Israel serán sabios de renombre[28].»

---

[27] Israel Zangwill, *Rêveurs du ghetto*, t II, 1898, Éd. Complexe, 2000, pp.245,248.

[28] Gershom Scholem, *Le Messianisme juif*, 1971, Calmann-Levy, 1974, pp.57-

Estas creencias han atravesado los siglos sin quedarse anticuadas. Naturalmente, los pensadores judíos contemporáneos no piensan de forma diferente. Escuchemos Théo Klein, antiguo presidente del Consejo representativo de las instituciones judías de Francia (CRIF), hablarnos de la «misión especial» del pueblo judío. Según él, este pueblo es «portador de una idea, de un proyecto que debe afanarse en poner en marcha... A mi entender, este proyecto es universal. Releed el capítulo 18 de Génesis, versículo 18. ¿No dice?:" Pues Abraham vendrá a ser una grande y poderosa nación, y serán bendecidas por medio de él todas las naciones de la tierra"[29].»

Un escritor de segunda fila como Jean-Michel Salanskis expresaba él también estas esperanzas mesiánicas cuando escribía: «Existe la esperanza de que las naciones escuchen y comprendan la grandeza y la profunda reflexión milenaria judía», con el fin de «hacer posible la consumación de lo universal, cuando las naciones de la tierra se encuentren reunidas en torno al último reino del Mesías[30].»

En efecto, ese mundo de "paz" que quieren construir los judíos -ese Imperio de la paz-, se confunde con la llegada del mesías que esperan desde dos mil años contra viento y marea. Un intelectual mediático de tendencia liberal como Guy Sorman aportaba el testimonio de un tal León Askenazi, nacido de una familia de rabinos de Oran. Este explicaba que los judíos esperaban en realidad dos mesías: el hijo de José y el hijo de David: «El primero reúne los exiliados. Obviamente, ya está obrando. Vemos como la humanidad, dispersa desde Babel, está en búsqueda de una unión universal; llamémoslo orden mundial. Es el balbuceo de esta búsqueda del Mesías. El segundo mesías, el hijo de David, establecerá la paz universal y resucitará los muertos. Él es objeto de fe: corresponde a cada judío, en el secreto de su corazón, en su intimidad personal, imaginar ese hijo de David. Esta experiencia no se comparte. Pero, dado que la primera fase mesiánica ya está en curso, la segunda fase, la de la transformación del alma humana por la gracia de Dios, no debería tardar demasiado[31].»

59.

[29] Théo Klein, *Dieu n'était pas au rendez-vous*, Bayard, 2003, p.69.

[30] Jean-Michel Salanskis, *Extermination, loi, Israel*, Les Belles Lettres, 2003, pp.105,92

[31] Guy Sorman, *Le Bonheur français*, Fayard, 1995, p.68.

Es lo que escribía también Maurice-Ruben Hayoun en 1996 en su *Historia intelectual del judaísmo*: «La venida del Mesías verdadero, hijo de David, debía ser precedida por la del Mesías hijo de José, el cual debía sucumbir en la guerra entre Gog y Magog.[32]» Esta idea era confirmada por el autor estadounidense David Bakan: «El Mesías guerrero, (el mesías-ben-Joseph o ben-Ephraïm, o ben-Manassé), será matado, pero llegará antes que el Mesía-ben-David que reinará después de la Redención[33].»

Gershom Scholem lo confirmaba una vez más: «El mesías, hijo de José, es el Mesías que muere, arrollado por la catástrofe mesiánica... Lucha y acaba fracasando -pero no sufre por ello... Es el redentor que no redime nada, sobre quien solo se concentra el combate final contra las potencias de este mundo. Su fin coincide con el fin de la historia. Por el contrario, en este reparto de roles, es en el Mesías, hijo de David, que se concentran todos los aspectos utópicos. Es aquel en el que el nuevo mundo amanece... Representa el lado positivo de este complejo proceso[34].»

Antes de la destrucción del segundo Templo por las legiones de Tito, en el año 70 de la era cristiana, los escritos escatológicos judíos evocaban la salvación sin mesías, explicaba Stephen Sharot. Solo tras el fracaso de la segunda revuelta contra los romanos, empezaron los autores apocalípticos a mencionar un mesías salvador. «El mesías debía restaurar el reino de David, reconstruir el templo, restaurar las antiguas leyes y sacrificios, y reunir los judíos dispersos... La literatura rabínica presentaba el mesías como redentor, como el instrumento con el que el reino de Dios sería establecido, y también como el futuro dirigente de ese reino». Además, los judíos «esperaban la venida de algunos personajes antes de la del mesías. El más importante de ellos era el profeta Elías, cuyos milagros y predicación llevarían el pueblo a arrepentirse y a prepararse a la llegada del mesías». La literatura talmúdica «presentaba sin embargo numerosas contradicciones y la edad media no heredó una concepción coherente y unificada del mesías... El mesías judío permaneció siendo una figura difusa y

---

[32] Maurice-Ruben Hayoun, *Une Histoire intellectuelle du judaísme*, tome I, J-C Lattès, 1996, p.390

[33] David Bakan, *Freud et la tradition mystique juive*, 1963, Payot, 2001, p.195.

[34] Gershom Scholem, *Le Messianisme juif*, 1971, Calmann-Levy, 1974, p.45.

anónima, permitiendo que un amplio abanico de personalidades pudiera revindicar ese rol.»

La corriente rabínica dominante no alentaba la llegada inminente del mesías, pero aun así era un artículo de fe para los judíos del medioevo y de la época moderna esperar constantemente su llegada. «El duodécimo principio de la formulación más conocida de las doctrinas religiosas judías, "Los Trece principios de la fe judía" de Maimónides declaraba así: "Creo de pura fe en la venida del Mesías, y aunque deba tardar, esperaré su venida cada día". La afirmación de esta creencia, escribía Stephen Sharot, fue un tema recurrente de los rezos judíos: en algunas bendiciones cotidianas, en las acciones de gracias después de la cena, en las bodas y en los días de fiesta y ayuno. En las cartas privadas y de negocios, los deseos expresados para las fiestas y las fórmulas de felicitación terminaban a menudo con el deseo de que los correspondientes fuesen testigos de la llegada del mesías y de la reunión de todos los exiliados[35].»

Esta era la fe mesiánica secular que estructuraba el universo mental de cientos de miles de revolucionarios que militaron en el comunismo en los siglos XIX y XX. Todos, en sus partidos respectivos, tenían fe en su misión histórica. Nutrían una visión optimista del futuro y la fe en el advenimiento de un mundo donde todas las injusticias y discriminaciones serían proscritas. «Esta militancia es mesiánica, optimista, orientada hacia el Bien» escribía Alain Brossat en *El Yiddishland revolucionario*. «La gran utopía del nuevo mundo, de la Nueva Alianza que toma forma en los relatos de los pensadores socialistas de la segunda mitad del siglo XIX, se consolida con el crecimiento del movimiento obrero a principios de siglo y se lanza al asalto de los cielos con la Revolución rusa.»

Estas eran las esperanzas de esos judíos asquenazíes, y así lo reconocía Alain Brossat: «Probablemente sea cierto que, desde mediados de la década de 1880, los judíos han ocupado un lugar particularmente importante dentro de los movimientos revolucionarios de Rusia[36].»

---

[35] Shmuel Trigano, *La société juive à travers l'histoire*, TI, Fayard, 1992, pp. 263-267.

[36] Alain Brossat, Sylvia Klingberg, *Le yiddishland revolutionnaire*, Balland, 1983, pp.77,78,227.

Pero el compromiso masivo de los judíos del Yiddishland con el comunismo podría parecer paradójico, en el sentido de que esas comunidades judías, muy religiosas, tradicionalistas y muy estructuradas, no eran a priori propicias para ser un vivero de militantes revolucionarios. Esta cuestión es mencionada en un libro de Elie Wiesel, *El Testamento de un poeta judío asesinado*. Wiesel contaba el destino de un joven, Paltiel Kossover, un poeta judío de Besarabia, nacido en 1910, y convertido al comunismo como tantos de sus congéneres. Uno de sus amigos le había iniciado en la doctrina de Karl Marx:

«Pues sí, dijo, mi primera lección de comunismo la recibí de Ephraím aquella noche, en la Casa de estudio. Gracioso, ¿no? Ephraím, ¡el agitador comunista! Ephraïm, el futuro juez rabínico, distribuía octavillas clandestinas. Las disimulaba en los pupitres y –no os riais- en las mochilas de los libros sagrados y objetos rituales... - ¿Te has vuelto loco Ephraïm? ¿Abandonas los textos sagrados para eso?» Y este contestaba: «No he perdido el juicio, Paltiel. Escúchame bien. Aún deseo salvar el género humano, librar la sociedad de sus males; aún deseo hacer que venga el Mesías. Solo que he descubierto un nuevo método, eso es todo. Intenté la meditación, el ayuno, la ascesis, sin éxito. Solo existe una vía que lleva a la salvación.» Y esa vía es la acción: «No te hablo de una acción sobre Dios, sino sobre la historia, sobre los acontecimientos que crean la historia.» Paltiel Kossover se quedó desconcertado: «Si Ephraím hubiese empleado las tesis propiamente marxistas, le hubiera dado la espalda. Pero en vez de citar a Engels, Plejánov y Lenin, evocaba nuestra esperanza mesiánica común. Y no podía más que estar de acuerdo con él.»

Efectivamente, ese Ephraím veía en el comunismo su esperanza en la venida del Salvador: «Todas las mañanas, rezo para que venga, que se apresure en venir. Como tú, recito la oración. Pero se hace esperar; y la carga del exilio es pesada y dura de llevar.» Y a continuación explicaba a Paltiel su concepción del mundo: «Únicamente el comunismo permite al hombre triunfar rápidamente de la opresión y de la desigualdad... El comunismo es una especie de mesianismo sin Dios, un mesianismo secular, social, en espera del otro, el verdadero.» Y Ephraím se exclamaba, exaltado: «Debemos hacer la revolución, ¡porque Dios nos lo ordena!¡Dios quiere que seamos comunistas[37]!»

---

[37] Elie Wiesel, *Le Testament d'un poète juif assassiné*, 1980, Point Seuil, 1995, pp.63-68.

Pero Paltiel Kossover no se había desligado completamente de la fe ancestral de su pueblo: «En apariencia, llevaba la vida de un comunista; pero solo en apariencia. Inge me lo recordaba a menudo: -No eres comunista; quiero decir: no enteramente. -Es cierto. Pienso demasiado en el Mesías. Algunos lo esperan; los comunistas, corren a hacia él.»

Y vemos así claramente que el judaísmo es por esencia una religión activista: «Mis preguntas giraban siempre en torno al Mesías. Anhelaba tanto apresurar su venida. Para abolir la distancia entre ricos y pobres, humillados y felices, mendigos y propietarios. Para poner fin a los pogromos y a las guerras. Para unir la justicia y la compasión... ¡Alégrate, Israel!¡Se acerca la hora de tu liberación[38]!»

En sus *Memorias*, Elie Wiesel nos aportaba también un testimonio interesante para comprender los lazos entre el mundo judío y el socialismo: «El fenómeno del judío religioso que elige el comunismo sigue fascinándome... A lo largo de mis investigaciones, descubrí con estupor que los había hasta en mi pequeña ciudad. Me citaron nombres prestigiosos y otros menos célebres. Sí, esos estudiantes talmúdicos se reunían de noche en un oscuro Bet Midrash y analizaban Lenin y Engels con el mismo fervor religioso que manifestaban durante el día cuando estudiaban las enseñanzas de Maimónides[39].»

Sin embargo, el compromiso con los movimientos revolucionarios implicaba una cierta ruptura con las tradiciones ancestrales. He aquí el testimonio elocuente de un militante comunista que contaba su primera experiencia con diez años. Un camarada lo invitó a ir con él a los *Pioneros rojos*. «Me alaba tanto y tan bien las múltiples actividades de esa organización que decido acompañarle. "Hay un pequeño problema, me dice, no puedes venir con tus peyos*, tus rizos, se burlarían de ti... " No importa, decido ir a que me los corten. El peluquero está atónito: "¿Le has pedido permiso a tu padre? - No- ¿Sabes que te vas a llevar una buena paliza? Insistí y me los cortó. Pero no se había equivocado: cuando volví a casa, mi padre me tumbó a golpes. Había cometido uno

---

[38] Elie Wiesel, *Le Testament d'un poète juif assassiné*, 1980, Point Seuil, 1995, pp.128,61,62

[39] Elie Wiesel, *Mémoires*, tome I, 1994, pp44,45.

* Son esas largas greñas que se dejan caer de las sienes los judíos ortodoxos.

de los crímenes más graves que podía imaginarse. Sin embargo, seguí frecuentando los *Pioneros rojos* a escondidas[40].»

Como lo escribía Maurice Rajsfu: «El Capital y las obras completas de Lenin habían sustituido la Tora de su infancia[41].» El gran historiador del judaísmo, León Poliakov, también lo escribió: buena parte de esos judíos «fue abandonando poco a poco la fe ancestral, al menos en ciertos aspectos... encaminándose hacia una laicización que en el siglo XIX y XX transformaría a los descendientes de los judíos talmúdicos en apasionados revolucionarios[42].»

Los judíos asquenazíes de Europa central y de Rusia representaban al final del siglo XIX cerca del 90% del judaísmo mundial. Durante siglos, habían permanecido recluidos en sus poblados, manteniéndose apartados lo más posible de la población. Bajo la influencia de las ideas emancipadoras de la revolución francesa, y luego bajo la influencia del marxismo, el yugo rabínico se había soltado. Cientos de miles de individuos, llenos de esperanza mesiánica, iban a salir de los muros de su comunidad para predicar y expandir la buena palabra por todo el mundo.

El militante revolucionario

A inicios del siglo XX, Rusia y Rumanía eran entonces los dos únicos países europeos en no reconocer los judíos como miembros de su comunidad nacional, y eso a pesar de las presiones de los gobiernos occidentales. En esos dos países, los judíos no tenían acceso a las funciones públicas, y en Rusia, además, la Zona de residencia no había sido aún abolida, a pesar de la política de liberalización del régimen del zar Alejandro II. El 1 de marzo de 1881, este fue asesinado por los miembros de la Voluntad del Pueblo, lo que tuvo por efecto de provocar una represión, de romper el proceso de liberalización y de radicalizar los grupos revolucionarios. Solzhenitsyn apuntaba en su libro que «el zar fue asesinado la víspera de Purim», fiesta anual en la que los judíos celebran la victoria sobre sus enemigos. Asimismo, leemos que el

---

[40] Alain Brossat, Sylvia Klingberg, *Le yiddishland revolutionnaire*, Balland, 1983, p.58.

[41] Maurice Rajsfus, *L'an prochain la révolution*, Editions Mazarinne, 1985, p.16.

[42] León Poliakov, *Los Samaritanos*, (Seuil, 1991, Grupo Anaya, 1992), p.85

atentado había sido preparado en casa de una tal Hessia Helfman[43]. Henri Minczeles escribía al respecto: «Entro los revolucionarios arrestados figuraba Hessia Helfman, una joven chica judía que había almacenado dinamita en su buhardilla[44].»

El asesinato del zar prendió la mecha del polvorín, y numerosos pogromos estallaron, principalmente en Ucrania. Los pogromos estallaban, siempre y exclusivamente, en el suroeste de Rusia, precisaba Solzhenitsyn. Las destrucciones fueron impresionantes, pero no hubo ningún muerto. Las leyes de mayo de 1882 restringieron sin embargo la influencia económica de los judíos. En 1891, 20 000 judíos fueron expulsados de Moscú y más de 2000 de San Petersburgo.

Después de 1881, el pogromo más importante fue el de Kichinev, en 1903, en el que murieron 42 personas, incluidos 38 judíos[45]. En 1905, en Kiev, Odessa y otras ciudades de Ucrania, se produjeron enfrentamientos entre ucranianos y judíos. Estos habían formado grupos paramilitares, reuniendo miles de combatientes.

De 1880 a 1910, más de 2,5 millones de judíos salieron de Rusia. Los historiadores judíos sostienen que fueron los pogromos que habían estallado después del asesinato del zar los que habrían incitado a los judíos a huir del país. Alain Brossat subrayaba también la importancia del antisemitismo de la población rusa y ucraniana para explicar este fenómeno, pero olvidando de explicar las causas, tal como lo hacen la mayoría de los historiadores judíos. Aleksandr Solzhenitsyn aportaba otra explicación: En realidad, la emigración de los judíos había sido principalmente motivada por la instauración, en 1896, del monopolio de Estado sobre los espiritosos y la supresión de toda producción privada. Esta medida, destinada a proteger el campesinado y forzar los judíos a marcharse de las zonas rurales había, «asestado un golpe muy duro a la actividad económica de los judíos de Rusia». Fue a partir de

---

[43] Frank L. Britton, *Behind communism*.

[44] Henri Minczeles, *Histoire genérale du Bund*, 1995, Denoël, 1999, p.31

[45] El historiador Arkadi Vaksberg escribía: En abril de 1903, un pogromo «diezmó la población judía de Kichinev.» (*Staline et les juifs*, Robert Laffont, 2003, p.17). Las organizaciones y los testigos judíos habían revindicado 500 muertos; el número fue posteriormente revisado y rebajado.

entonces que se vio la emigración judía fuera de Rusia «amplificarse notablemente[46]».

Entre los principales organizadores del populismo ruso, Solzhenitsyn citaba a Marc Natanson, el más importante, y a León Deutsch de Kiev. También un tal Grigori Goldenberg: «Había abatido a sangre fría el gobernador de Kharkov y pedía a sus camaradas, el honor supremo, de matar con sus propias manos al zar (pero sus camaradas, temiendo la cólera popular, lo apartaron por ser judío; aparentemente, añadía Solzhenitsyn, este argumento era a menudo utilizado por los populistas para designar a rusos para perpetrar los atentados): tras ser detenido transportando una carga de dinamita, sufrió un ataque de angustia en su celda del bastión Trubetskoy y su resistencia se quebró, delatando finalmente todo el movimiento[47].»

Entre 1901 y 1906, el Partido Social revolucionario retomó los métodos de la Voluntad del Pueblo y perpetró atentados contra dignatarios rusos. Fueron asesinados, entre otros, el Ministro de Educación Bogolepov (1901); el ministro del Interior Sipiaguine (1902); el gobernador Bogdanovitch (1903); el Primer Ministro Viacheslav von Plehve (1904); el Gran Duque Sergio, tío del zar (1905); y el general Dubrassov (1906). El jefe de estas operaciones terroristas era un judío llamado Grigori Guerchouny. Siempre se encontraba en el lugar de los atentados. El encargado de la sección de combate era Yevno Azev, hijo de un costurero judío, y uno de los fundadores del partido. Fue ejecutado en 1909.

«La ejecución de los atentados siempre era encomendada a los cristianos», escribía Solzhenitsyn, pero «las bombas que sirvieron para el asesinato de Plehve, del gran Duque Sergio y de los Ministros de Interior Boulyguine y Dournovo, fueron fabricadas por Maximiliano Schweitzer, quien, en 1905, fue él mismo víctima del artefacto que estaba fabricando.» Arrestado por casualidad Guerchouny fue condenado a muerte, siendo luego indultado por el Emperador sin ni tan siquiera haberlo solicitado. En 1907, se fugó de su cárcel pasando por Vladivostok para llegar hasta América y posteriormente a Europa. Entre los terroristas más destacados, cabe también mencionar a Abraham Gotz, quien participó activamente en los atentados contra Dournovo

---

[46] Alexandre Soljenitsyne, *Deux siècles ensemble*, tome I, Fayard, 2002, p. 326.

[47] Alexandre Soljenitsyne, *Deux siècles ensemble*, tome I, Fayard, 2002, p. 249.

(Ministro de Interior en 1905-1906), Akimov, Chouvalov (diplomático y hombre político) y Trepov (Viceministro de Interior en 1905-1907)[48].

Piotr Stolypin dominó la vida política rusa de 1906 a 1911. Gracias a su política reformista, dos millones de familias campesinas consiguieron ser propietarios. En 1916, 6 millones de familias sobre 16 beneficiaron de las medidas del gobierno. Víctima de un atentado en 1906, Stolypin fue finalmente asesinado en 1911 por un abogado judío llamado Mordechai Bogrov. «Irónicamente, el primer jefe de gobierno ruso que había tratado honestamente de solucionar, a pesar de las resistencias del Emperador, la cuestión de la igualdad para los judíos caería bajo los golpes de los judíos», escribía Solzhenitsyn. También es cierto que Stolypin había reprimido enérgicamente la revolución de 1905-1906.

Aunque solo representaban el 5% de la población de Rusia, es decir 6 millones de personas, en 1903, los judíos representaban el 50% de los revolucionarios, informaba Solzhenitsyn. El general Sukhotin, comandante de la región de Siberia, había establecido una estadística por nacionalidades el 1 de enero de 1905 de los condenados políticos bajo su vigilancia en toda Siberia. El resultado era el siguiente: 1898 rusos (42%), 1678 judíos (37%), 624 polacos (14%) y 167 Caucásicos[49].

La presencia de militantes judíos era aún más fuerte en los mandos directivos de los movimientos revolucionarios. León Poliakov lo confirmaba: «Rápidamente, los judíos se convirtieron en la etnia subversiva por excelencia del imperio ruso... Su proporción entre los condenados políticos doblaba de decenio en decenio, hasta alcanzar el 29% en 1902-1904... Esta proporción era aún más elevada en los comités centrales y otros puestos de mando de las organizaciones antigubernamentales, en las cuales los jóvenes judíos jugaban un papel decisivo, incluso incitador[50].»

Las condiciones de detención de los revolucionarios eran por aquel entonces incomparablemente más humanas que lo que fueron luego los métodos empleados por los bolcheviques después de la revolución. El historiador Simon Sebag Montefiore, autor de una monumental biografía de Stalin, escribía acerca de las deportaciones en Siberia: «Aquellos destierros distaban mucho de los brutales campos de

---

[48] Alexandre Soljenitsyne, *Deux siècles ensemble*, tome I, Fayard, 2002, p.395.

[49] Alexandre Soljenitsyne, *Deux siècles ensemble*, tome I, Fayard, 2002, p.263.

[50] León Poliakov, *Histoire de l'antisemitisme, tome II*, Point Seuil, 1981, p.331

concentración de Stalin: los zares eran muy ineptos como policías. Eran casi unas vacaciones dedicadas a la lectura en remotas aldeas de Siberia, en compañía de un gendarme de servicio a tiempo parcial, durante las cuales los revolucionarios tenían tiempo de conocerse (y de odiarse) unos a otros, mantenían correspondencia con sus camaradas de San Petersburgo o Viena... Cuando la llamada de la libertad o de la revolución se hacía más imperiosa, se escapaban, cruzando la taiga hasta dar con el tren más próximo[51].» Stalin llegó así a evadirse hasta seis veces de esos pueblos de Siberia.

En 1897, el mismo año en que Theodor Herzl fundaba en Basilea el movimiento sionista, nacía el Bund, un movimiento marxista específicamente judío. El objetivo del Bund no era ni la asimilación de los judíos en la sociedad europea, ni su emigración a Palestina, sino la obtención de una autonomía cultural y el cumplimiento del proyecto socialista.

A inicios del siglo XX, el Bund era la principal organización política judía de la zona de residencia. Reunía a miles de militantes, escribía Alain Brossat, entre 25 000 y 30 000 entre 1903 y 1905. «Se dota de una prensa muy popular, dirigen las protestas incansablemente: en un año, entre 1903 y 1904, montan 429 mítines políticos, organizan 45 manifestaciones, 41 huelgas políticas, difunden 305 folletos y octavillas. En 1904, 4500 militantes del Bund están en la cárcel. Crean una organización de juventudes y publican un diario. Su influencia culmina en 1905 cuando toman parte en la Revolución, siendo su papel esencial en la zona de residencia[52].»

Todos los judíos politizados no eran militantes del Bund. Mientras que el Bund pretendía representar el conjunto del proletariado judío, otros, que querían estructurar un partido socialista para el conjunto de la clase obrera de Rusia, entraron en los diversos movimientos socialistas rusos. Pero el Bund disponía en ese momento de medios materiales y de una organización infinitamente superiores a los de los socialistas rusos y polacos:

«Es el que, en la parte occidental del Imperio, ayuda a los socialdemócratas rusos a imprimir sus primeras publicaciones y

---

[51] Simon Sebag Montefiore, *La corte del Zar rojo*, 2004, Crítica-Barcelona, p. 6

[52] Alain Brossat, Sylvia Klingberg, *Le yiddishland revolutionnaire*, Balland, 1983, p.35.

enviarlas clandestinamente hacia los centros industriales. Es el que el 1 de mayo de 1899, organiza la primera gran manifestación pública del proletariado judío de Rusia. Es el que después del pogromo de Kishinev de 1903, organiza la autodefensa judía. Cuando estalla la revolución de 1905, el partido ruso tiene alrededor de 8500 militantes. El Bund cuenta ya con cerca de 30 000[53].»

Cuando finalmente, los bolcheviques tomaron el poder gracias al golpe de Estado de octubre 1917, todos los militantes, más allá de sus divergencias, dejaron estallar su alegría, tal como lo expresaba Elie Wiesel a través de Paltiel Kossover, su "poeta judío asesinado":

«De ser cierto lo que decía Ephraím, el Mesías había dejado Jerusalén para venir a Moscú. - Te das cuenta, me decía sobreexcitado, la profecía de Isaías, la han realizado; el consuelo de Jeremías, lo han demostrado... Ya no hay más ricos ni pobres, ya no hay más patronos ni trabajadores, ya no hay más opresores ni oprimidos. Ya no hay ignorancia, ni terror, ni miseria. ¿Me oyes, Paltiel? Todos los hombres son hermanos ante la Ley... Y todo esto porque la Revolución triunfó. Ha engendrado un hombre nuevo-el hombre comunista- que ha vencido el poder capitalista, la dictadura de los ricos, el fanatismo de las supersticiones.»

En Berlín, en 1928, Paltiel Kossover escribía a sus padres que permanecían en Rusia: «Más que nunca, estoy convencido de que estamos destinados a salvar el mundo." ¿Quién nosotros?, Mi padre debía pensar: nosotros, los judíos. Yo pensaba: nosotros, los idealistas, los jóvenes; nosotros, los revolucionarios[54].»

Estos cambios profundos causaron una reestructuración completa de las fuerzas políticas del Yiddishland. Numerosos militantes del Bund y cientos de miles de jóvenes judíos del mundo entero engrosaron las filas del movimiento comunista. Este es el testimonio de Shlomo Szlein, que estaba en Polonia en los años 20: «La adhesión de la juventud judía al movimiento comunista era tan importante que casi se podía decir que era un movimiento nacional judío.» Bronia Zelmanovicz también declaraba: «Para nosotros, los comunistas polacos, las condenas de cinco años de prisión eran corrientes, pero, sin embargo, éramos de un optimismo inquebrantable, convencidos de que nuestros hijos

---

[53] Alain Brossat, Sylvia Klingberg, *Le yiddishland revolutionnaire*, Balland, 1983, p.49

[54] Elie Wiesel, *Le Testament d'un poète juif assassiné*, 1980, Point Seuil, 1995, pp.79, 123.

conocerían la verdadera libertad, felicidad y emancipación del género humano.» Alain Brossat explicaba: «Es así como decenas de miles de revolucionarios del Yiddishland van a seguir, entre las dos guerras, los múltiples senderos de su utopía en las cuatro esquinas de Europa... Es el pueblo llano judío en su totalidad, el proletariado de sastres, zapateros, peleteros, carpinteros, hojalateros, y demás tejedores yiddish de los miserables talleres de Varsovia, Byalistock y Vilno, nacidos con el espíritu de revuelta y de lucha, para la organización sindical y política, y el internacionalismo de los explotados.[55]»

El Yiddishland constituyó verdaderamente la cantera de los revolucionarios que iban a combatir el fascismo y prender fuego a toda Europa. Estuvieron en todos los combates revolucionarios de ese tiempo: «Encontramos combatientes del yiddishland en todos los lugares incandescentes de la revolución, escribía Brossat, desde las barricadas de Lodz y el Soviet de Petersburgo en 1905, hasta Berlín en noviembre de 1918, Múnich y Budapest en 1919, en Polonia entre las dos guerras, en Extremadura contra los generales españoles en 1937, en la Resistencia francesa, en Bélgica, en Yugoslavia y hasta luchando en Auschwitz y Vorkouta, en el corazón mismo del universo concentracionario.» Como lo formulaba el historiador Pierre Vidal-Naquet: «El judaísmo de Europa del Este ha sido verdaderamente el banco de sangre de los movimientos revolucionarios proletarios[56].»

El Judeo-bolchevismo

El nuevo régimen nacido de la revolución de febrero de 1917 había suprimido inmediatamente la zona de residencia y declarado la igualdad de derechos. De repente, numerosos judíos ocuparon la administración rusa. Arkadi Vaksberg relataba, por ejemplo, en su libro *Stalin y los judíos*: «Signo de los tiempos, el judío Heinrich Schreider se convirtió en el alcalde de Petrogrado, y otro judío, Oscar Minor, en el alcalde de Moscú.» Es cierto, sin embargo, que no hubo ningún ministro judío en los sucesivos gobiernos provisionales. «Abraham Gotz, líder de los socialistas revolucionarios y vicepresidente del comité ejecutivo central de Rusia, y el menchevique Fedor Dan, miembro del Presídium de ese

---

[55] Alain Brossat, Sylvia Klingberg, *Le yiddishland revolutionnaire*, Balland, 1983, pp. 84,88,80,128

[56] Pierre Vidal-Naquet, *Les Juifs, la mémoire et le présent*, Maspéro, 1981, p.160 en Alain Brossat, *Le Yiddishland révolutionnaire*, pp. 19, 15.

comité, rechazaron entrar en el gobierno precisamente por temor a provocar una oleada de antisemitismo... Sin embargo, se nombraron varios viceministros judíos para ejercer funciones técnicas, fuera de toda representación pública[57].»

En el mes de octubre, la revolución bolchevique los llevaría hasta la cima del poder. Jugaron un papel de primer orden en la insurrección: «El primer "comandante" del Palacio de Invierno, asaltado por los bolcheviques, fue Grigori Tchoudnovski, el del Kremlin de Moscú, Emelan Yaroslavski (Minéi Gubelman era su verdadero nombre). Fue Mikhail Lachevitch quien se adueñó del telégrafo y del banco de Estado. Zinoviev fue elegido a la cabeza del soviet de Petrogrado, y Kamenev al de Moscú.» Otros judíos se encargaron de mantener el orden en la capital y sus aledaños. Moïssei Ouritzki, a la cabeza de la Tcheka de Petrogrado, «hizo reinar un terror despiadado.» Moïssei Volodarski (Goldstein) era el comisario encargado de la prensa en Petrogrado. «Desde esa posición, prohibió todos los diarios de oposición y reprimió ferozmente cualquier intento de soslayar esa prohibición[58].»

Sabemos que Lenin no tenía una sola gota de sangre rusa. Sus orígenes habían sido cuidadosamente guardados en secreto después de su muerte. En 1938, el libro de Marietta Chaguinian, *El Examen de la historia*, había sido inmediatamente retirado de la venta por orden de Stalin. «Lenin tenía sangre alemana, sueca (por su madre), kalmukia y chuvasia, pero ¡ni una gota de sangre rusa[59]!» También era en parte de origen judío, del lado materno. Arkadi Vaksberg recordaba una carta de la hermana mayor de Lenin, Ana Oulianova, que había escrito a Stalin, el 19 de diciembre de 1932, animándole a combatir el antisemitismo: «El estudio de los orígenes de mi abuelo-y por lo tanto de los de Vladimir Ilitch- ha revelado que provenía de una familia judía pobre, y que era, como indica su certificado de bautismo, hijo de Moïchka Blank,

---

[57] Arkadi Vaksberg, *Stalin et les juifs*, Laffont, 2003, pp.23, 24.

[58] Arkadi Vaksberg, *Stalin et les juifs*, Laffont, 2003, pp. 31, 32.

[59] Simon Sebag Montefiore, *Staline, la cour du tsar rouge*, 2003, Éd. Des Syrtes, 2005, p. 101 «A principios de los años 20, una broma habitual presentaba a Lenin como el Shabbat Goy del buró político del partido comunista ruso», escribía Maurice Rajsfus, explicando que: «El Shabbat Goy es el mercenario utilizado por los religiosos para cocinar el sábado o para ejecutar algunas de las tareas prohibidas ese día de reposo integral.» (Maurice Rajsfus, *L'an prochain, la révolution*, Editions Mazarine, 1985, p.36).

un burgués de Zhytómir⁶⁰.» Pero aquellas revelaciones no habían salido del estrecho círculo de los jerarcas del partido. Esta carta, según desvelaba Arkadi Vaksberg, era «hasta recientemente clasificada: "Rigurosamente secreta. No desvelar a nadie".»

Trotski, el jefe del Ejército Rojo, se llamaba en realidad Lev Davidovitch Bronstein. Kamenev, jefe del Soviet de Moscú, se llamaba Rosenfeld; Alexandre Zinoviev, que dirigía Leningrado se apellidaba en realidad Apfelbaum; Karl Radek, el portavoz de Moscú en el extranjero tenía por verdadero nombre Sobelsohn. El primer jefe del Estado bolchevique era otro judío llamado Yakov Sverdlov, íntimo colaborador y asesor de Lenin*. La lista de judíos bolcheviques a la cabeza del nuevo régimen es interminable.

Los judíos del Yiddishland también desempeñaron un papel muy importante en las revoluciones que sacudieron Europa al finalizar la Primera Guerra Mundial. Primero en Berlín, donde la insurrección de noviembre de 1918 fue liderada por Karl Liebknecht y Rosa Luxemburg. Después, en Hungría, donde una República soviética fue proclamada en marzo de 1919 por Bela Kun, que ensangrentó el país durante 133 días. «Él mismo judío, veinticinco de sus treintaidós comisarios eran también judíos», recordaba el historiador John Toland. El triunfo de Bela kun envalentó la izquierda bávara. En Múnich, la revolución tenía por líder espiritual a Kurt Eisner, el cual fue sustituido más tarde por un anarquista, Ernst Toller. «Después, los intelectuales rojos tomaron el poder, encabezados por Eugen Leviné, originario de Petrogrado e hijo de un comerciante judío. El partido comunista los había enviado a Múnich para organizar la revolución. Después de haber arrestado Ernst Toller, no tardaron en transformar el movimiento en un auténtico soviet⁶¹·.»

En su monumental *Historia del ejército alemán*, Jacques Benoist-Méchin había presentado estos hechos para explicar la reacción de muchos alemanes después de la derrota de 1918: «¿Que veían? Muchedumbre alzando banderas rojas, asaltando el poder y buscando

---

⁶⁰ Arkadi Vaksberg, *Stalin et les juifs*, Laffont, 2003, pp. 72, 73.

* Yakov Sverdlov era además íntimo amigo de Filipp Isáyevich Goloshchokin, también judío y comisario militar del Sóviet de los Urales. Ellos dos fueron los principales responsables intelectuales del asesinato del Zar y su familia.

⁶¹ John Toland, *Hitler*, New York, 1976, Éditions Robert Laffont, París, 1983, p. 76, 77

erradicar, en nombre de la lucha de clases, los últimos atisbos de instinto nacional. Pero esas muchedumbres no obedecen a un impulso espontáneo. Son dirigidas por una legión de militantes y agitadores. ¿Y quiénes son esos agitadores? En Berlín, Kurt Eisner, Lipp, Landauer, Toller, Léviné y Lewien; en Magdebourg, Brandés; en Dresde, Lipinsky, Geyer y Fleissner; en la Ruhr, Markus y Levinson; en Breerhaven y en Kiel, Ulmanis. Tantos nombres como judíos. Sin duda se podrá objetar que solo hay dos israelitas- Hirsch y Heine- sobre los ciento cuarenta diputados del Landtag de Prusia, pero son respectivamente presidente del Consejo y ministro del Interior. Cuando los partidos de izquierda deciden crear una Comisión de investigación, con el propósito de hacer comparecer Hidenburg y Ludendorff, ¿quiénes son los organizadores? MM. Kohn, Gothein y Zinsheimer, y así, podríamos alargar la lista hasta el infinito. ¿Como no ver una verdadera conspiración? ¿Y habría que tolerar ahora, que un judío [Rathenau], tomase la dirección de la política extranjera del Reich? Esto es imposible[62].»

Este es el motivo por el cual el riquísimo magnate de la electricidad Walter Rathenau fue asesinado el 24 de junio de 1922[63].

Ciertamente, era esta situación la que explicaba en parte la reacción hitleriana en Alemania, tal como lo expresó el historiador judío John Toland: «El odio hacia los judíos que se gestaba dentro de él acababa de ser activado por lo que estaba presenciado en las calles de Múnich. En todas partes, los judíos en el poder... La conspiración que Hitler había sospechado se hacía realidad[64].» John Toland añadía, además: «Hitler no es el único en el mundo en haber visto los judíos como fuente de la revolución y del comunismo.» Winston Churchill, que había solicitado la ayuda del general blanco Denikine para luchar contra Lenin y Trostski, también hablaba sin ambages de esa «siniestra pandilla de judíos anarquistas». También fue Winston Churchill quién había pronunciado un discurso ante la Cámara de los Comunes denunciando «una formidable secta, la más poderosa del mundo[65].» En

---

[62] Jacques Benoist-Méchin, *Histoire de l'armée allemande*, Robert Laffont, 1964, Ed. de 1984, pp.448, 449.

[63] Sobre la situación alemana después de la guerra, cf Stefan Zweig, *El mundo de ayer, memorias de un europeo*, en *Las Esperanzas planetarias*, pp.314, 315.

[64] John Toland, *Hitler*, New York, 1976, Éditions Robert Laffont, París, 1983, p. 80

[65] John Toland, *Hitler*, New York, 1976, Éditions Robert Laffont, París, 1983,

un artículo del *Sunday Herald* de febrero de 1920, titulado *Sionismo contra bolchevismo*, Winston Churchill mencionaba una «conspiración mundial que apunta a derribar la civilización»: «Actualmente, una pandilla de personajes extraordinarios, venidos de los bajos fondos de las grandes ciudades europeas y americanas, han tomado por el cuello el pueblo ruso y se han convertido en los amos incontestables de un inmenso imperio[66].»

De todas formas, parece ser que la presencia de «tantos judíos en los puestos de mando del nuevo aparato del Estado [67]» resultaba tranquilizador para muchos judíos de Rusia. He aquí, el testimonio de Esther Rosenthal-Schneidermann, una joven comunista originaria de Polonia que llegaba a Moscú para participar en el primer congreso de los militantes judíos especializados en la educación: «Descubre emocionada este aspecto de la nueva realidad: "Hasta entonces, dice, no había visto un judío ocupando el puesto de un alto funcionario, por no decir un funcionario hablando nuestro dialecto, el yiddish. Y he aquí que, desde lo alto de la tribuna de la casa del congreso de la Comisión Popular para la Educación, altos responsables hablan en yiddish, en nombre de la colosal potencia soviética[68].»

Los historiadores judíos siempre olvidan de mencionar el papel que sus congéneres tuvieron en las atrocidades que ocurrieron en Rusia en aquella época. Sin embargo, la verdad obliga decir que los doctrinarios judíos, los funcionarios y los torturadores judíos tuvieron una pesada responsabilidad en la destrucción de iglesias, la represión despiadada contra la población y las innumerables masacres de cristianos cometidas en ese momento por los hombres de la cheka. Aleksandr Solzhenitsyn lo ha demostrado suficientemente en un libro que nosotros mismo hemos resumido[69].

---

p. 898

[66] Ernst Nolte, *La guerre civile européenne*, 1917-1945, Munich, 1997, Editions de Syrtes, 2000, p. 139.

[67] Alain Brossat, Sylvia Klingberg, *Le yiddishland revolutionnaire*, Balland, 1983, p.229.

[68] Alain Brossat, Sylvia Klingberg, *Le yiddishland revolutionnaire*, Balland, 1983, p. 232.

[69] Leer al respecto *Las Esperanzas planetarias*, Segunda parte, pp. 209-270.

En 1927, el novelista austriaco Joseph Roth, autor de *La Marcha de Radetsky*, escribía púdicamente: «Hoy en día, la Rusia soviética es el único país de Europa donde el antisemitismo está prohibido, aunque no ha dejado de existir... La historia de los judíos no conoce ningún ejemplo de liberación tan súbita y completa[70].»

Es cierto que, en aquella época, los judíos disfrutaban de una consideración especial por parte del régimen. Es lo que nos explicaba Arkadi Vaksberg presentándonos este ejemplo:

«Cuando se trataba de litigios profesionales entre la administración y el asalariado judío, este acababa siempre ganando, pues ningún juez quería pasar por antisemita.» Se llevaba a la gente ante la justicia por una simple insinuación sobre la solidaridad judía. Vaksberg resumía así: «Los años 1920 y el inicio de los años 1930 quedaron en la memoria como la edad de oro de los judíos en Rusia[71].»

Stalin y los judíos

Después de la muerte de Lenin, en 1924, Stalin tuvo que eliminar sus principales rivales, como León Trotski, Grigori Zinoviev y Lev Kamenev. Sin embargo, estos eran judíos, al igual que su entorno: Grigori Sokolnikov, Mikhail Lachevitch, Ephraïm Sklianski y otros. Zinoviev y Kamenev eran también los más próximos amigos de Lenin y de su mujer, Nadejda Kroupskaia[72].

Arkadi Vaksberg partía de esta constatación para intentar demostrar que Stalin era en el fondo antisemita, pero que siempre había jugado un doble juego, hasta el día en que pudo, después de la guerra, prescindir de la ayuda occidental. Mientras tanto, la eliminación de los viejos bolcheviques no hacía más que revelar la fuerte presencia de judíos en las cimas del poder, y Stalin seguía estando rodeado de consejeros muy próximos de origen judío.

Stéphane Courtois, el autor del famoso *Libro negro del comunismo*, escribía en el prefacio del libro de Arkadi Vaksberg: «Numerosos judíos gravitaban en las esferas del poder, hasta tal punto que en 1936 cerca del 40% de los altos mandos de la policía política eran judíos. Dos de

---

[70] Joseph Roth, *Judíos errantes*, Acantilado 164, Barcelona, 2008

[71] Arkadi Vaksberg, *Stalin et les juifs*, Robert Laffont, 2003, p.67, 64

[72] Arkadi Vaksberg, *Stalin et les juifs*, Robert Laffont, 2003 p.51.

los hombres más próximos al "Padre de los pueblos", Kaganovitch y Mejlis, eran judíos.»

Al principio de los años treinta, la Unión Soviética estaba dirigida por un triunvirato formado por Stalin, Molotov y Kaganovitch.

Molotov, número dos del régimen tras Stalin, se había casado con una judía llamada Polina Karpovskaia, la cual era una dirigente en toda regla y una auténtica bolchevique. Él era «cruel y rencoroso». En enero de 1930, Stalin y Molotov planificaron la eliminación de los kulaks, esos pequeños campesinos propietarios reticentes a la colectivización. «La GPU y los ciento ochenta mil colaboradores del Partido enviados desde las ciudades recurrieron a las pistolas, los linchamientos y el sistema de campos de concentración o Gulag para acabar con las aldeas. Más de dos millones de personas fueron deportadas a Siberia o Kazajistán; en 1930 había 179 000 personas trabajando como esclavos en los gulags; en 1935 eran casi un millón.[73]»

Pero, sobre todo, el régimen planificó la hambruna para acabar con los campesinos ucranianos. El número de muertos provocado por la hambruna de 1932 escribía Sebag Montefiore, «sería de entre cuatro y cinco millones de personas a, como máximo, diez millones, tragedia sin parangón en la historia de la humanidad, si exceptuamos el terror de los nazis y el de los maoístas.»

Quince millones de personas habían sido deportadas, muchas de las cuales habían fallecido durante las colectivizaciones. En esas fechas, casos de canibalismo habían sido señalados en Ucrania y en el Ural[74].

En 1930, Lázar Kaganovitch, recién cumplido treinta y siete años, pasaba a ser el adjunto de Stalin. Era el menor de cinco hermanos, de los cuales tres eran importantes bolcheviques. Kaganovitch, aprendiz de zapatero, nacido en las zonas lindantes de Ucrania y Bielorrusia, «tenía un carácter explosivo», señalaba Sebag Montefiore. «A menudo pegaba a sus subordinados o los agarraba por las solapas. No obstante, políticamente era cauto, rápido y listo.» Era buen orador, «a pesar de su

---

[73] Simon Sebag Montefiore, *La corte del Zar rojo*, 2004, Crítica-Barcelona, p.46. La policía secreta soviética se llamó primero cheka, antes de ser rebautizada como GPU en 1922, NKVD en 1934, y finalmente NKGB, KGB, en 1954.

[74] Simon Sebag Montefiore, *La corte del Zar rojo*, 2004, Crítica-Barcelona, p.68, 228.

fuerte acento judío». Fue responsable de la militarización del Estado-Partido. «En 1918, con solo veinte y cuatro años, conquistó Nizhni Nóvgorod y sembró el terror en la ciudad. En 1919 exigió la instauración de una férrea dictadura, exhortando a que se impusiera la disciplina militar del "centralismo".»

Fue él, el que diseñó y pulió los engranajes y mecanismos de lo que acabaría siendo "el estalinismo". «Tras dirigir la sección de nombramientos del Comité Central, "Lazar de hierro" fue enviado a administrar el Asia Central y más tarde, Ucrania, hasta que regresó en 1928 para ingresar en el Politburó como miembro de pleno derecho en el XVI Congreso de 1930.» Venía de aplastar las revueltas campesinas desde el norte del Cáucaso hasta la Siberia occidental. «Sucesor de Molotov como máximo dirigente en Moscú y héroe de un culto afín al propio Stalin, Lazar de hierro emprendió la vandálica creación de una metrópoli bolchevique, dinamitando lleno de entusiasmo numerosos edificios históricos [75].» Después de la muerte de Stalin, Lázar Kaganovitch nunca tuvo que preocuparse por su participación en el exterminio de los campesinos, y falleció apaciblemente en su cómodo apartamento de Moscú en 1991 a una respetable edad de 97 años.

Genrikh (Enoch) Yagoda, el jefe de la policía secreta era otro personaje emblemático del régimen estaliniano. Era medio calvo y de pequeña estatura, pero motivado por una ambición despiadada. Este especialista en venenos era el hijo de un joyero judío de Nizhni-Nóvgorod. Con su cara de hurón y bigote "a lo Hitler", solía frecuentar la casa de Gorki, el presidente de la Unión de escritores. Amaba los vinos franceses, la pornografía alemana y los juguetes sexuales. «Su gran logro, con el apoyo de Stalin, fue la creación, gracias a la mano de obra esclava, del inmenso imperio económico de los gulags.[76]»

Yagoda supervisó el primero de los famosos grandes juicios de Moscú, en el verano de 1936. Once de los diez y seis acusados eran judíos, lo cual reflejaba su importante presencia dentro de la vieja generación de bolcheviques que Stalin había comenzado a liquidar. Durante seis días, Zinoviev y Kamenev, acusados de ser disidentes trotskistas antisoviéticos, confesaron sus supuestos crímenes con una docilidad

---

[75] Simon Sebag Montefiore, *La corte del Zar rojo*, 2004, Crítica-Barcelona, p.44, 45, 46

[76] Simon Sebag Montefiore, *La corte del Zar rojo*, 2004, Crítica-Barcelona, p. 79, 215

que asombró los espectadores occidentales, reconociendo que habían planeado asesinar Stalin y otros dirigentes.

Obviamente, fueron condenados a muerte y llevados poco después al lugar de ejecución. Zinoviev gritaba que Stalin le había prometido perdonarle la vida. «¡Por favor, camarada, por Dios, llama a Iosiv Vissarionovich! ¡Iosiv Vissarionovich prometió salvarnos la vida! - Kamenev comentó: - Nos lo tenemos merecido por nuestra indigna actitud en el juicio- y dijo a Zimoniev que se callara y que muriera con hombría. Zinoviev hacía tanto ruido que un teniente del NKVD se lo llevó a una celda situada allí cerca, donde lo liquidó. A todos ellos les pegaron un tiro en la nuca.»

Stalin, al que le fascinaba el comportamiento de sus enemigos en el momento crucial de morir, pidió que Pauker, el jefe de sus guardias espaldas, le contara la escena. Pauker era corpulento y calvo, solía ir perfumado y ejercía ocasionalmente su antiguo oficio de barbero, por lo que Stalin le había regalado un Cadillac en agradecimiento por sus servicios. «Pauker, que era judío como Zinoviev, se había especializado en contar a Stalin chistes de judíos con el acento debido, forzando las erres y arrastrándose por el suelo» relataba Sebag Montefiore. «¡Por Dios, llamad a Stalin! Algunas versiones afirman que incluso se agarró a los pies de los agentes de la cheka y que les lamió las botas.» Paukner «interpretó a un Zimoniev que gritaba y levantaba las manos al cielo entre sollozos:" Escucha Israel, el Señor es nuestro Dios, ¡el señor es el único!" Stalin se rio tanto que Paukner tuvo que repetir el numerito. Stalin se puso casi malo de la risa y tuvo que pedir a Paukner que parara.»

Kamenev y Zinoviev fueron ejecutados los dos de un disparo en la nuca y sus cuerpos incinerados. «Las balas, con la punta aplastada, fueron extraídas de los cráneos, limpiadas de sangre y de los fragmentos de cerebro, y entregadas a Yagoda, probablemente aún calientes.» Éste las etiquetó, guardando orgullosamente aquellas reliquias macabras entre su colección de objetos eróticos y medias de mujer[77]. Paukner fue discretamente fusilado en 1937, como la mayoría de los antiguos chekistas en quien Stalin ya no confiaba.

La muerte de dos de los más próximos camaradas de Lenin constituía para Stalin una etapa hacia el régimen de terror que iba a ser dirigido

---

[77] Simon Sebag Montefiore, *La corte del Zar rojo*, 2004, Crítica-Barcelona, p. 192, 193

contra el partido. El NKVD era el bastión de viejos bolcheviques, «el último reducto del amiguismo bolchevique, lleno de polacos, judíos y letones de dudosas credenciales[78].», por lo que el dictador necesitaba que alguien lo controlara desde el exterior y sometiera esa élite demasiada segura de sí misma.

Al final de mes de septiembre de 1936, Yagoda fue acusado de robo de diamantes y de corrupción. Fue depuesto de sus funciones y sustituido por Nicolai Yezhov. Como Yezhov le había garantizado que sus allegados y protegidos serían perdonados, Yagoda implicó a muchas personalidades. Pero «la norma en el mundo de Stalin era que cuando caía un hombre, todos los que estaban relacionados con él, ya fueran amigos, amantes o protegidos, caían también[79].»

Nicolai Yezhov, un protegido de Kaganovitch, se había vuelto el hombre más poderoso de la URSS después de Stalin. También fue uno de los grandes monstruos de la historia. Entre 1936 y 1938, fue el principal organizador del Gran Terror dirigido contra el Partido y la gente del pasado, aristócratas, curas, burgueses, campesinos, que hasta entonces habían sobrevivido al terror de clase. En catorce meses, más de setecientas mil personas fueron fusiladas y millones deportadas.

Hijo de un guardia forestal y una sirvienta, era un hombre bajito y muy nervioso, flaco y menudo, pues no medía más de 151 cm. También era un bisexual entusiasta, nos informaba Sebag Montefiore, habiendo «fornicado» con soldados en el frente «e incluso con bolcheviques de alto rango como Filipp Goloshchokin, que dirigió el asesinato de los Romanov.» Amigo del poeta Mandelstam, se había casado en segundas nupcias con Yevgenia Feigenberg de apenas veintiséis años, «una judía vivaracha y seductora originaria de Góme... tan promiscua como su nuevo marido[80].»

Bajo sus órdenes, en un año y medio, cinco miembros del Politburó sobre quince, 98 miembros del Comité central sobre 139 y 1108 de los 1966 delegados del XVII Congreso fueron arrestados. Algunos días,

---

[78] Simon Sebag Montefiore, *La corte del Zar rojo*, 2004, Crítica-Barcelona, p.195, 196

[79] Simon Sebag Montefiore, *La corte del Zar rojo*, 2004, Crítica-Barcelona, p. 216

[80] Simon Sebag Montefiore, *La corte del Zar rojo*, 2004, Crítica-Barcelona, p. 161, 162-163

como el 12 de noviembre, Stalin y Molotov firmaron 3167 órdenes de ejecución. De los 28 comisarios que estaban bajo las órdenes de Molotov a principio de 1938, veinte fueron ejecutados. Cada mañana, «el enano sangriento», recién salido de las cámaras de tortura, se dirigía directamente al Politburó para asistir a las reuniones:

«Un día Jrushchov se fijó en unas manchas de sangre que salpicaban el dobladillo y los puños de la blusa de campesino de Yezhov. Jrushchov, que desde luego no era ningún angelito, preguntó de qué eran esas manchas. Yezchov respondió con un destello en sus ojos azules que cualquiera podía sentirse orgulloso de llevar esas manchas, pues eran de la sangre de los enemigos de la Revolución.»

Cada región debía aportar sus cuotas. Jrushchov, entonces primer secretario del Partido en Moscú, ordenó la ejecución de 55741 funcionarios, o sea más que la cuota inicial de 50 000 que había fijado el Politburó. Zhdánov supervisó la detención de 68 000 personas en Leningrado. Beria, verdadero profesional de la cheka, cumplió escrupulosamente con su cuota inicial de 268 950 detenciones y 75 950 ejecuciones. Exceptuando estos, los demás jefes regionales fueron también triturados poco tiempo después. «Todos los jerarcas emprendieron giras sangrientas por el país. Zhdánov llevó a cabo purgas en los Urales y en la región del Volga medio. Ucrania tuvo la mala suerte de recibir la visita de Kaganovitch, Molotov y Yezhov.»

Sebag Montefiore presentaba en su libro otra imagen chocante: «Fueron ejecutados tantos ferroviarios que un agente llamó por teléfono a Poskrebishev para avisarle de que una línea había quedado completamente desguarnecida[81].»

Durante el Gran Terror, se le había encomendado a Voroshilov la tarea de purgar masivamente el ejército. Se vanaglorió posteriormente de haber originado la detención de cuarenta mil oficiales y la promoción de cien mil nuevos reclutas. Tujachevski, el general más capacitado de la revolución, había sido arrestado y torturado. Confesó que era un espía alemán, en connivencia con Bujarin para tomar el poder. En total, tres de los cinco mariscales, quince de los dieciséis comandantes y sesenta de los sesenta y siete comandantes de cuerpos de ejércitos habían sido ejecutados.

---

[81] Simon Sebag Montefiore, *La corte del Zar rojo*, 2004, Crítica-Barcelona, p.229, 238, 245, 250, 252

Para perpetrar esta masacre, Voroshilov benefició de la colaboración de Lev Mejlis, el cual se vio propulsado de repente al primer plano. «Hasta Stalin lo llamaba fanático» escribía Sebag Montefiore. «Con una especie de cresta de pelo negro rodeando su cabeza y una cara alargada de pájaro, Mejlis desempeñó a su manera un papel tan importante como Molotov o Beria. Nacido en Odessa en 1889 en el seno de una familia judía, abandonó la escuela a los catorce años, y no se unió a los bolcheviques hasta 1918, tras flirtear con otros partidos, pero durante la guerra civil prestó servicios como comisario en Crimea, donde actuó despiadadamente ejecutando a miles de personas.» Se convirtió en uno de los asistentes de Stalin y el confidente de todos sus secretos. Estaba «fervientemente entregado a su "querido camarada Stalin", para quien trabajaba con un frenesí neurótico[82].»

En 1930, Stalin lo nombró redactor jefe de la Pravda, puesto en el que se comportó con una «extrema brutalidad» con los escritores. Mejlis, que había dejado el ejército del Zar con el simple grado de artillero, fue promovido comisario adjunto a la Defensa y jefe de la administración política del ejército rojo.

Durante la guerra, en 1942, éste protegido de Stalin dirigió las operaciones en Crimea: Fue «un estrepitoso fracaso, fruto del desquiciado auge del terror aplicado a la ciencia militar. Prohibió que se abrieran trincheras "para que el espíritu ofensivo de los soldados no se viera socavado", e hizo hincapié en que todo aquel que tomara "medidas básicas de seguridad" sería acusado de "sembrar el pánico". Así pues, todos acabaron en un "amasijo de carne y sangre". Bombardeó a Stalin con mensajes solicitando más medidas de terror... Corría por el frente en su todoterreno a toda velocidad, empuñando una pistola para intentar detener la retirada, mostró... la estúpida tiranía y los modos absolutamente arbitrarios de su incultura militar. Los hechos tuvieron consecuencias desastrosas. El 7 de mayo el contraataque de Manstein provocó la retirada total de Mejlis de Crimea y permitió la captura de un botín tremendo: unos 176 000 hombres, 400 aviones y 347 carros blindados.» Mejlis maldecía contra todo, rogándole a Stalin que le enviara un gran general, un Hindenburg, pero Stalin le regañó: «Si hubieras lanzado la aviación contra los carros blindados y los soldados enemigos en lugar de utilizarla en operaciones de diversión,

---

[82] Simon Sebag Montefiore, *La corte del Zar rojo*, 2004, Crítica-Barcelona, p.223

los alemanes no habrían conseguido romper el frente... No hace falta ser un Hinderburg para entender algo tan simple... [83]»

Arkadi Vaksberg concluía así sobre este personaje: «Ese general tenía sobre su consciencia la muerte de cien mil soldados soviéticos caídos durante la evacuación de Kertch, ejecutada a pesar del sentido común, y otras operaciones igualmente dudosas[84].»

En 1949, Lev Mejlis, el más fiel teniente de Stalin fue víctima de un ataque. Mientras moría en su datcha, Stalin, acordándose de su viejo camarada, lo nombró miembro del nuevo Comité central. «Mejlis murió encantado y feliz y Stalin organizó un magnifico funeral en su honor.»

Alexander Poskrebishev era otro personaje de primer plano, dado que fue el jefe de gabinete de Stalin durante la mayor parte de su reinado. Este antiguo enfermero se había casado con "Bronka" Masenkis, una judía de origen lituano proveniente de una familia de magnates del azúcar. Su mejor amiga era Yevgenia Yezhova, editora y seguidora impenitente de literatos y esposa de Nikolai Yezhov. «Estas dos gatitas divertidas y coquetas, ambas judías, una de origen polaco y la otra lituana, siempre encantadoras, se parecían mucho.» escribía Sebag Montefiore, «además, Yezhov y Poskrebishev mantenían una estrecha amistad; solían salir a pescar juntos mientras sus esposas se dedicaban a chismorrear.» Yevgenia «mantenía una gran amistad con todos los grandes nombres del mundo de las artes y se acostaba con la mayoría de ellos. El encantador Isaac Babel era la cabeza de cartel [de sus fiestas]..., Solomon Mijoels, el actor judío que representaba *El Rey Lear* para Stalin, Leonid Utesov, director de una banda de jazz, el director cinematográfico Eisenstein, Mijail Sholojov, el famoso novelista, o el periodista Mijail Koltsov, acudían al salón de aquella casquivana encantadora. En las fiestas que se celebraban en el Kremlin, Yezhova no cesaba de moverse al ritmo del foxtrot y no se perdía ni un baile. ¡Fíjate! - comentaría Babel en una ocasión-¡,nuestra muchacha de Odessa se ha convertido en la primera dama del reino[85]!»

---

[83] Simon Sebag Montefiore, *La corte del Zar rojo*, 2004, Crítica-Barcelona, p.433-434

[84] Arkadi Vaksberg, *Stalin et les juifs*, Robert Laffont, 2003, p. 162

[85] Simon Sebag Montefiore, *La corte del Zar rojo*, 2004, Crítica-Barcelona, p. 268-269

«Era bien sabido que Stalin estaba rodeado de mujeres judías» apuntaba Sebag Montefiore. Además de las esposas de los dignatarios, estaban las amantes. El hijo de Beria relataría en sus *Memorias* «que su padre se entretenía en llevar una lista de las mujeres judías con las que Satlin mantenía relaciones. Esas muchachas judías revoloteaban alrededor de Stalin, pero todas eran de "dudosos" orígenes.»

Kato Svanidze había sido la primera esposa de Stalin. Nadejda (Nadia) Alliluyeva fue la segunda. Era hija de Serguei Alliluyev, un ruso, y de Olga Fedorenko, que tenía sangre georgiana, alemana y gitana. Con ella tuvo una hija, Svetlana. Tras la muerte de Nadia, corrió el rumor de que Stalin se había casado con la hermana de Lazar Kaganovitch, Rosa:

«Fue un rumor que tuvo mucho eco y que muchos creyeron: incluso se publicaron fotografías de Rosa Kaganovitch en las que aparecía como una hermosa mujer morena... La importancia del rumor residía en que Stalin se habría casado con una judía, escribía Sebag Montefiore, un hecho que podía resultar muy útil al aparato propagandístico de los nazis... Los Kaganovitch, tanto el padre como la hija, negaron este hecho con tanta rotundidad que quizá sus protestas resultaron excesivas, pero, según parece, toda la historia era inventada[86].»

Stalin había tenido un hijo de su primer matrimonio, Yakov. Este tenía un carácter agradable, pero Stalin se disgustó cuando Yakov se casó, en contra de su voluntad, con una judía de Odessa, divorciada de un guardia chekista, Yulia Isaacovna Meltzer[87]. Cuando su hija Svetlana hizo lo propio con un judío llamado Kapler, Stalin lo envió a la cárcel durante cinco años. Es cierto, que ese Kapler era mucho más mayor que ella, y tenía además la reputación de ser un Don Juan.

La presencia de tantas mujeres judías también llamó la atención del historiador Arkadi Vaksberg: «En los años 1920 y 1930, numerosos miembros rusos del Comité central y del Politburó se habían casado con judías: Molotov (Perle Karpovskaia, alias Paulina Jemtchujina), Voroshilov (Golda Gorbman), Bujarin (Ester Gurvitch, luego Anna Lourié), etc. Hasta el fiel secretario de Stalin, Alexander Poskrebishev había tomado por esposa a Bronislava Weintraub[88].»

---

[86] Simon Sebag Montefiore, *La corte del Zar rojo*, 2004, Crítica-Barcelona, p. 269

[87] Arkadi Vaksberg, *Stalin et les juifs*, Robert Laffont, 2003, p.127

[88] Arkadi Vaksberg, *Stalin et les juifs*, Robert Laffont, 2003, p.75

Sebag Montefiore subrayaba el carácter «incestuoso» de ese mundillo bolchevique: «La mujer de Kamenev era hermana de Trotski; Yagoda estaba casado con una mujer de la familia Sverdlov; Poskrebishev, el secretario de Stalin estaba casado con la hermana de la nuera de Trotski. Dos destacados estalinistas, Shcherbakov y Zhdánov, eran cuñados. Más tarde, los hijos de los miembros del Politburó se casarían entre ellos[89].»

Los artistas judíos eran puestos por las nubes. Esto es lo que escribía Vaksberg Arkadi, manifestando él también esa tendencia característica de los intelectuales judíos de ensalzar sus congéneres: Alrededor del escritor Mijoels, «se formó una compañía de excelentes actores judíos entre los cuales brillaba el genio de Benjamin Zuskin. El Teatro judío, al que se le había atribuido preciosos locales en el centro de la capital, iba ser durante muchos años uno de los más concurrido de Moscú.» Isaac Babel se convirtió «rápidamente en uno de los autores más populares de su tiempo. Alrededor suyo, otros escritores judíos habían tomado seudónimos, aunque no por ello disimulaban sus orígenes, que por lo demás, estaban muy presentes en sus obras.»

El autor citaba a continuación una lista de completos desconocidos, a cuál más "genial": «Los estudiaban en clase, la prensa hablaba de ellos, sus libros se vendían, eran ensalzados y condecorados.» Boris Pasternak y el poeta Ossip Mandelstam eran menos alabados por el régimen que Ilia Ehrenburg y Vassili Grossman. Los judíos «iban a constituir el núcleo duro del cine soviético: Dziga Vertov (Kaufman), Abram Room, Grigori Kozintsev, Leonide Trauberg, Friedrich Ermler, Iossif Heifetz, Grigori Rochal, etc.» Los músicos que recibían los generosos elogios de las autoridades soviéticas «eran todos judíos, excepto casos contados: David Oistrakh, Emil Guilels, Yakov Zak, Rosa Tamarkina, Arnold Kaplan, Grigori Guinzburg, Maria Grinberg, Mijail Fihtengolz, y muchos más. Sus nombres estaban en todas partes, en la prensa, la radio, Stalin los condecoraba a diestra y siniestra y subvencionándolos generosamente con dinero en efectivo.» Vaksberg añadía, de forma reveladora: «Obviamente, la comunidad judía siempre había sido fértil y talentosa, a pesar de que hasta entonces le había sido imposible expresarse. Pero su realización y plenitud "desproporcionada" fue

---

[89] Simon Sebag Montefiore, *La corte del Zar rojo*, 2004, Crítica-Barcelona, p.31-32. Nota en pie de página.

interpretado por la muchedumbre hosca e ignorante como un "complot judío" contra la cultura eslava[90].»

Vaksberg pretendía demostrar una y otra vez en su libro que Stalin era antisemita. Escribía así: «Ningún ser razonable podía sospechar el antisemitismo del guía del país.» Y añadía, de manera un poco cómica: «Sumido en su silencio, Stalin esperaba. Los judíos disfrutaban de las "ventajas de la revolución". El tiempo de las persecuciones aún no había llegado.»

Mientras tanto, los rusos eran las víctimas del régimen. Hacia finales de los años 1920, la ex-Academia de ciencias de San Petersburgo, «bastión reaccionario», había sido purificada. Científicos de renombre mundial acusados de antisemitismo, habían sido condenados a muerte y ejecutados. Arkadi Vaksberg, señalaba que «estas acusaciones habían sido notificadas a los académicos únicamente por jueces de instrucción de origen judío (Lazar Kogan, Lazar Altman y Heinrich Luchkov)», pero detectaba, una vez más, una maniobra solapada de Stalin: «Para algunos autores, esta elección específica de jueces de instrucción judíos era la prueba de una provocación premeditada y ordenada por el gurú del Kremlin[91]». Pero no por ello deja de ser cierto que los que fueron ejecutados eran rusos, y que, en este caso, sus verdugos eran judíos.

A mediados de los años 1930, los judíos aún eran numerosos en la cima del estado. «Eran miembros del Consejo de los comisarios del pueblo: Maxim Litvinov (Wallach-Finkelstein) en Asuntos exteriores, Genrij Yagoda (Iehuda-Ghenakh) en Interior (es decir, en el NKVD), Lazar Kaganovitch en Transportes, Arkadi Rosengoltz en Comercio exterior, Moises Kalmanovitch en los Sovjós (granjas soviéticas de Estado), Moises Rukjimovitch en Industria de guerra, Isidoro Lubimov en Industria ligera, Alejandro Bruskin en Construcciones mecánicas, Grigori Kaminski en Salud pública. Decenas de otros judíos eran comisarios adjuntos.»

Arkadi Vaksberg explicaba a continuación la estratagema empleada por Stalin para eliminar los judíos de los puestos importantes sin levantar sospechas: «Stalin sabía perfectamente que la "preeminencia judía" no duraría siempre» y que «la gran proporción de judíos entre las víctimas

---

[90] Arkadi Vaksberg, *Stalin et les juifs*, Robert Laffont, 2003, p.61, 62, 89, 90

[91] Arkadi Vaksberg, *Stalin et les juifs*, Robert Laffont, 2003, p. 65

de la hecatombe no pasaría desapercibida.» Con el fin de despistar, acentuó la represión contra los "antisemitas":

«A mediados de los años 1930, escribía Vaksberg, asistimos a una progresión espectacular de los juicios de antisemitas... Se podía ser perseguido por antisemita sin haber cometido algo penalmente condenable, simplemente por haber mostrado poca simpatía hacia los judíos. Denuncias por palabras antisemitas, transmitidas bajo mano a informadores de la policía, bastaban para poner en marcha la máquina judicial. Observaciones intercambiadas entre amigos del tipo "los judíos nos hacen la vida imposible" bastaban para justificar una inculpación por "incitación al odio étnico" ... Reprimiendo todos estos signos exteriores del antisemitismo, Stalin desviaba así la atención de las motivaciones realmente judeófobas que guiaban sus actos[92].»

Y es también, probablemente, para «desviar la atención» que Stalin seguía recompensando los judíos meritorios: «Para la finalización de las obras del canal Báltico-Mar Blanco, realizadas por los esclavos del gulag, otorgó la orden de Lenin a los jefes de la Lubianka, todos ellos judíos: Lazar Kogan, Matvei Berman, Semion Firine, Yakov Rappoport y muchos más.» Vaksberg se indignaba otra vez: «A partir de ahora todo el mundo sabía quiénes eran los cómitres de los presidiarios del socialismo.»

En el segundo gran juicio de Moscú, en enero de 1937, había seis judíos sobre diecisiete en el banquillo de los acusados. De los cuatro principales condenados (Piatakov, Radek, Sokolnikov y Serebriakov), Stalin perdonó la vida a Karl Radek (Sobelson) y a Grigori Sokolnikov (Brilliant), «ambos judíos y conocidos en Occidente.» Vaksberg concluía:«Otro argumento más para refutar el antisemitismo de Stalin[93].»

A principios de febrero de 1938, Yezhov lideró una gran purga en Kiev donde, ayudado por Jrushchov, procedió a la detención de treinta mil personas. 106 119 personas habían sido víctimas del Terror en Ucrania ese año, y la casi totalidad del Politburó ucraniano había caído. Yezhov regresó después a Moscú para poner en marcha el tercer y último gran juicio de las «organizaciones derechistas y trotskistas antisoviéticas».

---

[92] Arkadi Vaksberg, *Stalin et les juifs*, Robert Laffont, 2003, p. 90, 91

[93] Arkadi Vaksberg, *Stalin et les juifs*, Robert Laffont, 2003, p.96, 97. Radek y Sokolnikov fueron asesinados en prisión en mayo de 1939 por sus compañeros de celda, criminales de derecho común.

Este debutó el 2 de marzo de 1938, siendo Bujarin, Rykov y Yagoda los siguientes en pasar por la trituradora. Sobre los veintiún acusados, solo había cuatro judíos, señalaba Vaksberg. «Sin embargo, la última audiencia terminó con un golpe de efecto abiertamente antisemita por parte del fiscal Vychinski, cuando este leyó con acento judío un pasaje de la Tora de un fragmento encontrado sobre el acusado Arkadi Rosengoltz.» Su esposa se lo había deslizado en el bolsillo a modo de talismán protector, pero no impidió que fuera fusilado.

Después del Gran Terror de 1936-1938, la proporción de judíos en el aparato de Estado había disminuido considerablemente. Los judíos, que constituían el 39% de los dirigentes del NKVD en 1936 pasaron a ser el 21% en 1938 y solo el 4% en 1939, mientras que la proporción de rusos pasaba del 31% en 1934 al 65% en 1941[94].

Pero Yezhov empezaba a sobrar. «Llevaba una vida nocturna de vampiro, entregada a sus sesiones de bebida y de tortura». Stalin le propuso amablemente contratar alguien para ayudarle a dirigir el NKVD. Kaganovitch sugirió entonces Lavrenti Beria, un georgiano. En 1938, Beria fue enviado a Moscú con sus secuaces georgianos para acabar con la banda de Yezhov. Este fue finalmente arrestado en abril de 1939, «tuvieron que arrastrarlo por los brazos», y ejecutado poco después. El escritor Isaac Babel, relacionado con la esposa de Yezhov, también fue condenado y ejecutado al mismo tiempo que él. Tras su muerte, Yezhov fue considerado como un renegado sediento de sangre que había masacrado inocentes a espaldas de Stalin y su nombre fue borrado de la historia oficial. El nuevo amo de la policía, Beria, era odiado por muchos de los allegados del dictador, pues era un intrigante nato, capaz de las peores venganzas y dotado de una gran energía. Era un «gestor de talento, era el único líder soviético al que uno podía imaginar convertido en presidente de la General Motors», diría su nuera[95].

Aunque era un buen padre de familia, no dejaba de ser un «peligroso depredador sexual», que secuestraba y violaba las mujeres que venían a suplicarle en favor de sus familiares. El 17 de enero de 2003, el ministerio fiscal ruso confirmaba la existencia de un expediente de cuarenta y siete tomos sobre los crímenes de Beria, que incluían los

---

[94] Arkadi Vaksberg, *Stalin et les juifs*, Robert Laffont, 2003, p. 104,105

[95] Simon Sebag Montefiore, *La corte del Zar rojo*, 2004, Crítica-Barcelona, p.280

testimonios de decenas de mujeres que le acusaban de haberlas violado. Beria también era un verdugo sádico. Al igual que Yezhov, torturaba personalmente sus víctimas. El día que entró oficialmente en funciones, Stalin y Molotov firmaron 3176 condenas. Los verdugos tenían pues mucho trabajo por delante. El Gran Terror no acabaría hasta el XVIII Congreso del Partido, el 10 de marzo de 1939.

La guerra civil española

Después de Moscú, Berlín, Budapest y Múnich, el nubarrón revolucionario iba a cernerse sobre España, aprovechando la terrible guerra civil que empezó en el verano de 1936. El desencadenamiento de la insurrección nacionalista en España había sido el detonante que les había convencido de la inminencia del enfrentamiento «entre las fuerzas de la oscuridad y las de la luz.» La prueba de fuerza histórica comenzaba allí. Miles de judíos de toda Europa y del mundo entero se lanzaron en la batalla alistándose en las Brigadas internacionales.

Esto es lo que se puede leer en el libro de Alain Brossat:«Venidos de Polonia, de Hungría, de Rumanía, de Yugoslavia, de Francia, de Bélgica, de Palestina, de Alemania, de Estados Unidos, de Argentina y de hasta Australia y África del Sur, se dirigieron a partir de julio de 1936 a esa España republicana que llevaban en el corazón, hacia un combate en el que parecía converger y concentrase toda su energía y todo su optimismo revolucionario.» Efectivamente, entre los brigadistas, había un gran número de judíos de Europa del este: «Basta, hoy en día, ojear las interminables listas de los "internacionales" caídos en España para convencerse de la importancia de la proporción de judíos, combatientes originarios del Yiddishland, que acudieron a Barcelona y Albacete, partiendo de Melbourne, Buenos Aires, Chicago, París, Lieja, y no solamente de Varsovia o Lodz.»

Alain Brossat aportaba en su libro el testimonio del antiguo brigadista Pierre Scherf. Este declaraba que, «tres cuartas parte, sin exagerar, de los 600 voluntarios rumanos que participaron en la guerra de España eran judíos.» Un día fue llamado por su jefe para ayudarle con una delegación de milicianos de la Brigada estadounidense Lincoln, muy enfadados por lo visto, para la que se necesitaba urgentemente un traductor. ¿Pierre Scherf puede encargarse de la traducción? «¡Pero si no sé inglés! Contestó. - ¡arréglatelas, le respondió el otro, conoces tantas lenguas! Scherf se rascó la cabeza y, de repente, tuvo una idea: "¿Alguno de vosotros habla yiddish? "Numerosas manos se levantaron y la exposición de quejas empezó: "¡No recibimos el correo, la comida es asquerosa!»

Pierre Scherf estaba muy orgulloso de su trayectoria como militante: «Cerca de Madrid, en Guadalajara, en Brunete o en Zaragoza, dondequiera que nuestra Brigada estuviera peleando contra el enemigo mortal de la humanidad, el fascismo, los voluntarios judíos estuvieron en primera fila, dando así ejemplo de heroísmo y de conciencia antifascista[96].»

Estos hechos eran confirmados por el historiador del comunismo Stéphane Courtois: «Aquellos militantes de toda Europa, pero también del mundo entero (Hispanoamérica, Canadá, Australia, Nueva Zelanda, e incluso... Palestina), afluyen masivamente en 1936 a las Brigadas internacionales organizadas por el movimiento comunista, para luchar con las armas en la mano en España. De los 32 000 voluntarios de las Brigadas, se calcula que un cuarto (7 a 8000) eran judíos, la mitad de ellos eran polacos, y tenían una lengua común, el yiddish; los batallones alemanes, checos, polacos y estadounidenses eran compuestos mayoritariamente por judíos; hasta se creó una unidad exclusivamente judía, la compañía Botwin (nombre de un militante asesinado en Polonia).[97]»

En su libro titulado *Shalom Libertad, Judíos en la guerra civil española*, Arno Lustiger -pariente cercano del cardenal*- escribía el siguiente comentario que dejaba bien claro el carácter nacional de la intervención: «Desde el primer día del estallido de la guerra civil, la prensa obrera judía apoyó a la República. Son también muy notables las contundentes declaraciones pro-republicanas por parte de los círculos burgueses de la opinión pública judía. Los editores de las revistas judías superaban a los periodistas no judíos en su labor de defensa de la República española[98].»

Respecto al número de voluntarios, Arno Lustiger estimaba que estaba ciertamente infravalorado, «ya que los judíos solían cambiarse el

---

[96] Alain Brossat, Sylvia Klingberg, *Le yiddishland revolutionnaire*, Balland, 1983, p. 130, 124, 132

[97] Stéphane Courtois, in Béatrice Philippe, *Les juifs dans le mode contemporain*, MA éditions, 1986, p.53

* Aaron Jean-Marie Lustiger (1926-2007), Cardenal y Arzobispo de París.

[98] Arno Lustiger, *Shalom Libertad, Judíos en la guerra civil española*, Flor del Viento Ediciones, Barcelona 2011, p.64

apellido y por eso no pueden ser identificados como tales en los archivos y en las listas de las Brigadas internacionales... Muchos judíos estadounidenses cambiaron sus apellidos por otros anglosajones, siguiendo órdenes del PC de EEUU., con el fin de no llamar la atención en su labor de agitación entre los trabajadores no judíos[99].»

Arno Lustiger añadía que había un gran factor de imprecisión en esas cifras: «Muchos voluntarios judíos eran judíos errantes de la revolución mundial, que habían actuado ya en varios países antes de ir a España. David Kamy, por ejemplo, partió de Rusia, atravesó China y Japón y llegó a Palestina, de donde se fue a Bélgica y luego a España, de ahí que su nombre aparezca en la lista belga. Muchos judíos polacos alcanzaron España a través de Francia y Bélgica; así que lo más posible es que se les cuente duplicándolos o triplicándolos. Los voluntarios de Palestina de origen polaco son también contados como polacos... Los judíos, con sus 7758 voluntarios, ocupaban el segundo puesto entre los contingentes nacionales, por debajo de los 8500 franceses que acudieron del país vecino. Pero si a esa última cifra le restamos los 1043 judíos que fueron contados en el contingente francés, los judíos que combatieron junto con los franceses no eran propiamente franceses, sino refugiados políticos que habían llegado hacía poco a Francia, como, por ejemplo, de Polonia[100].»

Los voluntarios internacionales eran formados en la nueva base de Albacete, a medio camino entre Madrid y Valencia, bajo el mando de André Marty. De sangre catalana y nacido en Perpiñán, este hijo de obrero se había distinguido en 1919 tomando la cabeza del motín de la flota francesa en el mar negro para protestar contra la orden de apoyar los ejércitos rusos blancos. El principal historiador de la guerra civil española, el inglés Hugh Thomas escribía sobre él: «El cargo que ocupaba en la base de Albacete le fue encomendado en virtud de sus presuntos conocimientos militares y gracias al apoyo de Stalin, quien no olvidaba que, diecisiete años antes, Marty se había negado a tomar las armas contra la naciente Unión Soviética.» En España, le llamaban al principio el «amotinado del mar negro», y, más adelante, «el carnicero de Albacete».

---

[99] Arno Lustiger, *Shalom Libertad, Judíos en la guerra civil española,* Flor del Viento Ediciones, Barcelona 2011. p. 70, 72

[100] Arno Lustiger, *Shalom Libertad, Judíos en la guerra civil española,* Flor del Viento Ediciones, Barcelona 2011, p73

Hugh Thomas relataba una escena en la que se veía André Marty dirigirse a los brigadistas en el patio del cuartel: «El pueblo español y su ejército todavía no han vencido al fascismo. ¿Por qué? ¿Por falta de entusiasmo? No y mil veces no. Le han faltado tres cosas que a nosotros no deben faltarnos: unidad política, dirigentes militares y disciplina.» Hugh Thomas añadía: «Al referirse a los dirigentes militares señaló a una figura pequeña de cabellos grises, con el capote abrochado hasta el cuello. Era el general Emilio Kleber. Kleber tenía cuarenta y un años y, al parecer, era natural de Bucovina, que entonces formaba parte de Rumanía y en el momento de nacer él estaba incorporada al imperio austrohúngaro. Su nombre auténtico era Lazar Manfred Stern y el nombre de guerra lo había tomado de uno de los generales más hábiles de la revolución francesa. Durante la primera guerra mundial sirvió de capitán en el ejército austríaco. Capturado por los rusos fue internado en Siberia. Al estallar la revolución logró huir y se afilió al Partido Bolchevique... Finalmente ingresó en la sección militar de Komintern.» En 1933, había sido enviado a Shangai como consejero militar ante el partido comunista chino. «Ahora llegaba a España, como máximo dirigente de la primera Brigada Internacional... En el momento en que Marty lo presentaba, Kleber se adelantó a saludar con el puño cerrado, provocando una tempestad de aplausos[101].»

Al final del mes de agosto de 1936, este experto militar profesional de la revolución mundial llegó con el primer embajador soviético, Manfred Rosenberg. Rosenberg era el antiguo secretario general adjunto de la Sociedad de Naciones. Venía acompañado de numerosos especialistas del ejército de tierra, de la marina y de la aviación, además de oficiales superiores de la policía secreta y de periodistas. Al final del mes de octubre, grandes cantidades de material de guerra llegaron de la Unión Soviética, pagadas con las reservas de oro del gobierno republicano. Las fuerzas combatientes españolas fueron organizadas respetando el modelo de estado-mayor del ejército rojo. Cada unidad tenía un comisario político asignado junto al mando militar. Arno Lustiger escribía: «Casi todos los comisarios políticos que hubo en España fueron judíos[102].»

---

[101] Hugh Thomas, *La guerra civil española, Tomo I*, Grijalbo Mondadori, Barcelona 1976. p. 494-496

[102] Arno Lustiger, *Shalom Libertad, Judíos en la guerra civil española*, Flor del Viento Ediciones, Barcelona 2011. p.53

Manfred Rosenberg quiso también incitar el jefe del gobierno republicano, el socialista Largo Caballero para que destituyera de sus funciones el general Asensio y que adoptara algunas medidas deseadas por los comunistas. «Después de dos horas de conversación animada... Largo Caballero saltó: ¡Márchese! ¡Fuera! Debe usted saber, señor embajador, que los españoles podemos ser pobres y necesitar ayuda del exterior, pero tenemos el orgullo suficiente para no aceptar que un embajador extranjero trate de imponer su voluntad a un jefe de gobierno español[103].» Rosenberg fue sustituido poco después por su encargado de negocios, L.Y. Gaikins, también judío.

El hombre del Komintern en España era Erno Gerö. Se encargó de dirigir los comunistas de Cataluña. Su verdadero nombre era Ernst Singer. Después de la guerra se convertiría en viceprimer ministro de Hungría y sería también la criatura de Jrushchov durante la sangrienta represión de la insurrección húngara de 1956.

Volvemos a encontrar en España a Ernst Toller. Nacido en 1893 cerca de Poznan, en Polonia, en una familia de comerciantes judíos, fue presidente-adjunto del Consejo obrero y comandante del ejército bávaro durante la breve revolución de Múnich de 1918. Había sido condenado a cinco años de cárcel y expulsado de Baviera en 1924. Emigró entonces a EEUU, donde intentó sin éxito instalarse en Hollywood, antes de pasar a México donde fundó la" liga procultura alemana". Regresó a EEUU y escribió obras de teatro antes de alistarse y partir a España. Organizó para los "republicanos" una colecta en Inglaterra y en EEUU, pero también en Finlandia, Suecia, Dinamarca y Noruega, allí donde los socialistas estaban en el poder. No cesó de realizar llamamientos para recaudar donativos y se entrevistó con numerosos políticos, ministros y eclesiásticos.

El periodista y escritor Ilyá Ehrenburg había nacido en 1891 en Kiev, en una familia judía acomodada y religiosa. Fue el corresponsal en jefe en el extranjero de los Izvestia en París, desde donde se trasladó a España para "cubrir la guerra". Allí conoció a Hemingway. Más tarde sería llamado por Stalin para dirigir la propaganda de guerra de la URSS contra Alemania. Principal reportero de la prensa soviética en el frente redactó junto al otro "gran" escritor soviético, Vassili Grossman, el "Libro Negro" sobre los crímenes nazis contra los judíos. Siempre

---

[103] Hugh Thomas, *La guerra civil española, Tomo II*, Grijalbo Mondadori, Barcelona 1976. p.580

sostuvo el régimen soviético, incluso después de la purga del Comité antifascista judío y el juicio contra escritores judíos en 1952.

Hugh Thomas mencionaba también que el jefe de personal de la base de Albacete era «un camarada de Marty, concejal del ayuntamiento de París, llamado Vital Gayman, conocido en España con el apellido corriente de Vidal.» En 1938, fue «acusado de desfalco y marchó en dirección de París. Al parecer, él y sus secuaces se habían apoderado de muchos efectos personales de los voluntarios[104].» Fue sustituido por un alemán, Wilhelm Zaisser.

Se puede citar además a Jakob Smuschkewitsh, que fue comandante en jefe de la aviación republicana. Había tomado el seudónimo de "general Douglas". En 1936, fueron enviados ciento cincuenta aviones soviéticos, además de sus pilotos y personal en tierra. El coronel Selig Joffe, un judío soviético, era el jefe del servicio técnico. «En junio de 1938, Jakob Smusschkewitsch fue relevado... llegó el 18 de junio a Moscú, fue ascendido a comandante de cuerpo y recibió el cargo de subcomandante en jefe de la aviación soviética. Le dieron además la Orden de Lenin, y durante una recepción en el Kremlin, Stalin le otorgó la condecoración de Héroe de la Unión Soviética[105].» Él también sería víctima de las purgas estalinianas.

Con el avance de las tropas nacionales, el ambiente no tardó en deteriorarse entre los voluntarios internacionales. Estos estaban estrechamente vigilados por los hombres de Moscú, por lo que muchos voluntarios eran retenidos contra su voluntad una vez finiquitado su periodo de compromiso. A principios de 1938, durante la debacle del frente aragonés «se sucedían las ejecuciones arbitrarias; no faltaron casos de oficiales que fueron fusilados delante de la tropa», escribía Hugh Thomas (p.861). En el volumen 10 de la revista *Tabou*, Marty reconocía haber ejecutado personalmente 500 voluntarios, «cifra seguramente por debajo de la verdad.» (p.153).

En aquel momento, España poseía la cuarta reserva de oro del mundo. La mayor parte estaba depositada en el Banco de España, en Madrid. En septiembre de 1936, los republicanos habían estimado preferible transferir el tesoro a un lugar seguro. Parecía arriesgado confiar en Gran

---

[104] Hugh Thomas, *La guerra civil española, Tomo I y II*, Grijalbo Mondadori, Barcelona 1976, p.494, 840

[105] Arno Lustiger, *Shalom Libertad, Judíos en la guerra civil española*, Flor del Viento Ediciones, Barcelona 2011, p.135

Bretaña y Francia dadas sus inquebrantables políticas de no intervención. El 25 de octubre de 1936, el oro fue finalmente embarcado rumbo a la Unión Soviética. Aquella reserva de oro se convirtió en una especie de cuenta corriente con la cual la República podía abonar sus armas y su petróleo.

La operación de embarco fue llevada a cabo con el mayor secretismo. Sesenta marineros trabajaron tres noches seguidas, durmiendo de día sobre las cajas repletas de oro, sin saber lo que contenían. Alexander Orlov, el jefe de la policía secreta soviética había sido designado para supervisar el transporte hasta la URSS. También sería el responsable de organizar la represión contra los trotskistas y de mandar asesinar a su líder, Andreu Nin.

Cuando el embarque terminó, el subsecretario de Estado Méndez Aspe, comparó sus cifras con las de Orlov. Según él, debían figurar 7900 cajas, pero Méndez Aspe solamente contaba 7800. Cada camión que había asegurado el transporte hasta el puerto de Cartagena iba cargado de cincuenta cajas. Faltaba pues el cargamento de dos camiones. «Orlov no mencionó la divergencia a Méndez Aspe, puesto que, si las cuentas de éste eran correctas, hubiera tenido que dar cuenta de las cajas extraviadas.» El oro partió pues hacia Odessa. «Según Orlov, Stalin celebró la llegada del oro con un banquete en el que declaró que "los españoles no verán más el oro, del mismo modo que nadie puede ver sus propias orejas".»

Ese oro sirvió sin embargo para financiar la compra de armas para los Rojos. Un agente del NKVD, llamado Zimin, creó entonces una organización capaz de comprar armas por toda Europa. Trabajaba en este asunto con Ignace Poretsky (Ignace Reiss), el jefe del NKVD en Suiza. En las notas de la página 478, Hugh Thomas precisaba que Ignace Poretsky había sido miembro de un grupo de judíos comunistas originarios de Polonia. Y añadía que encontraron agentes a sueldos que «solían reunir las características de los personajes de las novelas de espionaje.»:

«Había, por ejemplo, un tal doctor Mylanos, griego establecido en Gdynia. Otro era Fuat Baban, también griego, representante en Turquía de las empresas Skoda, Schneider y Hotchkiss, que más tarde sería detenido en París por tráfico de drogas. Y también estaba Ventoura.» Aquí Hugh Thomas utilizaba una nota del ministerio alemán de Asuntos Exteriores que lo identificaba y enviada al bando nacional: «De origen judío, nacido en Constantinopla, que fue declarado culpable de estafa en Austria, con pasaporte falso, y vivía con una mujer en Grecia, aunque estaba domiciliado en París, en un hotel de la avenida Friedland.» Añadía finalmente que «numerosos personajes de esta índole... suministraban armamento caro y a menudo anticuado a la comisión para la compra de armas del gobierno republicano[106].»

El asunto del oro español parece aún más claro a la luz de otras informaciones. Cuando Orlov fue llamado a regresar a Moscú «en vez de presentarse ante la embajada soviética en París, logró huir a Canadá.» Vivió en Cleveland, Ohio, hasta su muerte en 1973, escribía un Arno Lustiger muy discreto al respecto[107]. En un libro publicado en 2006, Edgar Morin nos informaba que la verdadera identidad de Orlov, el jefe del NKVD en España, era "Leiba Lazarevitch Feldin". Refugiado en los Estados Unidos, «se mantuvo en vida gracias a que informó Stalin de que su muerte desencadenaría la publicación de revelaciones capitales[108].»

La España republicana fue vencida, pero las «fuerzas de la luz» seguían aún vivas y obrando en el mundo entero. Tal como lo escribía entonces Roger Bramy en Estados Unidos, en un artículo del *Jewish Journal*: «el nazismo y el fascismo no reconocen ningunas fronteras territoriales, son microbios que atacarán al mundo entero, también a los judíos que nos encontramos en América, y hemos de estar preparados para ello[109].»

La invasión alemana

Antes de que se desencadenara la Segunda Guerra Mundial, los judíos de la URSS aún eran numerosos e influyentes en las instancias dirigentes del régimen. Sin embargo, habían perdido terreno desde las grandes purgas que habían diezmado los antiguos bolcheviques. Arkadi Vaksberg recordaba que en los años 1920 y 1930, «Moscú se hacía representar por los judíos en las principales capitales occidentales: Maksim Litvínov (Wallach), Grigori Sokolnikov (Brilliant), luego Ivan

---

[106] Hugh Thomas, *La guerra civil española*, Tomo I, Grijalbo Mondadori, Barcelona 1976, p.485-487

[107] Arno Lustiger, *Shalom Libertad, Judíos en la guerra civil española*, Flor del Viento Ediciones, Barcelona 2011, p.164-165

[108] Edgar Morin, *Le monde moderne et la question juive*, Seuil 2006, p.85, note 1.

[109] Arno Lustiger, *Shalom Libertad, Judíos en la guerra civil española*, Flor del Viento Ediciones, Barcelona 2011, p.62

Maiski (Israel Lakhevetzi) en Londres, Adolf Iofe en París, Boris Stein en Helsinki y luego en Roma, Marcel Rosenberg y luego León Gaykis en Madrid, Konstantin Umanski en Washington, y Lev Khintchuk y luego Yakov Souritz en Berlín, cuando el nuevo régimen nazi ya mostraba su odio hacia los judíos.» Era casi una provocación, escribía Vaksberg, que concluía, paradójicamente: «Numerosos hechos dan fe de que Stalin manifestaba de buen grado una simpatía particular hacia los judíos[110].»

En 1939, Stalin, cuando proponía su neutralidad al mejor postor, decidió optar por la oferta de Hitler. El 4 de mayo, destituyó su ministro de asuntos exteriores, Maksim Litvínov, así como la mayoría de sus colaboradores judíos, enviando así una señal muy clara en dirección de la Alemania nazi.

Litvínov fue sustituido por Molotov. Años más tarde, Molotov revelaría lo siguiente: «En 1939, cuando Litvínov fue revocado y llegué al ministerio de asuntos exteriores, Stalin me dijo: "Haz una limpia de judíos en la Comisión". Es una suerte que me lo pidiera, pues los judíos formaban la mayoría absoluta en la dirección y de los embajadores... Por supuesto, Stalin desconfiaba de los judíos.»

Sebag Montefiore coincidía al respecto en su biografía: «La aplicación del terror a los diplomáticos de Stalin tenía por objeto atraer a Hitler:" Purga a los judíos del ministerio-dijo- Limpia bien la sinagoga. Gracias a Dios que ha pronunciado esas palabras, comentaría Molotov (casado precisamente con una judía). Los judíos formaban una mayoría absoluta y muchos embajadores... » De tal forma que, «Molotov y Beria se dedicaban a aterrorizar al estamento de diplomáticos cosmopolitas, muchos de ellos bolcheviques judíos que conocían perfectamente las grandes capitales de Europa.»

En la larga lista de despedidos, estaba Ievgueni Gnedine (Parvus). Era el hijo de Alejandro Gelfand (Israel Parvus), nativo de Bielorrusia, emigrado en Suiza, donde se distinguió como filósofo, hombre de negocios, editor y revolucionario. Cercano a Trotski y Lenin, fue el que financió el traslado de Lenin y su camarilla desde Suiza hasta Rusia en marzo de 1917 antes de morir en 1924. Stalin renunció sin embargo en organizar un gran juico de los diplomáticos, considerando que la

---

[110] Arkadi Vaksberg, *Stalin et les juifs*, Robert Laffont, 2003, p.71, 72. Stalin se daba cuenta de que Litvinov era un obstáculo para el acercamiento a Hitler. Ordenó a Mejlis, el director de la Pravda, usar seudónimos en el periódico.

dispersión de la «sinagoga» era un regalo suficiente para Hitler. Litvínov siguió siendo miembro del Comité Central.

Arkadi Vaksberg, quería probar las intenciones antisemitas del amo del Kremlin, por lo que insistía otra vez en su doble juego. Es lo que explicaría, según él, que Stalin, deseoso de preservar su imagen pública de comunista, nombrara también Viceprimer Ministro (es decir, adjunto al Presidente del Consejo de los Comisarios, por lo tanto de Molotov) a Rosalía Zemliatchka (Zalkind), «la misma en distinguirse de manera cruel y bárbara en 1920 en la represión contra el ejército Blanco y la población civil de Crimea... Tenía la reputación, escribía Vaksberg, de ser una funcionaria mediocre, y las masacres de Crimea constituían lo único destacable de su biografía... Era un gesto tranquilizador para los judíos pero sin importancia real. Pero cuando la farsa dejó de ser necesaria, Zemliatchka fue cesada en agosto de 1943. Nadie había notado su presencia en el cargo de Viceprimer ministro.»

De forma parecida, Salomon Lozovski (Dridzo), hasta entonces relegado en un segundo plano a la cabeza de la Internacional de Sindicatos (Profintern), accedió al envidiable puesto de vice-comisario del pueblo para los Asuntos Exteriores. «¿Quién se atrevería, por lo tanto, decir que los diplomáticos destituidos lo habían sido por su origen étnico? Lozovski era de inteligencia media y un ejecutante dócil de los deseos del dictador. Era un espejismo perfecto[111].»

Después de la firma del pacto Ribbentrop-Molotov en Moscú, el 23 de agosto de 1939, el discurso antinazi y la denuncia del antisemitismo y la persecución de los judíos en Alemania y los países ocupados por los nazis desapareció de repente de la propaganda comunista, hasta la invasión alemana de 1941.

En *El Testamento de un poeta asesinado,* el héroe de Elie Wiesel, Paltiel Kossover, judío religioso convertido en militante comunista, y que se había alistado en las brigadas internacionales en España, regresaba en esas fechas a Moscú. Estaba atónito: «En París, combatimos y denunciamos el nazismo día y noche en nuestros periódicos, revistas y discursos, todo en nombre de la revolución comunista. Y aquí, ¡os calláis! No lo entiendo.»

---

[111] Simon Sebag Montefiore, *La corte del Zar rojo*, 2004, Crítica-Barcelona, p. 309, 310 y Arkadi Vaksberg, *Stalin et les juifs*, Robert Laffont, 2003, p. 110-113

La invasión alemana, el 22 de junio de 1941 y la consiguiente entrada en guerra de la Unión Soviética iban a ser celebradas por todo lo alto: «Recibí el inicio de las hostilidades con un franco alivio. No era el único. Escuchando el discurso de Molotov, sentía unas poderosas ganas, desmesuradas, de gritar mi alegría: ¡Hurra, por fin vamos a librar batalla contra Hitler y los Hitlerianos! ¡Hurra, vamos a poder dar vía libre a nuestra cólera! Dejé la imprenta y corrí al Club. Jadeante y sobrexcitado, me junté con mis compañeros que rodeaban Mendelevitch. En esta hora, quería estar junto con los míos, entre ellos, felicitarlos, abrazarlos, llorar de alegría como ellos, llorar de orgullo, reír con ellos, cantar como ellos, tomando algunas copas.» Y Wiesel proseguía: «Ninguna guerra de la historia ha sido acogida con tanta pasión y fervor. Dispuestos a ofrecerlo todo, a hacerlo todo para vencer los peores enemigos de nuestro pueblo y de la humanidad, teníamos por fin la sensación de pertenecer a este país[112].»

Sin embargo, los acontecimientos se volvieron rápidamente un desastre. Cuando en 1939, los ejércitos alemanes cruzaron la frontera polaca, «cientos de miles de refugiados judíos y polacos» se refugiaron en el este del país, parte que iba ser, unas semanas más tarde, anexionada por la Unión Soviética. El libro de Alain Brossat presentaba el testimonio de Isaac Safrin:

«Cuando la Wehrmacht invadió Polonia, Isaac Safrin, estudiante radical, estaba de vacaciones trabajando en un refugio para niños de Varsovia. "¡Vete inmediatamente! Le instó su padre, ¡pásate a Rusia! Sabe que su hijo ha llamado la atención en la universidad con artículos virulentos en contra de los nazis publicados en revistas políticas y culturales de la capital... Al caer la noche, Safrin y los niños llegan a una pequeña ciudad sobre el Bug: es la línea de demarcación. El lugar pulula de contrabandistas y traficantes de toda clase. Pero la guardia fronteriza soviética bloquea el paso. Miles de refugiados están ahí, desamparados, judíos la mayor parte. Safrin ve el primer soldado del ejército rojo de su vida: "llevaba ese curioso gorro puntiagudo... La mañana siguiente,

---

[112] Elie Wiesel, *Le testament d'un poète juif assasiné*, pp. 240, 247,249. Esta escena nos hace recordar aquella otra de la película de Roman Polanski, *El pianista* (2001), en la que vemos una familia judía polaca estallar de alegría al escuchar por la radio la entrada en guerra de Reino Unido y Francia: «¡Es maravilloso!» En la película de Ariel Zeitoun, *El ombligo del mundo* (1993), vemos también unos judíos de Túnez eufóricos de alegría al anunciarse la declaración de guerra de Francia a Alemania.

abrieron la frontera y pudimos llegar a Bialistok" ... Parece ser que durante ese éxodo alrededor de 300 000 judíos pudieron evacuar los territorios ocupados por los alemanes y huir hacia el este[113].»

Las ciudades de Bialistok y Brest-Litovsk fueron a menudo la primera etapa para estos refugiados. Otro activista judío, Yakov Greenstein aportaba este testimonio: «La situación en Bialistok era sorprendente: había decenas de miles de judíos refugiados de Polonia que, por un lado, bailaban y festejaban con el ejército Rojo por las calles, pero que, por el otro, con su sola presencia creaba una anarquía total, durmiendo en las calles y viviendo en unas condiciones higiénicas deplorables[114].»

En este nuevo reparto de Polonia, los Soviéticos habían hecho prisioneros a 26 000 oficiales polacos. El 5 de marzo 1940, el Politburó decidió su suerte: 14 700 oficiales y policías polacos, así como 11 000 terratenientes «contrarrevolucionarios» eran declarados «espías y saboteadores» y debían ser ejecutados. Blojín, «un aguerrido agente de la cheka de cuarenta y un años, de rostro fornido y pelo negro peinado hacia atrás», era desde 1921 el encargado del funcionamiento de la cárcel de la Lubianka y de las ejecuciones. Era el hombre de la situación, escribía Sebag Montefiore. «Blojín se trasladó hasta el campo de concentración de Ostashkov, donde junto con otros dos agentes de la cheka acondicionó un barracón con paredes acolchadas e insonorizadas y decidió imponer una cuota verdaderamente estajanovista de doscientas cincuenta ejecuciones cada noche. Se llevó consigo un delantal de cuero y una gorra de carnicero que utilizó para llevar a cabo uno de los actos más prolíficos de asesinato en masa que haya ejecutado un solo individuo, matando a siete mil hombres exactamente en veintiocho noches, con una pistola Walther de fabricación alemana, para evitar futuras identificaciones. Los cadáveres fueron enterrados en varios lugares, pero los cuatro mil quinientos oficiales encerrados en el campo de Kozelsk fueron sepultados en los bosques de Katín.»

«Fue uno de los verdugos más prolíficos del siglo, pues mató personalmente a miles de individuos, poniéndose muchas veces un mandil de cuero de carnicero para no mancharse el uniforme. Sin embargo, el nombre de este monstruo se le ha escurrido entre los dedos

---

[113] Alain Brossat, Sylvia Klingberg, *Le yiddishland revolutionnaire*, Balland, 1983, pp. 197, 198

[114] Alain Brossat, Sylvia Klingberg, *Le yiddishland revolutionnaire*, Balland, 1983, pp. 270, 271

a la historia[115]», se sorprendía el historiador. Blojín se jubilaría después de la muerte de Stalin con los agradecimientos de Beria.

«Los judíos aún era numerosos en los escalones superiores de la Lubianka, escribía Arkadi Vaksberg, por no mencionar en la investigación científica, en la vida económica y en la industria de guerra... Cuando tuvo que afrontar el espinoso problema finlandés, en 1939, recurrió al embajador Boris Stein... y al coronel de la Lubianka Boruch Rybkin... para poder presentar y argumentar su ultimátum a los dirigentes de aquel país[116].»

El historiador israelí Sever Plocker mencionaba un tal Leonid Reichman, jefe del departamento del NKVD, especialista en interrogatorios, que fue «un sádico especialmente cruel.»

Los polacos no fueron los únicos en sufrir la ocupación de su país. Los baltos también pudieron darse cuenta de la dureza de los métodos comunistas: «La desgracia quiso que el primer comisario del pueblo del Interior en Letonia" soviética" fuese, durante unas cuantas semanas, el judío Semion Schuster, escribía Arkadi Vaksberg. Fue el que dio el pistoletazo de salida para la depuración y deportación de los letones que no parecían ser del agrado de los ocupantes. Naturalmente, la detestación de los letones hacia el tirano Schuster se extendió a todos los judíos "de Moscú"[117].»

El destino de los judíos en las regiones anexionadas por la URSS en 1940 -países baltos, Polonia oriental, Moldavia y la Bukovina del norte- fue bastante diferente. El régimen soviético tomó inmediatamente disposiciones en su favor para protegerlos, enviando cientos de miles de judíos hacia el Este, resguardándolos así del avance de las tropas alemanas. Haím Babic, que se había también refugiado en Brest-Litovsk, confirmaba los testimonios de Marek Halter y de Samuel Pisar[118]:«Las autoridades habían decidido deportar los judíos de Polonia refugiados en esa región. Fuimos transportados al este del Ural, a la región de Tavda, un campamento en medio del bosque... Llegué con mi

---

[115] Simon Sebag Montefiore, *La corte del Zar rojo*, 2004, Crítica-Barcelona, p. 343, 191

[116] Arkadi Vaksberg, *Stalin et les juifs,* Robert Laffont, 2003, p.117

[117] Arkadi Vaksberg, *Stalin et les juifs,* Robert Laffont, 2003, p. 121

[118] Hervé Ryssen, *Les Espérances planetariennes*, Baskerville 2005, pp. 279-282

mujer y los niños a Astracán, al borde del mar Caspio. Astracán era un callejón sin salida donde millones de refugiados confluyeron. Encontré un trabajo en una fábrica, fuimos albergados en un apartamento colectivo.» Pero los ejércitos alemanes no tardaron en acercarse a Astracán, bordeando el Volga: «Había que huir otra vez. Los trenes abarrotados... Partimos a miles de kilómetros de allí, al centro de Rusia. Tenía amigos en un koljós que nos acogieron y ayudaron[119].»

Obviamente, se extendió el rumor de que los judíos permanecían en la retaguardia, lejos de las zonas de combate. Se suponía que los judíos se escondían en Taskent, la capital de Uzbekistán. «Iván combate en las trincheras, Abram trafica en el mercado», era un dicho popular. En la consciencia colectiva de los Soviéticos, Taskent siempre había sido la ciudad de la abundancia, donde se vivía bien. Arkadi Vaksberg, quien se declaraba en contra del mito del "judío agazapado", parecía, otra vez, tirar piedras sobre su tejado: «De los judíos transferidos al este, solo el 5% habían llegado a Taskent o en sus aledaños. Pero se trataba sobre todo de personas conocidas-eruditos, intelectuales, artistas... En realidad, la mayoría de los judíos se habían refugiado en las ciudades del Ural y de Siberia donde compartían con las poblaciones locales las duras adversidades de la guerra. Pero, efectivamente, constituían una parte importante de las masas "evacuadas", tal como se decía[120].»

El diario de publicación francesa, *Actualité juive,* del 5 de mayo de 2005, recordaba que 500 000 judíos lucharon en el ejército rojo durante la Segunda Guerra Mundial. 167 000 eran oficiales, de los cuales 276 generales o almirantes y 89 comandantes de división. Cinco frentes fueron comandados por generales judíos. También había 30 000 guerrilleros judíos en Bielorrusia y 25 000 en Ucrania. En total, 198 000 soldados judíos fallecieron en combate. «Esta tasa de mortandad es más grande que la de cualquier otro grupo étnico de soldados soviéticos», nos aseguraban.

Vaksberg mencionaba también que ciento sesenta mil fueron condecorados y que el título de" Héroe de la Unión Soviética", distinción suprema que recompensaba el valor militar, fue concedida a ciento veinte de ellos [121]. Sin embargo, Stalin minimizaba este

---

[119] Alain Brossat, Sylvia Klingberg, *Le yiddishland revolutionnaire*, Balland, 1983, pp. 273, 279

[120] Arkadi Vaksberg, *Stalin et les juifs,* Robert Laffont, 2003, pp. 130, 131

[121] Esto nos recuerda las legiones de honor distribuidas en Francia cada año a

compromiso. Ciertamente, en vista de la población judía de la URSS de aquella época, la proporción de muertos es tres o cuatro veces inferior a la que debería haber sido.

La resistencia al nazismo

En 1939, cuando la derrota de los republicanos españoles era segura, miles de ellos encontraron refugio en Francia, aportando su contribución a la posterior resistencia. Naturalmente, también aquí, los judíos del Yiddishland jugaron un papel considerable.

Desde finales del siglo XIX, los judíos del Este habían llegado por olas sucesivas y empezaron a poblar ciertos barrios de París, desde los más populares, como el de Belleville, hasta los más burgueses del oeste de la ciudad. Entre las dos guerras, la capital vio confluir otra importante ola de emigración proveniente de Alemania y Europa del Este. La Francia republicana era una tierra de acogida que alimentaba todas las esperanzas de esos judíos perseguidos.

La mayoría de los judíos que llegaban de Alemania y Polonia estaban fuertemente politizados. He aquí el testimonio de un tal Grynberg, presentado en el libro de Alain Brossat:

«Fue frecuentando los mítines políticos y escuchando los grandes oradores del Frente Popular que aprendí el francés». Sin embargo, las condiciones de trabajo podían ser bastante difíciles, comentaba: «Como en Polonia, nuestros jefes eran judíos. Solo ellos aceptaban hacernos trabajar clandestinamente en tales condiciones[122].»

El MOI (Mano de Obra Inmigrante) era una organización creada en 1924 por orden del Komintern (Internacional comunista), con el fin de dar una estructura de acogida y encuadrar y formar para la lucha los numerosos emigrados y refugiados políticos que llegaban a Francia. Contrariamente al partido comunista francés, el MOI se mantuvo muy activo en la lucha antifascista incluso después del pacto entre Hitler y Stalin en agosto de 1939. La dirección del partido aplicaba la línea política definida por el Kremlin dentro del marco del pacto germano-soviético, y condenaba toda actividad de resistencia contra los alemanes.

---

puñados a los miembros de la comunidad.

[122] Alain Brossat, Sylvia Klingberg, *Le yiddishland revolutionnaire*, Balland, 1983, p. 110

Durante ese periodo, la policía francesa perseguía a los comunistas por colaborar con el enemigo. Cerca de 6000 de ellos fueron arrestados e inculpados por traición.

En octubre 1940, la dirección clandestina del partido decidió entonces crear la OS, Organización Especial. Estaba compuesta por grupos armados destinados, no a luchar contra los alemanes, sino a proteger los dirigentes contra la policía francesa. Además, se ocupaba de ejecutar los traidores del partido, esto es, aquellos que se rebelaban contra las órdenes o que habían abandonado el partido para unirse al PPF de Jacques Doriot. Para tales tareas, un poco especiales, se reclutaban los militantes más fanáticos, aquellos sin escrúpulos capaces de abatir antiguos camaradas u otros franceses: «Desde el inicio de la guerra, el grupo judío del MOI era el mejor estructurado y el más activo. De él saldrían los mandos de la "OS", la organización especial encargada de las acciones terroristas y de sabotaje, escribía Alain Brossat; también proporcionaría la casi totalidad de los militantes del "TA", el Trabajo Alemán, es decir, el trabajo de propaganda y de desmoralización de las tropas alemanas-un trabajo infinitamente arriesgado, internacionalista por excelencia y efectuado esencialmente por mujeres: en los bares y los lugares públicos frecuentados por los soldados de la Wehrmacht, jóvenes mujeres que hablaban alemán trataban de entablar contacto...[123]»

En su *Historia crítica de la Resistencia*, el historiador Dominique Venner confirmaba el papel esencial de los militantes judíos del Yiddishland en la organización: «Gracias a ellos, se pone en marcha una nueva dirección del MOI. Constituyen la troika central: Son Lerman (Bruno), Kaminski (Hervé) y Athur London (Gérard). Czarny, es designado jefe de la zona sur a partir de 1943, segundado por Albert Youdine, Jacques Ravine y Mina Puterflam. En la zona norte, están Therese Tenenbaum y Herman Grymbert coordinando las dos regiones... Uno de los principales agentes del Komintern dentro del MOI es Michel Feintuch (Jean Jerôme), judío polaco, antiguo intendente de las Brigadas internacionales y futura eminencia gris dentro de la cúpula del PCF[124].»

---

[123] Alain Brossat, Sylvia Klingberg, *Le yiddishland revolutionnaire*, Balland, 1983, p. 183

[124] Dominique Venner, Histoire critique de la Résistance, Éditions Pygmalion 1995, p. 231

El MOI mantenía pues, una especie de guerra privada contra los alemanes, en contra de las órdenes del PCF y en contra de la opinión del Consejo Nacional de la Resistencia (CNR) del general De Gaulle. Los atentados individuales y el terrorismo eran, en ese momento, condenados por el partido comunista. Sin embargo, si bien el partido comunista no dio esa orden, probablemente el Komintern pudo tener la suficiente autoridad para darla. Pierre Georges, el futuro «coronel Fabien», iba a cometer el primer atentado contra un oficial alemán en París: «El 23 de agosto de 1941, el futuro coronel Fabien ejecuta un oficial alemán en la parada de metro Barbès. "He vengado Titi", espeta retirándose -"Titi", es Tyszelman. En esta acción, considerada la primera iniciativa armada contra los alemanes en Francia, Fabien iba acompañado de otro militante de nombre extranjero: Brustlein[125].»

Empezaba entonces un ciclo de atentado-represión provocando, como previsto, la reacción de los alemanes contra la población francesa. Pero en vez de ejecutar rehenes civiles al azar, los alemanes, sabiendo de dónde venían los golpes, ejecutaban judíos comunistas venidos del este de Europa. Recordemos aquí que los usos de la guerra, tácitamente aceptados por todos los beligerantes, permiten la ejecución de rehenes civiles que hayan agredido hombres uniformados.

En febrero de 1942, la dirección clandestina del partido comunista decidió ampliar los grupos de combate. Los combatientes del MOI se unieron a la OS para formar los FTP (Franco tiradores y guerrilleros). El partido dio su visto bueno para constituir las unidades FTP-MOI. Un primer batallón FTP-MOI fue creado en París en marzo de 1942 bajo el mando de Lisner, un antiguo de las brigadas internacionales. En París, el hombre a la cabeza de los FTP era el coronel Gilles (Joseph Epstein), revolucionario del Yiddishland, antiguo de la guerra civil española y evadido de un stalag.

Los grupos FTP-MOI estaban formados generalmente por hombres muy jóvenes, reclutados en gran parte en la Unión de la Juventud Judía (UJJ), correa de transmisión comunista y verdadera cantera de la acción armada. Estos combatientes iban a protagonizar la mayoría de los atentados organizados en la región parisina, escribía Dominique Venner. «Una cronología de algunas semanas del verano de 1942 es para el caso, muy elocuente:

---

[125] Alain Brossat, Sylvia Klingberg, *Le yiddishland revolutionnaire*, Balland, 1983, p. 179

- 4 de agosto, asesinato en Seine-et-Oise del antiguo comunista Gachelin, secretario de Jacques Doriot.

- 6 de agosto, ataque con granada de soldados de la Luftwaffe que entrenaban en el estadio Jean-Bouin: dos muertos, varios heridos.

- 7 de agosto, descarrilamiento de un transporte alemán cerca de Melun.

- 9 de agosto, un destacamento italiano incendia un depósito alemán en Sartrouville.

- 11 de agosto, Lisner, Simon y Geduldik hacen estallar una bomba en un hotel alemán en la avenida de Iéna.

- 28 de agosto, en Villepinte, los dos centinelas de la Tirpitz-Kazerne son abatidos a disparos. El mismo día, una bomba de relojería estalla en el cine de Clichy donde Marceal Déat está teniendo una reunión: un muerto, 27 heridos.

- 1 de septiembre, el grupo n°3 del destacamento Valmy, de partisanos judíos comandados por Rayman, ataca con granadas una sección alemana en la calle Crimée. El mismo día, Yone Geduldik y otros dos lanzan una bomba incendiaria en una oficina alemana cerca de la estación de Lyon.

- 3 de septiembre, incendian un local del partido francista en el distrito número 13.

- 10 de septiembre, Anka Rychtyger y otros dos resistentes incendian cuatro vehículos alemanes, calle de Charonne, etc.»

La hazaña más importante de estos grupos es el atentado del 28 de septiembre que le costaría la vida al doctor Von Ritter, responsable del STO (Servicio de Trabajo Obligatorio) en Francia. «La acción es llevada a cabo por Fontano y Rayman. Herido por la pistola de Fontano, al salir de su casa sin protección, Von Ritter es rematado unos metros más adelante por el parabellum de Rayman... En la zona sur, las acciones del FTP no comienzan hasta que las tropas alemanas entran en ella. "Al igual que en París, escribía Jacques Ravine, los grupos judíos de los FTP de la zona sur fueron los primeros en constituirse". Son parte integrante de la organización militar FTP-MOI y se dividen en cuatro unidades: la *Carmagnole*, renombrada más tarde *Carmagnole-Fried*, en Lyon; *Liberté* en Grenoble y su región; la compañía Marcel Korzec en Marsella; la Brigada 35, que más tarde llevaría el nombre de su creador, Mendl Langer, opera en Tolosa y la región del suroeste; más adelante alcanzara un tamaño más significativo con inmigrantes de origen diverso. *Carmagnole* de Lyon recluta jóvenes de la Unión de la

Juventud Judía y funciona como una verdadera escuela de mandos. Estos mandos son enviados luego a las demás ciudades de la zona sur. Aporta comandos móviles que actúan tanto en Lyon como en Marsella, Tolosa o Niza. Los primeros organizadores de estos grupos son casi siempre antiguos voluntarios de las Brigadas internacionales. Es el caso en Lyon, de Krakus y Tcharnecki, en Marsella, de Boris Stcherbak, y en Tolosa, de Mendl Langer. Este último será arrestado y guillotinado en 1943[126].»

En su libro titulado, *El próximo año la revolución*, Maurice Rajsfus citaba la misma fuente: «De las decenas de audaces operaciones llevadas a cabo por los militantes de la brigada 35, tras la muerte de Langer, Jacques Ravine cita los siguientes "objetivos" específicamente franceses, atacados por guerrilleros judíos:

- 13 de julio de 1943: En pleno día, ataque con bomba de la vivienda privada del doctor Berthet, dirigente del grupo "Colaboración" de Tolosa. El mismo día, ataque con dos bombas de la vivienda del notario Bachala (futuro Gauleiter de Tolosa). Bachala fue herido de gravedad, su apartamento destruido.

-20 de agosto de 1943: En pleno día, los partisanos de la brigada 35 asaltan a mano armada Felicien Costes, secretario general de la guardia franca de la milicia fascista, agente de la Gestapo y chivato. Resulto muerto. Durante el intenso tiroteo dos policías fueron abatidos.

- 24 de agosto de 1943: A las nueve de la mañana, ejecución de Mas, jefe de la segunda oficina de la Milicia.

- 20 de septiembre de 1943: Para celebrar la victoria de Valmy, los partisanos ponen dos bombas en el arsenal. Dos milicianos muertos y cuatro heridos.

- 10 de octubre de 1943: El abogado general Pierre Lespinasse, que había requerido la pena de muerte contra Langer es abatido.

- 2 de noviembre de 1943: El jefe de la Milicia Lionel Berger es ejecutado en su casa con el comandante Bru, jefe cantonal de la Legión francesa de combatientes.

---

[126]Dominique Venner, *Histoire critique de la Résistance*, Éditions Pygmalion 1995, p. 238

- 15 de noviembre de 1943: el general Philippon, jefe miliciano, es abatido en las calles de Tolosa.[127]»

Este era el testimonio de Jean Lemberger, judío polaco, citado por Maurice Rajsfus: «Cuando en los comunicados de prensa se informaba de las acciones llevadas a cabo por patriotas franceses, reaccionábamos con humor. Recuerdo que con Marcel Rayman no podíamos dejar de reír: "Como patriotas franceses, los pequeños judíos de París son especialmente representativos"[128].»

Los militantes judíos son efectivamente los más encarnizados. No luchan por Francia o contra Alemania, sino contra el fascismo internacional, y en especial contra el nacionalsocialismo europeo. Alain Brossat lo confirmaba:

«Trenes que descarrilaban, ejecuciones de colaboradores y oficiales nazis; depósitos de carburante incendiados; granadas lanzadas en los restaurantes y las salas de espectáculos frecuentados por los alemanes; sabotajes en la industria, o en los talleres que trabajan para el ocupante, postes y pilares que se derrumban... Ninguna acción de este tipo a la cual no hayan participado los combatientes judíos, que no hayan organizado, por decenas, en todos los frentes y a todos los niveles. No hubo diferencia entre grandes y pequeñas acciones[129].»

Alain Brossat también nos informaba de que los militantes antifascistas judíos eran especialistas en la fabricación de documentos y billetes falsos. En París, Pierre Scherf era el responsable del "grupo de habla rumana" del MOI. Se encargaba de las pequeñas tareas diarias de la resistencia: «vender billetes de banco, vales de alimentación expropiados por los combatientes, fabricar documentos falsos de todo tipo, organizar la solidaridad con las familias de deportados... Más tarde se le encarga la tarea de organizar el enlace con los grupos del MOI del norte y este de Francia, donde son especialmente activos los mineros polacos e italianos: vías férreas saboteadas, líneas eléctricas abatidas,

---

[127] Maurice Rajsfus, *L'an prochain la révolution*, Éditions Mazarine, 1985, p.221

[128] Maurice Rajsfus, *L'an prochain la révolution*, Éditions Mazarine, 1985, p.231

[129] Alain Brossat, Sylvia Klingberg, *Le yiddishland revolutionnaire*, Balland, 1983, p. 190

soldados alemanes desarmados y ejecutados, huelgas organizadas en las minas y sabotajes, etc.»

Durante la insurrección de París, Pierre Scherf era comandante de las milicias patrióticas. «Más adelante participó en la liberación del norte de Francia siguiendo los pasos del ejército estadounidense. Pero ya en diciembre de 1945, es llamado para cumplir tareas más acuciantes: Rumanía está cayendo en el bando del "socialismo" de Stalin, por lo que el Partido comunista necesita todos sus mandos[130].»

Sin embargo, todos los judíos no tuvieron un papel heroico durante la guerra. Algunos de ellos prefirieron seguir prosperando con sus negocios. He aquí un testimonio sacado del libro de Alain Brossat y Sylvia Klinberg: «En París, durante la guerra, comandos de partisanos judíos organizaban redadas contra talleres judíos, en el faubourg Poissonnière, cuyos propietarios prosperaban confeccionando equipamientos para la Wehrmacht; algunos de estos combatientes fueron arrestados durante esas acciones, denunciados por aquellos "buenos" judíos, siendo luego fusilados o deportados. En los guetos, los combatientes en la sombra liquidaban los miembros más diligentes de la policía judía y los colaboracionistas de algunos Judenrat[131].»

Sabemos que algunos judíos construyeron fortunas colaborando con Alemania. Entre ellos, dos hombres sobresalían particularmente: Mandel Szkolnikoff, también conocido como "Monsieur Michel", y Joseph Joanovici, también conocido como "Monsieur Joseph".

Monsieur Michel era de origen ruso. Se especializó en el textil y los productos alimenticios. Gracias a su esposa alemana -una aria-, no dudaba en avisar sus amigos SS para hacer arrestar otros competidores judíos y apropiarse así de sus depósitos de mercancías y sus locales comerciales. Monsieur Michel era el que guiaba la policía alemana hacia los depósitos del Sentier*. La zona ocupada era su coto de caza. Sus ganancias eran tan grandes que podía comprar los hoteles más grandes de la Costa Azul, acaparar en París sociedades hoteleras, inmobiliarias, comerciales, así como restaurantes y cafés. Su fortuna

---

[130] Alain Brossat, Sylvia Klingberg, *Le yiddishland revolutionnaire*, Balland, 1983, pp. 195, 196

[131] Alain Brossat, Sylvia Klingberg, *Le yiddishland revolutionnaire*, Balland, 1983, p. 206

* Barrio comercial judío de París.

inmobiliaria sería evaluada en 1945 en dos billones de francos, unos 900 millones de euros actuales.

Al mismo tiempo, Monsieur Joseph, un judío rumano que empezó de trapero-chatarrero, arramblaba con todos los metales no férreos, útiles para la máquina de guerra alemana. Joanovici se adueñó también del mercado del cuero, una mercancía altamente codiciada por los nazis, que acaban de invadir la Unión Soviética. En aquellos años, el volumen de negocio mensual de Monsieur Joseph rondaba los 5 millones de euros actuales. Más hábil que Szkolnikoff, consiguió ponerse en relación con el jefe de la Gestapo francesa de la calle Lauriston, el famoso Henri Lafont.

A finales de 1943, la suerte había cambiado de bando. Monsieur Michel huyó a España con su musa alemana, acompañado de algunos de sus agentes franceses y judíos. Pero en las maletas de su esposa, la policía francesa encontró joyas y piedras preciosas por valor de 300 millones de euros. Monsieur Joseph, en cambio, jugó la carta contraria; le volvió a comprar a Lafont las armas lanzadas en paracaídas por los Aliados e incautadas por los franceses de la Gestapo, para suministrar una red de la resistencia dentro de la jefatura de policía parisina. Pero paralelamente, equipó y vistió la Guardia Franca de la Milicia y la Brigada norteafricana que luchaban contra el maquis. Los policías de la prefectura lo tenían como un auténtico modelo. Monsieur Joseph era el dios, el salvador que permitiría la liberación de París. Gracias a sus influyentes amigos, conseguiría librarse de peor castigo: cinco años de prisión, una multa ridícula y declarada su indignidad nacional, lo cual poco importaba a este apátrida. En cuanto a Monsieur Michel, refugiado en España, fue extorsionado por antiguos agentes de la Gestapo que huyeron de los pelotones de ejecución. Su cadáver fue hallado el 17 de junio 1945 en un campo en las afueras de Madrid.

No por ello dejaba de ser cierto que el papel de los judíos dentro de la Resistencia había sido importante, aunque se haya pasado por alto durante mucho tiempo. «El propio Poliakov cita la cifra de entre 15 y 30 % de judíos en la Resistencia francesa[132]», escribía Alain Brossat. Para una comunidad que representaba un 1% de la población francesa es una proporción considerable.

---

[132] Alain Brossat, Sylvia Klingberg, *Le yiddishland revolutionnaire*, Balland, 1983, p. 180

En *El testamento de Dios*, el filósofo Bernard-Henri Levy hace la misma observación: «¿De dónde proviene la leyenda, según la cual los judíos no resistieron al hitlerismo, y que se hayan dejado llevar a la masacre como corderos al matadero? Siendo el 1% de la población francesa antes de la guerra, constituyen el 15-20% de los diversos movimientos de resistencia[133].»

«¿Por qué, en proporción, hubo tan pocos franceses en la Resistencia patriótica en Francia, por qué el porcentaje de extranjeros fue tan importante, especialmente los judíos de Europa oriental?», se preguntaba Alain Brossat. Bastaba con «rascar ligeramente el barniz de la "Resistencia patriótica" en París, a partir del verano 1941, y analizar más atentamente sus numerosas acciones armadas, para encontrar la marca indeleble del obrero judío inmigrante, del militante del MOI (Mano de Obra Inmigrante) comunista[134].»

Y de la misma forma, bastaba con «analizar atentamente lo que fue la" Gran guerra patriótica" declarada por Stalin, detrás de las líneas alemanas en Bielorrusia y los países Bálticos, la lucha de los partisanos en esas regiones, para hallar, allí también, la marca del combatiente judío huido del gueto, "Vengadores de Vilna" y demás miembros del maquis de la región de Minsk.» Por ejemplo, sobre los 130 combatientes de un destacamento de partisanos "rusos" que combatían en el bosque de Ivenitz, «70 son judíos huidos del gueto de Minsk. La dirección del destacamento está también compuesta, en gran parte, por judíos[135]», escribía Alain Brossat.

Los "patriotas" polacos presentaban una imagen aún más caricaturesca que la de los "patriotas" franceses. Interrogado por Aain Brossat y Sylvia Klingberg en Israel, donde finalmente se instaló después de la guerra, David Grynberg, aportaba su testimonio: «En 1945, me hallaba en Moscú. Era un miembro activo del Comité de los patriotas polacos que se ocupaba, entre otras cosas, de la repatriación de los polacos refugiados en la URSS. Poco antes de que el comité cesara sus funciones, antes de nuestra partida hacia Polonia, organizamos una pequeña fiesta. Propuse invitar Peretz Markish; a lo que otro miembro

---

[133] Bernard-Henri Levy, *Le Testament de Dieu*, Grasset, 1979, p. 275

[134] Alain Brossat, Sylvia Klingberg, *Le yiddishland revolutionnaire*, Balland, 1983, pp. 180, 185, 186

[135] Alain Brossat, Sylvia Klingberg, *Le yiddishland revolutionnaire*, Balland, 1983, pp. 168, 213

del comité, Kinderman, un hombre del aparato objetó: "¿Y por qué invitar un autor judío?¡somos un comité patriótico polaco, no un comité judío! -Cierto, le respondí, pero mira a tu alrededor: somos cincuenta aquí, y solo hay tres que no son judíos"[136].»

Durante treinta años, el papel de los judíos en la resistencia ha sido ampliamente minimizado, incluso directamente silenciado por los partidos comunistas. Alain Brossat y Sylvia Klingberg se preguntaban: «¿Se perjudica la imagen patriótica de la Resistencia admitiendo que, a lo largo del año 1943, las principales acciones de los partisanos en París fueron ejecutadas por extranjeros, activistas del MOI, hasta que la gran redada de otoño se abatiera sobre ellos? ¿Se peca contra el internacionalismo reconocer que detrás del partisano" polaco", "húngaro"," rumano"," checo", está el revolucionario del Yiddishland, sus tradiciones de seguir en la lucha, su cultura, su lengua y la consonancia particular de su nombre[137]?»

En su *Historia crítica de la Resistencia,* el historiador Dominique Venner planteaba la misma pregunta: «¿Temían los comunistas despertar una xenofobia latente contra ellos, mencionando el papel esencial dentro de sus filas de los combatientes judíos de Europa central[138]?»

Es cierto, que tras las detenciones de veinticuatro miembros del grupo Manouchian, al final del año 1943, los alemanes habían desvelado sus identidades exponiendo ampliamente sus fotos en las paredes de las grandes ciudades de Francia. El famoso Cartel rojo mostraba una imagen poco halagüeña de la resistencia "francesa" y se había convertido en todo un símbolo. Los alemanes ponían en la picota el «judío húngaro» Elek, el «judío polaco» Rayman, haciendo de su judeidad un argumento en contra de la Resistencia y designando toda la resistencia como un «ejército del crimen», una «quinta columna de metecos».

---

[136] Alain Brossat, Sylvia Klingberg, *Le yiddishland revolutionnaire*, Balland, 1983, pp. 288, 289

[137] Alain Brossat, Sylvia Klingberg, *Le yiddishland revolutionnaire*, Balland, 1983, pp. 185, 186

[138] Dominique Venner, *Histoire critique de la Résistance*, Éditions Pygmalion 1995, p. 230

Para el partido comunista, la resistencia judía siempre había formado parte integrante de la resistencia francesa, y no había ninguna necesidad de mencionarlo. Maurice Rajsfus escribía al respecto: «Se tendrá que esperar hasta los años 1970 para que los militantes judíos publiquen libros sobre la resistencia judía. A pesar del marcado acento patriótico de esas obras, tuvieron que esperar veinticinco años para salir a la luz[139].»

El ensayista Guy Konopnicki también escribía, con razón: «Gaullistas y comunistas se dieron la mano para escribir la historia, fabricaron juntos, a posteriori, una resistencia nacional cuando en realidad la línea de separación no era entre franceses y alemanes, sino entre fascistas y antifascistas de todos los países[140].»

De hecho, las motivaciones de los judíos eran sin duda muy diferentes de las de los patriotas de los países donde combatían.

Aun así y con todo, el análisis de Dominique Venner nos invitaba a poner en perspectiva la importancia del combate de aquellos militantes: «Casi nunca se producían pérdidas por parte de los autores de los atentados durante la acción. Depositar una bomba de relojería disimulada en un paquete cualquiera, no entraña mucha dificultad o peligro, al igual que lanzar una granada en una vitrina.» Evidentemente, esto no significaba que tales actos puedan ser ejecutados sin coraje ni audacia, y «los autores no se hacían ilusiones sobre su suerte en caso de ser capturados[141].»

El testimonio del coronel Passy, jefe del BCRA, permite entender aún mejor la realidad de las acciones del FTP: «El relato que dejó del encuentro con Ginsberg (Villon), principal dirigente del Frente nacional demuestra que no era crédulo», escribía Dominique Venner. Esto es lo que escribía el coronel Passy: «Villon nos expuso durante veinte minutos las proezas de los Francotiradores y Partisanos (FTP), como habían asesinado un Landsturm sexagenario en Armentières, como hicieron estallar un quiosco de periódicos en Epernay, como recuperaron dos docenas de granadas y seis travesaños en Mézières o

---

[139]Maurice Rajsfus, L'an prochain la révolution, Éditions Mazarine, 1985, p. 333

[140]Guy Konopnicki, *La Place de la nation*, Olivie Orban, 1983, p.41

[141]Dominique Venner, *Histoire critique de la Résistance*, Éditions Pygmalion 1995, p. 238

en Sedan, etc, etc... Nos quedamos un poco atónitos al escuchar ese largo monólogo, recitado como una letanía, que no tenía más interés que la crónica de sucesos ordinarios de un diario de preguerra. Pero, cuando hubo terminado, Villon nos anunció, a modo de conclusión, que, ante tales hazañas guerreras, la Francia combatiente solo tenía que inclinarse, y que era evidente que el Frente nacional tenía vocación de federar detrás de él toda la Resistencia francesa[142.]»

El general de Gaulle tuvo una reacción parecida ante el «gran resistente» que fue el coronel Ravanel, responsable de la resistencia en Tolosa. De hecho, Ravanel la controlaba con otros partisanos, de los cuales muchos eran comunistas españoles. Tolosa se parecía, según un historiador inglés, «a Barcelona en julio de 1936»: con «treinta y siete "Deuxièmes Bureaux*" privados donde cada oficina tenía su propia cárcel, generalmente un sótano subterráneo, donde la víctima y el verdugo eran los únicos testigos de escenas abominables[143]».

Cuando el general de Gaulle vino a inspeccionar la región para intentar restablecer algo de orden tras la salida de las tropas alemanas, Ravanel se presentó ante él, cuadrándose: «Coronel Ravanel, ¡a sus órdenes!» Recibió por única respuesta, un despectivo: «Subteniente Asher, ¡descanse!».

URSS 1945

En 1942, Stalin había finalmente aceptado la creación de un "Comité Judío Antifascista" (CJA) que reuniera las más famosas personalidades judías de la intelliguentsia soviética. Durante seis años, hasta 1948, el Comité judío antifascista, apadrinado por Lavrenti Beria, estuvo en el centro de una intensa reactivación de la vida judía de la URSS. En 1942, su objetivo principal era la movilización internacional del pueblo judío y la recaudación de fondos en las comunidades judías del extranjero, y especialmente la rica y muy influyente comunidad judía de Estados-Unidos. El célebre actor Solomon Mijoels, director del teatro yiddish

---

[142]*Missions secrètes en France*, Plon, París, 1951, p. 162

* La expresión Deuxième Bureau se refiere comúnmente al servicio de información del Ejército francés, con referencia a la 'Segunda Oficina' del Estado Mayor General.

[143] Semanal *Rivarol* del 11 de abril de 1997

de Moscú fue el presidente de dicho comité, mientras el escritor Ilya Ehrenbourg destacaba como el portavoz más activo.

En 1943, los representantes del Comité antifascista judío partieron en un largo periplo a través de los Estados-Unidos, a fin de contactar con las organizaciones judías. El objetivo oficial era recaudar fondos para la compra de armas, víveres y medicinas. Pero el objetivo secreto del viaje era en realidad tender puentes entre los físicos de los dos países para acelerar la puesta en marcha del programa atómico soviético.

Todos los investigadores soviéticos en fisión atómica eran judíos, escribía Arkadi Vaksberg. «Stalin contaba pues, con el renombre de los miembros del Comité y sus relaciones con la comunidad internacional para extorsionar informaciones que permitiesen acelerar la puesta a punto del arma nuclear. Cosa que debería ser facilitada por el hecho de que la mayoría de los científicos estadounidenses, Einstein a la cabeza, eran también judíos.»

Stalin encomendó a Beria la tarea de sustraer esos secretos y conseguir una colaboración efectiva. Solomon Mijoels y demás miembros debían ser apoyados in situ por agentes soviéticos. Meses más tarde, el balance de la gira de Mijoels había sobrepasado todas las esperanzas. «Los emisarios del CJA traían legajos de artículos entusiastas sobre su estancia en Estados-Unidos... Traían también cheques de varios millones de dólares donados por los ricos judíos estadounidenses para continuar la guerra contra el nazismo en nombre de la causa judía universal[144].»

«Contando rarísimas excepciones», escribía Vaksberg, las redes de espionaje soviético estaban formadas por judíos. «En Bélgica, el muy eficaz Orquesta Rojo coordinaba las actividades de espionaje de Leopold Trepper y de su mujer Lioubov Broido, judíos polacos los dos, y del famoso "Kent", el judío ruso Anatoli Gourevitch... El título de mejor espía de todos los tiempos fue unánimemente atribuido a "Sonia",

---

[144] Arkadi Vaksberg, *Stalin et les juifs*, Robert Laffont, 2003, pp. 147, 151. En su biografía de Beria, Amy Knight, escribió que los soviéticos disponían de una fuente de información efectiva: «La red de espías puesta en marcha en Nueva York por una pareja de comunistas estadounidenses, Morris y Lona Cohen. Morris Cohen había sido reclutado por los soviéticos durante la guerra civil española. Consiguió comunicar a Vasili Zarubin, jefe de inteligencia soviético en Nueva York de 1941 a 1944, las informaciones que le proporcionaba un físico estadounidense.» (Amy Knight, *Beria*, 1993, Aubier, 1994, p. 203).

la judía alemana Ruth Werner, que trabajaba junto a su hermano Jurgen Koutchinski (posteriormente académico en la Alemania comunista). En Estados-Unidos, Grigori Heifetz, Lisa Gorskaya-Zarubina (Rosenzweig) y otros más, fueron grandes proveedores de secretos atómicos para el Kremlin», y añadía: «Indudablemente, Stalin sufría al saberse dependiente de agentes secretos judíos, máxime considerando que la mayoría habían sido reclutados en la época en que los servicios secretos eran dirigidos por los judíos Meyer Trillisser, Abram Sloutski y Serguei Spiegelglass, fusilados desde entonces. Podía permitirse ordenar mutaciones y promociones dentro del aparato de Estado y del Partido, pero no podía despedir a un agente que ya poseía contactos o que estaba infiltrado en alguna estructura del adversario[145].»

Arkadi Vaksberg consideraba que el antisemitismo estaliniano se manifestó realmente a partir de 1942, fecha en la cual se redactaron varios informes sobre la influencia de los judíos en la esfera cultural. Por motivos de edad o salud, "personas de origen judío" empezaban a perder sus puestos de responsabilidad. «El combate contra la presencia judía empezó en la esfera cultural, escribía Vaksberg. Los archivos también han conservado numerosos documentos análogos que denunciaban la "invasión judía" de las ciencias sociales. Aún no se atrevían a hacer lo mismo con los físicos, químicos y matemáticos. En tiempos de guerra, Stalin no podía arremeter contra la ciencia y la industria... Hacia 1942, la evolución hacia el antisemitismo de Estado se había vuelto visible, casi evidente[146].»

Sin embargo, Stalin continuaba su distribución ostentosa de premios y condecoraciones a personalidades judías. De ninguna manera podía renunciar al apoyo financiero, necesario para la compra de armamento, material, víveres y medicinas, que había que extorsionar a los "burgueses" estadounidenses, recordándoles continuamente que solo la Unión Soviética era capaz de proteger los judíos del exterminio total.

Vaksberg recordaba sin embargo «la presencia masiva» de judíos, durante la guerra, en los puestos claves del aparato de Estado, en los sectores científicos e industriales, sobre todo en la industria de guerra. «Stalin no tenía otra solución más que recurrir a ellos. Aun cuando el antisemitismo de Estado comenzaba a extenderse, Stalin creaba así la

---

[145] Arkadi Vaksberg, *Stalin et les juifs*, Robert Laffont, 2003, pp. 128, 129

[146] Arkadi Vaksberg, *Stalin et les juifs*, Robert Laffont, 2003, pp. 139, 140

ilusión, no solamente de que el Kremlin no era responsable de ello, sino que, al contrario, alentaba una cierta judeofilia.

Numerosos judíos estaban en ese momento en la cúspide del poder ejecutivo, ostentando títulos de comisarios del pueblo o grados de general: «Además de Lazar Kaganovitch, vicepresidente del gobierno y comisario de la Vías de comunicación, fueron nombrados comisarios del pueblo Boris Vannikov (excarcelado al inicio de la guerra y rápidamente nombrado comisario del Armamento), Isaac Zaltzman (primer judío homenajeado con el título de Héroe del Trabajo Socialista, comisario de la Industria de carros blindados), Semion Guinzbourg, Vladimir Grossman, Samuel Shapiro.» Sin contar las decenas de vice-comisarios del pueblo. «Casi cada día, Stalin recibía judíos, generales de industria, y conversaba con ellos durante horas (el general Aron Karponossov, jefe del estado-mayor adjunto, responsable del equipamiento de los ejércitos, era un fijo del cuartel general de Stalin).» Vaksberg añadía, de manera un tanto paradójica: «Así tomaba forma el mito de la benevolencia especial de Stalin hacia los judíos[147].»

Jrushhov, que estaba ahora en el Politburó, probablemente albergaba sentimientos antisemitas. El historiador Simon Sebag Montefiore relataba como, en la inmediata posguerra, cuando administraba Ucrania, Jrushchov se había negado a restituir sus casas a los judíos cuando estos las encontraban ocupadas: «Antisemita impenitente, se quejó de que los" Abramovich" se dedicaban a la rapiña en su feudo como si fueran cuervos». El asunto provocó un verdadero debate en el entorno de Stalin escribía Sebag Montefiore. Mijoels se quejó ante Molotov, y este transmitió la queja a Beria. Este último exigió que Jrushchov ayudara a los judíos. Stalin «sospecharía más tarde que Beria estaba demasiado cerca de los judíos, y ese tal vez fuera el origen del rumor de que el propio Beria era un judío "secreto"[148].»

Parece haber tenido una simpatía real por los judíos, escribía Amy Knight en su biografía de Beria: «Las descripciones que tenemos de él subrayan a menudo que físicamente podía pasar por judío, y el rumor de que lo era se expandió. Aunque estos rumores parecen infundados, pueden haber hecho que Beria quedara asociado a los judíos en la opinión pública.» De hecho, después de la guerra, Beria, siendo

---

[147] Arkadi Vaksberg, *Stalin et les juifs*, Robert Laffont, 2003, pp. 132, 133

[148] Simon Sebag Montefiore, *La corte del Zar rojo*, 2004, Crítica-Barcelona, p.586

responsable del Partido en Georgia, había lanzado un programa de rehabilitación de los judíos georgianos, que incluía la creación de una sociedad judía de obras pías y un museo etnológico judío en Tiflis. «Podemos añadir, escribía Amy Knight, que su hermana se había casado con un judío, y que tenía varios amigos judíos entre sus fieles seguidores: Milstein, Raïkhman, Mamulov, Sumbatov-Topuridze y Eitingon, por citar solo unos cuantos[149].»

Desde 1946, los informes denunciaban página tras página, la influencia ejercida por las organizaciones sionistas estadounidenses sobre el Comité. Cualquier manifestación de particularismo judío era sospechosa. Esto no impidió que Stalin apoyara, inicialmente, la creación del estado de Israel. Pero en el mes de septiembre de 1948, la visita de Golda Meir, ministra de Asuntos exteriores israelí de viaje oficial en Moscú, provocó un gran entusiasmo entre los judíos soviéticos, lo cual a su vez provocó la ira de Stalin. Un mes después, el 20 de noviembre 1948, Stalin ordenó la disolución del Comité Antifascista Judío, decretado «organización burguesa nacionalista judía».

Poco tiempo después, la casi totalidad de la directiva del CJA estaba entre rejas. En el mes de enero, se encontró en Minsk el cuerpo de Mijoels asomando entre la nieve. El cadáver fue trasladado a Moscú, «al laboratorio del profesor Boris Zbarski, el bioquímico (judío) encargado de la conservación de la momia de Lenin; a pesar de ver la contusión de la cabeza y la herida de bala, recibió la orden de preparar la víctima del "accidente de circulación"[150]».

El 19 de enero 1949, la Pravda publicaba un editorial «sobre un grupo antipatriótico de críticos cosmopolitas». La campaña antisemita oficial había empezado. Se trataba de desenmascarar una gran red de espionaje estadounidense vinculada a los sionistas. Unos días más tarde, Polina Molotova, la esposa de Molotov y la personalidad judía más influyente

---

[149] Amy Knight, *Beria*, 1993, Aubier, 1994, p.223. Eitingon fue encargado de asesinar Trotsky. Stalin «encomendó la tarea de eliminar su viejo enemigo Trotsky a los judíos Naoum Eitingon, Grigori Rabinovitch y Lev Vassilevski, así como a Pavel Sudoplatov, casado a una judía.» (Arkadi Vaksberg, *Stalin y los judíos*, Robert Laffont, 2003, p. 117)

[150] Simon Sebag Montefiore, *La corte del Zar rojo*, 2004, Crítica-Barcelona, p. 620

en la corte después de Kaganovith, fue discretamente relevada de sus funciones.

La operación de liquidación del CJA no se acabó hasta el verano de 1952, tras seis años de instrucción. Victor Abakumov, un allegado de Beria que había sido nombrado ministro de la Seguridad tras la guerra en sustitución del propio Beria, fue destituido y arrestado en julio de 1951 por haber dilatado el asunto. Fue sustituido por Semion Ignatiev, y Riumine fue nombrado viceministro de Seguridad. Al igual que en 1937, el terror se abatió sobre los propios dirigentes.

«Desde la preguerra, época en la que Beria la dirigía, la dirección de la Lubianka contaba con un buen número de judíos, escribía Vaksberg. Riumin ordenó entonces arrestar Léonid Raïhman, Naum Etigon, Norman Borodin (Gruzenbrg), Lev Schwartzman, Mijail Makliarski, Salomon Milstaein, Aron Belkine, Efimm Libensn, Andrei Sverdlov (hijo del primer "presidente" soviético), y muchos otros generales y oficiales superiores de la Lubianka[151].»

Sebag Montefiore presentaba también el caso de un tal Naun Shvartsman: «El coronel Naum Shvartsman, uno de los torturadores más crueles que había habido desde finales de los años treinta y periodista experto en la publicación de confesiones, declaró haber mantenido relaciones sexuales no sólo con su propio hijo y su propia hija, sino también con el mismísimo Abakumov[152].» Todos fueron acusados de estar implicados en una conspiración sionista.

Ciento diez miembros del CJA habían sido encarcelados y torturados. «Más de ciento diez prisioneros, en su mayoría judíos, sufrieron la "lucha francesa" a manos del sanguinario Komarov en la Lubianka, escribía Sebag Montefiore. "Fui despiadado con ellos- se jactaría luego Komarov-, les partí el alma... Ni siquiera el ministro los asustaba tanto como yo... Fui particularmente violento con los nacionalistas judíos (que eran a los que más odiaba)[153].» Cinco fallecieron.

En el verano de 1952, por fin tuvo lugar el juicio de los "sionistas". Duró tres meses, a puerta cerrada sin fiscal ni abogados, en el edificio

---

[151] Arkadi Vaksberg, *Stalin et les juifs*, Robert Laffont, 2003, p. 233

[152] Simon Sebag Montefiore, *La corte del Zar rojo*, 2004, Crítica-Barcelona, p. 662, nota pie de página

[153] Simon Sebag Montefiore, *La corte del Zar rojo*, 2004, Crítica-Barcelona, p. 634

de la Lubianka. Finalmente, trece personas comparecieron en el banquillo de los acusados. Salomon Lozovski, viceministro de Asuntos exteriores, inauguraba la lista. Se le acusaba de haber promocionado la idea de crear una república judía en Crimea. Venían luego los escritores y poetas Itzik Fefer, Perec Markish, Lev Kvitko, David Bergelson. Todos fueron fusilados el 12 de agosto de 1952.

El propio diccionario soviético cambió el sentido de la palabra "cosmopolita", informaba Alain Brossat; «el "cosmopolita" ya no es un "individuo que considera el mundo entero como su patria" (definición de 1931), sino un "individuo desprovisto de sentimientos patriótico, desligado de los intereses de su patria, ajeno a su pueblo y con comportamientos desdeñosos hacia su cultura" (definición de 1949).»

El 13 de enero de 1953, día del quinto aniversario del asesinato de Mijoels, la prensa soviética publicó el comunicado oficial que denunciaba la conspiración de las "batas blancas", punto de partida para una nueva campaña dirigida contra los "sionistas" en todo el país. Sobre los nueve médicos acusados de haber querido atentar contra la vida de Zhdánov y de Stalin, seis eran judíos. Fue en esas fechas que Stalin habría planificado el traslado forzoso de todos los judíos a Asia central, y que debía, según Arkadi Vaksberg, empezar el 15 de marzo. Este proyecto no le impedía continuar con su doble juego con los judíos, otorgando por ejemplo el Premio Stalin a Ilia Ehrenbourg el 27 de enero. Pero después del comunicado oficial sobre el complot de los médicos, Stalin solo vivió 51 días. Su muerte, acaecida el 5 de marzo de 1953, sigue aún envuelta en el misterio.

El 1 de marzo de 1953, a las 22 horas, Stalin era hallado inconsciente en su datcha de Kutsevo, situada a 80 kilómetros de Moscú. Cuatro horas después de haber sido informado los dignatarios, una delegación se presentó a las 3 de la mañana del lunes. «Nadie sabe quién detuvo aquella noche la campaña antisemita de los medios de comunicación. Suslov era el secretario del Comité Central al frente de las cuestiones ideológicas, pero... ¿quién le ordenó parar la campaña? La respuesta sigue siendo una incógnita[154].»

Beria y Malenkov, el secretario tembloroso y puntilloso de Stalin, habían llegado los primeros. Mientras Stalin agonizaba, con un callo de sangre en el cerebro, estos no llamaron los médicos hasta el día

---

[154] Simon Sebag Montefiore, *La corte del Zar rojo*, 2004, Crítica-Barcelona, p. 692. Nota pie de página.

siguiente del drama. Se acusó generalmente Beria de no haber socorrido Stalin, pero Jruschov e Ignatiev tampoco hicieron demasiado. Sebag Montefiore escribía: «investigaciones recientes indican que tal vez echara en el vino de Stalin un fármaco anticoagulante a base de sodio cristalino, que, al cabo de varios días, fuera el detonante del ataque de apoplejía. Quizá Jruschov y los otros jerarcas fueran cómplices, de ahí que a todos les conviniera tapar el asunto. Los cuatro decidieron entonces regresar a sus respectivas casas y no contar nada a sus familias[155].»

Al no haber llamado a los médicos hasta el día siguiente del drama, nunca se sabrá si una intervención más rápida hubiese salvado Stalin. Sea como fuere, Beria no ocultaba su alegría: «- ¡Me lo he cargado yo! -diría posteriormente en tono jactancioso a Molotov y Kaganovich- ¡Os he salvado a todos! ... Stalin abrió los ojos cuando llegó Kaganovich y fue repasando con la mirada a sus lugartenientes uno a uno; luego volvió a cerrarlos. A diferencia del despótico Beria, Molotov y Kaganovich estaban profundamente consternados. Las lágrimas corrían por sus mejillas... Es posible que fueran asesinados veinte millones de individuos; que otros veintiocho millones fueran deportados, dieciocho millones de los cuales habían sido obligados a realizar trabajos forzados en los gulags. No obstante, a pesar de tanta sangre y tanto dolor, seguían siendo fieles a su credo.» Sebag Montefiore dejaba entrever aquí una faceta de la personalidad de Beria: «Cuando quedó demostrada la incapacidad de Stalin, Beria "vomitó todo el odio que sentía por Stalin", pero cada vez que los párpados del dictador empezaban a temblar o que abría los ojos, Lavrenti, aterrorizado por la idea de que pudiera llegar a recuperarse, "se arrodillaba y comenzaba a besarle la mano" como un visir oriental a los pies de la cama de un sultán. Cuando el dictador volvía a sumirse en un profundo sueño, Beria prácticamente le escupía en la cara, poniendo de manifiesto su ambición desmesurada ..." ¡Ese canalla! ¡Esa inmundicia! ¡Gracias a Dios que nos hemos librado de él[156]!»

En 1948, el estatus político de Beria era menos importante del que había sido al terminar la guerra. Ya solo era el número cuatro en la dirección, detrás de Molotov, Zhdánov y Vorochilov (Jefe de los ejércitos) y sus

---

[155] Simon Sebag Montefiore, *La corte del Zar rojo*, 2004, Crítica-Barcelona, p. 694

[156] Simon Sebag Montefiore, *La corte del Zar rojo*, 2004, Crítica-Barcelona, p. 694, 695, 697, 702

fieles habían sido eliminados del Comité central. Debido a sus dudosas relaciones con el Comité Judío Antifascista, Stalin desconfiaba de él y hasta insinuaba que era un criptojudío. «Después de la muerte de Stalin, Beria no se conformó únicamente con denunciar el complot de los médicos como una farsa, escribía Amy Knight en su biografía, sino que también intentó promover el renacimiento de la cultura judía[157].»

Era el nuevo hombre fuerte de la dirección colegiala, habiéndose apoderado de nuevo de los servicios secretos y reteniendo también el puesto de viceprimer ministro. Molotov y Mikoyan sesionaban de nuevo en un presídium reducido y retomaban sus carteras respectivas de Asuntos Exteriores y Comercio. Jrushchov se mantenía como un pilar del Partido, pero era excluido del gobierno. Malenkov sucedió a Stalin en los puestos de secretario general del partido y de Jefe de gobierno. Beria triunfaba, y todos pensaban que era el hombre con más futuro. En ningún momento dudó de sí mismo. Pero el 26 de junio, durante la reunión extraordinaria del presídium, Jrushchov se irguió para tomar la palabra y atacó Beria. Bulganin se unió a él, al igual que Malenkov. Este entró en pánico y dio la señal de entrar a los generales que aguardaban fuera. El mariscal Zhukov entró en la sala y arrestó a Beria.

El 22 de diciembre, era condenado a muerte por un tribunal secreto. Desvestido, en ropa interior, maniatado y atado a un gancho de la pared, gritaba y suplicaba por su vida. Hacía tanto ruido y escándalo que tuvieron que meterle una servilleta en la boca antes de abatirlo de un disparo de fusil en la cabeza. Su cadáver fue incinerado. Beria fue acusado de manera retrospectiva de la mayoría de los crímenes cometidos durante la época de Stalin. Jrushchov se perfilaba ahora como el nuevo amo de la Unión Soviética.

La insurrección húngara

En la inmediata posguerra, los dirigentes comunistas de origen judío también desempeñaron un papel notable en los países de Europa oriental. Refugiados en Moscú durante la guerra, se metieron en los furgones del ejército rojo para ir a administrar los países invadidos. El ejemplo de Hungría es el más emblemático. Las tropas soviéticas que habían entrado en Hungría en 1945 estaban compuestas en parte por soldados asiáticos. Años más tarde, el historiador inglés David Irving

---

[157] Amy Knight, *Beria*, 1993, Aubier, p. 223

cosechaba algunos testimonios bastante evocadores: «Cuando vimos llegar los soldados rusos, nos preguntamos si realmente pertenecían al género humano... Su vestimenta era de una suciedad indescriptible. Irrumpían en los apartamentos tirando granadas. En vez de hablar, expulsaban gruñidos. Apuntaban a las personas, y si no obtenían lo que querían, las mataban...Desconocían el dentífrico y lo untaban sobre el pan. Bebían la Colonia. Los teléfonos los asustaban y disparaban sobre ellos. Se lavaban en los váteres. No conocían las duchas, cuando veían brotar agua del muro se asustaban y disparaban.»

David Irving exponía en su libro los tormentos que tuvo que soportar la población húngara: violaciones colectivas, asesinatos y pillajes. «Pero, sobre todo, las violaciones se cernieron sobre el país como una calamidad, acompañadas de la sífilis.» Los húngaros tienen por lo tanto de esa "liberación" un recuerdo bastante doloroso, tal como se percibe en esta expresión un tanto sarcástica: «Nuestro país ha conocido tres desastres a lo largo de su historia: la derrota ante los mongoles, la conquista turca, y la liberación del ejército rojo[158].»

El ejército rojo trajo al poder un grupo de dirigentes comunistas de origen judío. La mayoría eran directivos de la República comunista de Bela Kun que habían huido a Moscú tras la caída de aquel régimen en 1919. Allí habían frecuentado las escuelas del partido soviético y sido elegidos por Stalin para dirigir el partido comunista húngaro.

Mateo Rakosi, dirigente del país hasta 1953, se llamaba en realidad Mateo Roth. Era hijo de un tendero judío, y fue «uno de los más despiadados déspotas del siglo XX», escribía David Irving. Había sido hecho prisionero por los rusos durante la guerra de 1914 e internado en Siberia, donde se hizo comunista. Conoció a Lenin en Petrogrado en 1918 y regresó a Hungría durante la breve República de los Soviets de Bela Kun. Tras la derrota, se refugió en Austria, y en Moscú en 1920. Cuatro años más tarde, el Komintern lo envió de nuevo a Hungría para reconstruir un partido comunista clandestino. Fue capturado y condenado a muerte, pero su pena fue conmutada por ocho años de cárcel gracias a una campaña internacional de protesta. Juzgado de nuevo en 1935 por la ejecución de cuarenta adversarios políticos bajo el gobierno de Bela Kun, transformó el banquillo de acusados en una tribuna política desde la cual hizo famoso su juicio en el mundo entero.

---

[158] David Irving, *Insurrection !, L'enfer d'une nation: Budapest 1956*, Albin Michel, 1981, p. 28, 26

Finalmente, el 30 de octubre de 1940, Horthy lo liberó a cambio de las banderas húngaras tomadas por el zar en 1848. Permaneció los años de la guerra en Moscú, siendo el jefe del partido comunista húngaro en el exilio[159]. Sus camaradas no lo apreciaban mucho, pues le acusaban de haber delatado a militantes durante el juicio de 1935. Beria lo llamaba «el primer rey judío de Hungría».

«Los cuatro hombres que tenían el poder real en Hungría eran judíos», explicaba David Irving. Además de Rasoki, el "cuarteto judío" estaba compuesto por Ernst Gero, que dirigía la economía del país. Nacido Ernt Singer, fue él quien reclutó Ramón Mercader para asesinar Trotski en 1940. M.Farkas estaba al mando del ejército y la defensa. Nacido Wolf, era oficial del NKVD en Moscú y ex miembro de las Brigadas internacionales en España, al igual que Gero. El tercero era Joseph Revai, al que entregaron el ministerio de cultura y propaganda del régimen.

Parece ser que la población húngara era perfectamente consciente de la situación: «Según Jay Schulman, un sociólogo estadounidense que estudio el fenómeno, "los dirigentes comunistas eran visto ante todo como judíos por cerca del 100% de las personas encuestadas". Por ejemplo, un ingeniero, bien instruido y formado, recalca que los judíos que introdujeron el comunismo en Hungría son los que menos sufrieron y los que se repartieron los puestos más interesantes. Casi todos los miembros permanentes del Partido y los oficiales superiores de la policía secreta son judíos[160].»

Un libro escrito por dos periodistas judíos de Milán, titulado *Los judíos y el comunismo después del Holocausto*, publicado en 1995, lo confirmaba:

«En ningún otro país de Europa del este, el estado mayor comunista contaba con un número tan elevado de judíos[161].» En mayo de 1945, escribían, «sobre los 25 miembros que tenía el comité central, 9 eran judíos; el secretariado del partido constaba de ocho personas, de las

---

[159] David Irving, *Insurrection !, L'enfer d'una nation: Budapest 1956*, Albin Michel, 1981, p. 31

[160] David Irving, *Insurrection !, L'enfer d'una nation: Budapest 1956*, Albin Michel, 1981, p. 37

[161] Gabriele Eschenazi, Gabriele Nissim, *Les juifs et le communisme après la Shoah*, 1995, Éd. De París, 2000, p 84

cuales la mitad eran judías: a la cabeza de las fuerzas de seguridad estaba Gabor Peter y su adjunto Itstvan Timar, y un sinfín de colaboradores que estaban a su servicio. El jefe de policía era André Szebenyi, mientras que Geza Revesz dirigía el comité de control de las depuraciones del ejército. El porcentaje de judíos en el sector de la propaganda era muy elevado: estaban presentes en todas partes, desde los editorialistas del *Szabad Nep* (Pueblo Libre), el diario del partido dirigido por Oszkar Betlen, hasta la radio de Estado y las agencias de prensa oficiales.» Sin embargo, «la apisonadora totalitaria no hacía distinciones de tipo étnico. Tanto los húngaros de origen judío como los húngaros no-judíos eran machacados de la misma manera [162]», aseguraban los dos autores.

En su libro publicado en 2006, *Budapest 56*, Victor Sebestyen describía como Gabor Peter «era el personaje más odiado de Hungría después de Rasoki». «Había ejercido el oficio de ayudante de sastre antes de abrazar una carrera dedicada enteramente a la violencia.» Estaba «casado con la hermosa y terrorífica Jolan Simon, una agente del KGB, secretaria personal de Rakosi... Vivían rodeados de criados en una lujosa villa en Rozsadomb (la colina de las rosas) que gozaba de una vista única sobre el Danubio más abajo.» En las paredes de su oficina, «una foto de él brindando con Stalin ocupaba un lugar destacado[163].»

David Irving desvelaba que su verdadero nombre era Benjamin Auschpitz. Se le debe la creación de la toda poderosa policía política del régimen, la AVH (Autoridad de Protección del Estado), y su instalación en el famoso edificio 60 de la avenida Andrassy de Budapest.

«Peter exige que los mandos de la AVH, a partir de los grados de oficiales, sean constituidos únicamente por judíos. Muchos son nacidos en Hungría; la mayoría fueron adiestrados por el MVD, la policía secreta de Stalin... Casi todas las familias húngaras sufrieron las actuaciones de los odiados miembros de AVH, escribía Irving. La AVH no conocía más leyes que las suyas propias. Todo el mundo había oído hablar de sus métodos. Por ejemplo, los rumores, probablemente fundados, y también numerosos relatos de prisioneros mencionan algunos casos en los que se introducía una sonda en el pene del detenido

---

[162] Gabriele Eschenazi, Gabriele Nissim, *Les juifs et le communisme après la Shoah*, 1995, Éd. De París, 2000, p.92,93

[163] Victor Sebestyen, *Budapest 56, les douze jours qui ébranlèrent l'empire soviétique*, Calmann-Levy, 2006, p.62

para luego romperla de un puñetazo... Miles de prisioneros se volvieron definitivamente locos en los calabozos de la AVH.»

Un tal Janos Szabo, uno de los jefes de la insurrección húngara «habla sin ambages de "esos malditos judíos que dirigen toda la organización", es decir la policía política... El hombre fue torturado: las uñas de las manos arrancadas, sus muelas superiores e inferiores sustituidas por prótesis rudimentarias.»

Los métodos de esta milicia eran sin duda dignas de las de los comisarios bolcheviques de la URSS: «Que la tortura haya sido una práctica corriente en los locales de la AVH es desgraciadamente una certeza, ..." Que maravilloso lugar el 60 avenida Andrassy: el Danubio no está muy lejos, es muy cómodo cuando se quiere hacer desaparecer alguien".» Efectivamente, la desaparición de las víctimas parece haber sido planeada concienzudamente: «" El triturador de cadáveres" de la AVH es mencionado en un gran número de entrevistas hechas después del levantamiento[164]», escribía David Irving.

Los dos autores judíos italianos, Gabriele Eschenazi y Gabriele Nissim, se veían, ellos también, obligados a reconocerlo: «La presencia de una dirección judía en el poder acentuó la incomprensión que reinaba entre judíos y húngaros después del holocausto». La población «veía la presencia de los judíos en la cima del poder como el signo de una voluntad extranjera.» Señalaban al respecto que, en 1945, la burguesía judía había preferido apoyar a los comunistas antes que ver el partido de los «pequeños propietarios» húngaros en el poder, ganador de las primeras elecciones después de la guerra y que defendía desesperadamente la propiedad privada:

«La burguesía judía... se sentía más protegida por un partido que parecía ser el abanderado de la lucha contra el antisemitismo que por el de los pequeños propietarios. Aquellos judíos, aunque estuviesen muy alejados del socialismo, consideraban más dignos de confianza los que prometían un castigo ejemplar para los criminales fascistas, que aquellos que no mostraban ningún entusiasmo en condenar los húngaros corresponsables de los crímenes nazis[165].» En definitiva, si lo

---

[164] David Irving, *Insurrection !, L'enfer d'una nation: Budapest 1956*, Albin Michel, 1981, p. 40, 47, 48, 41

[165] Gabriele Eschenazi, Gabriele Nissim, *Les juifs et le communisme après la Shoah*, 1995, Éd. De París, 2000, p.85,86

entendemos bien, la burguesía judía sentía alguna "afinidad selectiva" con los comunistas judíos, más allá de las divergencias políticas.

El poder judío en Hungría acabaría siendo derrocado; pero no por Stalin, sino por la revolución de 1956. Los dos autores, Eschenazi y Nissim, intentaban enseguida explicarnos que aquella revuelta de los húngaros no tenía ningún carácter antisemita. Ferenc Fetjó, un historiador judío que prologó su libro, «el más eminente historiador de las democracias populares», subrayaba, sorprendido, la «ausencia de manifestaciones notables de antisemitismo» durante la revuelta húngara de 1956. «La verdad sea dicha, reconocían los dos autores, se registraron algunos pequeños incidentes (eslóganes antisemitas escritos en las fachadas de algunas casas judías durante la gran manifestación popular del 23 de octubre), pero siempre fueron hechos aislados[166].»

Según Eschenazi y Nissim, resultaba que, tras la muerte de Stalin en 1953, la política de desestalinización de Jrushchov había generado «una crisis ideológica que llevó numerosos dirigentes de origen judío a apoyar el intento de reforma.» Sin embargo, no deja de ser cierto que algunos judíos parecen haber guardado un mal recuerdo de la revolución de 1956.

El testimonio del periodista Erno Lazarovitz, que llegaría a ser vicepresidente de la comunidad judía después de 1989, contradecía las afirmaciones precedentes: «Nunca olvidaré la noche del 23. Regresaba de la estación y oí manifestantes entonar eslóganes antisemitas. Me conmovió. Tenía dos hijos. A partir de entonces, me daba pánico salir a la calle. Quería salir del país. Si no lo hice, fue únicamente porque al final llegaron los rusos... ¿Como hubiera podido explicar a la gente que los judíos no tenían nada que ver con "la cuadrilla de los cuatro[167]"?

Parece ser que los incidentes antisemitas no fueron solo hechos aislados. En realidad, los judíos temían, con razón, las represalias de los húngaros, pero el gran miedo de los judíos desapareció con la llegada de los soldados soviéticos. El 4 de noviembre Janos Kadar creó su nuevo gobierno. Ordenó miles de detenciones, cientos de condenas a muerte y

---

[166] Gabriele Eschenazi, Gabriele Nissim, *Les juifs et le communisme après la Shoah*, 1995, Éd. De París, 2000, p. 111, 112

[167] Así llamaban a los cuatros dirigentes comunistas de origen judío: Rakosi, Gerö, Farkas y Revai

sofocó el antisemitismo. «El antisemitismo era estrictamente prohibido[168]», y el orden reinaba de nuevo en Budapest.

David Irving es aún más explícito sobre el antisemitismo que estalló durante la revuelta. Durante la insurrección de 1956, escribía, «los jefes, mayoritariamente judíos, de la AVH son desalojados de sus agujeros.» El comandante de la AVH, F. Toth «es acorralado en su casa cerca del bulevar Lenin... La muchedumbre se abalanza sobre Toth y cuelga su cadáver de un árbol del bulevar. Otro oficial de la AVH es linchado cerca de allí, en la avenida Aradi; los diez mil florines en billetes encontrados en sus bolsillos son metidos en su boca... Un coronel de la AVH es linchado en la plaza Kalman-Mikszath y los treinta mil florines que llevaba encima son clavados en su pecho[169].»

El corresponsal de *París-Match*, Paul Mathias, que había conseguido salir de Budapest cuando las tropas rusas iban a invadir Hungría, fue convidado por el presidente de la república francesa, René Coty, para ser interrogado sobre la situación del país. El periodista habría entonces explicado: «Los dos millones de habitantes de Budapest han sencillamente perdido el miedo... Han enfurecido. Toda una ciudad, todo un país se ha vuelto loco de exasperación.» El pueblo llano se liberaba por fin: «Una inmensa hoguera ardía, quemando literatura y propaganda en una espesa humareda[170].»

Notemos sin embargo que David Irving no se centró únicamente sobre esta cuestión: de las 521 páginas de la edición francesa, lo pasajes que hemos presentado aquí son los únicos que son lo suficientemente explícitos para comprender el antisemitismo de los húngaros en aquella época. Ahora bien, si miramos la edición del texto original, nos damos cuenta de que la versión francesa del editor francés Albin Michel ha sido singularmente edulcorada. La versión inglesa de 751 páginas era en efecto un poco más abrasiva. Al principio del libro, cuando se presentaban las personalidades húngaras, la versión inglesa informaba sistemáticamente de la identidad judía de los principales protagonistas. Matias Rakosi, por ejemplo, era presentado en la versión inglesa de la

---

[168] Gabriele Eschenazi, Gabriele Nissim, *Les juifs et le communisme après la Shoah*, 1995, Éd. De París, 2000, p. 120, 128

[169] David Irving, *Insurrection !, L'enfer d'une nation: Budapest 1956*, Albin Michel, 1981, p. 325, 326

[170] David Irving, *Insurrection !, L'enfer d'une nation: Budapest 1956*, Albin Michel, 1981, p. 22, 352

siguiente manera: «64 años, judío, jefe de los emigrados húngaros en Moscú de 1940 a 1944, secretario general del partido comunista húngaro de 1944 a 1956; primer ministro de 1947 a 1953». De los 56 individuos presentados, la identidad judía, mencionada en la versión inglesa, ha sido suprimida 28 veces en la versión francesa.

La descripción del grupúsculo de los cuatro directivos también era más precisa en la versión inglesa (página 52): Ernest Gero era descrito como un hombre «de cabello negro, organizador genial, frío y distante, una bola de energía». Michael Wolf, el «siniestro» ministro de la defensa de Rakosi después de 1948, «había pasado diez años estructurando un movimiento de la juventud en Checoslovaquia, pasando luego a ser oficial del NKVD en Moscú, pero jamás perdió su acento judío eslovaco». El cuarto hombre de la banda, el periodista Joseph Revai, «se convirtió en el" Dr Goebbels" del dictador Rakosi, su ministro de Propaganda.» David Irving añadía: «La posición dominante de los judíos en el régimen fue la causa del profundo malestar del pueblo húngaro.»

El terror rojo hacía mella en todo el mundo, sin distinción de rango de las víctimas. Janos Kadar, por ejemplo, un comunista irreprochable, fue arrestado en abril de 1951. Había tomado las riendas del PC clandestino en 1942 y había sido ministro de Interior en 1948. La edición francesa decía sobre él (p.65): «En prisión, se les sometió a las más crueles torturas, no se le perdonó ninguna humillación. No fue liberado hasta tres años más tarde.» La versión inglesa (p.98) aportaba más detalles:

«Fue torturado hasta desfallecer, y cuando volvió en sí, el coronel Vladimir Farkas–el hijo del ministro judío de Rasoki–estaba meando sobre su cara. Cuando Kadar fue liberado tres años más tarde, un agente de la CIA escribió en su informe:" las uñas de la mano izquierda han sido arrancadas. Lo interrogaron con una crueldad inimaginable por orden personal de M. Farkas.»

En el texto original, hallamos los testimonios de investigadores estadounidenses que interrogaron algunos campesinos en las provincias húngaras, cuyas declaraciones sin duda reflejaban el estado de ánimo de buena parte de la población. En Nyiracsad, por ejemplo, una pequeña ciudad de 6000 habitantes situada a diez kilómetros de la frontera rumana, vemos como los comunistas nunca lograron extirpar el cristianismo. En las manifestaciones del Primero de mayo, «se mantienen al margen, mientras desfilan los funcionarios del régimen y los empleados de la cooperativa agrícola.»

La población, de confesión ortodoxa, nunca se expresaba abiertamente sobre cuestiones políticas, pero después de asegurarse de que nadie podía escuchar su conversación, los campesinos revelaban a los investigadores: «Cuando regresaron a Hungría en 1945, no tenían ni un duro, suelta un campesino. Ahora, todos los funcionarios locales son judíos... Los campesinos de este pueblo saben perfectamente que ellos son los jefes del régimen comunista [171].» Los periodistas estadounidenses constataban así: «Aquí, el odio hacia los judíos es realmente terrible». Otro campesino contaba como en 1948 el régimen pagaba a los gitanos para ejercer su represión sobre la población local, requisar las cosechas, el ganado y todo aquello que tuviese valor. Es esclarecedor como las minorías étnicas pueden a veces ser útiles para acallar las mayorías. Obviamente, estas consideraciones no parecen ser del agrado de M. André Berelovitch, el traductor francés, que hizo aquí un buen trabajo en aras de la «concordia».

En el cincuenta aniversario de la insurrección, varios libros editados en francés eran disponibles en las librerías. El de Victor Sebestyen, que ya citamos anteriormente, era traducido del inglés por Johan-Frederik Hel Guedj. Si bien nos informaba muy brevemente de la nacionalidad de los cuatro dirigentes, «que eran todos judíos», nos daba a entender sobre todo que esos judíos eran comunistas: «Nunca falto de ideas y ocurrencias, Rakosi, sin temor al ridículo, se volvió uno de los antisemitas más fervientes de Hungría.» (p.55). Victor Sebastyen, como vemos, tampoco teme hacer el ridículo. Las frases citadas eran las únicas que tocaban el tema en las 406 páginas de su libro.

El libro de André Farkas, titulado *Budapest 1956, La tragedia tal como la vi y viví*, (Tallander, 2006, 288 páginas) no contenía ni una sola mención acerca del papel de los judíos en la Hungría de posguerra. El de François Fetjö, *1956, Budapest, la insurrección* (Editorial Complexe, 2005) tampoco contenía una sola línea acerca de ese doloroso tema.

El libro de Henri-Christian Giraud, *Una Historia de la revolución húngara* (Le Rocher, 2006), demostraba perfectamente como los goy aprenden a respetar el perímetro de la libertad de expresión, sin que ello les impida luego criticar ocasionalmente el «terrorismo intelectual».

Tras el aplastamiento sangriento de la insurrección húngara, la cantidad de dirigentes judíos fue limitada. «La limitación estricta del número de judíos en la cima del poder no tuvo un efecto de "arianización" del

---

[171] David Irving, página 156 de la versión inglesa

partido, como fue el caso en Polonia en 1968, con Gomulka, escribía Gabriele Eschenazi. Kadar continuó empleando directivos de origen judío en la prensa, la televisión y los diversos sectores económicos, y colocándolos en los puestos claves dentro de la administración del Estado», de tal forma que se podía afirmar que «bajo el comunismo, la mejor época para los judíos fue aquella durante la cual Kadar ejerció el poder.»

El antisemitismo estaba prohibido, y «el hecho de que, en la cima del Partido, ya no hubiera directivos de origen judío, evitaba que la población los identificase con el poder... Ocupando posiciones de primer plano en los medios de masa, las instituciones científicas y el mundo económico, un gran número de húngaros de origen judío adquirieron un prestigio profesional importante. La mayoría de las veces apuntaba Gabriele Eschenazi, eran los primeros en implicarse en los movimientos reformistas y en interesarse por los proyectos de modernización autorizados por el régimen de Kadar. Este era el motivo por el que se les consideraba los dirigentes técnicos y económicos más abiertos, más modernos y más "occidentales".»

En 1967, cuando estalló la guerra de los Seis Días en Oriente Próximo, el gobierno húngaro se alineó con los demás países comunistas, rompiendo sus relaciones diplomáticas con Israel. Pero cualquier campaña antisemita fue prohibida, y «Kadar, bajo la apariencia de un anti-sionismo" oficial", permitió a los escasos judíos que lo deseaban viajar libremente a Israel[172].»

Una encuesta realizada entre 1983 y 1988 mostraba que los judíos húngaros «nunca habían llegado a integrarse completamente»: «Sobre las 109 personas interrogadas, solo 43 aceptaban perfectamente su origen; 20 lo ocultaban completamente, mientras que 46 preferían evaluar la situación antes de decidir si debían o no desvelarla. Sin embargo, entre sus padres, que eran supervivientes del holocausto, el 63% negaba categóricamente su identidad judía y se esforzaba en convencer a sus hijos de hacer lo mismo[173].»

---

[172] Gabriele Eschenazi, Gabriele Nissim, *Les juifs et le communisme après la Shoah*, 1995, Éd. De París, 2000, p. 127-131

[173] Andras Kovacs, *Identity and Ethnicity*, p. 4 (manuscrito). Gabriele Eschenazi, Gabriele Nissim, *Les juifs et le communisme après la Shoah*, 1995, Éd. De París, 2000, p. 131-133

Así, aunque el número de judíos en la cima del poder había sido voluntariamente limitado, aún podía haber judíos ocultos, tal como lo relataba Gabriele Eschenazi: «La historia de Aczel, el ministro de Cultura, cuyas opiniones eran muy respetadas por Kadar, constituye el ejemplo más extremo, pero también más emblemático, de las inquietudes existenciales que tenían los húngaros de origen judío.» Había sido en su juventud un «valiente militante sionista del Hashomer Hatzair... Cuando, bajo el reinado de Kadar, se vio de repente propulsado a la cima del poder, hizo todo lo que pudo para ocultar su identidad y, sobre todo, su pasado sionista. Vasarhelyi recuerda: "En su vida de alto dignatario comunista, su pasado era una carga terrible. Quería a toda costa presentarse con "los mostachos de un auténtico húngaro". En su juventud había sido actor, pero seguía actuando, fingiendo no tener orígenes judíos[174].»

Con el derrumbe del comunismo en 1989, los judíos fueron presa, una vez más, de algunos temores. El «espectro del antisemitismo» regresó. Escuchen por ejemplo Istvan Csurka, autor dramático y vicepresidente del Foro democrático: «¿Por qué los judíos no admiten que han estado en el poder en los tiempos de Bela Kun y que también lo estuvieron cuando regresaron con los rusos? ¿Por qué no reconocen sus responsabilidades?»

Una vez más, como vemos, los judíos iban a servir de chivos expiatorios. «De esta manera, escribían sin reír Eschenazi y Nissim, pueden echar sobre los judíos la culpa colectiva y blanquear el resto de la sociedad. Los judíos están llamados a asumir el proceso de reconversión moral que el propio país no consigue llevar a cabo.»

Istvan Csurka parecía más bien designar un cabeza de turco: «El capitalista que señala públicamente como símbolo del nuevo arribismo judío, es George Soros, el financiero estadounidense de origen húngaro, que durante los últimos años de reinado de Kadar, ayudó y financió el nacimiento de una cultura independiente.»

Es cierto que, en Budapest, la fundación Soros había otorgado becas de estudio por valor de varios millones de dólares a intelectuales húngaros, «con el fin de permitirles estudiar y emprender investigaciones sin tener que soportar las trabas del poder totalitario.» ¿En tal caso, como se podría reprocharle nada a ese millonario húngaro, tan generoso y

---

[174] Gabriele Eschenazi, Gabriele Nissim, *Les juifs et le communisme après la Shoah*, 1995, Éd. De París, 2000, p. 136

patriota? Csurka, «que empezó una campaña política contra Soros, le acusa en realidad de ayudar la antigua nomenclatura judía a convertirse al capitalismo[175].» A este Istvan Csurka, que veía los judíos tanto detrás del comunismo como detrás del liberalismo, los dos escritores italianos respondían, fingiendo la incomprensión: «¿Como es posible hacer de los judíos el símbolo de dos ideologías antitéticas, de dos sistemas políticos opuestos?»

La respuesta es sin embargo muy sencilla: se trata de encontrar una nueva fórmula para construir este mundo sin fronteras, este nuevo «reino de David», en el cual el pueblo de Israel será por fin reconocido por todos como el pueblo de Dios.

Polonia, liberada de sus "fantasmas"

Allí también, los judíos habían regresado en la estela del ejército rojo. «Nunca, en la historia de Polonia, los judíos habían desempeñado cargos políticos tan importantes, reconocía Eschenazi. El nuevo régimen empleaba dirigentes de origen judío en sectores estratégicos, como el ejército, la seguridad y el aparato del partido, porque los rusos confiaban más en ellos que en los polacos[176].»

El Partido comunista polaco trataba sin embargo de presentarse ante la opinión pública como un partido realmente nacional. La tarea no era sencilla. Así lo explicaba Berman, «número dos del régimen»: «Al igual que Bierut, me había opuesto al hecho de que hubiese demasiados judíos en la cima del poder. Veía en ello un mal necesario al que nos habíamos visto abocados en el momento de la conquista del poder[177].» Hubo pues, que «pedir a los judíos comunistas que pasaran a ser polacos». Con tal propósito, el Partido promulgó un decreto que permitía a los judíos cambiar de apellido, «con extrema facilidad». «Si eran "como es debido", podían entrar en contacto con la población, sino se les encargaba tareas para las cuales los contactos eran limitados; si tenían un físico muy marcado, se los relegaba a un segundo plano en la

---

[175] Gabriele Eschenazi, Gabriele Nissim, *Les juifs et le communisme après la Shoah*, 1995, Éd. De París, 2000, p. 145, 147, 150

[176] Gabriele Eschenazi, Gabriele Nissim, *Les juifs et le communisme après la Shoah*, 1995, Éd. De París, 2000, p. 199

[177] Gabriele Eschenazi, Gabriele Nissim, *Les juifs et le communisme après la Shoah*, 1995, Éd. De París, 2000, p.222-227

sección del trabajo político, entre judíos.» Para entrar en la administración, «no solo se les pedía cambiar su apellido judío por uno típicamente polaco y hablar con un acento polaco perfecto, sino que además tenían que rehacer los documentos de identidad de toda su familia. Para todo el mundo, se trataba de una operación de encubrimiento destinada a ocultar el carácter a la vez extranjero y judío del nuevo poder. Así, se lamentaba Eschenazi, los judíos, aunque tuvieran apellidos polacos y estuvieran perfectamente integrados, se convirtieron en los individuos más sospechosos para el resto de la población[178].»

A pesar de todo, estaban muy bien integrados, sobre todo en los ministerios. Lo podemos leer también en el libro de Alain Brossat, a través del testimonio de un tal Adam Paszt: «Sabíamos que la población era antisemita, por lo que intentábamos disimular que había judíos en los puestos superiores... Aconsejábamos a los judíos que ejercían responsabilidades de cambiar de apellido. Hacíamos "subir" aquellos que eran rubios, que tenían una "buena cara"-así lo decíamos-, aquellos que hablaban bien el idioma. Los otros no podían ocupar puestos de responsabilidad o funciones de representación[179].»

Hilary Minc, uno de los dirigentes del nuevo régimen, era fácilmente identificable: «Varios judíos comunistas que se hallaban en Rusia a la espera de regresar a su país con el ejército polaco fueron encerrados durante varios días en una casucha. Como empezaban a perder la paciencia, pidieron hablar con Minc para saber que iba ser de ellos. Este les contestó abiertamente que, si querían regresar a Polonia, tenían que cambiar sus apellidos y ocultar sus orígenes, ya que, si no lo hacían, generarían un anticomunismo disfrazado de antisemitismo. Uno de ellos, al que aquella explicación había enfurecido, sacó un espejo y le espetó que se mirara en el, pues con la cara que tenía también le sería imposible engañar a nadie.»

Aquella farsa no parecía realmente engañar a nadie, ni a los judíos, ni a los polacos. Szapiro recordaba lo que él y otros judíos sentían durante aquel periodo: «Me tranquilizaba ver que el sionista Sommerstein ocupaba el ministerio de Educación. Para la mayoría de los judíos, la

---

[178] Gabriele Eschenazi, Gabriele Nissim, *Les juifs et le communisme après la Shoah*, 1995, Éd. De París, 2000, p. 218, 219, 199

[179] Alain Brossat, Sylvia Klingberg, *Le yiddishland revolutionnaire*, Balland, 1983, p. 329

presencia de judíos en la cima del Estado constituía una especie de garantía en contra del antisemitismo o, al menos, una prueba que no habría ningún antisemitismo oficial[180].»

Alain Brossat citaba también el testimonio de Bronia Zelmanovicz: «Un día, cuando mi hija Ilana aún era pequeña, la dejé en su cuna para hacer la compra- hacer la cola para comprar carne. Unas personas llegaron y se colaron en la fila. Protesté y me contestaron: "Tú lo has querido, este régimen, ¿no?" Habían visto en mi cara que era judía. Para ellos, la consabida ecuación "judeo-comunismo" funcionaba perfectamente[181].»

El libro de Eschenazi y Nassim, está lleno de contradicciones y de paradojas, pero tiene por lo menos el mérito de poner de relieve un cierto espíritu talmúdico. Al volver a colocar los datos en su orden, el análisis de los autores toma un cariz sorprendente. Eschenazi y Nissim explicaban así que esa situación ocultaba en realidad un drama identitario: «Entre las dos guerras, muchos habían abrazado el comunismo para salir del gueto, para liberarse del peso de la tradición ortodoxa... Para ellos, la modernidad había de hallarse fuera del shtetl. Después de la guerra, en cambio, el comunismo se convirtió, más allá de cualquier motivación ideológica, en una obligación. La mayoría de los que se apuntaron al Partido... lo hicieron no porque desearan hacer carrera, sino más bien por una especie de desesperación... Ante la necesidad de vivir, se comprometieron a su pesar en la vía del comunismo... Firmaron un contrato moral con el comunismo por el simple motivo que deseaban vivir. Y para vivir en Polonia, había que formar parte del Partido[182].» Tenemos que entender pues, que para ellos fue un gran dolor acabar trabajando en los ministerios.

Fue por lo tanto también con gran desesperación que los judíos se comprometieron masivamente dentro del terrible aparato de seguridad del Estado polaco: «La sección en la que los judíos más se confundían con el poder comunista era muy especial, pues se trataba del aparato de seguridad» reconocía Gabriele Eschenazi. La *Służba Bezpieczeństwa*, el Servicio de Seguridad (SB), «controlaba prácticamente toda la

---

[180] Gabriele Eschenazi, Gabriele Nissim, *Les juifs et le communisme après la Shoah*, 1995, Éd. De París, 2000, p.231

[181] Alain Brossat, Sylvia Klingberg, *Le yiddishland revolutionnaire*, Balland, 1983, p.337

[182] Gabriele Eschenazi, Gabriele Nissim, *Les juifs et le communisme après la Shoah*, 1995, Éd. De París, 2000, p.217, 219

sociedad civil. Sus funcionarios leían los correos privados, llevaban a cabo los registros y allanamientos, y censuraban los periódicos.»

Aquella presencia de numerosos judíos en el sistema represivo contribuyó seguramente en alimentar el antisemitismo: «El error del Partido fue emplear judíos en una sección tan delicada, con el consiguiente riesgo de suscitar aún más la hostilidad del pueblo hacia el poder.» Lo cierto es que «los polacos creían que el Servicio de Seguridad estaba totalmente dirigido por judíos.»

Durante los años del estalinismo, «un número relativamente importante de judíos» ocupaban puestos elevados en la policía secreta: «Algunos lo hicieron por idealismo, otros porque deseaban fervientemente vengarse.» Como por ejemplo ese «coronel Iosef Swiatlo, que había huido a Berlín en septiembre de 1953, en oscuras circunstancias: "Era un pequeño delincuente judío polaco que solo pensaba en enriquecerse y en vengarse de todo, de sus orígenes y hasta de su pobreza. Era dueño del destino de miles de personas. Fue algo horrible"[183].»

Jrushchov, que dirigía la desestalinización de la URSS, era favorable a la depuración de los directivos judíos. En 1955, durante las sesiones del XX congreso, la repentina muerte en Moscú de Beirut, el secretario del Partido comunista polaco cayó como una bomba. Los rumores circularon que había muerto en dudosas circunstancias. Berman y Radkiewicz se veían fuera del gobierno y del Buró político del Partido. Una revuelta popular tuvo lugar en Poznan, en junio de 1956, en la que se vio una muchedumbre enfurecida asaltar las diferentes sedes del Partido y adueñarse de la ciudad durante dos días. La represión se cobró 75 víctimas. Justo después de esto, en el mes de julio, el viceprimer ministro Zenon Nowak, durante la reunión del Comité central, presentó una proposición, «tras haber cuidadosamente aclarado que no era antisemita: "Los judíos alejan el pueblo del partido y de la Unión Soviética... Es por lo tanto el deber del Partido hacer que los polacos, y no los judíos, ocupen los puestos más importantes".»

Bajo la presión del pueblo, Gomuka fue elegido secretario del partido, y los judíos estalinianos fueron eliminados: «El año 1956 fue marcado por la desaparición de los judíos estalinianos de la escena política. El poderoso Berman fue excluido del buró político, así como el ministro de Economía, Minc, y poco tiempo después, el jefe del ejército,

---

[183] Gabriele Eschenazi, Gabriele Nissim, *Les juifs et le communisme après la Shoah*, 1995, Éd. De París, 2000, p. 222-227

Zambrowski. Sin embargo, en aquel momento, la depuración no tenía un carácter especialmente antisemita: se dirigía tanto a judíos como no judíos. Kersten señalaba que: "Berman, Minc, y demás personalidades que trabajaban en los ministerios de la Seguridad fueron depuestos de sus funciones no tanto por ser judíos, como por ser considerados estalinianos, conservadores y dogmáticos[184].»

Con todo ello, «el año 1956 fue realmente traumático» para esa generación de judíos comunistas. «Habían optado por la URSS llenos de esperanzas mesiánicas, y de repente las revelaciones de Jrushchov en el XX congreso lo ponían todo en entredicho.» Fue por lo tanto un nuevo drama de la historia judía: «En cuanto el nuevo régimen de Gomulka reabrió las fronteras para mostrarse liberal, cincuenta mil judíos ya tenían preparadas sus maletas» y salieron del país. Uno se pregunta entonces que temían para huir así. ¿No se habían convertido, después de todo, en verdaderos polacos, «perfectamente integrados», como nos repetían Eschenazi y Nissim en su libro?

«Ahora que el comunismo parecía derrumbarse, albergaban un sentimiento de vacío. Ya no tenían identidad y se sentían amenazados... Las noticias que llegaban de la Unión Soviética se sumaban a las perspectivas de ser otra vez, por ser judíos, los chivos expiatorios de un régimen tambaleante, lo cual incrementaba aún más su desasosiego... Habían entrado en el Partido y la policía llenos de esperanzas, pero bruscamente todo se desplomaba. Se sentían derrotados[185].»

Después de la guerra, muchos ya habían preferido dejar el país por culpa de las tensiones con los polacos. De los 350 000 judíos que vivían en Polonia tras la guerra, la gran mayoría regresaba de la Unión Soviética, 250 000 habían partido hacia Israel o Europa occidental. En febrero de 1947, Polonia cerró sus fronteras, aunque seguía siendo posible conseguir visados para viajar a Israel[186].

Después del éxodo de 1956, la comunidad judía polaca, no contaba más de treinta mil personas. «Aquellos que habían permanecido constituían

---

[184] Gabriele Eschenazi, Gabriele Nissim, *Les juifs et le communisme après la Shoah*, 1995, Éd. De París, 2000, p. 251, 253

[185] Gabriele Eschenazi, Gabriele Nissim, *Les juifs et le communisme après la Shoah*, 1995, Éd. De París, 2000, p.254-258

[186] Gabriele Eschenazi, Gabriele Nissim, *Les juifs et le communisme après la Shoah*, 1995, Éd. De París, 2000, p. 205, 212

el núcleo duro de los judíos asimilados. A pesar de todo, estos seguían sintiéndose completamente polacos, escribía sin atisbo de ironía Gabriele Eschenazi. Muchos eran partidarios de Gomulka» y «participarían en el nuevo intento de reforma comunista con él mismo entusiasmo que en el pasado[187].» Podían por lo tanto empezar de nuevo sobre unas nuevas bases, sobre unas nuevas «esperanzas».

Por desgracia, otro drama ocurrió. La guerra de los Seis días entre Israel y los países árabes inauguró a lo grande la campaña antisemita. Para la prensa de Polonia, a partir del día en que los enfrentamientos empezaron, el 5 de junio de 1967, todo judío asimilado pasó a ser considerado un sionista potencial:

«Se llevaron a cabo purgas en todas las instituciones que ocultaban judíos y en las cuales podía anidar alguna contestación al régimen. Naturalmente, se apuntó primero a los círculos culturales, los periódicos, el cine y las universidades que habían dado muestras de anticonformismo intelectual. Además, se quiso dejar bien claro que, dentro de la policía y el ejército, el poder pertenecía a los "verdaderos" polacos. Los judíos que, en la víspera, estaban plenamente integrados, fueron "desalojados" uno tras otro como si fueran "topos" de una organización criminal que actuaba en la sombra. Una comisión especial de "seguridad" creó una lista de judíos sobre los que convenía investigar. Sin embargo, se apuntaba especialmente los puestos de directivos. A partir de la segunda mitad de 1967, y hasta el final de 1969, 341 oficiales de origen judío fueron alejados del ejército y expulsados del partido. Solamente en Varsovia, entre marzo y mayo de 1968, más de 500 directivos fueron despedidos; de los cuales, 365 trabajaban en los ministerios, 49 en las instituciones académicas, 21 en las agencias de prensa y 39 en diversos servicios. Había, además, 4 ministros, catorce subsecretarios, siete directores generales y cincuenta y uno directores de departamento. En octubre, 2100 personas fueron expulsadas del Partido. La caza del "sionista" fue particularmente encarnizada en las escuelas y universidades, donde Gomulka quería asestar un golpe mortal a la rebelión de los jóvenes. Decenas de universitarios y profesores de universidad perdieron sus puestos. Para sustituir estos "enemigos de Polonia", se promovieron rápidamente 576 nuevos profesores. Los cerca de 1600 estudiantes que fueron expulsados de las universidades fueron vetados para siempre y no pudieron reanudar

---

[187] Gabriele Eschenazi, Gabriele Nissim, *Les juifs et le communisme après la Shoah*, 1995, Éd. De París, 2000, p. 258

estudios en Polonia. Acusados de ser sionistas, cientos de judíos fueron cesados inmediatamente y se encontraron de la noche para la mañana sin casa, sin asistencia médica, sin amigos... Los "enemigos del pueblo" fueron reprobados públicamente y puestos en la picota[188].»

La desesperación de los judíos era todavía más profunda por el hecho de que, no lo olvidemos, «la mayoría se sentía plenamente asimilada: hablaban el polaco, habían olvidado por completo el yiddish, no iban a la sinagoga, no practicaban los ritos religiosos judíos y habían criado sus hijos según los principios educativos polacos, escribía Eschenazi... Y sin embargo, estos antiguos judíos fueron de repente acusados de ser unos sionistas y de formar parte de una quinta columna de los "enemigos de Polonia"[189].»

Fue por lo tanto una «ducha fría» para todos aquellos judíos asimilados que «habían creído que el partido les permitiría sentirse totalmente polacos y olvidarse de la hostilidad que les rodeaba. Pero de repente, el Partido en torno al cual habían construido su vida se volvía contra ellos. Todo se derrumbaba.»

Tenemos, por ejemplo, el caso de un tal Szchter Michnick, uno de esos judíos" perfectamente asimilados": «Había sido durante cincuenta años un intelectual comunista, así como el editor de las obras de Karl Marx. Llevaba a cabo investigaciones sobre el "error" de Lenin que había abierto las puertas a la degeneración del socialismo. En 1968, después de haber ocultado durante toda su vida sus orígenes, recordó súbitamente que procedía de una familia judía y que había sido educado para ser rabino. Del día para la mañana, se convirtió en un ferviente sionista. Quiso que su hijo se instalara en Israel para contribuir a la defensa del Estado judío[190].»

Los judíos, una vez más, habían sido «designados como los enemigos», el «chivo expiatorio», sobre quien el partido había hecho «recaer la responsabilidad de sus propias limitaciones.» Su desamparo fue tan grande que aproximadamente veinte mil judíos abandonaron el país

---

[188] Gabriele Eschenazi, Gabriele Nissim, *Les juifs et le communisme après la Shoah*, 1995, Éd. De París, 2000, p.276

[189] Gabriele Eschenazi, Gabriele Nissim, *Les juifs et le communisme après la Shoah*, 1995, Éd. De París, 2000, p.260

[190] Gabriele Eschenazi, Gabriele Nissim, *Les juifs et le communisme après la Shoah*, 1995, Éd. De París, 2000, p.282

hacia Suiza, Dinamarca o los Estados Unidos. Pocos, en aquel momento, se fueron a Israel. Lo peor de todo, explicaba Eschenazi, era que «la gran mayoría de la población fue indiferente al destino de los judíos... La soledad moral en la que los polacos dejaron los judíos fue muy dura de soportar... En 1968, los intelectuales, así como la Iglesia polaca se conformaron con observar los acontecimientos sin tomar partido contra la campaña antisemita. El jefe indiscutido de la Iglesia polaca, el cardinal Wszynski, que era reconocido a nivel internacional por ser el representante del bastión de la resistencia anticomunista, no se tomó la molestia de intervenir[191].»

Por otro lado, ¿por qué la Iglesia habría intervenido en favor de gente que no había dejado de perseguirla? La realidad –y es terrible decirlo– es que era muy probable que los polacos se alegraban de la situación. El resultado fue que «después de 1968, los judíos que quedaron en Polonia eran muy pocos, no más de tres o cuatro mil.» ¿Como se las iban apañar ahora los polacos?

Tras el derrumbe del bloque comunista, la campaña presidencial de 1991 se desarrolló en un clima confuso. Lech Walesa, el antiguo líder sindicalista, competía en las elecciones con el Primer Ministro católico liberal Tadeusz Mazowiecki: «Pronto, extraños rumores empezaron a circular sobre este último. Las personalidades importantes no lo afirmaron explícitamente, pero todos lo pensaban: Mazowiecki era un judío camuflado. Al principio, sus colaboradores de origen judío habían sembrado las dudas, pero luego, se vio «acusado él también de ser un "judío disfrazado de católico".»

El antisemitismo era pues, lamentablemente, aún muy virulento en Polonia. En este tipo de tema solo hay una solución, recomendaba Gabriele Eschenazi: «Es probable que tales episodios vayan a repetirse en los próximos años venideros, y esto pasará mientras el antisemitismo no sea declarado ilegítimo. Si esto debe hacerse, no es para satisfacer a los judíos, o para mostrar solidaridad con ellos, sino por la propia necesidad que tienen los polacos de deshacerse de sus fantasmas[192].»

---

[191] Gabriele Eschenazi, Gabriele Nissim, *Les juifs et le communisme après la Shoah*, 1995, Éd. De París, 2000, p.260, 278-280

[192] Gabriele Eschenazi, Gabriele Nissim, *Les juifs et le communisme après la Shoah*, 1995, Éd. De París, 2000, p.289, 287

Rumanía liberada

En Rumanía también, los dirigentes judíos jugaron un papel importante en la instauración del comunismo después de la Segunda Guerra mundial[193]. El libro de Eschenazi y de Nissim, nos presentaba el testimonio elocuente de una tal Lya Benjamin, una judía que fue también una ferviente comunista:

«Durante la guerra, en los años de la clandestinidad, la mayoría de los líderes comunistas eran judíos; después del 23 de agosto de 1944, los judíos se alegraron de la llegada de los comunistas soviéticos y muchos desearon formar parte del nuevo régimen. Debido a su antifascismo ardiente, los servicios secretos de la *Securitate* los consideraban como elementos dignos de confianza, por lo que acogieron un gran número de ellos. El idealismo condujo estos judíos al comunismo. Creían tanto en ese ideal que resultaron ser más fanáticos que sus compañeros rumanos, los cuales muchas veces habían adherido al Partido solo por oportunismo. Seguramente muchos judíos estaban motivados por el deseo de tomarse la revancha, no solo sobre el fascismo, sino también sobre los rumanos. Después de haberse visto tanto tiempo apartados de la sociedad, consideraban que el momento había llegado para ellos de desempeñar un nuevo papel... Los judíos albergaban grandes esperanzas para una posible nueva vida en su país... » Y no nos sorprenderá enterarnos de que este testigo era una persona «perfectamente integrada»: «No me sentía muy judía: había sido criada de tal forma que me sentía rumana[194].»

Por lo demás, es precisamente por esa razón que se casó con un judío sionista, lo cual, pensándolo bien, es muy coherente.

Muchos judíos cambiaron sus nombres para evitar que el antisemitismo de la población creciera. El libro de Alain Brossat nos presentaba el testimonio de Pierre Sherf: El Partido, decía, «temía que el

---

[193] El periodo de entre guerras ha sido estudiado por Lucien Rebatet. Se puede leer al respecto los artículos de este autor en el semanal *Je Suis Partout* del 15 de abril de 1938, y aquellos publicados entre el 23 de septiembre y el 28 de octubre de 1938, dedicados a Rumanía y a la Guardia de Hierro. Esos artículos han sido reeditados en un libro titulado *Les Juifs et l'antisemitisme*, publicado en 2002.

[194] Gabriele Eschenazi, Gabriele Nissim, *Les juifs et le communisme après la Shoah*, 1995, Éd. De París, 2000, p.419

resentimiento de la población creciera por el gran número de judíos dentro de la dirección del Partido; como muchos otros, tuve que "rumanizar" mi apellido; ya no me llamaba Pierre Sherf, sino Petre Sutchu[195].»

Al igual que en Hungría, donde el gran ideólogo marxista era George Lukacs, y cuyo renombre sobrepasaba sobradamente las fronteras del país, el gran pensador oficial rumano era otro judío: «Salomon Catz que, bajo el nombre de Constantino Dobrogeanu-Gherea, se convirtió en el mayor ideólogo marxista rumano.»

Los nuevos dirigentes de Rumanía fueron aquellos que se denominaban los "Moscovitas", es decir los rumanos que dejaron la capital rusa y entraron en septiembre de 1944 en los furgones del ejército rojo. Su cabecilla era la hija de un judío ortodoxo, Ana Pauker. Pertenecía a la "troika" dirigente junto a Georghiu Dej, el jefe del Partido, y Vasile Luca. En Moscú, Ana Pauker trabajaba para la propaganda soviética y era profesora dentro del Komintern. Marcel Pauker, su marido, al que había conocido en Suiza, provenía de una familia judía laica. Había sido uno de los fundadores del movimiento comunista y un alto funcionario del Komintern. Fue víctima de las purgas y liquidado en Moscú en agosto de 1938. Ella, por entonces, estaba encarcelada en Rumanía desde 1936 por ser miembro de un partido declarado ilegal. En 1941, salió de prisión gracias a un acuerdo de intercambio de prisioneros y regresó a Moscú donde permaneció durante toda la guerra. Durante su estancia en la URSS, buscó en vano saber algo acerca del paradero de su marido, del que ignoraba el fatídico destino. Pero nada podía hacer tambalear la fe ciega de Ana Paulker en el comunismo. Regresó a Rumanía en septiembre de 1944 para participar en la toma de poder de los comunistas.

Gabriele Nissim aportaba el testimonio de Tatiana Pauker, la hija de Ana Pauker, a la que interrogó en 1991 en Bucarest: «El padre de Ana era un judío ortodoxo de cultura religiosa muy rígida. Se llamaba Rabinson... Ella estaba muy ligada a su familia. Tenía excelentes relaciones con su hermano Enea (o Zalman, su nombre hebraico) que era un judío practicante. Le tenía un sincero afecto y un gran respeto... Nunca ocultó su identidad. Cuando se le preguntaba si era judía, jamás lo negaba. Había guardado el apellido de su marido, pero a la vez quería

---

[195] Alain Brossat, Sylvia Klingberg, *Le yiddishland revolutionnaire*, Balland, 1983, p. 340

que se le considerase como una rumana. A diferencia de muchos judíos que, después de convertirse en comunistas, preferían evitar los contactos con otros judíos para no ser acusados de favoritismo hacia la comunidad, ella se rodeó de judíos en su ministerio de Asuntos exteriores... Esto demuestra que mi madre no tenía complejos por ser judía y que se sentía libre de rodearse de amigos y colaboradores judíos. En público, jamás rehusó cumplir actos simbólicos que pudieran delatar sus orígenes. En el entierro de su madre, siguió la tradición judía y en el cementerio, desgarró sus vestimentas para detener el ciclo de la muerte. Recuerdo también el día en que, tras su destitución en 1952, fuimos al teatro judío de Bucarest. Los espectáculos eran representados en yiddish, y teníamos que usar auriculares para la traducción instantánea, pero ella, que entendía el yiddish, los rechazó. Fue un gesto casi simbólico[196].»

Ana Pauker era una atea convencida: «El comunismo le había permitido superar el judaísmo.» Probablemente sea también eso lo que le motivó para intentar sofocar el cristianismo y perseguir el clérigo ortodoxo. «Cumplía las funciones de comisaria ideológica del Partido a cuenta de Stalin, y fue ella quien patrocinó los primeros juicios políticos de 1947 hasta 1949. En los años 1950-1952, apoyó el proyecto de Stalin del "canal de la muerte", cuya construcción obligó a miles de prisioneros a trabajar en condiciones inhumanas para construir un canal que conectara el Danubio con el mar Negro. Fue un verdadero gulag en el que perecerían, en dos años, 120 000 personas[197].»

Para realzar el análisis un tanto insulso de Gabriele Nassim, recordaremos aquí este pasaje del libro de Stéphane Courtois, "*Historia y memoria del comunismo en Europa*", que mencionaba el caso del coronel Nicolski, famoso por su crueldad: «cuyo verdadero nombre era Boris Grünberg, agente del KGB en Rumanía, director adjunto de la siniestra *Securitate* desde 1948–la policía política–personalmente responsable de miles de asesinatos e inventor de la terrorífica experiencia de "reeducación" de la prisión de Pitesti. Nicolski murió

---

[196] Gabriele Eschenazi, Gabriele Nissim, *Les juifs et le communisme après la Shoah*, 1995, Éd. De París, 2000, p.444

[197] Gabriele Eschenazi, Gabriele Nissim, *Les juifs et le communisme après la Shoah*, 1995, Éd. De París, 2000, p.442. La frase exacta es: «120 000 personas, entre las cuales numerosos judíos, perecieron.» Esta afirmación merecería sin duda ser estudiada detenidamente.

tranquilamente en su espléndida villa en Bucarest, el 16 de abril de 1992[198].»

En Rumanía, al igual que en Checoslovaquia, las primeras depuraciones políticas empezaron en 1949. Decenas de responsables judíos fueron arrestados. Ante la ofensiva de Georghiu Dej, el secretario del Partido, Ana Pauker tuvo la misma reacción que Slansky y los demás judíos comunistas juzgados en Praga: creyó que Stalin no la traicionaría. Se desplazó hasta Moscú para defenderse y acusar Dej, pero las puertas del Kremlin permanecieron cerradas. Durante un encuentro con Dej, en 1951, Stalin le habría pedido "mano de hierro" contra los agentes del titismo y del sionismo. Así, Vasile Luca, el ministro de Finanzas, y Teohari Georgescu, ministro del Interior fueron destituidos en mayo de 1952. Esta represión afectó también a muchos directivos judíos en los escalafones inferiores.

Ana Pauker, ministro de Asuntos exteriores, fue destituida en julio de 1952, excluida del Partido en septiembre, arrestada en febrero de 1953, y finalmente liberada unas semanas más tarde tras la muerte de Stalin. Había sido acusada de numerosas fechorías, especialmente «de haber tenido contactos con servicios secretos extranjeros a través de Israel, donde vivía su padre, y de haber depositado dinero en Suiza.» Sin embargo, nunca fue explícitamente tachada de sionista y, al contrario de lo que había ocurrido en Checoslovaquia, no se produjo una depuración inmediata de los judíos presentes en la cima del Partido. Prueba de ello fue que en el puesto de Pauker en el ministerio de Asuntos exteriores, Dej nombró a otro judío: Simon Bughici.

Después de haber eliminado a Ana Pauker, Dej emprendió una depuración silenciosa de los judíos de la vida pública, excluyéndolos primero de la prensa y del profesorado universitario. El ejército, la seguridad y la justicia fueron prohibidos de acceso a los judíos, aunque la exclusión fue gradual. Ninguna campaña antijudía fue lanzada desde Bucarest, y mucho menos con el alcance y la resonancia internacional de la de Praga. En 1957, el ultimo judío aún presente en el Politburó, Chishinevsky, fue destituido. «Las acusaciones que recibían los judíos no eran de carácter antisemita, no se hablaba de sionismo sino más bien de desviacionismo ideológico y de tendencias" pequeño burguesas y anarquizantes"[199].» Solo unos pocos judíos siguieron ocupando algún

---

[198] *Du Passé faisons table rase, Histoire et mémoire du communisme en Europe*, obra colectiva, dirigida por Stéphane Courtois, Ed. Robert Laffont, 2002, p.49

[199] Gabriele Eschenazi, Gabriele Nissim, *Les juifs et le communisme après la*

puesto clave, pero no se hallaban ni en el Politburó ni en el secretariado del Partido. Dej los había casi eliminado por completo del Partido.

Ceausescu, su sucesor, también facilitó la salida de judíos de Rumanía, con tan buen resultado que entre 1961 y 1975, 150 000 judíos rumanos emigraron hacia el Estado de Israel. «Entre ellos había muchos antiguos ministros e importantes funcionarios del Partido. Ceausescu los dejo salir a cambio del abono por parte de Israel de entre 2000 y 8000 dólares por individuo.» En 1975, no quedaban en el país más que 60 000 judíos, el equivalente al 15% de los que había después de la guerra[200].»

La "venta" de judíos al Estado hebreo era un arreglo corriente al que la comunidad estaba acostumbrada desde antiguo: «En la Edad-Media, explicaba Eschenazi, los judíos siempre habían regateado por sus vidas. Los grandes rabinos ofrecían siempre dinero a los poderosos... En la Alemania feudal, cuando los judíos eran expulsados de un ducado, se volvían hacia otro noble ofreciéndole dinero para que aceptara acogerlos. Se quedaban hasta que el duque se volviera antisemita y de nuevo volvían a emigrar[201].» Fue así como el rabino Moses Rosen, el emisario de Ceausescu, pudo negociar la salida de decenas de miles de sus congéneres.

Pero al contrario de los demás países comunistas, Rumanía no tuvo una política extranjera hostil hacia Israel. No rompió sus relaciones con ese país después de la guerra de los Seis días como lo hizo la URSS y sus satélites, e instauró relaciones económicas y militares con el estado hebreo. Esas relaciones privilegiadas entre Rumanía e Israel fueron celebradas con la visita de Golda Meir a Bucarest en mayo de 1972. Igualmente, en agosto de 1987, el primer ministro Itzhak Shamir y el rabino Rosen se encontraban juntos, codo con codo, en la sinagoga de Bucarest para aplaudir Ceausescu.

La caída del dictador, en diciembre de 1989, fue para los medios occidentales la oportunidad para una manipulación a gran escala. La masacre de Timisoara había acabado con la vida de 90 000 víctimas. Ceausescu fue ejecutado sumariamente, y un régimen pro-occidental

---

Shoah, 1995, Éd. De París, 2000, pp.436-438

[200] Gabriele Eschenazi, Gabriele Nissim, *Les juifs et le communisme après la Shoah*, 1995, Éd. De París, 2000, p. 460

[201] Gabriele Eschenazi, Gabriele Nissim, *Les juifs et le communisme après la Shoah*, 1995, Éd. De París, 2000, p. 471

fue instaurado. Los investigadores descubrieron finalmente que el número de víctimas de Timisoara era de 96, es decir casi mil veces menos de lo que se había afirmado en un principio.

En el año 2000, solo quedaban 9000 judíos sobre los 23 millones de habitantes que contaba Rumanía. Pero al igual que en Polonia, Gabriele Nissim nos explicaba que se podía constatar un «antisemitismo sin judíos». A pesar de la caída del régimen comunista, algunos miembros del pueblo elegido volvieron otra vez a los puestos de mando: «Petre Roman, cuyos orígenes judíos eran lejanos (por parte del abuelo) había sido un líder de la revolución de 1989 y del Frente de salvación nacional, así como el Primer ministro entre 1990 y 1991[202].» Brucan, «un judío comunista desde los inicios» y que había integrado la oposición en los últimos años del régimen de Ceausescu, se convirtió en la diana de numerosos ataques a partir de mayo de 1990. El tipo de eslóganes que se podía escuchar en las manifestaciones de protesta era: «¡Roman y Brucan en Palestina!» Por lo visto, los judíos no habían dejado buenos recuerdos en la población...

Depuración en Checoslovaquia

Desde la creación de la República Checoslovaca en 1918, Tomas Mazaryk, su padre fundador, veló por que cualquier muestra de antisemitismo fuese sofocada inmediatamente. Había entonces 360 000 judíos censados, es decir el 2,5% de la población, dos tercios de los cuales vivían en Eslovaquia y en Rutena subcarpatica, en el este del país. La guerra había favorecido algunos acercamientos: En Londres, los líderes de la resistencia checa habían estado en contacto permanente con la Agencia judía, de tal forma que cuando se proclamó el Estado hebreo, Checoslovaquia fue el primer país en solicitar inmediatamente la instauración de relaciones diplomáticas oficiales. Las armas utilizadas por los soldados israelís para conquistar Palestina eran de fabricación checoslovaca, y la aviación israelí había sido fundada en territorio checo. El golpe de Estado comunista de febrero de 1948 no alteró las relaciones amistosas entre los dos estados.

En 1948 también se produjeron la retirada de la Yugoslavia de Tito y las primeras purgas antisemitas en la URSS. En septiembre de 1949, el primer juicio-espectáculo tuvo lugar en la capital húngara, a petición

---

[202] Gabriele Eschenazi, Gabriele Nissim, *Les juifs et le communisme après la Shoah*, 1995, Éd. De París, 2000, p.487

directa de Moscú: Laszlo Rajk, el antiguo ministro de Interior había sido acusado de ser un espía de Tito actuando al servicio de EEUU. En Checoslovaquia, los principales dirigentes comunistas fueron arrestados, así como centenares de altos funcionarios de Estado y del Partido y oficiales del servicio de seguridad y del ejército. Miles de comunistas de segunda fila fueron condenados a largas penas de detención tras procesamientos expeditivos. Eran acusados de espionaje, de sabotaje, de nacionalismo burgués y de crímenes sionistas. «Casi todos los dirigentes comunistas eslovacos... fueron declarados culpables de" nacionalismo burgués", escribía Nissim. Era otra manera de decir que eran judíos, detrás de sus apellidos eslovacos. Tal fue el destino, por ejemplo, del poderoso jefe de la policía secreta: Karel Svab [203].» Numerosos periodistas, administradores y funcionarios fueron revocados y apartados de la sociedad.

El juicio del secretario general del Partido, Rudolf Slansky, en 1952, tuvo una repercusión internacional. De los catorce procesados, once eran judíos, y todos fueron acusados de haber participado en una conspiración judía mundial. Slansky había sido acusado además de haber permitido a «capitalistas» de salir del país con importantes cantidades de oro, plata y joyas[204].

Al contrario que Janos Kadar en Hungría, Klement Gottwald decidió darle al partido comunista checoslovaco un giro antisemita que iba a continuar tras la muerte de Stalin. Durante el juicio, se aludió continuamente a la judeidad de los acusados. El fiscal, los periodistas y hasta los propios acusados se complacían durante sus "confesiones" en recordar sus orígenes, citando sus antiguos apellidos si es que los habían cambiado.

Sin embargo, Gabriele Nissim trataba de explicar que eran buenos checoslovacos, «perfectamente integrados», pues como leales comunistas se habían opuesto al sionismo, al nacionalismo judío y a la religión judía: «Los judíos comunistas dejaban de lado su identidad judía para demostrar que el comunismo constituía una superación del judaísmo.»

---

[203] Gabriele Eschenazi, Gabriele Nissim, *Les juifs et le communisme après la Shoah*, 1995, Éd. De París, 2000, p.534, 548

[204] Gabriele Eschenazi, Gabriele Nissim, *Les juifs et le communisme après la Shoah*, 1995, Éd. De París, 2000, p.550, 551

He aquí el testimonio de Eduard Goldstücker, el presidente de la Unión de escritores: «Los judíos comunistas estaban convencidos de formar parte de un gran movimiento, de una gran comunidad humana, no judía, ni otra que no fuese la Humana. Tenían la sensación de participar en el intento de construir un Estado, una sociedad fundada sobre la fraternidad y la igualdad entre todos los hombres. Era una especie de religión que sustituía la religión judía, una religión, digamos, humanista[205].»

El camarada Slansky se defendía argumentando que su política proisraelí estaba dirigida contra el colonialismo británico. «Se casó con una mujer que no era judía, y no transmitió ninguna conciencia judía a sus hijos, explicaba un testigo. Hoy en día, su hijo no reniega su ascendencia judía, pero no se siente judío... » Sin embargo, en la página siguiente, Gabriele Nissim presentaba el testimonio de Pavel Bergman: «Su hija Marta Slanska me contó que siempre había pensado que su padre había favorecido la emigración hacia Israel porque quería ayudar a su pueblo.» Estas contradicciones y paradojas son muy frecuentes en los libros de los intelectuales judíos, exponiendo casi siempre los mismos argumentos para explicar sus desengaños: «Stalin y sus aliados buscaban chivos expiatorios con el único fin de endosarles los fracasos del régimen.»

Después del desencadenamiento de la guerra de los Seis días, en junio de 1967, el régimen de Novotny lanzó la campaña antisraelí y anti sionista más intensa y violenta de todos los países de Europa del Este. Checoslovaquia fue el primer Estado comunista, tras la Unión Soviética, en romper sus relaciones diplomáticas con Israel, y el primero en enviar una importante delegación política y militar a Egipto y a Siria.

1968 fue el año de la primavera de Praga. La revuelta fue aplastada por las tropas del pacto de Varsovia. De los 18 000 judíos que aún quedaban, unos seis mil abandonaron el país entre 1968 y 1970. Tras la caída del muro de Berlín, Vaclav Havel, cabecilla de la primavera de Praga, se convirtió en el primer ministro de la nueva república checa, dando todas las garantías democráticas al mundo occidental. Gabriele Nissim escribía al respecto muy ingenuamente: «Así como ya se había producido en muchos otros países de Europa del Este, la credibilidad

---

[205] Gabriele Eschenazi, Gabriele Nissim, *Les juifs et le communisme après la Shoah*, 1995, Éd. De París, 2000, p. 542, 543

del nuevo régimen democrático en el plano internacional dependía de su actitud respeto a la cuestión judía[206].»

Alemania del Este

En Alemania del Este, creada en otoño de 1949, se desarrolló el mismo guion que en los demás países satélites de la URSS. Los judíos «ocuparon en seguida puestos importantes dentro del Partido... De hecho, tenían la sensación de regresar a Alemania como vencedores[207].» La nueva constitución condenaba explícitamente el antisemitismo, pero el idilio entre judíos y comunistas no duro mucho. «Uno de los primeros en haber sido investigado fue el primer ministro judío de Propaganda e Información, Gerhart Eisler. En julio de 1950, fue excluido del Comité central y acusado al año siguiente de haber sido desleal a Stalin porque había criticado su política en 1927 y 1928. A pesar de recibir muchas críticas, Eisler consiguió mantener su puesto en el ministerio hasta 1953[208].»

Las relaciones con «la comunidad judía internacional» estaban ampliamente determinadas por la cuestión de las reparaciones de guerra. «El Estado judío, donde quinientos mil supervivientes de los campos de concentración se habían refugiado[209], se había difícilmente decidido a normalizar sus relaciones con los alemanes[210]», señalaba Gabriele Nissim. Mientras la Alemania federal había obedecido a las órdenes de los Aliados, de Israel y del Congreso judío mundial, pagando grandes indemnizaciones, la RDA (República Democrática de Alemania), que ya pagaba reparaciones de guerra para Polonia y la URSS, no se consideraba sucesora del régimen hitleriano, negándose a asumir cualquier responsabilidad moral y material hacia los judíos y el Estado

---

[206] Gabriele Eschenazi, Gabriele Nissim, *Les juifs et le communisme après la Shoah*, 1995, Éd. De París, 2000, p. 565, 566, 546, 599

[207] Gabriele Eschenazi, Gabriele Nissim, *Les juifs et le communisme après la Shoah*, 1995, Éd. De París, 2000, p. 614, 615

[208] Gabriele Eschenazi, Gabriele Nissim, *Les juifs et le communisme après la Shoah*, 1995, Éd. De París, 2000, p.628

[209] Son los «milagrosos supervivientes» de los «campos de la muerte».

[210] Gabriele Eschenazi, Gabriele Nissim, *Les juifs et le communisme après la Shoah*, 1995, Éd. De París, 2000, p. 630

hebreo[211]. Esta posición irritó «la comunidad judía internacional», más aún cuando el régimen comunista alemán era el más pro-árabe de todos. Desde finales de los años sesenta, este proveía armas a los palestinos y, en 1971, recibiría la visita oficial de Yasser Arafat, el jefe de la OLP.

Tras la caída del régimen comunista, el Congreso judío mundial, dirigido por el multimillonario Edgar Bronfman, acentuó la presión. El 13 de abril de 1990, el nuevo parlamento, recién elegido, «aprobó una declaración en la que la RDA confirmaba que asumía la responsabilidad moral del holocausto, y presentaba sus disculpas por la política antiisraelí llevada a cabo por los precedentes gobiernos y el trato dispensado por el país hacia los judíos[212].» Los alemanes del Este también iban a tener que pasar por caja.

El refugio en Israel

La verdad es que el sistema comunista se había decididamente vuelto en contra de los judíos, siendo que estos habían sido los primeros en inspirarlo e incluso instaurarlo. «En ese campo de ruinas ideológico, escribía Alain Brossat, Israel aparecía, a falta de otra cosa, como un valor seguro, como un refugio... Dado que los demás pueblos continúan viviendo en la estrechez de sus egoísmos nacionales, repiten a menudo nuestros interlocutores, ¿qué más se puede hacer que afirmarnos como nación, como Estado[213]?»

Fueron muchos los militantes comunistas que, después de la guerra, partieron hacia Palestina para edificar el Estado judío. Fue en Israel, a principios de los años 1980, donde Alain Brossat y Sylvia Klinberg recogieron esos testimonios: «De vuelta de tantas ilusiones», escribían, esos activistas parecían haber asentado cabeza tras tantos años de vagabundeo revolucionario: «No es un espectacular giro ideológico lo que los lleva a venir vivir una vida" normal", apacible, de jubilados de la política, en una modesta urbanización de las afueras de Tel-Aviv, es ante todo una conversión al "realismo".»

---

[211] «En 1990, los gobiernos de Bonn habían abonado 37 000 millones de dólares (tipo de cambio actual) al gobierno israelí y a los judíos supervivientes, incluido aquellos de Alemania del Este», p. 631

[212] Gabriele Eschenazi, Gabriele Nissim, *Les juifs et le communisme après la Shoah*, 1995, Éd. De París, 2000, p. 677

[213] Alain Brossat, *Le Yiddishland révolutionnaire*, Balland, 1983, p.341, 342

Desde el primer congreso sionista en Bale, en agosto de 1897, la idea sionista había recorrido un largo camino hasta calar en los espíritus. Theodor Herzl, que había constatado que los judíos eran inasimilables en Europa, se había convertido en su incansable profeta. Por entonces solo había 25 000 judíos en Palestina de un total de 450 000 habitantes, pero esa población judía crecería constantemente tras la declaración Balfour de 1917, y la creación de un «hogar judío» en Palestina.

La venida del mesías de los judíos no solo coincide con la instauración de un mundo de" Paz", un mundo perfecto en el cual todos los conflictos habrán desaparecido. La espera mesiánica también alimenta la esperanza del «retorno de los exiliados» a Palestina, del regreso a Sion, y de la reconstrucción del Templo. Esta esperanza del retorno nunca desapareció. Los judíos han rezado siempre hacia el Este, hacia Jerusalén. Desde hace 2000 años, sus nostálgicos salmos se repiten hasta el infinito: «El próximo año en Jerusalén». Encontramos este hechizo en los rezos, la liturgia, las fiestas y las celebraciones del pueblo judío.

En 1945, aún faltaba por luchar una guerra contra la potencia británica que ocupaba la región bajo mandato internacional, y a la que también se oponían las poblaciones árabes que no pensaban dejarse expoliar su tierra sin reaccionar. La Haganah fue ese ejército judío que combatiría victoriosamente. Lo apoyaban grupos de activistas como el Irgoun y el grupo Stern. Tras el asesinato de Abraham Stern en febrero de 1942 en Tel-Aviv, la dirección del grupo pasó a Nathan Yalin-Mor. En la introducción de su libro publicado en 1978 se podía leer lo siguiente: «El grupo Stern (en aquella época lo llamaban el gang Stern) dinamita, dispara a discreción y abate sin piedad. Es cierto. Pero en los tres o cuatro años que precedieron la creación del Estado, son ellos, con Yalin-Mor a la cabeza, quienes hacen la vida imposible a los ingleses en Palestina. Matan a Wilkin y Martin, los dos inspectores de la" secreta" de Tel-Aviv que los acorralaban. Atacan convoyes, hacen estallar vías férreas y dinamitan cuarteles con la tenaz perseverancia de los auténticos terroristas[214].»

El representante del imperialismo británico, Lord Moyne, amigo de Churchill, fue abatido el 6 de noviembre de 1944 en el Cairo: «El primer

---

[214] Nathan Yalin-Mor, *Israel, Israel, Histoire du groupe Stern*, Presses de la Renaissance, 1978, p. 18

disparo de Benny mató instantáneamente el residente general. El chófer, que intentaba arrastrarse fuera, fue abatido por Zebulon[215]», escribía Yalin-Mor. Los judíos ya no solo la tomaban con las autoridades locales, sino que se atrevían a atacar el Imperio. Pero la acción más simbólica de esta guerra judía en Palestina fue el atentado del hotel King David. El 2 de julio de 1946, los hombres del Irgoun hicieron estallar las siete plantas del ala ocupada por el gobierno británico. El balance fue de 200 muertos y heridos.

El Irgoun también se había especializado en acciones terroristas contra los civiles árabes: bombas en los mercados, incursiones contra autobuses y empresas que empleaban personal árabe. Según una versión muy expandida en Israel, la Haganah, el ejército regular, no tomo parte en ninguna de esas exacciones de las que fueron culpables los miembros del Irgoun. Pero algunos testimonios desentonan con la versión oficial. El libro de Alain Brossat presentaba el de Yankel Taut que contradecía las afirmaciones de la versión oficial. Después de un atentado en la gran refinería de Haifa, que se había cobrado la vida de siete obreros árabes a final de 1947, estos se vengaron matando a siete obreros judíos. Yankel Taut, dejado por muerto, fue el único superviviente. Contaba lo siguiente: «Después de todo este asunto, la Haganah efectuó una correría en los dos pueblos árabes situados entre Haifa y la refinería, matando a parte de la población y expulsando a la otra, abatiendo sistemáticamente todos los trabajadores árabes de la refinería que encontraban en la zona. Lo que pasó en Deir Yassin estuvo lejos de ser un caso aislado[216].»

La creación del Estado de Israel fue proclamada en mayo de 1948. Dos años más tarde, el 5 de julio de 1950, conmemorando el 45 aniversario de la muerte de Theodore Herzl, el parlamento israelí adoptaba una ley– «la ley del retorno»–que concedía a cualquier judío que lo deseara el derecho a venir e instalarse en Israel y adquirir automáticamente la nacionalidad israelí a su llegada. La solidaridad entre los judíos del mundo entero encontraba una vez más una ocasión para manifestarse. El multimillonario barón Guy de Rothschild, de la famosa familia de banqueros, dejó un interesante testimonio al respecto en su libro de memorias publicado en 1983. Contaba como en 1945 había ayudado a una mujer implicada en "la construcción" del Estado de Israel: «André

---

[215] Nathan Yalin-Mor, *Israel, Israel, Histoire du groupe Stern*, Presses de la Renaissance, 1978, p. 178

[216] Alain Brossat, *Le Yiddishland révolutionnaire*, Balland, 1983, p.319

Blumel, el antiguo director de gabinete de Léon Blum con el que me unía una buena amistad, me pidió que le ayudara a salvar Léa Knout, una joven buscada por terrorismo. Lo hice de buen grado y me mantuve desde entonces en contacto con esa mujer, la cual lleva hoy en día una apacible vida de madre de familia.» Esta solidaridad indefectible, como podemos ver, funciona hasta con los terroristas. Y Guy de Rothschild añadía: «El día en que Israel declaró su independencia en mayo de 1948, Alix y yo nos manifestamos con alegría desfilando abrazados en los Campos Eliseos con la señora Mendés France que nos habíamos encontrado allí entre la multitud[217].»

Tras la victoria sobre los árabes en 1967, las exacciones continuaron durante la ocupación de Cisjordania y Gaza. El profesor Israel Shahak dio en 1975 la lista de los 385 pueblos árabes destruidos, arrasados con bulldozer, de los 475 existentes en 1958. De junio de 1967 hasta noviembre de 1969, más de 20 000 casas árabes fueron dinamitadas en Israel y en Cisjordania. Casas, vallas y cercados, hasta cementerios fueron enteramente arrasados.

No recapitularemos aquí la larga letanía de violencias cometidas por los judíos en Palestina; primero porque ya existen muchos estudios sobre el tema, y segundo porque el hecho de recurrir a la violencia extrema para conquistar una tierra no es para nada una especificidad judía. Los ejércitos franceses de Luis XIV, dirigidos por Louvois, cometieron también unas cuantas atrocidades durante el saqueo del Palatinado, y se sabe que la conquista del Languedoc por Felipe Augusto no solo fue cultural. Recordaremos también, por ejemplo, que lo que sufrieron los Palestinos es poco si lo comparamos con lo que sufrieron los árabes en tiempos de las conquistas de Gengis Khan. Desgraciadamente, los Estados al igual que las grandes civilizaciones no se levantan solo sobre la filosofía. En el prefacio del libro de Nathan Yalin-Mor, se podía leer esta reflexión de sentido común: Yalin-Mor «es con toda justicia uno de los fundadores del Estado de Israel... No es casualidad si, hasta día de hoy, se ha sistemáticamente ocultado su apellido. En efecto, son muy pocas las naciones que confiesan, después de haber conquistado su independencia, que deben su existencia al sentido político de sus hombres de acción[218].»

---

[217] Guy de Rothschild, *Contre bonne fortune...*, Belfond, 1983, p.353

[218] Nathan Yalin-Mor, *Israel, Israel, Histoire du groupe Stern*, Presses de la Renaissance, 1978, p. 12

La visión idealista y revolucionaria del movimiento sionista de los años 50, y de aquel ideal de los Kibbutz, aquellas granjas colectivas que hicieron soñar tantos jóvenes militantes socialistas ha caducado por completo. Para muchos judíos, el Estado hebreo actual está integrado en el proceso de Redención, que debe desembocar en la liberación de los judíos del mundo entero.

Tras la guerra victoriosa de 1967, el carismático rabino Zvi Yehudá Hacohen Cook explicaba a sus estudiantes «que el Estado de Israel era el instrumento elegido por Dios para la Redención de Su Pueblo... que la tierra de Israel es santa, santos los árboles que crecen en ella y las piedras que la alfombran y las casas que allí se levantan; que es el don inalienable de Dios a Su Pueblo, y que nadie puede arrogarse el derecho de ceder a los gentiles la menor parcela; y que su sagrado derecho era poblarla[219].»

La guerra de Yom Kipur en octubre de 1973, a pesar de ser una victoria israelí, costó 2500 muertos y sus repercusiones políticas asestaron un golpe letal al triunfalismo de 1967. Estas dificultades hicieron tambalear los sentimientos de seguridad, fuerza y autosuficiencia de los israelíes. Fue entonces, en 1974, que se creó el movimiento Gush Emunim (El bloque de la Fe), cuyos dirigentes habían sido alumnos del rabino Hacohen Cook.

Este movimiento incorporó los temas nacionalistas y pioneros de los israelíes dentro de un marco mesiánico religioso: "La tierra de Israel, para el pueblo de Israel, acorde a la Tora de Israel" era su eslogan. «Los jefes del Gush Emunim aseguraban que el proceso mesiánico de redención del pueblo judío había comenzado y que los judíos tenían un papel esencial que desempeñar. La mitzvá más importante por aquel entonces era la colonización de la Tierra de Israel, escribía Shmuel Trigano... La confusión que reinaba en Israel tras la guerra de 1973 era percibida como uno de los dolores del alumbramiento del Mesías». Para el Gush Emunim, «el pueblo judío tiene un derecho sagrado sobre la Tierra de Israel y es su deber sagrado retomar posesión del país y poblarlo en cada una de sus partes[220].» Dentro de este grupo, se

---

[219] Eli Barnavi, *Las Religiones asesinas*, Turner publicaciones, 2007, Madrid, p.67

[220] Shmuel Trigano, *La société juive à travers l'histoire*, tome I, Fayard, 1992, p.303. Algunos miembros del Gush Emunim se han fundido en el judaísmo

consideraba que las mezquitas del Monte del Templo eran el principal escollo al proceso de Redención, por lo que su destrucción está actualmente a la orden del día.

Esta visión del destino de Israel es también la que exponía el antiguo resistente Victor Tibika en 1970, en un libro de propaganda sionista titulado *Despertar y unidad del pueblo judío*. Para él, «la hora del regreso ha llegado». El destino de Israel «ha sido anunciado por los profetas, los cuales predijeron unánimemente: las Destrucciones del Templo, el Éxodo, el Exilio, las Persecuciones, el Destierro, el Restablecimiento de Israel, el Regreso, la Liberación de Jerusalén y la llegada del Mesías[221].»

No se trata pues de un nacionalismo común y corriente, equivalente al de los goyim, sino de una visión grandiosa de la historia, que engloba el conjunto de todas las naciones: «No hay que olvidar, proseguía Tibika, que Israel es una suerte tanto para los judíos como para la humanidad. Ese Estado no ha sido restablecido para dividir el mundo, sino para aportar la bendición sobre todas las naciones, pues es a través de Israel que el mundo será bendecido[222].» Desde esa misma perspectiva, Theo Klein, el antiguo presidente del Consejo representativo de las instituciones judías de Francia (CRIF), rememorándose su primera visita al Muro de las lamentaciones en 1967, escribía a su vez: «No estaba delante del Muro de las lamentaciones: estaba delante del muro de la esperanza[223].»

Esta concepción escatológica del judaísmo que integra en su seno el Estado de Israel también puede ser vista como peligrosa para el judaísmo mundial. Elmer Berger, un rabino reformista que fue presidente del Consejo Estadounidense para el Judaísmo (American Council for Judaism), se pronunció sobre esta cuestión: «La tradición profética muestra claramente que la santidad de la tierra no depende de su suelo, ni de la del pueblo o de su presencia sobre el territorio. Solo

---

ultra-ortodoxo adoptando su modo de vida y apariencia exterior (los Jaredíes), pero la mayoría sigue vistiéndose según las normas contemporáneas y desarrollando carreras dentro de la economía moderna.

[221] Victor Tibika, 1967, *Réveil et unité du peuple juif*, 1970, p. 88

[222] Victor Tibika, 1967, *Réveil et unité du peuple juif*, 1970, p. 39

[223] Theo Klein, *Dieu n'etait pas au rendez-vous*, Bayard, 2003, p. 103

es sagrada y digna de Sion, la Alianza divina que se expresa en el comportamiento de su pueblo. Ahora bien, el actual Estado de Israel no tiene ningún derecho para identificarse con la culminación del proyecto divino de una era mesiánica... Eso es la pura demagogia de la tierra y la sangre... El totalitarismo sionista... hace del pueblo judío un pueblo como los demás[224].» Y precisamente, los judíos no quieren ser «como los demás».

Jean-Christophe Attias expresó muy bien el antagonismo religioso sobre esta cuestión: «El sionismo propone una ruptura con la actitud pasiva de los judíos, los cuales esperan desde demasiado tiempo el Mesías. Preconiza que los propios judíos tomen las riendas del destino judío, una voluntad de conseguir aquí y ahora en la tierra, y por medios humanos, algo que hasta entonces solo era un horizonte difuso en manos de Dios.»

Este mesianismo secularizado constituye pues una ruptura con la tradición judía. El sionismo es de esta forma percibido por algunos grupos ortodoxos «como una verdadera profanación del ideal religioso[225].» Estos grupos condenan el sionismo y el Estado de Israel porque creen que los judíos han sido exiliados por decreto divino, y que el retorno y reagrupamiento de los exiliados, así como la independencia nacional no pueden legítimamente ocurrir más que por decreto divino. En este sentido, «los sionistas comprometen gravemente la misión de Israel en el exilio. Efectivamente, Israel no solo está en el exilio para el castigo de sus pecados, sino para asumir, en medio de ese exilio, una función ética, mística y redentora junto a las Naciones... Tal es la misión de Israel en el exilio: diseminado e incluso humillado, está ahí, en todas partes para redimir este mundo[226].»

El Estado de Israel es por lo tanto un elemento más del proceso de Redención en el que trabajan los judíos del mundo entero. La destrucción de ese Estado no cambiaría nada a su misión. Para ellos,

---

[224] Elmer Berger, *La foi des prophètes et le Sionisme*, conférence à l'Université de Leiden (Pays-Bas), 20 mars 1968, in *Le XXIe siècle, Suicide planétaire ou résurrection?*, L'Harmattan, París 2000, p. 106

[225] Esther Benbassa, Jean-Christophe Attias, *Les juifs ont-ils un avenir ?* J.C. Lattès, 2001, p.82, 83

[226] Esther Benbassa, Jean-Christophe Attias, *Les juifs ont-ils un avenir ?* J.C. Lattès, 2001, p. 95

* *Les Espérances planétariennes*, Hervé Ryssen, Ed. Baskerville 2005

Israel no tiene vocación para acoger todos los judíos del mundo. Es principalmente un refugio, donde pueden ir a reponer fuerzas de vez en cuando aquellos judíos que lo deseen. Un refugio para los judíos «neuróticos»-como lo escribía el novelista estadounidense Philip Roth- que no pueden soportar más la contradicción existente entre su fidelidad aparente a su país de acogida y su judaísmo. Es también un refugio para los antiguos militantes comunistas, para los jubilados, para los" perseguidos" y para los maleantes y delincuentes de toda clase, que saben que nunca serán extraditados. Hemos visto en *Las Esperanzas Planetarias* numerosos ejemplos al respecto. Esta es la razón por la que a pesar de todo la mayor parte de los judíos aún apoya Israel. Los más virulentos dirigentes anti-sionistas de extrema izquierda no son una excepción. «Todas las organizaciones izquierdistas de Europa son dirigidas por judíos anti-sionistas[227]», escribía el famoso director de prensa Jean Daniel Bensaïd. Pero la mayoría de las veces, el discurso anti-sionista que vierten en la gran prensa no es más que una fachada[228].

Antes de la guerra, numerosos judíos consideraban que la creación de un Estado sería un nuevo gueto. He aquí lo que opinaba Elie Wiesel, a través de las palabras de su *poeta judío asesinado*, que escribía en 1936 en un diario opuesto al proyecto sionista: «Explicaba mi oposición de principio al sionismo. Una de dos: o bien es usted religioso, y por lo tanto os es prohibido reconstruir el reino de David antes de la llegada del hijo de David; o bien no lo sois, y en ese caso el nacionalismo judío pondría en peligro los judíos que pretende proteger. Y precisaba: un Estado judío en Palestina sería un gueto, y estamos en contra de los guetos... Estamos a favor de una humanidad sin fronteras... En vez de atrincherar los judíos de la humanidad, intentamos integrarlos a ella, soldarlos juntos; no basta con liberar el Judío, hemos de liberar el hombre, y así, el problema se resolverá[229].»

Esta idea de" humanidad sin fronteras" que estructura el fondo del universo mental de los judíos del mundo entero es recurrente y la hemos oído numerosas veces.

---

[227] Jean Daniel Bensaïd, *L'Ère des ruptures*, Grasset, 1979, p.117

[228] Lease al respecto, por ejemplo, los testimonios de Marek Halter y de Guy Konopnicki, en *Les Espérances planétariennes*, Baskerville, 2005, p. 172, 173

[229] Elie Wiesel, *Le Testament d'un poète juif assassiné*, 1980, Point Seuil, 1995, p. 164, 165

El periodista Guy Konopnicki tenía las mismas aparentes reticencias hacia el Estado de Israel: «Por consiguiente, no puedo compartir este nuevo anhelo de los judíos, que los convertiría también en un banal Estado-nación con fronteras definidas. El judaísmo que revindico sigue siendo errante y cosmopolita, sin tierra ni raíces. Es de todas partes y de ninguna, al igual que mi patrimonio cultural[230].»

El antiguo líder de mayo de 1968, Daniel Cohn-Bendit, también se expresó en él mismo sentido en un libro de dialogo con el antiguo ministro socialista Bernard Kouchner, pasado posteriormente a la derecha "dura": «El judío sigue siendo para mí el de la Diáspora que vive en todas partes y no en un país en el que los judíos son mayoritarios. A partir del momento en que tengan un Estado y una nacionalidad, ya no son judíos tal como los conocemos desde hace veinte siglos sino israelís.»

Pero para estos intelectuales y políticos como Guy Konopnicki, Bernard Kouchner y Daniel Cohn-Bendit, los sentimientos hacia Israel son a veces ambivalentes, como ocurre a menudo en el judaísmo. Bernard Kouchner añadía en las páginas siguientes: «Conozco a muchos judíos que no se irían a vivir a Israel, pero que desean que el Estado de Israel exista[231].»

Los judíos de la URSS, por ejemplo, no se fueron todos a vivir a Israel, ni mucho menos. Tras el derrumbe del comunismo, cientos de miles de judíos" perfectamente integrados" abandonaron el país sin ningún pesar o remordimiento. Algunos partieron hacia Israel, pero la mayoría decidió instalarse en Estados-Unidos y en Alemania del Este, donde la inmigración desde Rusia había sido declarada totalmente libre para aquellos judíos que tenían un antepasado alemán. Esta decisión, que había sido tomada por el parlamento de una RDA en declive como un gesto de contrición, fue posteriormente conservada por la Alemania reunificada. De tal forma que en quince años la comunidad judía de Alemania se multiplicó por diez, alcanzando 220 000 miembros en 2005.

Hay que reconocer que el Estado alemán supo mostrarse generoso. Un judío ruso que decidía instalarse en Israel solo percibía 28.000 euros, mientras que si lo hacía en Alemania era recibido con los brazos

---

[230] Guy Konopnicki, *La Place de la nation*, Olivier Orban, 1983, p. 24

[231] Daniel Cohn-Bendit, Bernard Kouchner, *Quand tu seras président*, Robert Laffont, 2004, p. 344, 346

abiertos y con una donación de 140.000 euros. Una familia judía de cuatro miembros recibía así del contribuyente alemán 560.000 euros en una sola prima de acogida.

Le Figaro del 20 de enero de 2005 precisaba: «Decenas de miles de judíos de la antigua URSS inmigrados en Israel habrían aprovechado sus viajes a los países del antiguo bloque soviético para destruir sus pasaportes israelís y presentar solicitudes de admisión en Alemania[232].»

El proceso de «Redención», como vemos, continua principalmente en «el exilio», entre las naciones.

2. La democracia planetaria

La mutación cosmopolita

Las esperanzas judías están hoy en día mucho mejor representadas por el ideal de la sociedad democrática que por el viejo proyecto comunista, ampliamente desacreditado. Los dos sistemas marxistas y liberales, lejos de ser antagonistas, son efectivamente dos máquinas ideológicas complementarias que operan en el mismo sentido para la edificación del Nuevo Orden Mundial universalista tan deseado por Israel, y en el cual los pueblos, las naciones y las fronteras habrán desaparecidos.

Jacques Attali, uno de los más próximos consejeros del presidente Mitterrand, hace en todos sus libros la apología del cosmopolitismo más desenfrenado. Este intelectual socialista está actualmente bastante cerca de la derecha liberal, pero conserva hacia Marx una estima comprensible.

En la introducción de su biografía de Karl Marx, publicada en 2005, escribía así: «... mucho antes que todo el mundo, vio en qué el capitalismo constituía una liberación de las alienaciones anteriores...

---

[232] El 1 de enero de 2006, Alemania eliminó finalmente el derecho de inmigración para los judíos de Rusia y de los países del antiguo bloque soviético. Esta medida no fue tomada por los alemanes porque estuvieran atemorizados de antemano por el hecho de molestar la comunidad judía internacional, sino a petición del propio gobierno israelí, preocupado por la fuga de sus ciudadanos. (*Faits et documents* du 15 janvier 2006)

hizo la apología del librecambio y la globalización, y previó que la revolución, si llegaba, solo lo haría como la superación de un capitalismo universal. Es el primer pensador" mundial". Es el espíritu del mundo.»

Guy Ponopcki recordaba a su vez que Karl Marx había hecho en E*l Capital* «el elogio de la mercancía y de la revolución capitalista», con el fin de arrasar la sociedad europea tradicional que odiaba. Konopcki citaba además estas palabras: «Para sacar nuestro país del retraso, hay que insuflarle el sentido práctico norteamericano», añadiendo: «Esta expresión es de Lenin, quien soñaba con acabar con el espantoso carácter nacional de Rusia[233*].»

No es casualidad si el marxismo salió del cerebro de un hijo de Israel. Morchedai Marx Levy, el abuelo de Karl Marx, era un rabino de Tréveris. Su segundo hijo Herschel, nacido en 1777, «no se siente inclinado por el rabinato; incluso está muy alejado de la religión». En 1817, tras la muerte de su madre, «decide dar el salto: renuncia al judaísmo y cambia el nombre de Herschel Marx Levy por el de Heinrich Marx. Sin embargo, no rompe con su comunidad, en particular con su hermano. Para mostrar claramente que su conversión sólo es de orden político, y que sin duda es provisional, no opta por la religión dominante de la ciudad, el catolicismo, sino el luteranismo, la religión de los jefes berlineses... Herschel Marx Levy puede tener la esperanza de ejercer el oficio de abogado con que soñó, pero el rey de Prusia, Federico Guillermo III, mantuvo la obligación para los judíos de su país de convertirse para ejercer una profesión liberal o un cargo público... En 1814, se casa en la sinagoga de Tréveris con una judía holandesa, Henrietta Pressburg, (la cual) viene de una familia judía de origen húngara instalada desde hace largo tiempo en las Provincias Unidas... Su primer hijo nace en Tréveris el 5 de mayo de 1818. No es ni circuncidado ni bautizado según el rito luterano. Como por provocación, lleva, según la tradición judía, el nombre de su padre y el de su abuelo, ex rabino de la ciudad: Karl Heinrich Mordejái... En 1824-año de la fabricación en Londres del primer motor eléctrico-, Heinrich se decide

---

[233] Guy Konopnicki, *La Place de la nation*, Olivier Orban, 1983, p. 159

* Lenin «tenía poca estima por los rusos, a quienes consideraba perezosos, blandos y no demasiado listos." Cuando encuentras a un ruso inteligente-le dijo a Gorki- casi siempre es judío o tiene sangre judía en las venas".», en Richard Pipes, *La Revolución rusa*, 1990, Debols!llo, Penguin Random House Editorial, 2018, Barcelona, p. 380-381

y, a pesar de la oposición de su mujer, hace bautizar a sus cuatro hijos en un templo luterano de la ciudad. La ruptura con el judaísmo en adelante es total, tanto para él como para sus hijos[234].»

Esta última aseveración era sin embargo desmentida tres páginas más adelante, pero sabemos que las contradicciones y las paradojas son frecuentes con los intelectuales judíos: «Karl tiene doce años, la edad en que los jóvenes judíos, sus primos, preparan su *bar-mitzvá*. Conoce la comunidad judía de la ciudad, pero casi no la frecuenta desde la muerte de su tío. Sabe incluso que su padre tuvo que convertirse para no renunciar a su oficio y que su madre, que siempre se considera judía, sigue asistiendo a los oficios; él pretende asimilarse. Aunque lee el hebreo, que su madre le inculca, rechaza la imagen del judío usurero que denuncia su padre, de quien se reconoce heredero[235].»

En marzo de 1843, Karl Marx escribía su punto de vista respeto a la emancipación de los judíos, y si bien nos informaba que «odia la fe judía», también quedaba claro que sus motivaciones coincidían plenamente con el combate secular de los judíos contra la sociedad cristiana: «El objetivo es hacer tantas brechas como sea posible en el Estado cristiano e introducir insidiosamente lo racional en él.»

Bajo esa perspectiva emancipadora, el capitalismo apátrida y la sociedad materialista mundializada que desarraigan todas las tradiciones ancestrales, representan las armas más eficaces para disolver las naciones y extirpar las religiones.

Marx «escribió las páginas más bellas jamás publicadas halagando la burguesía, y conviene releerlas hoy en día, afirmaba Attali:"La burguesía no puede existir si no es revolucionando incesantemente los instrumentos de la producción, que tanto vale decir el sistema todo de la producción, y con él todo el régimen social(…) La época de la burguesía se caracteriza y distingue de todas las demás por el constante y agitado desplazamiento de la producción, por la conmoción ininterrumpida de todas las relaciones sociales, por una inquietud y una dinámica incesantes. Las relaciones inconmovibles y mohosas del pasado, con todo su séquito de ideas y creencias viejas y venerables, se derrumban, y las nuevas envejecen antes de echar raíces. Todo lo que

---

[234] Jacques Attali, *Karl Marx o el espíritu del mundo*, Fondo de cultura económica de Argentina, 2007, p. 13-15, 19- 25

[235] Jacques Attali, *Karl Marx o el espíritu del mundo*, Fondo de cultura económica de Argentina, 2007, p. 28

se creía permanente y perenne se esfuma(...) La necesidad de encontrar mercados espolea a la burguesía de una punta u otra del planeta(...)La burguesía, al explotar el mercado mundial, da a la producción y al consumo de todos los países un sello cosmopolita(...) El bajo precio de sus mercancías es la artillería pesada con la que derrumba todas las murallas de la China, con la que obliga a capitular a las tribus bárbaras más ariscas en su odio contra el extranjero(...) La burguesía somete el campo al imperio de la ciudad. Crea ciudades enormes, intensifica la población urbana en una fuerte proporción respecto a la campesina y arranca a una parte considerable de la gente del campo al cretinismo de la vida rural[236]".»

Con tales convicciones «cosmopolitas», no es de extrañar que Karl Marx estuviera en la mira de los antisemitas: «en esa época, él mismo padece innumerables ataques antisemitas, ya que es considerado como judío y moreno por todos aquellos–entre ellos sus hijas–que lo designan, amablemente o no, como "el Moro"[237].»

En Inglaterra, donde empezó a escribir el *Capital*, la policía vigilaba «a este apátrida con relaciones planetarias». Y es que, en su nueva residencia, «ni un solo republicano o socialista viene del continente o de Norteamérica sin pasar a verlo, ya sea para recibir sus instrucciones como para escuchar el oráculo. Habla con ellos indiferentemente en inglés, francés, alemán, español, y hasta ruso, que ahora aprende para distraerse, en particular cuando sufre por sus forúnculos[238].»

Al arrasar las culturas tradicionales, el capitalismo abre así la vía a la instauración del Imperio global, el cual se supone prefigurara el advenimiento de la fraternidad universal. Efectivamente, Marx y Engels estaban convencidos de estar presenciando el surgimiento de un mercado mundial, de un sistema de producción y de consumo a escala planetaria que aboliría las fronteras nacionales y culturales. Era una evolución que veían con buenos ojos, pues en ese mercado planetario, los nacionalismos y las religiones estaban destinados a extinguirse:

---

[236] Carlos Marx, Federico Engels, *Manifiesto del Partido comunista*, Ed. Fundación de Investigaciones Marxistas, Madrid, 2013, p. 54, 55, 56

[237] Jacques Attali, *Karl Marx o el espíritu del mundo*, Fondo de cultura económica de Argentina, 2007, p. 204

[238] Jacques Attali, *Karl Marx o el espíritu del mundo*, Fondo de cultura económica de Argentina, 2007, p. 239

«Cuando haya agotado de tal forma la mercantilización de las relaciones sociales y utilizado todos sus recursos, el capitalismo, si no destruyó a la humanidad, también podría dar paso a un socialismo global. Para decirlo de otro modo, el mercado podría hacer sitio a la fraternidad... Todo hombre se convertiría en ciudadano del mundo, y finalmente el mundo estaría hecho para el hombre. Entonces habrá que releer a Karl Marx», escribía el muy liberal Jacques Attali en conclusión de su libro; «de ahí se extraerán las razones para no repetir los errores del siglo pasado[239].»

Por lo tanto, podemos resumir así: el comunismo apareció demasiado pronto, y puede que también de forma demasiado brutal. No deber ser más que una consecuencia natural de la globalización liberal y de la uniformización planetaria engendrada por la sociedad materialista y la democracia. Debido al fracaso del proyecto de" fraternidad universal" del comunismo, los intelectuales planetarios han trasladado temporalmente sus esperanzas al proyecto liberal, cuya finalidad es idéntica: crear el Imperio de la Paz.

Los economistas liberales, tales como Thomas Friedman, por ejemplo, también estaban convencidos de que la globalización solo era compatible con un sistema económico: el democrático liberal, capaz de acabar con la guerra, la tiranía y la pobreza.

Bajo esta perspectiva, la revuelta estudiantil de mayo del 68 representó el canto del cisne de las esperanzas comunistas. Se sabe que los principales jefes del movimiento de contestación eran judíos. Efectivamente, fueron militantes judíos los que dirigieron los movimientos revolucionarios, trotkistas, maoístas, o anarquizantes, inspirándose en un mesianismo específicamente judaico, aunque fuese aparentemente laicizado. Un universitario israelí, Yaïr Auron, lo apuntaba en un libro titulado *Los judíos de extrema izquierda en mayo del 68*, publicado para el trigésimo aniversario de aquellos «acontecimientos»: «De los cuatro principales líderes de mayo del 68, Daniel Cohn-Bendit, Alain Krivine, Alain Geismar y Jacques Sauvageot, los tres primeros son judíos[240].»

---

[239] Jacques Attali, *Karl Marx o el espíritu del mundo*, Fondo de cultura económica de Argentina, 2007, p. 413

[240] Leer el capítulo: *Les Espérances planétariennes*, Hervé Ryssen, pp. 265-270

La revista comunitaria judía *Passages* dedicaba su número ocho a aquellos acontecimientos. Benoît Rayski escribía: «Hubo, en mayo del 68, una multitud compacta de judíos voluntarios, tanto en la cima como en la base de los partidos, movimientos y grupúsculos que constituían la punta de lanza de aquel acontecimiento insurreccional... Ocupaban un lugar preeminente, totalmente desproporcionado respeto al número de judíos en Francia... Todos, o casi, venían de un lugar geográfico bien definido: Europa central o Europa del Este. Casi todos provenían de familias que habían sacrificado sus vidas en nombre de las ideologías revolucionarias del siglo XX: bolchevismo, comunismo, trotskismo, bundismo, anarquismo... Allí se encontraban de forma atropellada los mártires de l'*Affiche rouge (Red póster)*, los judíos del Komintern, incansables representantes de la revolución mundial, los dirigentes judíos y comunistas de las brigadas internacionales, los jóvenes insurrectos del gueto de Varsovia, etc.» De tal forma que, más que un ensayo general para una hipotética gran velada revolucionaria, mayo del 68 se pareció más a una gran fiesta de despedida. Fue, según Benoît Rayski, «una especie de pavana revolucionaria de un mundo extinto.»

Pero los intelectuales judíos tienden a olvidar demasiado rápido las atrocidades provocadas por la doctrina marxista en todo el mundo, y sobre todo las responsabilidades irrefutables de los doctrinarios, funcionarios y verdugos judíos durante el periodo soviético. El historiador israelí Sever Plocker recordaba, sin embargo, en un artículo titulado en *Stalin's Jew's (Los judíos de Stalin)*, publicado en 2007, que el balance de las víctimas de la cheka se elevaba por lo menos a veinte millones. Según él, Guénrij Yagoda era definitivamente «el mayor criminal del siglo XX», ya que era «responsable de al menos 10 millones de muertos». «No debemos olvidar, escribía Sever Plocker, que algunos de los mayores criminales de los tiempos modernos son judíos... Muchos judíos vendieron su alma al demonio de la revolución comunista y tienen sangre en las manos para toda la eternidad.» Subrayemos, sin embargo, que este Sever Plocker es una excepción, y que los intelectuales judíos, en su conjunto, se niegan desde siempre a reconocer ante el público en general, su enorme responsabilidad en la tragedia comunista.

El proyecto planetario

Los intelectuales planetarios son los propagandistas más desenfrenados de la inmigración, del mestizaje y de la apertura de fronteras. Sean de izquierda o de derecha, marxistas o liberales, ateos o creyentes, sionistas o "perfectamente integrados", militan incansablemente para la construcción de la sociedad multicultural y el advenimiento de un mundo sin fronteras.

Entre ellos, Jacques Attali es uno de los más influyente. *En Breve Historia del futuro*, publicado en 2006, otra vez se creía inspirado como el mismísimo profeta Elías anunciado la llegada del Mesías: «La situación es sencilla: las fuerzas del mercado se han apoderado del planeta. Esta marcha triunfal del dinero, expresión última del triunfo del individualismo, explica la mayor parte de las sacudidas más recientes de la Historia... Si esta evolución llega a su término, el dinero acabará con todo lo que pueda perjudicarlo y, poco a poco, irá destruyendo todos los Estados, incluido Estados Unidos. Una vez convertido en la única ley del mundo, el mercado creará lo que voy a denominar el *hiperimperio*, un entramado inaprensible y planetario, creador de riquezas mercantiles y alienaciones nuevas, de fortunas y miserias extremas; la naturaleza será totalmente subyugada; todo será privado, incluidos el ejército, la policía y la justicia.»

Attali proseguía en modo profético: «... se abrirá un nuevo horizonte infinito de libertad, de responsabilidad, de dignidad, de superación, y de respeto por el prójimo. Es lo que voy a denominar *hiperdemocracia*. Ésta conduciría al establecimiento de un gobierno democrático mundial, así como de un conjunto de instituciones locales y regionales.» En esa nueva configuración del mundo, la dominación del imperio estadounidense habrá dejado paso a un sistema democrático planetario: «Estoy convencido de que, hacia el año 2060, veremos la victoria de la hiperdemocracia, forma superior de organización de la humanidad, expresión última del motor de la Historia: la libertad[241].»

Ese hiperimperio será «un imperio sin tierra, sin centro, es decir abierto... Los individuos serán únicamente leales a sí mismos; las empresas carecerán ya de nacionalidad; los pobres constituirán un mercado más entre otros; las leyes serán reemplazadas por contratos, la justicia, por el arbitraje, y la policía, por mercenarios.»

Los Estados desaparecerán ante el nuevo poder de las empresas y de las ciudades. «Fuerzas altruistas y universalistas, que ya se encuentran activas en la actualidad, tomarán el poder a escala mundial, bajo el imperio de una necesidad ecológica, ética, económica, cultural y

---

[241] Jacques Attali, *Breve historia del futuro*, Ediciones Paidós Ibérica, 2007 Barcelona, p.13, 14

política.» Un «Tribunal Penal Planetario garantizará la compatibilidad de las jurisprudencias elaboradas en cada continente... Una Agencia Mundial del Agua protegerá la disponibilidad de este bien; una instancia universal de los mercados controlará los monopolios y el respeto del derecho del trabajo. El control de la calidad de los productos de consumo, en particular, la de los alimentarios, estará en manos de otra instancia. Y todavía otra controlará las principales compañías de seguros, los demás órganos de gobernación y las grandes empresas esenciales para la vida[242].»

Evidentemente, podemos preguntarnos cuales serán esas «fuerzas altruistas» de las que habla Jacques Attali. A esta pregunta el autor nos respondía honestamente, y aquellos que conocen el judaísmo se alegraran de su sinceridad:

«Los amos del hiperimperio serán las estrellas de los «circos» y de las «compañías teatrales»: poseedores del capital de las «empresas-circos» y de un activo nómada, estrategas financieros o empresariales, dueños de las compañías de seguros y de tiempo libre, arquitectos de programas informáticos, creadores, juristas, financieros, autores, diseñadores, artistas, plasmadores de objetos nómadas; los voy a denominar aquí *hipernómadas*. Serán unas decenas de millones, tanto mujeres como hombres, muchos de ellos trabajadores autónomos... constituirán una nueva clase creativa, una *hiperclase*, que dirigirá el hiperimperio.» (p.176). Pero las visiones de Jacques Attali contienen lagunas, evidentemente voluntarias.

Mientras lleguen esos días felices en los que los hiperjudíos podrán dirigir el planeta, conviene incitar a los hipergoyim a que acepten dócilmente las opciones que se les propone. De tal forma que, de aquí en adelante, los europeos, en este caso los franceses, deberán dejar de lado sus caprichos. Recordemos como en el referéndum del 25 de mayo del 2005, los franceses habían votado masivamente" no" al proyecto de constitución europea, a pesar de todas las advertencias de sus hipercomunicadores (Holanda e Irlanda también votaron en contra). Esos caprichos de niños consentidos deberán cesar, tal como lo prescribía Attali:

«Francia tendrá interés en ayudar a la creación de la *hiperdemocracia* que protegerá sus valores y su propia existencia. Deberá, por lo tanto,

---

[242] Jacques Attali, *Breve historia del futuro*, Ediciones Paidós Ibérica, 2007 Barcelona, p. 20, 233

proponer la creación de instancias de gobierno mundial que dispongan de recursos propios... A escala europea, deberá fomentar el establecimiento de un verdadero gobierno continental.»

Los franceses deberán además aceptar todavía más inmigrantes, pues su salvación depende de ello. Deben comprender, escribía Attali, «que la afluencia de población, bien controlada e integrada, es la condición de su propia supervivencia.» (p.129). Todo ello, evidentemente, «para mayor beneficio de la humanidad[243].»

Al principio de su libro, nos avisaba sin embargo que esta globalización no iría sin fuertes convulsiones: «Mucho antes de que desaparezca el Imperio norteamericano, mucho antes de que las condiciones de vida acaben resultando casi insoportables, habrá poblaciones que se disputarán territorios, y tendrán lugar innumerables guerras; naciones, piratas, mercenarios, mafias y movimientos religiosos se dotarán de armas nuevas.» (p.20). Efectivamente, todo parece indicar que el debilitamiento de los Estados, las guerras y el caos generalizado son favorables a la llegada del Mesías.

Finalmente, la edición española incluía un corto epílogo sobre España, en el que el autor daba su punto de vista sobre el papel histórico y futuro de los españoles. Su análisis no podía ser más típico y sintético: «España tuvo varias ocasiones de convertirse en la potencia dominante de Europa... Nunca llegó a serlo», pues «nunca ha llegado a formar, a suscitar, ni a acoger a una *clase creativa*.» (p.241). Attali sentenciaba así: «España no ha llegado a ser nunca un «corazón» porque en ningún momento supo adherirse a las leyes de la historia del futuro que acabo de describir en estas páginas.»

Por lo tanto, la solución es simple: «El futuro de España dependerá en lo sucesivo de que sepa plegarse a dichas leyes y seguir las reglas del éxito», como por ejemplo «una inmigración asumida y acompañada por una política adecuada de integración, vía que España parece dispuesta a tomar.» (p.242)

La sociedad multicultural

Para el sociólogo Edgar Morin, el proyecto planetario debería primero ser experimentado en los países europeos. Europa, escribía Morin, deberá «convertirse en un lugar de experimentación para los conceptos nuevos y originales que se propondrán luego al mundo entero.» Deberá

---

[243] Jacques Attali, *Une brève Histoire de l'avenir*, Fayard, 2006, p,421, 423

«integrar en sí misma aquello distinto a ella, pero a su vez, no reducirlo a esa integración: debe convertirse en un microcosmo tal como lo es la civilización planetaria[244].»

En un libro titulado *Un deseo de política*, Daniel Cohn-Bendit insistía en la necesidad para los europeos de abrir sus fronteras de par en par. El modelo que nos proponía ahora el antiguo anarquista Cohn-Bendit era el de los Estados Unidos liberal, donde se había puesto en marcha una sociedad multirracial, bajo la dirección de un potente lobby: «Europa debe pensarse como una región de inmigración, al igual que los Estados Unidos[245]». Es, efectivamente, la única manera de entrar en la modernidad.

Cohn-Bendit defendía un argumento frecuentemente aducido por los discursos cosmopolitas: «Ante todo, hay que convencerse de que siempre abra un flujo de inmigración debido a la fuerte desigualdad entre los países industrializados y los países en desarrollo del Magreb y de África... Esto es válido para toda Europa[246].»

Alain Minc, el riquísimo y muy influyente ensayista liberal, apoyaba el mismo discurso en *La máquina igualitaria,* publicado en 1987, pero con el énfasis de una revelación bíblica. En el capítulo titulado, *Los diez mandamientos,* no dejaba lugar a dudas y afirmaba: «Entre una Europa en plena decadencia demográfica y los países superpoblados del sur del Mediterráneo, el efecto de vasos comunicantes es inevitable[247]»

Esto era también lo que nos quería decir Jean Daniel–un hombre de izquierda–en la revista *Le Nouvel Observateur* del 13 de octubre de 2005: «Nada detendrá los movimientos de poblaciones miserables hacia un Occidente viejo y rico... Es por ello por lo que, en adelante, la sabiduría y la razón consisten en preparase para recibir y acoger cada vez más emigrantes... Hay que hacerse a la idea de que las naciones ya no serán lo que son hoy en día.»

Las grandes migraciones de los pueblos del Sur hacia el Norte son ineluctables; es inútil pues, querer oponerse a ello. Recordemos sin

---

[244] Edgar Morin, *Un nouveau commencement,* Seuil, 1991, p.94, 106

[245] Daniel Cohn-Bendit, *Une Envie de politique,* La Découverte, 1998, p.92

[246] Daniel Cohn-Bendit, *Une Envie de politique,* La Découverte, 1998, p. 90-92

[247] Alain Minc, *La Machine égalitaire,* Grasset 1987, p.264

embargo que, en el antiguo discurso marxista, era la "sociedad sin clases" la que debía ser "ineluctable". Esta analogía puede dejarnos un poco circunspectos, considerando las tragedias que parece traer consigo este tipo de profecías... Pero como lo habréis comprendido, no se trata de análisis sociológicos, sino de discursos propagandísticos encubiertos que pretenden quitarnos la idea de defendernos.

Esta tendencia es en realidad el reflejo de un discurso muy característico de la mentalidad cosmopolita: nos proyectan en el futuro a caballo de las "profecías", declarando que todo lo que fue escrito debe fatalmente suceder; ¡No luchen más, déjense llevar y toda ira bien! El empeño que ponen los intelectuales judíos para hacernos aceptar la inmigración no es más que la aplicación concreta de su mesianismo.

Obviamente, si los europeos se contentaran con aceptar con resignación y a su pesar la tercermundización de su cultura y territorio, demostrarían cierta mezquindad. Hay que convencerlos por lo tanto de que la acogida de inmigrantes los hará mejores. No solo los regulares sino también los clandestinos deberán ser objeto de su atención. La doctrina de los "derechos del hombre" es un arma terriblemente eficaz para disolver la antigua civilización.

Para el filósofo Etienne Balibar, la libertad de circulación a nivel planetario es un «derecho imprescriptible», tal como lo expresaba en el prestigioso diario *Le Monde* del 9 de julio de 1998: los inmigrantes clandestinos «tienen el derecho de revindicar la igualdad de trato, de impugnar la legalidad de los procedimientos administrativos a los que se ven sometidos... Lo que es válido para algunos debe serlo para todos, incluso para los más miserables sin papeles. Ellos también tienen derecho de presentar su situación y de discutir de su destino... Nosotros, que los apoyamos y que tememos por ellos, os lo volvemos a decir: ¡No juguéis con la vida de los hombres!¡Abrid verdaderamente la vía del dialogo, de la mediación y de la ayuda!» Europeos, ¡abrid vuestras puertas, abrid vuestro corazón, abrid... todo! Evidentemente, sería de agradecer que Etienne Balibar tuviese él mismo discurso para con sus congéneres israelís, pero parece ser que para los judíos estas palabras son un producto exclusivamente reservado para la exportación.

Las siguientes fases del argumentario planetario son de naturaleza más prosaica. El periodista Philippe Bernard pretendía responder a una pregunta planteada muchas veces por los que se oponen a la inmigración: «¿Son los inmigrantes rentables o un coste para Francia?» En un libro publicado en el 2002 y titulado, *Inmigración, el desafío mundial*, Philppe Bernard, articulista asiduo del diario *Le Monde*, se esforzaba en contestar concienzudamente.

«Respeto a la pregunta del coste de los inmigrantes, esta tiene en realidad poco sentido, dado que el sistema de la seguridad social francés es un sistema de reparto basado precisamente en la solidaridad entre todas las categorías, los sanos pagan para los enfermos, los activos para los jubilados, los solteros para las familias numerosas, etc... ¿A quién le interesa saber el coste de los niños o de los diabéticos?» De todas formas, añadía, «no existe en Francia ningún balance social general al respecto[248]...»

Sin embargo, cualquier observador que visite un hospital en cualquier ciudad de Francia, puede darse cuenta por sí mismo del origen del famoso" agujero" de la Seguridad Social. Pero en este punto, el señor Philippe Bernard demostraba sobre todo tener la típica "*Chutzpah*" de sus congéneres, esa desfachatez a toda prueba tan característica del pensamiento cosmopolita.

Sería bueno que los europeos comprendieran que esta tercermundización de sus países, lejos de ser una catástrofe, es en realidad un beneficio extraordinario, una suerte increíble, un verdadero regalo caído del cielo cuyo rechazo sería un tremendo error. Todos esos inmigrantes son verdaderamente indispensables para sustituir la envejecida población europea. A fin de cuentas, debemos reconocer que los intelectuales judíos están muy preocupados por el destino de los europeos.

De la misma forma, uno de los principales responsables de la guerra estadounidense en Irak en 2003, Paul Wolfowitz, adjunto por entonces del ministro de Defensa estadounidense Ronald Rumsfeld, y que se convertiría más tarde en presidente del Banco Mundial, alentaba a Rusia a abrir sus fronteras a la inmigración masiva del Tercer-Mundo. En un informe del 2005 sobre la economía rusa, escribía:

«Rusia sacaría ventaja de un cambio sustancial de su política de inmigración. La inmigración es una de las principales condiciones para una economía estable en Rusia. La población del país está envejeciendo y decayendo... Para compensar esa despoblación, un flujo anual de un millón de inmigrantes sería necesario.»

---

[248] Philippe Bernard, *Immigration le défi mondial*, Gallimard, 2002, Folio, p.161

Una vez más, comprenderán que Paul Wolfowitz no sostenga lo más mínimo esta misma política de inmigración cuando se trata del Estado hebreo.

En resumidas cuentas, si se ha comprendido bien, los inmigrantes del tercer-mundo vienen a salvarnos. Un artículo del diario *Libération* del 25 de julio del 2005 nos lo confirmaba: «Según las proyecciones de Eurostat presentadas por Serge Feld, de la universidad de Lovaina, la Unión europea perderá 14 millones de habitantes de aquí a 2030.» Es «un riesgo que solo el mantenimiento de la inmigración permitirá atenuar.» De aquí a 2030, «la inmigración hará ganar 25 millones de habitantes a la Unión Europea.» Este artículo, titulado «La inmigración al rescate de Europa», era firmado por un tal Eric Aeschlimann.

Obviamente, a todos estos intelectuales, que tan amablemente se preocupan por nuestras pensiones, no se les ocurre que los europeos puedan recurrir a políticas natalistas. Es lo que expresaba claramente Daniel Cohn-Bendit: «Una política natalista me parece absolutamente inútil... La familia no es un valor en sí mismo.», para después promocionar las parejas homosexuales: «Lo que más valoro son las relaciones dentro de la pareja. Sea cual sea el sexo de esta: una pareja homosexual debe tener los mismos derechos que una pareja heterosexual.» Y Cohn-Bendit continuaba: «¿Para qué ese deseo enfermizo de tener su propio hijo, cuando no es posible, por el motivo que sea?... No le veo la utilidad a la procreación artificial. ¿Por qué no facilitar la adopción?[249]»

Cohn-Bendit también se declaraba favorable a una gran política de inmigración e integración controlada y financiada por el contribuyente. Hay que «poner en marcha una política de integración, de escolarización y de vivienda. Me declaro favorable a la fijación de cuotas para conseguir este objetivo.» Finalmente, nos desvelaba su grandioso plan para Europa: «En su conjunto, la Unión Europea podría permitir la entrada de 500 000 inmigrantes... Periódicamente, cada ocho o diez años, habrá que llevar a cabo una operación de regularización aplicando, al igual que se hizo en Francia con los indocumentados, la" presunción de integración"[250]»

---

[249] Daniel Cohn-Bendit, *Une Envie de politique*, La Découverte, 1998, p.104, 105, 113

[250] Daniel Cohn-Bendit, *Une Envie de politique*, La Découverte, 1998, p. 90-92

Esta obsesión por el mestizaje de los pueblos europeos no es nueva. Ya en 1963, el ministro de Charles De Gaulle, Michel Debré, repoblaba algunos departamentos de la metrópoli francesa con cientos de niños de la isla Reunión. Cuarenta años más tarde, en septiembre del 2005, aprovechándose del estado de arrepentimiento general del hombre blanco europeo, la Asociación de Reunioneses de Creuse denunciaba el Estado ante el tribunal administrativo de Limoges por la "deportación" de aquellos 1630 niños originarios de Reunión entre 1963 y 1980[251]. Vemos pues como los liberales, socialistas y antiguos revolucionarios están totalmente de acuerdo: sus opiniones no son determinadas tanto por su compromiso político como por su fe mesiánica.

Los países musulmanes también están en la diana de los "benefactores de la humanidad". En nombre de la «modernidad», Daniel Cohn-Bendit invitaba a los europeos a que demostraran sentido común y aceptaran dejar entrar a Turquía en la Unión Europea: «Respecto a Turquía, creo que el argumento según el cual Europa sería un club cristiano es completamente aberrante... Integrar Turquía dentro de Europa, sería tender una pasarela de modernidad hacia toda Asia central y Oriente Medio y negar el clivaje entre países islámicos y países cristianos.» Y añadía sin reírse: «Una gran parte de Turquía ya es europea[252]»

En el semanal *Le Point* del 29 de septiembre del 2005, el filósofo multimillonario Bernard-Henri Levy abundaba en ese sentido y parecía estar completamente de acuerdo con el antiguo izquierdista Cohn-Bendit[253]. Para él, Europa es esencialmente una idea, un concepto, pues, según él, «no tiene límite ni fronteras realmente prescritas o impuestas... Ya no existe, bajo ese punto de vista, ninguna objeción a que un país de antigua cultura musulmana como Turquía, en tanto en cuanto abrace el heroísmo de la razón, no pueda adherir a la constitución europea... Soy de los que creen que Europa tiene una función antes que ser un lugar geográfico.»

---

[251] Leído en la imprescindible carta de Emmanuel Ratier, *Faits et Documents* (1 de septiembre del 2005). Michel Debré, antiguo ministro del general De Gaulle era nieto de un rabino de Alsacia.

[252] Daniel Cohn-Bendit, *Une Envie de politique*, La Découverte, 1998, p.224

[253] BHL (Bernard-Henri Levy) vendió su empresa de materiales de construcción por 2600 millones de francos

Uno de los principales consejeros de Jacques Chirac, Pierre Lelllouche, diputado de la derecha liberal y presidente de la asamblea de la OTAN, lo declaraba sin tapujos en *Actualités juives* del 23 de diciembre de 2004[254]:«Deseo que Turquía entre en la Unión Europea porque es un país musulmán.» Además, Turquía era en ese momento un aliado de Israel, lo cual podía motivar secretamente las posiciones políticas de Pierre Lellouche.

En el mismo número del semanal, Nicolas Sarkozy declaraba el 21 de diciembre de 2004 tras regresar de Israel: «El problema no es Turquía, sino la identidad de Europa. Si queremos realmente expandirnos en esa región del mundo, debemos primero integrar Israel, cuya población, mayoritariamente de origen europeo, comparte nuestros valores.»

El fenómeno de disolución de los pueblos y de los Estados es de todas maneras «ineluctable», como lo escribía también Philippe Bernard. Para motivarnos en tal empresa, Bernard intentaba estimularnos aguijoneando nuestro orgullo nacional: «Esta mundialización progresiva de la población pone a prueba las pretensiones universalistas de Francia, pues se enfrenta a obstáculos considerables. ¿Es la República tan débil como para no poder afrontar estos retos?» Los franceses deben movilizarse y «clamar alto y fuerte» los valores de su país: «la igualdad hombre-mujer, el rechazo de las discriminaciones, la educación para todos, la separación de las religiones y del Estado- atenuando a su vez su jacobinismo para dejar entrar y afirmarse nuevas identidades mestizas, a semejanza del planeta y, por qué no, inspirar la futura legislación de la Unión europea[255].»

El libro de Philippe Bernard terminaba con este hermoso optimismo. Recuerdo haberle llamado un día, hace diez años. A pesar de ser un hombre muy ocupado conseguí engancharlo por teléfono: «Solo tengo una pregunta Señor Bernard, solo una... ¿Es usted judío?» Tuvo como respuesta una pequeña risa incómoda... Era en la época en que descubría que detrás de los artículos de prensa más fanáticos favorables a la inmigración, casi siempre había un intelectual judío.

---

[254] Citado en *Faits et Documents* del 15 de enero del 2005, carta de Emmanuel Ratier. Jacques Chirac era presidente de la República a principios del siglo XXI.

[255] Philippe Bernard, *Immigration le défi mondial*, Gallimard, 2002, Folio, p.279

La puesta en vereda del islam

La nueva sociedad multiétnica y multicultural que han puesto en marcha recientemente ya nos depara grandes peligros para el futuro. Durante las revueltas raciales de noviembre del 2005, 14000 vehículos fueron incendiados y cuatro franceses autóctonos perdieron la vida. Los intelectuales judíos tenían, evidentemente, una aplastante responsabilidad en esta situación, al igual que los doctrinarios judíos la habían tenido respeto a los treinta millones de víctimas del bolchevismo en la URSS.

Además, los propios judíos empezaban a cosechar los frutos de esta nueva sociedad multirracial. Desde septiembre del 2000, la segunda Intifada en Palestina había suscitado en los suburbios franceses un movimiento de solidaridad entre los jóvenes magrebíes y subsaharianos de religión musulmana, los cuales empezaban a manifestar un virulento antisemitismo. Asistimos entonces a una multiplicación de incidentes antisemitas. Esto provocó que una parte de la intelliguentsia cosmopolita decidiera apoyar una firme política de seguridad. Alain Finkielkraut, Pascal Bruckner, André Glucksmann o Alexandre Adler, se desembarazáron de sus ideas progresistas para apoyar la derecha" dura" y la candidatura de Nicolas Sarkozy a la presidencia de la República en mayo del 2007. Se trataba ahora de consolidar la sociedad multirracial en peligro de desintegración.

El semanal *Le Point* del 27 de abril del 2006 publicaba un dossier sobre al antisemitismo y la preocupante emigración de judíos franceses hacia Israel. El muy mediático Alain Finkielkraut denunciaba en el, la agresividad de esos inmigrantes que se declaraban, ellos también, víctimas del Occidente, compitiendo así peligrosamente con la propaganda victimaria judía:

«Hoy en día, el judío es de nuevo atacado en su carne, y no tengo la menor intención de desertar el campo de batalla... Hay en Francia esclavos imaginarios, indígenas imaginarios que quieren liquidar a los judíos. Sin duda creen que el holocausto es una elección y tienen envidia. No sé si los judíos han cambiado, pero la situación, sí que es nueva. Lo padezco no solo como judío, sino también como francés, siendo además que dos de los insultos más corrientes son precisamente "maldito judío" y "maldito francés".» Doble sufrimiento pues, para Alain Finkielkraut.

En el mismo número de *Le Point*, Julien Dray, una de las figuras emblemáticas del partido socialista y antiguo trotskista, que fue uno de los fundadores de SOS Racismo, reconocía algunos errores: «La verdad es que la comunidad se ha extraviado tomando esa dirección. Se ha transformado en un lobby, un grupo de presión sobre la política exterior de Francia. Es una actitud suicida, pues, lobby contra lobby, no puede competir.» Está claro que, en comparación del formidable lobby de los tenderos magrebíes, el lobby judío no da la talla.

El investigador Pierre-André Taguieff, como de costumbre, acechaba la influencia conspiracionista: «La sospecha de que los judíos no son buenos ciudadanos no es nueva y se ha convertido en el principal tema de acusación del antisemitismo moderno. Actualmente, algunos incluso reviven el espectro de la "conspiración judía mundial", rebautizada complot "americano-sionista". Lo que conlleva que todos los judíos, franceses incluidos, sean sospechosos de formar parte del gigantesco complot.» Y declaraba sin ambages: «los islamistas son nuestros enemigos declarados.»

El filósofo Bernard-Henri Levy instaba a que a partir de ahora los goyim se movilizaran contra el gran peligro que amenazaba la comunidad judía: el islam militante. «Estoy en guerra contra el fundamentalismo musulmán contemporáneo[256].»

En *Le Point* del 2 de noviembre del 2006 Elie Bernavi, antiguo embajador de Israel en Francia, entrevistado por Elisabeth Levy tras la publicación de su libro *Las religiones asesinas*, también nos incitaba ahora a tomar duras medidas contra los islamistas: «Enfrentado al islam fundamentalista y revolucionario, occidente ha bajado la guardia.»

La influencia del islam en los suburbios franceses le preocupaba especialmente. Según él, el uso del velo islámico era un signo preocupante: «Quiero estar en nuestras ciudades como en casa... Guste o no, el umbral de tolerancia está puesto en entredicho... No quiero tener que elegir entre fascistas islámicos y fascistas a secas... No se trata de perseguir el velo por las calles, sino de transmitir un discurso de club. Pertenecemos a un club abierto para todos, pero tiene sus reglas.» Por lo visto, los judíos no se sienten tan patriotas como cuando se sienten amenazados.

Por supuesto, no se trataba en absoluto de incitar los europeos a que expulsaran de Europa los millones de musulmanes recientemente desembarcado, sino hacer que los musulmanes abandonaran su religión

---

[256] Bernard-Henri Levy, *Récidives*, Grasset, 2004, p.415-421

al igual que ya lo hicieron con la suya gran parte de los cristianos europeos. De tal forma que Daniel Cohn-Bendit ponía rápidamente los puntos sobre las íes: «Es evidente, que la religión musulmana debe emprender un proceso de secularización, recorrer el camino que hizo la Iglesia Católica. Se necesitaron muchas reformas y conflictos, a veces sangrientos, para que las religiones europeas aceptaran su separación del Estado... Solo lo conseguiremos poniendo todas las religiones en un pie de igualdad.» Y Daniel Cohn-Bendit, para que nadie pudiese achacarle sus ideas a su judeidad, añadía: «Soy ateo, todas las religiones me son indiferentes. Pero quiero la democracia. Para todo el mundo[257].»

Pero, aun así, el odio secular del cristianismo repuntaba de vez en cuando en el discurso igualitario de Cohn-Bendit: «El sonido de las campanas dominicales también me molesta. Si se puede regular el número de campanadas y sus horarios- por ejemplo, la nocturnidad-, también se puede hacer con el canto del muecín[258].»

Sería efectivamente más «moderno». «Los Europeos deben recordar que sus democracias solo pudieron desarrollarse en el trasfondo de la Reforma y del retroceso del cristianismo», escribía Cohn-Bendit. Bernard Kouchner le respondía: «Completamente de acuerdo. En 1905, la ley de separación entre la Iglesia y el Estado precipitó el país al borde de la guerra civil... Hemos perseguidos las congregaciones, obligando las órdenes a exiliarse. Hubo enfrentamientos con la tropa.» Daniel Cohn-Bendit resumía el problema en unas pocas palabras: «Al igual que la Europa del siglo XIX y principios del siglo XX, el islam tiene por delante una gran reforma secular que llevar a cabo. Se hará a través de la lucha y con dolor[259].» Está claro que será más bien con dolor.

El gran rabino de Francia Joseph Sitruk estaba indudablemente de acuerdo con esas declaraciones. Pero procuraba tener las espaldas cubiertas y declaraba así en la *Tribune juive* de octubre 2004: «He sido, sin duda alguna, él que más ha promovido que los musulmanes fuesen aceptados en Francia.» No se podrá, por lo tanto, acusar los intelectuales judíos de racismo.

---

[257] Daniel Cohn-Bendit, *Une Envie de politique*, La Découverte, 1998, p.86, 87

[258] Daniel Cohn-Bendit, *Une Envie de politique*, La Découverte, 1998, p.122

[259] Daniel Cohn-Bendit, Bernard Kouchner, *Quand tu seras président*, p. 183

El economista liberal Guy Sorman también presentaba al público sus consignas para regentar el islam: «El mundo musulmán no es el rehén del Corán, escribía, no está alienado por su religión, sino que es víctima de la dictadura de sus cleros: ulemas, ayatolas y demás imanes. Cuando se deshagan de esa clericatura los musulmanes recuperaran sus raíces, con una religión que en absoluto es hostil a la libertad individual. Esa revolución social y religiosa será comparable a nuestra reforma luterana-calvinista [260].» Y Guy Sorman se atrevía a decir: «Los integristas, que confunden el velo y el islam, son pésimos musulmanes; han leído mal el Corán[261].» Lo que está muy claro, es que Daniel Cohn-Bendit, Bernard-Henri Levy y Guy Sorman conocen muy bien la Tora y el Talmud.

Vemos en realidad, como su crítica del islam radical solo tenía por objeto favorecer la integración de los inmigrantes musulmanes en las sociedades europeas. Tras las revueltas en noviembre del 2005, los intelectuales judíos seguían promoviendo su proyecto de sociedad multicultural.

Y, sin embargo, sabemos que una política de la firmeza es posible. El 7 de enero del 2003, por ejemplo, la India anunciaba la expulsión de veinte millones de bangladesíes en situación irregular. En un comunicado, el ministerio justificaba esta decisión por la grave amenaza que constituía «la presencia de un gran número de inmigrantes en situación irregular». Aunque es cierto que los grandes medios occidentales no se hacen eco de este tipo de informaciones, la inmigración no es un fenómeno ineluctable, sino más bien una política deliberada para la destrucción de la civilización europea. La sociedad multicultural y multirracial parece ser para los judíos una garantía que los protege de una reacción nacional de los pueblos europeos contra su proyecto político. Elie Wiesel lo relató asimismo muy bien en sus memorias, durante un viaje en la India: «Paso un shabat con una familia judía de Bombay. Voy a la sinagoga. Allí los judíos me cuentan con satisfacción lo afortunados que son. Los Sassoon y los Kaduri son familias riquísimas, dinastías, pero a nadie le pasaría por la cabeza odiarlos por culpa de sus orígenes o sus vínculos judíos: hay tantas

---

[260] Guy Sorman, *Le Bonheur français*, Fayard, 1995, p.123, 124

[261] Guy Sorman, *Le Bonheur français*, Fayard, 1995, p. 132

etnias, tantas lenguas, tantas culturas y tradiciones en este inmenso país, que los judíos no llaman la atención[262].»

Efectivamente, lo ideal consiste en no llamar demasiado la atención. Pero desgraciadamente, toda la historia del pueblo judío demuestra que casi siempre le cuesta someterse a este imperativo.

El modelo liberal

Los economistas judíos son los adalides de la desregularización liberal y de la economía de mercado globalizado. Guy Sorman (Berl Zormann) es un economista liberal y un prolífico ensayista internacional. En *La Felicidad francesa,* publicado en 1995, explicaba que es ante todo un discípulo de Raymond Aron: «¿Como reivindicarse del liberalismo francés, sin haber sido de una forma u otra, alumno de Raymond Aron?», escribía. Se conocieron a principios de los años 80 cuando colaboraba con la revista *L'Express,* de la cual Raymond Aron era el director editorial y Jimmy Goldsmith el propietario[263].

Guy Sorman también tiene esa tendencia muy característica de la comunidad judía de exaltar las virtudes de sus correligionarios: «*Du Pouvoir* es el libro que hizo que me uniera al pensamiento liberal. Es uno de los más bellos textos jamás escrito en francés.» Y a continuación precisaba que su autor, Bertrand de Jouvenel, era al igual que él de «origen judío». Los hombres que contribuyeron a formar su pensamiento económico son todos grandes genios:

«Friedrich von Hayek, Karl Popper y Milton Friedman: estos hombres han contribuido a mejorar la condición humana» escribía Sorman, añadiendo maliciosamente: «Y, por cierto, la nacionalidad de mis principales interlocutores no tiene importancia.»

---

[262] Elie Wiesel, *Mémoires, Tome I,* Le Seuil, 1994, p.287. Anne Kling, autora del libro *La France licratisée* [adjetivado de LICRA], (2006), señalaba que el Instituto de Planificación de una Política para el Pueblo Judío, presidido por el antiguo embajador estadounidense, Dennis Ross, había publicado en 2006 un informe en el que figuraba un parágrafo titulado: «Respaldar las políticas multiculturales.»:«1.Plantear seriamente el apoyo a las políticas multiculturales, que, la mayoría de las veces, favorecen el auge de las comunidades judías.»(www.jpppi.org)

[263] Guy Sorman, *Made in USA,* Fayard, 2004, Livre de Poche, 2006, p.25, 26

«En los años 80, cualquier pensador liberal debía conocer Hayek. Era como un peregrinaje obligatorio escuchar el teórico más creativo de nuestro siglo. Su conversación valía la pena el viaje, pues deslumbraba el interlocutor aún más que sus austeros libros... Su genio era casi tan ignorado en Francia como alabado en Gran-Bretaña y en Estados-Unidos. Hayek nos llegó a través de Margaret Thatcher y de Ronald Reagan... De origen checo, hizo sus estudios en Austria para luego exiliarse voluntariamente en Gran-Bretaña en los años 20; debido a una pena de amor, se fue a impartir clases a Estados-Unidos, en la universidad de Chicago; de ahí, habiendo alcanzado la edad de jubilación, fue invitado por la universidad de Friburgo, en Alemania, donde vivió sus últimos años. ¿Cuál era la nacionalidad de Friedrich von Hayek, si es que esta pregunta tiene sentido? Él respondía con orgullo que era ciudadano británico porque sus hijos lo eran. Karl Popper también se declaraba británico, aunque hubiese nacido en Viena, enseñado en Nueva-Zelanda y llegado a Gran-Bretaña tras la segunda guerra mundial, ya a una edad avanzada. A pesar de que sus padres no lo fueran, Milton Friedman, en cambio, solo puede ser estadounidense, pues su pensamiento está muy impregnado de los lugares donde vivió. Pero esto no era el caso de Hayek y Popper, auténticos cosmopolitas[264].»

El pensamiento "anglosajón" es determinante para los economistas liberales, y Estados Unidos representa hoy en día el modelo de sociedad que debería imitar el resto de la humanidad. En otro libro, titulado *Made in USA*, Guy Sorman nos daba una idea del lugar que ocupaban los judíos en ese país: «Nunca a lo largo de su historia, los judíos fueron tan prósperos, numerosos y seguros como en Estados Unidos. ¿Será la Tierra prometida? Para los judíos, se le parece mucho... La mayoría son ricos e influyentes, y disponen de sus propias escuelas privadas y centros culturales... La influencia de los judíos, especialmente en las industrias culturales, es tan desproporcionada-un 1% de la población-que el resto del mundo la percibe como un lobby que determina la política extranjera del país.»

Obviamente, Guy Sorman se apresuraba en añadir: «La sospecha es excesiva, pero los lobistas judíos no lo desmienten." Por supuesto que existe un lobby judío en Estados Unidos", reconocen así los dirigentes de las fundaciones sionistas de Nueva York y Los Ángeles, cuya misión es influenciar el gobierno estadounidense. Pero un lobby, en Estados

---

[264] Guy Sorman, *Le Bonheur français*, Fayard, 1995, p.26-29

Unidos, lejos de ser una infamia, contribuye a la vitalidad democrática de la nación[265].»

Bernard Henri Levy, otro filósofo muy mediático, también ensalzaba el modelo estadounidense. En su libro titulado *American Vertigo*, publicado en 2006, hacía de periodista recorriendo los "States*", interrogando algunos personajes que le parecían emblemáticos de aquel país. Por ejemplo, en la comunidad árabe del lugar, procuraba elegir el más «goy» de todos; en este caso un ingenuo periodista de la comunidad árabe de Michigan:

«¿Sabe cuál es mi modelo? Los judíos, evidentemente; esta increíble *"success story"* norteamericana que son la constitución y el triunfo del lobby judío; lo que los judíos lograron crear, ese poder que supieron obtener, ganarse con el sudor de su frente, ese camino que trazaron y que los condujo al meollo de todas las influencias, ¿cómo no inspirarse en ello? Nosotros llevamos cincuenta años de retraso, es cierto; ellos son diez veces más fuertes que nosotros, de acuerdo; pero ya verá como lo logramos; algún día seremos sus iguales[266].»

Bernard Henri parecía aquí ligeramente circunspecto: «Yo no digo que este discurso esté exento de elementos confusos.» Pero, al fin y al cabo, se alegraba de que, por una vez, su comunidad no pasara por ser enemiga, sino un modelo- «oscuro objeto de deseo», escribía. Es verdad que, en esta competición que permite el modelo liberal, los judíos poco pueden temer que los goyim los adelanten. El día en que estos sepan manejar el dinero como los judíos habrán pasado milenios.

Naturalmente, Bernard-Henri Levy no podía dejar de visitar un rabino lubavitch de Brooklyn. La entrevista de cuatro páginas es completamente inconsistente, pues no tiene otro objetivo más que de mostrar a los lectores que los judíos son una comunidad como cualquier otra[267].

---

[265] Guy Sorman, *Made in USA*, Fayard, 2004, Livre de Poche, 2006, p. 137

* Anglicismo esnob que se usa a veces en Francia.

[266] Bernard-Henri Levy, *American vertigo*, Editorial Ariel, 2007, Barcelona, p.46

[267] Bernard-Henri Levy, *American vertigo*, Editorial Ariel, 2007, Barcelona, p. 137

Su entrevista con George Soros tampoco esclarecía mucho la dimensión del lobby judío que mencionaba Guy Sorman. Nos enterábamos lisa y llanamente, que algunos multimillonarios tienen la capacidad de amasar rápidamente inmensas fortunas: «Por una parte, el hipermagnate que, cuando le pregunto si no tiene mala conciencia, a veces, por esas fortunas ganadas de forma tan curiosa, no está lejos de contestarme que atacar una moneda, alarmar a los establishment bancarios, obligarlos a reaccionar e inventar, no es un crimen, sino un favor que se hace a la sociedad, un gesto revolucionario, un deber.» Pero Bernard-Henri Levy, él mismo cien veces millonario, parece tener cierto afecto hacia ese tiburón de las finanzas. Pues este George Soros es, de alguna manera, también un filósofo, además de ser un filántropo. Su admiración hacia Karl Popper nunca se agotó[268]. Le admiraba desde su juventud, llegando incluso a haber deseado ser como el famoso filósofo europeo. Finalmente, Bernard-Henri emitía su opinión sobre el que sigue siendo uno de los peores predadores financieros del planeta: «Humano demasiado humano. Otra encarnación de un sistema que, para una mitad del planeta, es una representación de lo inhumano y esa parte emotiva y patética de humanidad[269].»

Ciertamente, al fin y al cabo, entre un millonario judío apasionado por la filosofía y el humanismo, y un filósofo judío humanista y millonario, es normal que haya un poco de respeto mutuo, más allá de las divergencias políticas.

Los financieros judíos son efectivamente los reyes de Wall Street. Esta supremacía financiera incontestable era ejemplificada en un artículo de la revista *Le Point* del 9 de febrero del 2006, titulado «Steven Cohen, el Manitú de Wall Street.»

Steven Cohen era la «estrella de la Bolsa». Le gustaba mantener el secretismo a su alrededor: «El verdadero jefe de Wall Street no vive en Manhattan, sino recluido en una casa de Greenwich (Connecticut) cercada por un muro de cuatro metros de altura. Steven Cohen, 49 años, no se muestra casi nunca... En 2005, embolsó 500 millones de dólares. ¿Cuál es su secreto? Saber todo antes que nadie. Con los ojos clavados en las pantallas de control, analiza miles de datos y se enfurece cuando

---

[268] Sobre Karl Popper, ver *Les Espérances planétariennes*, Hervé Ryssen, Baskerville, 2005, p.23, 140, 196, 322

[269] Bernard-Henri Levy, *American vertigo*, Editorial Ariel, 2007, Barcelona, p. 263, 264

los analistas de Wall Street no le dan la primicia de una información. Los inversores que le confían su dinero (4 mil millones de dólares) le pagan muy caro sus servicios: Cohen percibe un 3% de las sumas como gastos de gestión (contra el 1,44% de media) y un 35 % de las ganancias (contra el 19,2% de media).» Cohen «profesa un capitalismo total:" Coméis lo que matáis", dice a sus brókers, remunerados en base a su competencia y rendimiento.»

George Soros es aún, evidentemente, la estrella del lugar. Es uno de los hombres más ricos del planeta, y el símbolo de la especulación internacional. Cuando compra minas de oro, la cotización del metal amarillo sube y baja si se difunde que vende. Fue en 1992 cuando alcanzó el apogeo de su gloria al lograr uno de los golpes financieros más sonados del siglo. En unos pocos días, al haber percibido la debilidad de la moneda británica, movilizó cerca de 10 billones de dólares contra la libra esterlina. El banco de Inglaterra vaciló ante las embestidas de la especulación y tuvo finalmente que devaluar y sacar su moneda del Sistema Monetario Europeo. Soros se convirtió en «el hombre que quebró el banco de Inglaterra». De paso, embolsó más de mil millones de dólares en una semana. Su fortuna personal era estimada (en 1998) en 70 mil millones de dólares. «Desde la caída del comunismo en 1989, dedica la mayor parte de su tiempo a su *Fundación para una Sociedad abierta (The Open Society)*». Defiende los principios de libertad y los derechos humanos, «para preservar la paz, el orden y la ley a nivel planetario[270]». De esta forma, Soros financia proyectos culturales y científicos, ayuda escritores, artistas y «la prensa independiente y democrática» (sic). En 1995, las fundaciones Soros disponían de cincuenta oficinas en el mundo y empleaban un millar de personas. Esas fundaciones enseñan y profesan la tolerancia y los valores democráticos de la «sociedad abierta», especialmente en los países de Europa central, de donde es originaria su familia.

Antes que George Soros, el gurú de Wall Street era otro financiero judío. Esto nos lo contaba Samuel Pisar, un exitoso hombre de negocios que conocía las principales bolsas del mundo: «Hay un gurú en Wall Street. Se dedica al dólar y a los enamorados del dólar. Es el economista en jefe de la poderosa Salomon Brothers, que coloca en el público las emisiones de bonos de la mayoría de los gobiernos y multinacionales del planeta. Se llama Henry Kaufman. Cuando habla, y no necesita muchas palabras, las bolsas del mundo empiezan a tener esperanza o a

---

[270] George Soros, *La Crise du capitalisme mondial*, Plon, 1998, p.151

temblar. Sus pronósticos son seguidos en un segundo, registrados por los bancos, interpretados por las cancillerías. Las fortunas se hacen y deshacen[271].»

Samuel Pisar había amasado su colosal fortuna gracias a una fructuosa colaboración con la Unión Soviética. Había pasado varias estancias allí, sobre todo con su amigo, el famoso Armand Hammer, presidente de la sociedad occidental Petroleum y multimillonario a los veinte años:

«Hammer, con veinte y tres años, fue a la Unión Soviética. El joven capitalista estadounidense iba a conocer personalmente la mayoría de los dirigentes soviéticos, entablar amistad con ellos, y finalmente, desarrollar con ellos la primera colaboración económica americano-soviética... De regreso a Estados Unidos, Hammer se iba a convertir en el "rey" de muchas cosas: el whisky, el ganado, el arte, el petróleo, etc... acumulando una de las mayores fortunas del mundo y un poder capaz, si así lo hubiera deseado, de tumbar la economía de muchos países. Su lujoso despacho de Los Ángeles está repleto de fotos con jefes de Estados firmadas con elogios.» Y Pisar precisaba: «Fue con este fabuloso e insondable Hammer que llegaba a Moscú en 1972[272].»

En su libro sobre los judíos en Rusia, *Dos cientos años juntos*, el disidente ruso Aleksandr Solzhenitsyn precisaba que Armand Hammer, en calidad de favorito de Lenin, había conseguido, ya desde 1921, la concesión de los yacimientos de amianto de Alapáyevsk. «Más tarde, exportara sin un ápice de vergüenza a Estados Unidos los tesoros de las colecciones imperiales. Regresó con frecuencia a Moscú, bajo Stalin y Jrushchov, para seguir importando cargueros repletos de iconos, cuadros, porcelanas y orfebrerías de Fabergé.»

Estas afirmaciones eran confirmadas por Jacques Attali: «Armand Hammer (...) se convierte en uno de los jefes del comercio Este-Oeste, conciliando su amistad con Lenin y su plena adhesión al sistema capitalista. Explota minas de amianto en la URSS, importa autos, tractores, y adquiere obras de arte rusas ante el Estado a cambio de productos industriales[273].»

---

[271] Samuel Pisar, *La Ressource humaine*, Jean-Claude Lattès, 1983, p. 24, 313

[272] Samuel Pisar, *La Ressource humaine*, Jean-Claude Lattès, 1983, p. 170, 171

[273] Jacques Attali, *Los Judíos, el mundo y el dinero*, Fondo de cultura económica de Argentina, Buenos Aires, 2005, p.403

No trataremos aquí de todos esos financieros más o menos mafiosos que arramblaron con todas las riquezas de Rusia después del derrumbe del comunismo[274]. En aquella época los medios de comunicación occidentales hablaban de la "mafia rusa".

Vemos pues, que el escritor yiddish Cholem-Aleikhem tenía razón cuando escribía, en 1913: «Las fieras y tiburones más grandes de la Bolsa son mayoritariamente judíos. Hasta se puede contar sobre los dedos de la mano sus nombres: Rothschild, Mendelssohn, Bleichroeder, Yankl Schiff[275].» Manifiestamente, nada ha cambiado en ese aspecto.

Los intelectuales judíos sienten quizás alguna simpatía por el protestantismo de los anglosajones. El historiador del judaísmo León Poliakov había percibido las afinidades que existían entre el mundo anglosajón y el judaísmo. Se «deben sobre todo al conocimiento del Antiguo Testamento, que ignoraban casi por completo, a menos hasta mitad del siglo XX, los Católicos, incluidos los practicantes.»

Estas afinidades se manifestaron en Inglaterra desde el siglo XVII. El país, acababa de salir de una guerra civil que había concluido con la ejecución del rey Carlos I, y estaba agitado, sujeto a esperanzas apocalípticas. Cromwell había tomado el poder e instaurado una dictadura. Uno de sus compañeros, Johm Sadler, proclamaba que los ingleses eran descendientes de las diez tribus pérdidas de Israel. «Tal como lo anunciaba el propio Cromwell, los ingleses eran el nuevo pueblo elegido; además, añadía Poliakov, los genealogistas medievales emparentaban los británicos con el antepasado Sem y, prueba definitiva, "Brit-Ish" significaba en hebreo "Hombre de la Alianza". De forma detallada, sus antepasados daneses descendían de la tribu de Dana, sus ancestros góticos de Gad, y así sucesivamente... Así fue como se constituyó la secta de los "British Israelitas".»

Los puritanos y demás visionarios de aquella época se referían al Papa como el Antecristo. Fue en ese contexto caótico que los judíos, que habían sido expulsados en 1290, se reintrodujeron en la isla: Los judíos, explicaba Poliakov, «seguían esperando el Mesía que, según las

---

[274] Leer *Les Espérances planétariennes*, Baskerville 2005, p.410-412 [y *La Mafia juive*, Baskerville, 2008]

[275] Cholem-Aleikhem, *La Peste soit de l'Amérique*, 1913, Liana Levi, 1992, p.295

creencias, no aparecería hasta que estuviesen dispersos por toda la faz de la tierra. Fue entonces, en aquellos años, que Menasseh Ben Israel publicó su célebre libro *La esperanza de Israel, Tratado sobre la admirable dispersión de las diez tribus y su inevitable regreso.*»

El libro ida dirigido sobre todo al público cristiano, escribía Poliakov, pues la verdadera ambición de Menasseh Ben Israel era conseguir la readmisión de los judíos en Inglaterra. Tras haber convencido sus numerosos contactos ingleses de la pertinencia de su tesis, se presentó ante Cromwell en 1655, él mismo partidario de la readmisión. «Finalmente, un grupo de marranos ricos fue admitido en secreto, a la espera de una legalización que no tuvo lugar hasta finales del siglo XVII[276].»

La secta de los British Israelitas se desarrolló y, más tarde, la reina Victoria y el rey Eduardo VII fueron sus patronos honorarios. Acabó contando con cientos de miles de miembros y hasta publicaba una revisa semanal, *The National Message*, que defendía los valores tradicionales británicos. «En cuanto a la ascendencia hebraica, la secta publicó en 1877 una obra titulada *The Lost Ten Tribes of Israel*, que proporcionó quinientas pruebas extraídas de las Escrituras especialmente destinadas a demostrar la pureza bíblica de su raza, opuesta a los judíos infieles, esos" bastardos"[277].»

En los años 1980, los British Israelites apoyaron vehementemente la política liberal de Margaret Thatcher. Hoy en día, no son más que una pequeña secta comparado con sus vástagos norteamericanos que son los mormones (La Iglesia del Movimiento de los Santos de los Últimos Días).

Esta alianza de los puritanos anglosajones y de los judíos, que se alimentaba de la savia del Antiguo Testamento, fue la verdadera matriz de la sociedad capitalista, liberal y cosmopolita que tiende, hoy en día, a expandirse sobre todo el planeta. El triunfo del espíritu cosmopolita se debe a esta simbiosis a la vez religiosa y vilmente materialista, que representa el cosmopolitismo contemporáneo, «es decir el realismo

---

[276] Léon Poliakov, *Los samaritanos*, Anaya & Mario Muchnik, 1992, Madrid, p .82

[277] Léon Poliakov, *Los samaritanos*, Anaya & Mario Muchnik, 1992, Madrid, p .66, 67

judío y protestante del capitalismo que sostiene que el beneficio es el motor de la Creación[278]», tal como lo escribía Guy Konopnicki.

Durante la segunda mitad del siglo XIX, Reino Unido había sido el primer país europeo en ser dirigido por un judío. Benjamin Disraeli se había convertido en Primer ministro durante el reinado de la reina Victoria, de la que era amigo. Adalid de un Estado británico fuerte, Disraeli garantizó para Inglaterra el control de las rutas de la India comprando acciones del canal de Suez-lo que le valió el apodo de "Esfinge".

Israel Zangwill, célebre dentro de la literatura judía, escribía en 1898 sobre Disraeli que «se consideraba a sí mismo proveniente de una raza de aristócratas cuya misión era civilizar el mundo.» Y añadía: «Al igual que Heine, presiente que la Inglaterra puritana, heredera de la antigua Palestina y cuya Iglesia de Estado custodia el principio semítico generalizado, está destinada, en virtud de su energía física y moral, a realizar los ideales de Sion.»

La preocupación de Disraeli por la grandeza del Imperio británico no debe llevar a engaño: «Su corazón está siempre con su pueblo, con su gloria pasada, con su persistente poder de ubicuidad, a pesar de la ubicuidad de la persecución. Se considera descendiente de una raza elegida, la única raza a la que Dios haya jamás hablado[279].»

Guerras y revoluciones, «en nombre de los derechos humanos»

Es de notoriedad pública que los movimientos evangélicos estadounidense fueron los más fieles apoyos de los presidentes George Bush padre e hijo en las guerras que libraron contra «el eje del mal». Tras una primera guerra en Irak en 1991, los Estados Unidos habían invadido Afganistán tras los espectaculares atentados del 11 de septiembre del 2001, y finalmente, otra vez Irak al año siguiente.

No se puede ignorar, sin embargo, que numerosos judíos eran en aquel momento muy influyentes dentro de la administración estadounidense: Paul Wolfowitz era secretario de Estado adjunto de Defensa; posteriormente fue nombrado para dirigir el Banco mundial. Richard

---

[278] Guy Konopnicki, *La Place de la nation*, Olivier Orban, 1983, p. 193

[279] Israel Zangwill, *Rêveurs de ghetto*, Tome II, 1998, Éditions Complexe, 2000, p. 213, 214

Perle era el jefe del Comité Asesor del Consejo de Política de Defensa; Douglas Feith era el vicesecretario de Estado de Defensa; Mickael Rubin era asesor del personal de la Oficina del Secretario de Defensa sobre Irán e Irak, etc.[280]...

El semanal *Rivarol** del 12 de mayo del 2006 nos informaba que algunos periódicos israelís se alegraban abiertamente de la influencia determinante de numerosos judíos en la administración estadounidense. «Los puestos claves de la Casa Blanca copados por judíos». Ese era el grito de triunfo lanzado por el *Jerusalem Post* del 25 de abril del 2006: «Después de nombrar Joshua Bolten secretario general de la Casa Blanca, el presidente George W. Bush eligió otro judío, Joel Kaplan, como adjunto de Bolten», se alegraba dicho periódico. También estaban otros colaboradores del presidente, tales como el Secretario de Seguridad Nacional Michael Chertoff, el consejero adjunto a la Seguridad Nacional Elliott Abrams y el pilar de la Casa Blanca Jay Lefkowitz, etc. De tal manera, subrayaba el diario israelí, que desde que Bush entró en funciones, se aprobó empezar cada reunión del gabinete con una breve oración judía. Así pues, Bolton pidió la ayuda de los rabinos para «encontrar una oración judía apropiada para la seguridad y el bien estar de los miembros del gabinete.» Nos enterábamos así que Joshua Bolten leía una oración «en voz alta, en hebreo y en inglés, en cada reunión.» Además, el día de la fiesta de Purim, que conmemora la liberación de los judíos de Persia gracias a Esther, se celebraba un oficio religioso y las cocinas de la Casa Blanca eran debidamente "kasherizadas" para la ocasión.

Es cierto que había todavía más judíos en la Casa Blanca con el presidente Clinton, recordaba el *Jerusalem Post* que citaba los nombres de Robert Reich, Robert Rubin, Sandy Berger, Lawrence Summers, Madeleine Albright, Aaron Miller, Dennis Ross, Martin Indyk. El diario no mencionaba que estos dos últimos habían sido implicados en sonados escándalos político-financieros.

El lobby judío fue efectivamente extremadamente poderoso dentro de los gobiernos estadounidenses de las últimas décadas. Su influencia en la política estadounidense, especialmente en la política exterior, fue revelada por primera vez de manera casi oficial por un informe de dos

---

[280] Léase al respecto: *Les Espérances planétariennes*, Hervé Ryssen, Baskerville, 2005, p. 134, 135

* Histórico semanal de la derecha nacional francesa fundado en 1951.

universitarios, Stephen Walt y John Mearsheimer. El informe, titulado «El lobby israelí y la política exterior estadounidense», demostraba magistralmente como el lobby, a través de la AIPAC (American Israel Public Affair Committee), había tomado el control del congreso y del ejecutivo estadounidense, y puesto el ejército, las finanzas y los medios de comunicación al servicio del estado hebreo. El documento fue publicado por la universidad de Harvard donde Walt era profesor y obtuvo el reconocimiento de la prestigiosa *London Review of Books*. En él se podía leer pasajes muy elocuentes sobre el desencadenamiento de la guerra de Irak en marzo del 2003:

«La guerra ha sido motivada, en gran parte, por el deseo de incrementar la seguridad de Israel... De hecho, los israelís eran tan belicistas que sus aliados en Estados Unidos pidieron que rebajaran el tono para evitar que todo el mundo se enterara de que la guerra, si es que la iba haber, iba a ser en nombre de Israel... »

«Los expertos neoconservadores no perdieron tiempo para implantar la idea en la opinión pública de que la invasión de Irak era esencial para ganar la guerra contra el terrorismo. En el ejemplar del 1 de octubre del *Weekly Standard*, Robert Kagan y William Kristol pedían una ofensiva para acabar con el régimen iraquí después de que los Talibanes fuesen vencidos. El mismo día, Charles Krauthammer aducía en el *Washington Post* que cuando Estados Unidos acabase la guerra en Afganistán, Siria tenía que ser el siguiente país en la lista, seguidos de Irán y de Irak: *"La guerra contra el terrorismo acabará en Bagdad cuando rematemos el régimen terrorista más peligroso del mundo"*. Empezó entonces una implacable campaña mediática para persuadir el público de invadir Irak. La parte crucial del asunto consistió en la manipulación de las informaciones, de tal manera que se creyera que Saddam Hussein representaba una amenaza inminente. Por ejemplo, Libby presionó los analistas de la CIA para que encontraran pruebas a favor de la guerra, y ayudó a preparar el *briefing* que dio Colin Powell en el consejo de seguridad de la Naciones Unidas.

«En el Pentágono, el *Policy Counter Terrorism Evaluation Group* se encargaba de hallar los lazos de *al-Qaïda* con Irak que los servicios de inteligencia supuestamente no habrían encontrado. Sus dos principales miembros eran David Wurmser, un neoconservador de la línea dura, y Michael Maloof, un líbano-estadounidense muy ligado a Richard Perle. Otro grupo del Pentágono, la Oficina de Planes Especiales (Office of Special Plans,OSP) tenía por misión descubrir pruebas que pudieran ser usadas para «vender la guerra». Esta oficina era dirigida por Adam Shulsky, un neoconservador próximo a Wolfowitz,y contaba en sus filas reclutas salidos de *think tanks* pro-israelís. Estas dos organizaciones habían sido creadas tras el 11 de septiembre y rendían cuentas directamente a Douglas Feith. Como casi todos los neoconservadores, Feith es profundamente leal a Israel; también tiene relaciones con el Likoud desde antiguo.»

Los dos autores concluían al respecto: «Dado la devoción de los neoconservadores por Israel, su obsesión con Irak y su influencia en la administración Bush, no es de extrañar que muchos estadounidenses hayan sospechado que la guerra fuera concebida para favorecer los intereses de Israel. Existen pocas dudas de que Israel y el *lobby* fueron las principales influencias que precipitaron la decisión de entrar en guerra. Decisión que los Estados Unidos probablemente no habrían tomado sin sus esfuerzos.»

El gobierno británico también estuvo bajo fuerte influencia de este lobby que presionó a fondo en favor del gobierno israelí. El primer ministro laborista inglés, Tony Blair, soportaba evidentemente su influencia, tal como lo notaba y describía el periodista y escritor Israel Shamir:

«Michael Levy, también conocido como Vizconde Reading, amigo de Ariel Sharon, es la eminencia gris que se oculta detrás del líder laborista.» Este ferviente sionista había organizado su campaña electoral. Israel Shamir citaba este testimonio: «Un judío honesto, Philip Weiss, reconoce, en el diario *New York Observer:* "Los judíos y la derecha han pactado una alianza... y juntos, presionaran para que haya guerra[281].»

---

[281] Israel Shamir, *L'autre Visage d'Israel*, Éditions Al Qalam, 2004, p. 379, 394. El semanal *Le Point* del 20 de julio del 2006 confirmaba que ese Michael Levy era un amigo del Primer ministro británico Tony Blair, al que había conocido en una cena organizada por un diplomático israelí. Levy había empezado a recaudar fondos para el Partido Laborista que hasta entonces se financiaba principalmente con los sindicatos. Esto le había servido para recibir el título de Lord tras la victoria de Tony Blair en 1997. En el verano del 2006, el sexagenario Lord era acusado de haber conseguido millones de libras esterlinas en préstamos de ricos industriales, a cambio de títulos honoríficos y escaños en la Cámara de los Lores. Los ingleses lo apodaban desde entonces "Lord Cashpoint" (cajero automático de billetes).

En cuanto la cuestión iraquí se resolvió, el presidente iraní Ahmadinejad adoptó el papel de portavoz de la resistencia musulmana. El belicismo exagerado de numerosos intelectuales judíos se verificaba otra vez más, por ejemplo, en el semanal *Le Point* del 22 de diciembre del 2005. Bernard-Henri Levy titulaba así su artículo: «¿Es todavía posible detener los fascislamistas de Teheran?» Comparado con el actual régimen iraní que amenazaba con conseguir la bomba atómica, las «veleidades guerreras» de Saddam Hussein eran en realidad «una broma amable», escribía Levy. Se trataba, pues, de vencer la «pusilanimidad del mundo libre»: «Tenemos que ir rápido, escribía el filósofo, porque nos queda muy poco tiempo.»

En noviembre del 2004, Richard Perle, el «príncipe de las tinieblas», participaba en las vigésimas Conferencias europeas de la Universidad hebraica de Jerusalén. Lejos de reconocer sus errores sobre las fantasmales «armas de destrucción masivas» que habían permitido justificar la invasión de Irak, Perle aprovechó la ocasión para amenazar Irán con una intervención estadounidense, presentándola como una nueva cruzada de las democracias: «Debemos ayudar a los iranís que viven bajo el yugo de los mulás y que nos piden ayuda. Si todo parece indicar que pueden tener armas nucleares, tenemos que intervenir[282].»

Los intelectuales judíos tienen la costumbre de presentar a sus enemigos como nuevos Adolf Hitler. Ya era el caso en 1999 cuando se trataba de pintar el presidente serbio Milosevic como un tirano sanguinario, y presionar para la guerra contra Serbia; como también lo fue en 1991 para presionar los Occidentales a intervenir contra Saddam Hussein y su «cuarto ejército del mundo[283]». En el diario *Le Figaro* del 12 de enero del 2006, el diputado Pierre Lellouche, un asesor cercano de Jacques Chirac afirmaba que el nuevo presidente iraní Mahmud Ahmadineyad, era una nueva encarnación de Hitler: «En los albores del sexto año del nuevo milenio, Adolf Hitler se reencarnó bajo la apariencia de un oscuro terrorista iraní.»

Esto mismo declaraba el presidente del Congreso judío europeo, Pierre Besnainou, al ser elegido, en junio del 2006, presidente del Fondo social

---

[282] Carta de Emmanuel Ratier, *Faits-et-Documents* del 15 de noviembre del 2004

[283] «Era el Estado de Israel, quien tenía el cuarto ejército del mundo, y no Irak.» (JMB)

judío unificado[284]: «Sin ninguna discusión posible, la prioridad debe ser la neutralización de este nuevo Hitler». El objetivo era eliminar «el riesgo de ver un dictador antidemocrático y peligroso dotarse del arma nuclear para utilizarla contra los países de la región, incluido Israel. Para mí, el peligro está focalizado en el presidente iraní.» El periodista preguntaba entonces: «¿Está usted trabajando para incitar a los dirigentes europeos a que tomen conciencia de ese peligro?

- Sí, en mi opinión se trata de un trabajo importante. Cuando Israel se vio expuesto al peligro del terrorismo y obligado a defenderse, el mundo, que no conocía el alcance de esta lacra, no comprendió la reacción del Estado hebreo. Con el ataque del World Trade Center, los Estados Unidos, y los demás países europeos, tomaron de repente las medidas necesarias. Hoy en día, el presidente iraní amenaza con borrar del mapa a Israel, y si bien las naciones protestan verbalmente, aún no se dan cuenta realmente hasta qué punto esa amenaza los concierne indirectamente. La amenaza iraní aún no es suficientemente perceptible en Europa, y debemos actuar para despertar las conciencias.»

Ya lo habréis comprendido: si Israel es amenazado, y si Nueva York, la primera ciudad judía del mundo y corazón de la finanza internacional, ha podido ser el objetivo de esos atentados, entonces los Occidentales deben contraatacar y declarar la guerra al mundo musulmán y a los «enemigos de la civilización». Israel, en efecto, parece hacer sus guerras solo con la sangre de los demás. Pero, a fin de cuentas, ¿No se trata de construir el Imperio de la "Paz"?

En su libro, publicado en 2006 y titulado *El gran desorden mundial*, el especulador internacional George Soros nos revelaba algunas informaciones sobre su papel en la expansión de la democracia en los antiguos países del bloque soviético:

«He creado fondos de fortalecimiento de las capacidades en varios países, entre ellos Georgia, tras la revolución de las Rosas de 2003 y la caída del régimen del presidente Eduard Shevardnadze. Esos fondos desembolsaron mensualmente 1200 dólares a los ministros del gobierno, además de una subvención para los policías.» Pero George Soros se quejaba amargamente: «He sido víctima de una campaña de calumnias

---

[284] http://www.guysen.com/articles.php?sid=4688

creadas y dirigidas desde Rusia. Se me acusaba de pagar el gobierno georgiano[285].»

Naturalmente, Soros se preocupaba mucho por los intereses de los europeos y se presentaba como el apóstol de la inmigración y de la entrada de Turquía en la Unión Europea: «Dada su población envejecida, la inmigración es una necesidad económica. La Unión Europea, como prototipo de las sociedades abiertas mundiales, debe acoger la inmigración y aceptar la entrada de nuevos miembros[286].»

Su compromiso humanitario también le había llevado a apoyar la intervención contra Serbia: «Adopté una posición favorable a una política más intervencionista en la guerra civil yugoslava, para poner freno a las violaciones de los derechos humanos», escribía. «En la Navidad de 1992, anuncié una donación de cincuenta millones de dólares para la ayuda humanitaria de la ciudad asediada de Sarajevo... Me uní a un grupo bipartito, el *Action Council for Peace in the Balkans*, que alentaba a la administración Clinton a adoptar una posición más agresiva respeto a Bosnia. Paul Wolfowitz pertenecía al mismo grupo que yo, y juntos, actuamos como un lobby con la Secretaria de Estado Madeleine Albright. También apoyé la intervención de la OTAN en Kosovo[287].»

Soros también se había pronunciado a favor de una intervención militar en Afganistán en 2001, contra esos miserables Talibanes, culpables de profesar una religión «oscurantista»: «He apoyado la invasión de Afganistán, país de residencia de Bin Laden y de los campos de entrenamiento de Al-Qaeda[288]». Pero, sin embargo, en el 2003 se opuso

---

[285] George Soros, *Le grand Désordre mondial*, Éditions Saint-Simon, 2006, p. 137

[286] George Soros, *Le grand Désordre mondial*, Éditions Saint-Simon, 2006, p. 164, 167

[287] George Soros, *Le grand Désordre mondial*, Éditions Saint-Simon, 2006, p. 83. En diciembre de 1996, el presidente estadounidense Bill Clinton había renovado su equipo de política extranjera. En el Departamento de Estado, Madeleine K. Albright sustituía a Warren Christopher. Albright es el apellido del marido del que se divorció, mientras que la «K» hace referencia a Korbel, familia judía de Checoslovaquia. En el ministerio de Defensa, William Perry cedía su lugar a William S. Cohen. El antiguo adjunto de Lake, Samuel R.Berger, ocupaba ahora el puesto estratégico de encargado de la seguridad nacional, etc. Leer *Les Espérances planétariennes*, p. 119

[288] George Soros, *Le grand Désordre mondial*, Éditions Saint-Simon, 2006, p.

a George Bush y a la guerra de los neoconservadores en Irak, culpables, según él, de ser «partidarios de la supremacía estadounidense». Denunciaba entonces, sin reír, los elementos más reaccionarios de esa «derecha» cristiana y «nacionalista», únicos responsables de la guerra: «En los Estados Unidos actuales, la máquina de propaganda de la derecha... ha conseguido, de manera notable, imponer su interpretación de la realidad.» E insistía, además, afirmando: «La política de Bush contiene una fuerte temática nacionalista.» Y aquí era donde acusaba los dos goyim domesticados, el vicepresidente Dick Cheney y el secretario de Defensa Donald Rumsfeld, de haber sido los principales protagonistas de esa aventura belicosa. Estos dos son los que «en gran parte han logrado imponer sus puntos de vista a la administración Bush[289].»

Recordemos simplemente, por razones formales, los objetivos perseguidos por George Soros: «Mi objetivo, decía, es el establecimiento de una sociedad mundial abierta» con el fin de contribuir a la «paz» en el mundo.

La ocupación de Irak por las tropas estadounidenses en 2003, y la guerra civil permanente que devastó el país, se reveló catastrófica. Tras la derrota electoral de los Republicanos en 2006, los «neoconservadores» proyectaron de manera muy bíblica su culpabilidad sobre un «chivo expiatorio». En el semanal político *Marianne* del 27 de enero del 2007, se podía leer lo siguiente en un artículo: « Varios de ellos, como Richard Perle, Kenneth Adelman, David Frum y Michael Rubin, acaban de escribir conjuntamente en *Vanity Fair*, una crítica con una virulencia inaudita en contra del presidente Bush y su administración... Los cuatro "halcones" no tienen remordimiento alguno: la idea de la guerra, reiteran, era "buena", pero fue "su ejecución la que resultó mala", por culpa de la "incompetencia" de la Casa Blanca.»

Una vez más, debemos comprender que la responsabilidad de esas guerras incumbe únicamente a los cristianos. Guy Sorman reconocía sin embargo las responsabilidades de algunos dirigentes judíos: «¿Es, por lo tanto, la guerra de Irak una maquinación de intelectuales judíos más preocupados por la seguridad de Israel que por la de Estados Unidos? Ciertamente, los más fervientes abogados a favor de la exportación de

---

109

[289] George Soros, *Le grand Désordre mondial*, Éditions Saint-Simon, 2006, p. 90-93

la democracia en Oriente Medio pertenecen a una intelliguentsia de judíos neoyorquinos, a menudo de extrema izquierda, y que se califican ellos mismos como neoconservadores.» Pero Guy Sorman añadía rápidamente: «Esta teoría de la conspiración sionista no resiste ningún análisis[290].»

Según él pues, los verdaderos responsables de la guerra de Irak fueron los 40 millones de evangelistas, bautistas y pentecostales estadounidenses, irrecuperables «imperialistas», tal como los definía.

Otro conocido ensayista, Pascal Bruckner, declaraba al respecto en *Le Figaro* del 5 de noviembre del 2003: «El cristianismo y el islam tienen en común ser dos religiones imperialistas, persuadidas de poseer la verdad y siempre dispuestas a aportar la salvación a los hombres, sea a través del sable, el auto de fe o la quema de libros... En nombre de Dios misericordioso, han matado y liquidado, directa o indirectamente, millones de individuos.» Por el contrario, el judaísmo, como bien entenderéis, es una religión de Paz y Amor.

Esta política, de inmigración en Europa y a la vez belicista en Oriente, solo puede provocar resistencia aquí y allá. De hecho, Jacques Attali había percibido perfectamente los peligros que represenba: «Podríamos dirigirnos, en la peor de las pesadillas, hacia un acuerdo entre las dos religiones hijas contra la madre, el islam y el cristianismo contra el judaísmo[291]». Ciertamente, sabemos que los judíos han tenido una virtud durante siglos: la de hacer enojar y poner en su contra a todo el mundo.

Una guerra mundial, si es necesario

Antes de la segunda guerra mundial, los nacionalistas de todos los países europeos ya se alarmaban del belicismo desenfrenado de los representantes de las comunidades judías respectivas de sus países.

En un libro tendente a combatir la idea de la «conspiración» judía, Norman Cohn informaba, que en los años treinta, los nacionalistas franceses denunciaban enérgicamente el belicismo judío: «A lo largo de agosto y septiembre de 1938, *La France enchaînée* publicó artículos

---

[290] Guy Sorman, *Made in USA*, Fayard, 2004, Livre de Poche, 2006, p.304

[291] Jacques Attali, *Los Judíos, el mundo y el dinero*, Fondo de cultura económica de Argentina, Buenos Aires, 2005, p. 499

con titulares como «Peligro de Guerra: conspiración judeorrusa en Checoslovaquia»; «Se acerca la guerra, la guerra de los judíos»; «¿Osarán los judíos desencadenar la guerra mundial?». La publicación de la nueva edición de los Protocolos fue acompañada del anuncio siguiente: «Es el judaísmo el que ha creado el frente democrático. Es el judaísmo el que ha sacado a los Estados Unidos de su espléndido aislamiento. Es el judaísmo el que quiere la guerra.» Norman Cohn añadía además que, bajo presión, «el Gobierno de Francia tuvo que adoptar la medida, que en aquella época era extraordinaria, de limitar la libertad de prensa. El 25 de abril de 1939 se promulgó un decreto por el que se prohibía, bajo pena de multa o de cárcel, toda la propaganda antisemita[292].»

Lord Beaverbrook, el jefe del *Daily Express*, que también fue ministro inglés de la Producción aeronáutica y ministro de Estado durante la Segunda Guerra mundial, había notado, él también, esa tendencia de la comunidad judía. En sus cartas, con fecha del 9 de marzo y del 9 de diciembre de 1939, conservadas en los "papeles Beaverbrook", escribía:

«Los judíos tienen una fuerte presencia en la prensa... El *Daily Mirror* quizás pertenece a judíos. El *Daily Herald* pertenece a judíos. El *New Chronicle* debería llamarse el *Jews Chronicle* (La Crónica judía). No estoy seguro del *Daily Mail*... Durante años, estuve convencido de que evitaríamos la guerra, ahora estoy estremecido. Los judíos pueden arrastrarnos a la guerra; no quiero decir de forma deliberada, pero a fin de cuenta, su influencia política probablemente nos aboque a ello[293].»

Un antiguo resistente socialista, Paul Rassinier, escribió en 1967 un libro al respecto, titulado *Los Responsables de la Segunda Guerra Mundial*. En él, acusaba el presidente estadounidense Roosevelt, un hombre de izquierda y masón del grado 32 del rito escoces: «Su entorno es judío, por lo menos la mayor parte de sus colaboradores más

---

[292] Norman Cohn, *El mito de la conspiración judía mundial. Los protocolos de los Sabios de Sión*, Editor digital pdf: Titivilius, 2016, p.159. Esto lo contaba Robert Brasillach en *Notre avant-guerre*: «El antisemitismo, a pesar de que M.Blum quedara apartado del gobierno, se fortalecía. Un extraño decreto ley preveía sanciones contra aquellos que incitaran al odio, por motivos de raza o de religión, contra los ciudadanos de Francia, incluso de sus "habitantes"». Brasillach añadía con ironía: «Desde entonces se llamó a los judíos los "habitantes".»

[293] Citado en el programa radiofónico *Le libre Journal* de Serge de Beketch, el 17 de marzo del 2005

importantes. Morgenthau, su secretario de Estado del Tesoro es judío; sus consejeros más influyentes, Baruch y Weiman también; Cordell Hull, del State Department, está casado con una judía...»

Paul Rassinier recordaba que cuando Hitler ascendió al poder, el periódico estadounidense D*aily Express* del 24 de marzo de 1933 titulaba en portada: «Los pueblos judíos de todo el mundo declaran la guerra financiera y económica a Alemania[294].» El *Jewish Chronicle* del 8 de mayo de 1942 lo recordaba: «Estamos en guerra con Alemania desde el primer día de la toma de poder de Hitler[295].» El primer ministro inglés Chamberlain, escribiría también, en una carta a su hermana del 10 de septiembre 1939: «Son los Estados Unidos y el mundo judío internacional los que nos han lanzado a la guerra.»

En su panfleto de 1942 titulado *La América judía,* Pierre Antoine Cousteau-el hermano del famoso comandante, explorador y documentalista de los océanos- contaba él también como algunos publicistas judíos envenenaban la situación internacional. Durante uno de sus viajes a Estados Unidos en 1935, pudo ver hasta qué punto la prensa incitaba los estadounidenses: «Tuve entre las manos una revista que mostraba una "sala de tortura" en un campo de concentración alemán. Ciertamente, la foto había sido tomada de tal manera que era bastante confusa, pero terrorífica. Era difícil saber que la sala de tortura era en realidad una sala de duchas[296].»

Pierre-Antoine Cousteau destruía en pocas líneas los argumentos esgrimidos por los judíos, los cuales eran casi siempre los mismos: «La gente que niega el sometimiento de Roosevelt al judaísmo insiste mucho en el hecho de que solo uno de sus ministros (Morgenthau) sea judío y que el congreso no cuente más de una decena de judíos, lo cual puede considerarse un porcentaje razonable. Pero una vez más, debemos distinguir las apariencias de la realidad. Los ministros son simples ejecutores y el verdadero poder es ejercido por el "trust de los

---

[294] En la película *El Pianista*, de Roman Polanski, vemos ese padre de familia exclamar: «¡Los banqueros judíos deberían convencer a los Estados Unidos para que declararen la guerra a Alemania!»

[295] Paul Rassinier, *Les Responsables de la Seconde Guerre mondiale*, Nouvelles éditions latines, 1967, p. 74, 78

[296] Pierre-Antoine Cousteau, *L'Amérique juive*, Éditions de France, 1942, p. 45

cerebros", ese que hizo correr ríos de tinta y del que ya casi no se habla, a pesar de que su poder sigue intacto. Ahora bien, ese "trust de los cerebros" es un asunto estrictamente judío».

Entre los asesores personales de Roosevelt, «el más antiguo era Bernard Baruch, al que el *Jewish Examiner* del 20 de octubre de 1933 llama con ternura:" el presidente oficioso" ... Antes de 1914, ya había acumulado una fortuna colosal especulando en Wall Street sobre el tabaco, el azúcar, el cobre y el caucho. En cuando la guerra estalló, entró en el "Comité de industrias de guerra"; se convierte en una especia de dictador de la economía. Ningún vendedor de armas puede conseguir créditos sin su aprobación. También decide las cantidades de material que los aliados recibirán y como se hará el reparto. Los beneficios que embolsa con la sangre de los demás sobrepasan lo imaginable. De hecho, ha reconocido ante una comisión de investigación parlamentaria que le interrogaba– tímidamente, como siempre-acerca de sus artimañas: "Probablemente haya tenido más poder que nadie durante la última guerra." Cuando se inaugura la conferencia de paz en París, Bernard Baruch sigue la estela de Wilson. Trae consigo 117 colaboradores, todos judíos, que le ayudan a afianzar, en los pasillos de la conferencia, sus prodigiosos beneficios. Este especulador de la guerra, un hombre que amasó su extravagante fortuna sobre las masacres de Europa, es además un cínico. Se citan a menudo estas palabras que tuvo en el *Chicago Tribune*: "El patriotismo no es más que un montón de tonterías". El patriotismo es quizás un "montón de tonterías", contestaba Cousteau, pero cuando se trata del patriotismo judío, tipos como Baruch no lo dudan. Están dispuestos a sacrificarlo todo para la salvación de su raza. Así es el "presidente oficioso", el hombre que Roosevelt ve casi todos los días y sin el que ninguna decisión importante puede ser tomada.»

Otra figura del "trust de los cerebros" era Felix Frankfuter. Este marxista había nacido en Viena en 1882. «Fue el encargado de montar la estructura legal del New-Deal, escribía Cousteau. Inmediatamente, aprovechó la situación para colocar varios de sus hermanos de raza: Herbert Feiss en el secretariado de Estado, Benjamin Cohen y Nathan Margold como consejeros financieros del ministerio de Interior, David-T Lilienthal en la dirección del T.V.A. y Charles Wyzanski como consejero técnico en el ministerio de Trabajo.» En enero de 1939, fue nombrado por Roosevelt juez inamovible del Tribunal Supremo de los Estados Unidos.

Felix Frankfurter tenía un colaborador clave en el Tribunal Supremo, otro juez llamado Louis Dembitz Brandeis. Él fue sin duda el verdadero padre del New-Deal. «Se dice que instigó la elección del judío Lehmann al puesto de gobernador del Estado de Nueva York en sustitución de Roosevelt. También habría influido en el nombramiento al tribunal Supremo del judío Samuel Rosenmann, al que Roosevelt llamaba su "mano derecha". Sus solicitudes también se extienden al abogado Samuel Untermeyer, asesor personal de Roosevelt, jefe de la organización del boicot de las mercancías "racistas", cuyas simpatías comunistas son de notoriedad pública... No acabaríamos de citar nombres, escribía Cousteau. Desde que Roosevelt llegó al poder, los judíos se lanzaron a por todas las administraciones y ministerios, hasta tal punto que parecía una gigantesca cacería. Incluso cuando el ministro responsable no es judío, sus subordinados inmediatos sí lo son.» Cousteau citaba una letanía de nombres hoy en día olvidados, recordando de paso que la Francia de 1937, bajo Léon Blum, padecía la misma situación: «La estampida de los judíos, su carrera hacia las plazas (¡todos los puestos y de inmediato!)[297]». La única diferencia era que, en Estados Unidos, un ario ocupaba nominalmente la cabeza del gobierno. Pero «lo ideal es gobernar a través de una persona intermediaria, manejar un testaferro de comprobada sumisión, un judío sintético. El señor Roosevelt es ese hombre[298].»

Durante la crisis económica de 1929, Roosevelt, hombre de izquierda, arremetía fuertemente contra el poder de los financieros. Su elección en 1932 no era, sin embargo, una victoria contra el capitalismo. El análisis de Pierre-Antoine Cousteau era al respecto muy sintético: «Inmediatamente, se pudo comprobar que la conquista del dinero por los plutócratas judíos no iba sin la conquista de las masas por los agitadores judíos. Siempre ese mismo dualismo, cuya representación más perfecta es la actual alianza de Wall Street y el Kremlin[299].»

Pierre-Antoine Cousteau contaba además una anécdota particularmente elocuente: «Ya, en la víspera de la otra guerra, o sea solo veinticinco

---

[297] Pierre-Antoine Cousteau, *L'Amérique juive*, Éditions de France, 1942, p. 71-77

[298] «Quizás sea el mismo temor, el mismo deseo de no ocupar el primer plano lo que explique la curiosa gestión del gran rabino de París que, según Blumel, fue a entrevistarse con Léon Blum para decirle:"Si rechazáis la presidencia del Consejo, "nos" comprometemos a pagarle una pensión vitalicia equivalente al sueldo del jefe del gobierno.» (Jean Lacouture, *Léon Blum*, París, 1977, p. 301-302, en François de Fontette, *Sociologie de l'antisémitisme*, PUF, 1984, p.38).

[299] Pierre-Antoine Cousteau, *L'Amérique juive*, Éditions de France, 1942, p. 58, 68

años antes del inicio de la conquista, los judíos ocupaban en Estados Unidos puestos tan importantes que no se podía emprender nada sin su consentimiento. El señor André Tardieu, que fue alto-comisario de Francia en Estados Unidos desde abril de 1917 hasta noviembre de 1918 relataba, con cierta ingenuidad, en *L'Année de Munich*, como tuvo aquella revelación. Su delegación había sido recibida correctamente, pero sin más, y se topaba ante una especie de indiferencia risueña que dificultaba singularmente su faena. Para ser sincero, a los "Americanos" no les importaba mucho Francia, La Fayette, o los grandes recuerdos históricos que solo servían para animar los discursos al final de los banquetes. Por contra, la misión británica que operaba paralelamente conseguía todo lo que solicitaba y el señor André Tardieu se dio cuenta de repente que su jefe, el vizconde Reading, había nacido Rufus Isaac. Aquel aristócrata hebreo no perdía el tiempo cortejando a los Arios. Iba directo al grano, asediando el juez Brandeis que era el confidente del paralítico Wilson, y sus oficiales que le acompañaban, judíos la mayoría, solo prospectaban en los ambientes judíos. El señor André Tardieu entendió que aquello era la clave del problema, y que, si quería evitar el fracaso, debía dejar las cantinelas sobre La Fayette y seducir los verdaderos amos del país. Así que adjuntó a los capellanes de su servicio de información dos rabinos fotogénicos que exhibió en todo momento y se rodeó, él también, de oficiales judíos copiosamente condecorados que contaban a quien quisiera oírlo sus "hazañas" guerreras y enardecían lo mejor que podían sus hermanos de raza de Nueva York. Después de eso, el señor André Tardieu recibió de Pichon, nuestro ministro de Asuntos exteriores, un telegrama redactado por él mismo y que contenía la adhesión de Francia al proyecto Balfour respeto a la creación de un hogar israelita en Palestina. En cuanto tuvo el telegrama, el señor Tardieu lo trajo al juez Brandeis, el cual, dice, "lloro de alegría". Desde entonces, la causa estuvo ganada. El señor Tardieu concluía: "Nuestras relaciones con el gobierno estadounidense, la finanza y la prensa estadounidenses que necesitábamos imperiosamente se vieron enormemente facilitadas". No se podría explicar más claramente que, ya en 1917, los arios no pintan nada en Estados Unidos[300].

Se sabe que el filósofo Henri Bergson también fue enviado a Estados Unidos por Aristide Briand, a inicios de 1917, para convencer a los

---

[300] Pierre-Antoine Cousteau, *L'Amérique juive*, Éditions de France, 1942, p. 32, 33

estadounidenses de entrar en guerra junto a los países de la Entente[301]. Gracias a los ejércitos estadounidenses se pudo salvar la situación catastrófica en la que se encontraban los Aliados en 1917, después del colapso de Rusia y los amotinamientos de las tropas francesas.

La Primera Guerra mundial había causado la destrucción de las grandes monarquías europeas, el imperio alemán, el imperio austrohúngaro, y el imperio ruso, además del imperio otomano. Es casi seguro que muchos judíos pensaron en ese momento que las profecías se estaban cumpliendo. Maimónides, uno de los mayores pensadores judío de la edad-media, aún considerado hoy en día como una de las principales referencias del judaísmo, explicaba en su *Epístola a Yemen*, en 1172, los cambios que traería el Mesías: «Cuando se manifieste, Dios hará temblar los reyes de la tierra, que estarán horrorizados al anunciarse su venida. Sus reinos caerán; serán incapaces de alzarse contra él, ya sea mediante la guerra o la revuelta[302].»

Sin embargo, algunos estadounidenses habían abierto los ojos sobre las consecuencias del conflicto y sobre quienes serían los principales beneficiarios. El 20 de mayo de 1920, el gran industrial Henry Ford lanzaba su cruzada contra el judaísmo creando un periódico semanal, el *Dearborn Independant* y escribiendo un libro titulado sobriamente *El Judío internacional*. Sus enemigos organizaron la conspiración del silencio al rededor del periódico, hasta que consiguió demasiado alcance. Un boicot de su producción de automóviles lo hizo finalmente capitular. En enero de 1922, el *Dearborn Independant* publicaba «una nota avergonzada en la que explicaba que debía renunciar a sus ataques, pero que invitaba a todo los goyim a no perder de vista la cuestión judía. Los judíos, escribía Cousteau, habían silenciado el hombre de negocios más rico de Estados Unidos.»

Entre los resistentes estadounidenses, hay que mencionar el Padre Coughlin, que arengaba cada semana millones de auditores. «Censuraba el capitalismo y el marxismo con una fogosidad digna de una fascista.» Había apoyado Roosevelt con toda su elocuencia, pero pronto se dio cuenta que el presidente «traicionaba la causa de los humildes, que entregaba el país a los judíos, que conducía el país hacia la guerra.» En 1935, denunció por primera vez ante el micrófono el

---

[301] Michel Winock, *Edouard Drumont et Cie*, Seuil, París, 1982, p. 173-174

[302] Gershom Scholem, *Le Messianisme juif*, 1971, Calman-Levy, 1974, p. 57-59

papel de los "banqueros internacionales". «La palabra judío no se había pronunciado, escribía Cousteau, pero no había duda al respecto y los rabinos de Nueva York se alzaron inmediatamente para acusar a Coughlin de fomentar el "odio racial".» El padre Coughlin se volvió cada vez más claro y preciso en sus acusaciones, y acabó denunciando abiertamente la" cruzada judía". «Pero desde que empezó a denunciar la influencia de Israel y que los judíos deseaban la guerra, las emisoras de radiodifusión, una tras otra, como por arte de magia, le retiraron los micrófonos. Excluido de la radio, el padre Coughlin quedó desarmado. Le dieron el golpe de gracia al inicio de las hostilidades inculpándolo por alta traición, acusándolo de ser un vendido a Alemania.»

Quedaba Charles Lindbergh. Héroe nacional, el famoso aviador que había cruzado por primera vez el atlántico en avión en 1927. Fue el que encabezó el movimiento contra la guerra. «Se le cubre de insultos infames, se pone en entredicho su coraje, su inteligencia y probidad. El vencedor del Atlántico ya no es más que un vendido, el jefe de la "quinta columna". Afanosos publicistas judíos, igual de viles que los gánsteres que asesinaron su hijo se empeñan en deshonrarlo[303].»

En su novela titulada *La conjura contra América*, publicada en 2004, el famoso escritor estadounidense Philip Roth imaginaba un terrible guión, mezclando realidad y ficción e invirtiendo las situaciones, como lo hacen normalmente los intelectuales judíos: En 1940, Charles Lindberg vencía a Roosevelt y ganaba las elecciones. He aquí lo que se podía leer en la portada del libro: «el miedo invadió todos los hogares judíos de Norteamérica. Lindbergh no solo había culpado públicamente a los judíos de empujar el país hacia una guerra absurda con la Alemania nazi, en un discurso transmitido por radio a toda la nación, sino que, tras acceder al cargo como trigésimo tercer presidente de los Estados Unidos negoció un "acuerdo" cordial con Adolf Hitler.» Los judíos eran, una vez más, las grandes víctimas, siempre perseguidas, y siempre inocentes.

En 1942, el hijo del presidente Lindbergh fue secuestrado: «En los servicios religiosos que tienen lugar en todo el país, se ofrecen plegarias por la familia Lindbergh. Las tres principales emisoras de radio cancelan su programación regular para retransmitir la misa celebrada

---

[303] Pierre-Antoine Cousteau, *L'Amérique juive*, Éditions de France, 1942, p. 87-95

en la Catedral Nacional de Washington, a la que asisten la primera dama y sus hijos. La radio alemana enfurece contra los organizadores de ese "complot"»: «La conjura ha sido planeada y organizada por el belicista Roosevelt (en connivencia con su secretario del tesoro judío, Morgenthau, su juez del Tribunal Supremo judío, Frankfurter, y el banquero de negocios judío Baruch) y está siendo financiada por los usureros judíos internacionales Warburg y Rothschild y ejecutada bajo el mando del sicario mestizo de Roosevelt, el gánster judío La Guardia, alcalde de la judía ciudad de Nueva York junto con el poderoso gobernador judío del estado de Nueva York, el financiero Lehman, a fin de lograr que Roosevelt vuelva a la Casa Blanca y lance una guerra total judía contra el mundo no judío[304].»

Philip Roth se expresaba al final de la novela a través de su personaje: «El alcalde La Guardia manifiesta: "Hay una conjura en marcha, desde luego, y mencionaré gustosamente las fuerzas que la impulsan: la histeria, la ignorancia, la maldad, la estupidez, el odio y el miedo. ¡En qué repugnante espectáculo se ha convertido nuestro país! Falsedad, crueldad y maldad por todas partes, y la fuerza bruta entre bastidores esperando para acabar con nosotros. Ahora leemos en el *Chicago Tribune* que durante todos estos años maestros panaderos judíos de Polonia han estado utilizando sangre del hijo secuestrado de Lindbergh para elaborar los *matzohs* pascuales, un relato tan demencial hoy como lo era la primera vez que lo idearon los maníacos antisemitas hace quinientos años. Sus mentiras, y sus artimañas son implacables[305].»

---

[304] Philip Roth, *La Conjura contra América*, Círculo de lectores de Barcelona, cedido por Grupo Editorial Mondadori, 2005, portada y p. 339, 341

[305] Philip Roth, *La Conjura contra América*, Círculo de lectores de Barcelona, cedido por Grupo Editorial Mondadori, 2005, p.346

SEGUNDA PARTE

EL ESPÍRITU TALMUDICO

1. La mentalidad cosmopolita

De rodillas ante Israel

Los intelectuales judíos tienden con naturalidad a culpabilizar el resto de la humanidad. De entre todas las especificidades del pueblo elegido, este rasgo de su carácter es sin duda uno de los más evidentes. En el primer tomo de sus memorias, Elie Wiesel relataba lo siguiente: «En 1979, durante una visita oficial a Moscú, conocí al general soviético Vassily Petrenko que había, al frente de sus tropas, liberado el campo de Auschwitz. Compartimos nuestros recuerdos. Me describe como las unidades bajo su mando se habían preparado para el asalto, mientras que yo, le relato como les esperábamos, a él y a sus soldados." Os esperábamos como un judío religioso espera el Mesías", escribía Wiesel, recriminando a continuación: «¿Por qué no habéis llegado unas horas antes? ¿Por qué os habéis retrasado?¡Una avanzadilla de una patrulla habría sido suficiente para salvar miles de vida humanas!». Wiesel proseguía con su discurso culpabilizador: «Me dio vagas explicaciones, de orden técnico: estrategia, meteorología, logística. No me convencieron. El hecho es que el ejército soviético podría haber hecho un esfuerzo; y no lo hizo. Y el ejército estadounidense tampoco... De los objetivos fijados por el estado mayor aliado, ninguno contemplaba los campos de la muerte; su liberación no se produjo a raíz de una directiva prioritaria sino por simple casualidad.» Y añadía: «Cobardemente, los hombres se negaron a escuchar[306].»

Los hombres son unos cobardes, e incluso, digámoslo francamente, unos cabrones, tal como podemos leerlo bajo la pluma de otros autores:

---

[306] Elie Wiesel, *Mémoires, Tome I*, Le Seuil, 1994, p. 120, 133, 134

«Cuando nuestros hijos lloraban debajo del patíbulo, el mundo guardó silencio, diría el poeta Nathan Alterman[307].» La solución final, debemos creerlo, ha sido «imaginada por los hitlerianos, con la complicidad por lo menos pasiva de una buena parte de la humanidad[308].»

Los europeos mostraron una grandísima indiferencia hacia los pobres judíos, siempre perseguidos y siempre inocentes. Manes Sperber, un intelectual comprometido que fue amigo de André Malraux y Albert Camus, escribía así en 1952: «Conocemos los hechos, los culpables. No se insiste suficientemente sobre las complicidades. Se ocultan ciertas circunstancias: por ejemplo, la Rusia vecina, amiga del régimen hitleriano hasta junio de 1941, habría podido salvar los judíos de Polonia; los poderosos Estados Unidos, neutrales hasta diciembre de 1941, podrían haber ayudado. Cuando vinieron los incontables días y noches del asesinato metódico, las víctimas, todo un pueblo en medio del mundo, estaban solas, solas como un niño en su primera pesadilla.» Y esta política criminal, aseguraba Sperber, continuó con Stalin: «Los judíos desaparecieron de la URSS sin juicios, sin cámaras de gas, sin llamar la atención, sin hacer ruido[309].»

En 1978 Manes Sperber todavía se lamentaba: «La catástrofe organizada por los alemanes había sido alentada activamente por otros pueblos y observada con indiferencia por el resto del mundo... La memoria no puede disiparse, ella recuerda aquellos barcos repletos de judíos fugados que erraban por los océanos y que acababan por hundirse miserablemente porque ningún puerto, ningún país, desde el más poderoso hasta el más humilde, aceptaba concederles el asilo, ni tan siquiera provisional; ello me recuerda los insurrectos del gueto de Varsovia, que en medio de un paisaje lunar vacío y despoblado, provocaban un enemigo todopoderoso; ya no esperaban nada, pues para esos jóvenes seres hasta la desesperación estaba vetada: murieron en la nada. Pero nosotros vivimos, culpables de su desaparición sin haber cometido ninguna falta, culpables de todo[310].»

Sin embargo, sería un error pensar que el pueblo judío está completamente solo en este mundo de odio e hipocresía. Hay gente,

---

[307] Victor Malka, *En Israel*, Guide Bleu, Hachette 1977, p. 27

[308] CinémaAction, Cinéma et judéité, Annie Goldmann(dir.), Cerf, 1986, p. 29

[309] Manès Sperber, *Être Juif*, Odile Jacob, 1994, p. 124, 125

[310] Manès Sperber, *Être Juif*, Odile Jacob, 1994, p. 28, 29

entre los goyim, que no desmerecieron a los ojos del judaísmo. No son muchos, desde luego, por lo que es importante dedicarles aquí un merecido lugar. En *La fuerza del Bien*, el escritor Marek Halter nos mostraba la vía de la sabiduría, empezando por reconfortarnos, pues «el Bien existe», escribía con mayúscula. Emprendía así un «viaje al país de los Justos» para rendirles homenaje: «Restituyendo sus testimonios silenciados durante tanto tiempo, he querido crear una "memoria del Bien". Pues el Bien es esperanza. Y sin esperanza, no se puede vivir.». «" El mundo está basado en treinta y seis Justos", decía rabbi Rabba... Según el Talmud, en cada generación, están presentes para sostener el mundo.» Demuestran que «hubo individuos que nos permitieron no perder la fe en la humanidad[311].»

El viaje de Marek Halter comenzaba naturalmente en su Polonia natal, donde vivían tantos judíos antes de la segunda guerra mundial. «Siempre se ha dicho que en Polonia los judíos no tuvieron a nadie para tenderles la mano, y ¡he aquí una mujer que, con la ayuda de algunas amigas, consiguió salvar tantos niños! Irena Sendler percibe mi sorpresa, mi incredulidad.» Entendemos mejor la sorpresa de Marek Halter cuando se conoce el dicho: «Se necesitaba mil polacos para salvar un judío. Pero bastaba un polaco para denunciar a mil judíos.»

Halter relataba entonces el inefable sufrimiento del pueblo judío durante ese periodo tenebroso, e interrogaba a la anciana: «¿Por qué tantos polacos no hicieron nada, tantos católicos, para ayudar a los niños judíos? Sor Ludovica permanece silenciosa unos segundos, luego, con la mirada y la voz claras, empieza a reír. "¡Pregúnteles!"

- ¿Por qué habéis salvado los niños judíos?" Sonríe. Detrás de sus espesos anteojos, en sus ojos resplandece una cálida simplicidad." Para Dios claro. Porque Dios dijo que había que ayudar a su prójimo. Y además... " Se interrumpe y con una voz límpida dice: "No podíamos dejar de salvar los niños judíos, porque cuando salvábamos a un niño judío, era como si salvábamos al niño Jesús[312].»

Por fin una sana reflexión por parte de una buena católica. Y es que, hay que decirlo, demasiadas veces, los malos instintos y las «pulsiones de muerte» de los católicos se han manifestado en detrimento de las otras comunidades: «¿Por qué? ¿Por qué contra los musulmanes, los protestantes, los gitanos, los homosexuales y tantos otros? ¿Por qué el

---

[311] Marek Halter, *La force du Bien*, Robert Laffont, 1995, p, 7, 8

[312] Marek Halter, *La force du Bien*, Robert Laffont, 1995, p. 14, 34

asesinato de estos o aquellos, a veces? Por qué el asesinato de los judíos, siempre[313]?» Aquí es donde comprendemos que Marek Halter quería tranquilizarse a sí mismo: dado que los judíos no son las únicas víctimas, es que el Mal proviene obligatoriamente de los opresores y no de ellos mismos.

Después de Polonia, Marek Halter continuaba su «viaje iniciático al país de los Justos» hasta llegar a Holanda: «Ese país cuenta con el mayor número de Justos de Europa: un tercio de los 9295 –pero paradójicamente, también presenta la mayor proporción de judíos deportados de Europa occidental.» Efectivamente, «en el país de Anne Frank, el ochenta por ciento de los judíos de Holanda fueron deportados con la colaboración activa de la población... ¿Como pudo haber tanta apatía y complacencia hacia el crimen en un país que había demostrado desde tiempos antiguos su tolerancia y su humanismo, un país donde los hugonotes franceses pudieron refugiarse, un país que acogió los enciclopedistas y la Ilustración ?... Esta pregunta es dolorosa, escribía Halter, y nadie es capaz de proporcionar una explicación esclarecedora o producir un análisis definitivo.»

No hay, efectivamente, ninguna explicación válida para el antisemitismo. Para Marek Halter, el antisemitismo es un misterio. Y añadía: «Y de repente nos hallamos ante esta paradoja: ¡la vergüenza de los Justos! Tenían vergüenza del comportamiento mayoritario de sus conciudadanos, tan dispuestos a colaborar con los nazis y a denunciar los judíos durante la guerra, y que, ahora en tiempos de paz, miraban de reojo, con mala conciencia y hasta con una cierta hostilidad velada, esos salvadores que habían, contrariamente a ellos, arriesgando su vida para ayudar a seres perseguidos. Muchos de esos salvadores se fueron. Muchos se fueron a África del Sur a reunirse con los Boers... Preferían estar con los lejanos descendientes de sus antepasados holandeses, antes que seguir viviendo, como si nada hubiera pasado, en medio de sus contemporáneos cuyo comportamiento les había parecido odioso durante la guerra e hipócrita tras la guerra. Otros también emigraron muy lejos: Canadá, Australia, como si desearan distanciarse lo más lejos posible de los holandeses[314].» Así es como nos gustan los holandeses: llenos de mala conciencia y de desprecio hacia sus propios compatriotas.

---

[313] Marek Halter, *La force du Bien*, Robert Laffont, 1995, p. 36

[314] Marek Halter, *La force du Bien*, Robert Laffont, 1995, p. 99-104

El peregrinaje de Marek Halter le condujo hasta Lituania, donde conoció a Nathan Gutwirth: «¿Qué hacía usted en Lituania, señor Gutwirth? - ¡El Talmud !, responde. En 1936, me fui a estudiar el Talmud a la yeshivá de Vilnius. Había dejado atrás Holanda, donde había completado mi educación y donde vivía mi familia. Vilnius contaba entonces ciento cincuenta y cuatro mil habitantes, de los cuales un tercio eran judíos. No olvide que, en aquella época, Vilnius era llamada la "Jerusalén del Norte" porque tenía la mayor yeshivá del mundo: una especie de universidad internacional, con estudiantes de todo el mundo, de Estados Unidos e incluso Australia... En septiembre de 1939, vimos llegar desde la Polonia invadida decenas de miles de judíos polacos que los judíos lituanos acogieron con los brazos abiertos.»

Ante el avance de los ejércitos alemanes, los judíos lituanos solo pensaron en intentar huir a extremo oriente: «La noticia se ha extendido en la comunidad judía, sobre todo entre los refugiados polacos. Miles de personas se agolpan ante el consulado de Japón: ¡todas querían un visado!» Tempo Sugihara, el cónsul de Japón decidió entonces saltarse la prohibición de su gobierno y expedir todos los visados que podía: «Unos seis mil visados serían así expedidos apresuradamente... Estos judíos, con papeles en regla, iban a tomar trenes enteros para largarse hacia el Este, a través de la Unión Soviética. Cruzarían toda Rusia, pasando por Vladivostok hasta desembarcar en Japón: ¡una huida colectiva en el Transiberiano! Nathan Gutwirth recuerda ese periplo: "Figúrese que llegamos a Japón, después de tres semanas de viaje en el Transiberiano, justo después de Pearl Harbor, el 7 de diciembre de 1941: Ahí estaban las misiones militares de la Wehrmacht que preparan proyectos con sus aliados del ejército japonés. Y de repente ven desembarcar desde Vladivostok, miles de judíos provenientes de los confines de Lituania. Debieron pensar que era una pesadilla... " Los japoneses se vieron sorprendidos y totalmente desprevenidos. Evidentemente, destituirían el cónsul de Lituania Tempo Sugihara, e enviarían todos los judíos a Shanghái, ciudad que controlaban. Así fue como se creó el barrio judío de Shanghái[315].»

Tempo Sugihara, el cónsul japonés de Vilnius, fue por lo tanto un Justo, pues arriesgó su vida para salvar judíos. Unas páginas adelante nos enterabamos de que este Justo tenía un hijo llamado Nobuki: «Nobuki Sugihara, de cuarenta y cuatro años, es diamantista en la capital del

---

[315] Marek Halter, *La force du Bien*, Robert Laffont, 1995, p. 121-123

mundo de las piedras preciosas: Amberes.» La talla de piedras preciosas en Amberes es una especialidad "japonesa", como es bien sabido.

En Dinamarca, Marek Halter pudo felicitarse del rescate de la casi totalidad de los siete mil quinientos judíos del país que los pescadores ayudaron a huir hacia Suecia: «Mi investigación acerca de los Justos no podía prescindir del país de los Justos, escribía Halter.» Pero no nos precipitemos con demasiadas celebraciones, ya que si los daneses fuesen intachables, no serían goyim: «Curiosamente, lejos de lo que hubiera podido creer, el hecho de enterarme de que algunos pescadores daneses no habían arriesgado su vida de forma totalmente gratuita por los judíos me alegró. Al cabo, son gente normal estos daneses. Ellos también tienen sus defectos, sus bajezas, sus mezquindades[316].»

Sin embargo, podemos interrogarnos ante tanta abnegación y sacrificio por parte de este pequeño pueblo danés: «¿Un milagro?" No, había que tener voluntad", respondía Henry Sundoe... Los judíos eran nuestros amigos, eran daneses. Nunca tuvimos el menor problema con ellos.» Marek Halter lo confirma: «Llegados por invitación del rey Cristian IV en 1662, los judíos estaban en Dinamarca desde dos cientos setenta y ocho años cuando la segunda guerra mundial estalló. Originariamente, eran sefarditas venidos de Amsterdam y Ashkenazíes de Hamburgo... Rápidamente, se convirtieron en daneses. Esto lo subrayaban constantemente sus salvadores.»

He aquí el testimonio de un danés del agrado de Marek Halter: «¿Los judíos? Daneses como nosotros, con su domingo que cae el sábado, lo cual nunca molestó a nadie.» Se puede percibir en estas páginas la delectación del escritor al referir estas palabras y como se reía en secreto de la credulidad del goy. Pero este goy danés iba más allá sus esperanzas: «Si los judíos son deudores de los daneses (y no paran de repetirlo desde entonces), nosotros, los daneses, también les somos agradecidos por la oportunidad y posibilidad que nos ofrecieron de ayudarlos: nos permitieron, al salvarlos, salvaguardar nuestra dignidad[317].»

Marek Halter continuaba su búsqueda en Francia, junto a su amigo, el cardenal-arzobispo de París: «Sabes, me dice un día el cardinal Lustiger... esos que llamamos "Justos" y que salvaron a muchos judíos... entendieron este hecho: Israel es nuestra fuente. No se puede contaminar su propia fuente, dejar que se seque. Si lo hacemos, si

---

[316] Marek Halter, *La force du Bien*, Robert Laffont, 1995, p. 137-138

[317] Marek Halter, *La force du Bien*, Robert Laffont, 1995, p. 141-150

aceptamos que nuestra fuente sea dañada, nos condenamos a nosotros mismos a morir de sed. No podemos no amar nuestra fuente... He notado que los verdaderos creyentes, los auténticos creyentes, profesan un amor indescriptible: un verdadero amor por los judíos, el pueblo de Dios, un amor religioso[318].» Así es como nos gustan los obispos y cardenales: llenos de admiración hacia Israel.

Pero parece necesario precisar aquí los orígenes de monseñor Lustiger, pues quizás hayan influenciado sus profundas reflexiones: «Aún hoy en día mi nombre de estado civil es Aron. El hecho de que sea judío no es un secreto para nadie en Orléans, donde me hallaba durante la guerra.» Sus falsos papeles de identidad le habían sido entregado entonces por un alcalde de la región de Orléans, y establecían su apellido Lustiger, así como un nombre inventado, Jean-Marie. «A pesar de aquellos papeles en regla, mi padre fue descubierto, y yo también. Fue entonces cuando huimos a Tolosa[319].»

Pero los católicos no son los únicos en reconocer la sabiduría ancestral de los judíos. Marie Brottes, una protestante de la región de Cévennes, también habló con Marek Halter: «¿Qué representa un judío para usted? -bueno, los judíos, son... el pueblo de Dios. Así que respetamos eso[320].» Eso está bien dicho.

El financiero Samuel Pisar, que dejó un testimonio doloroso de su experiencia en los campos de la muerte en su libro *La sangre de la Esperanza*, supo, él también, reconocer los Justos entre las naciones. Recordaba concretamente, el gesto de Willy Brandt, el antiguo canciller alemán, quién «se arrodilló ante el monumento conmemorativo del gueto de Varsovia, silenciosamente, pidiendo perdón en nombre del pueblo alemán; él, que había vestido un uniforme extranjero para combatir su país enloquecido [321].» Así es como nos gustan los cancilleres alemanes: de rodillas ante Israel.

---

[318] Marek Halter, *La force du Bien*, Robert Laffont, 1995, p. 172, 210-213

[319] Lustig es el nombre de un estafador judío de origen checo que, en 1925, se había hecho pasar por el viceministro encargado de la demolición de la torre Eiffel. Había reunido las más importantes compañías recuperadoras de metales férreos en el hotel Crillon, en la plaza de la Concordia, para licitarlos, y a continuación huyó a Nueva York con el dinero embolsado.

[320] Marek Halter, *La force du Bien*, Robert Laffont, 1995, op.cit., p. 248

[321] Samuel Pisar, *Le Sang de l'espoir*, Robert Laffont, 1979, p. 244

En 1992, cuatro cientos años después de la expulsión de los judíos, había llegado el momento para que el Rey de España pidiese también disculpas. El periodista Serge Moati recordaba este episodio: «En 1992, Juan Carlos I, Rey de España, lejano sucesor de Isabel la Católica abrogó solemnemente el decreto de expulsión de marzo de 1492 y pidió oficialmente perdón al pueblo judío[322].»

A los intelectuales cosmopolitas parece agradarles especialmente los goyim arrepentidos. En cambio, los jefes de la comunidad judía no toleran que se les plante cara y que se les niegue lo que piden. Se sabe cómo el antiguo presidente francés, François Mitterand, había sido seriamente atosigado al final de su carrera por haberse negado a reconocer la culpabilidad de Francia por los acontecimientos acaecidos durante la ocupación alemana. Su sucesor, Jacques Chirac, se postró inmediatamente, tal como se le exigió, a su llegada al palacio del Eliseo en 1995. Reconoció oficialmente la responsabilidad del Estado, lo cual desencadenó automáticamente reclamaciones y procedimientos de indemnizaciones financieras. Estas indemnizaciones representaban, efectivamente, un punto importante y hasta indispensable para la buena marcha del proceso de arrepentimiento.

Pero los europeos no solo son culpables de haber encerrado los judíos en los campos de concentración. En verdad, toda su historia atestigua de que tienen la culpa de casi todos los males de la tierra, tal como los dos últimos siglos bastan para demostrarlo. En la revista semanal *Le Point* del 8 de diciembre de 2005, el filósofo Bernard-Henri Levy repetía otra vez su repulsa del colonialismo. La ideología colonial es «innegablemente» una «ideología criminal», decía. Y precisaba: «La idea colonial era, en sí, una idea perversa; la aventura colonial ha sido, desde su principio, una página oscura de nuestra Historia; hay en el gesto y semblante de aquellos que quieren revisar esta evidencia, en su aplomo, en su pasión y entusiasmo saciado de viejos carcas que por fin dan rienda suelta a sus ideas, un olor a atraso trasnochado que no se había sentido desde hacía mucho tiempo.» Sin embargo, Levy había expresado en otras páginas su repugnancia hacia el «célebre y fétido» canto de los africanos. Pero por lo visto, estas consideraciones sobre el colonialismo no impidieron que el encantador BHL (Bernard-Henri Levy) se aprovechara de la inmensa fortuna amasada por su padre en la explotación y exportación de madera africana.

---

[322] Serge Moati, *La Haine antisemite*, Flammarion, 1991, p. 96, 97

El conocido sociólogo Edgar Morin también expresó su repugnancia de la civilización europea: «Hay que tomar conciencia de la complejidad de esta colosal tragedia. Este reconocimiento debe incluir todas las víctimas, escribía: judíos, negros, gitanos, homosexuales, armenios, colonizados de Argelia o Madagascar. Es necesario si queremos superar la barbarie europea[323].»

Esta «barbarie europea» se manifiesta aún, hoy en día, en el tercer-mundo. Pues todo el mundo está de acuerdo en que cuando un niño muere de hambre en África, solo puede ser por culpa de los blancos. Y dado que el hombre blanco por fin baja la cabeza, es el mejor momento para aprovecharse de la situación. Así es como prosperan las asociaciones caritativas y ONG de ayuda al tercer-mundo. El muy liberal Guy Sorman nos explicó su funcionamiento, desvelando de paso algunos aspectos que cuadran bastante bien con nuestro presente estudio del judaísmo.

En diciembre de 1979, escribía, cuando las tropas soviéticas invadieron Afganistán, «Françoise Giraud, la más famosa e indiscutible de nosotros, lanzó en *Europe 1* un llamamiento a la ayuda en forma de un eslogan básico y contundente: con cien francos, sería posible comprar y enviar una tienda de campaña para proteger del frío los afganos que huían a las montañas de Pakistán. Al día siguiente los cheques se amontonaban en grandes bolsas. Así se constituyó la AICT (*Action Internationale Contre la Faim*), la cual se convertiría en una de las mayores y más eficaces organizaciones humanitarias francesas.» En aquella asociación, también estaba, naturalmente, Bernard-Henri Levy, «sin el cual la AICF nunca hubiera nacido». Levy «deseaba ante todo tomarse la revancha sobre Bernard Kouchner, quien le había echado de su propia asociación, "un barco para el Vietnam"» y que más tarde crearía *Médicos sin fronteras*.

Guy Sorman nos revelaba aquí una información importante: «El donante medio, una viuda de Montargis, ignora que cuando dona cien francos a una buena causa, solo algunos francos irán al niño suplicante que vio en el prospecto del buzón o en el cartel concebido para darle mala conciencia.» Al menos la mitad de su dinero habrá servido para pagar la campaña publicitaria de culpabilización de los goyim, y la otra mitad para pagar los gastos de la asociación y los salarios del personal,

---

[323] Edgar Morin, Culture et barbarie européennes, Bayard, 2005, p. 91, 92. Sobre la culpabilización ver *Les Espérances planétariennes* y *Psychanalyse du judaïsme*, así como los dos capítulos dedicados al cine.

que son «en general, comparables a los de las empresas privadas». Se sabe, además, que los directivos de esas asociaciones disfrutan de salarios de presidentes ejecutivos no tributables, de viviendas de standing, dietas de viaje, etc.... «La importancia de la campaña de sensibilización, la recaudación de fondos y el revuelo mediático solo son una demostración de fuerza y notoriedad, reconocía Guy Sorman. Una vez su notoriedad establecida pueden sondear los verdaderos donadores financieros que son las administraciones locales, nacionales, europeas o mundiales[324].»

Esta incansable predisposición para culpabilizar los demás es, evidentemente, una temible arma de guerra para poner de rodillas a su adversario (y de paso vaciarle los bolsillos). En 1985, la novelista Geneviève Dormann expresó alto y claro lo que pensaba: «Los judíos me cabrean, lo digo claramente. Cuando, a la mínima oportunidad, me echan en cara lo que les hicimos, cuando aún era una niña pequeña, intentando hacer brotar en mi un sentimiento de culpabilidad o de mala conciencia, y regocijándose en ello de forma sádica, me enfado con ellos igual que lo haría con Vandeanos que me acusaran de haber destruido sus pueblos y asesinado salvajemente sus antepasados... Reivindico el derecho de amar los buenos judíos y de mandar a pasear los demás[325].» La mayoría de los intelectuales franceses no tienen ese valor, sobre todo los que más ponen el grito en el cielo en contra del "terrorismo intelectual", el "pensamiento único" y lo "políticamente correcto".

Una gran intolerancia a la frustración

Los intelectuales cosmopolitas también pueden estallar rápidamente contra sus adversarios, insultándolos sin reparo. Uno de los casos más emblemático se produjo en la primavera del año 2000, cuando el escritor Renaud Camus publicó un libro que puso en ebulición el mundo periodístico y editorial. Hombre de izquierda y homosexual, su prosa nunca había inquietado a los medios, hasta la publicación, en un libro titulado *Campaña de Francia*, de unas palabras perfectamente anodinas, pero juzgadas como antisemitas. Camus escribía, en la página 48 acerca del programa *Panorama* de la radio pública France Culture, lo siguiente: «Los colaboradores judíos de *Panorama* de *France Culture* exageran

---

[324] Guy Sorman, *Le Bonheur français*, Fayard, 1995, p. 88, 91-94

[325] *Le Crapouillot*, Février 1985

un poco: son aproximadamente cuatro de cinco en cada programa, o cuatro de seis, o cinco de siete, lo cual, en una emisora nacional y casi oficial, constituye una clara sobrerrepresentación de un grupo étnico o religioso.» En otro pasaje de su libro, en la página 408, insistía: «Cinco participantes y ¿qué proporción de no-judíos? Ínfima, sino inexistente. Pues esto me parece, no exactamente escandaloso quizás, pero si exagerado, y fuera de lugar, incorrecto. Y no, no soy antisemita, y si, considero que la raza judía ha aportado a la humanidad una de las contribuciones espirituales, intelectuales y artísticas, más altas que haya habido. Y considero que los crímenes antisemitas de los nazis constituyen probablemente la cúspide de la abominación que ha alcanzado la humanidad. Pero no, no, no me parece adecuado que una tertulia, preparada y anunciada por antelación, es decir oficial, acerca de la integración en nuestro país, en una emisora del servicio público, se desarrolle exclusivamente entre periodistas e intelectuales judíos o de origen judío... ¡Que nos dejen en paz con ese terrorismo que no nos permite abrir la boca sobre este tipo de cuestiones! Este programa y muchos otros son profundamente sesgados por la composición exageradamente tendenciosa de sus participantes.» Y añadía: «Me molesta e entristece ver cómo, en muchos casos, esta cultura y civilización [francesa] tiene como principales portavoces y órganos de expresión una mayoría de judíos.»

Las reacciones a estas palabras eran muy reveladoras del clima de terror que reinaba en Francia desde hacía mucho tiempo, especialmente en el mundo cultural. Fue el periodista Marc Weitzmann quien sonó primero la carga, en *Les inrockuptibles* del 18 de abril del 2000 -la revista de la juventud que se cree rebelde. *Le Monde* del 20 de abril publicaba un artículo indignado. Laure Adler, directora de *France-Culture* y Jean-Marie Cavada, presidente de *Radio-France,* anunciaban su intención de denunciarlo ante la justicia por delito de odio racial[326]. Catherine Tasca, ministra de cultura y comunicación, expresó públicamente su reprobación. Jean Daniel, el director del semanal *Le Nouvel Observateur,* se indignaba también en la publicación del 3 de mayo del 2000 de una manera bastante particular: «El señor Renaud Camus no tiene ni tan siquiera la astuta perversidad de señalar que desde que los judíos han renunciado a presentarse como tales, se han de hecho negado

---

[326] Jean-Marie Le Pen había sido condenado por «incitación a la discriminación racial» en 1986, al mencionar la influencia en los medios de comunicación de los popes mediáticos «Jean-François Kahn, Jean Daniel, Ivan Levaï, y Jean-Pierre Elkabbach».

a sí mismos, la posibilidad exclusiva de hablar en nombre de Francia.» Lo habéis entendido: los judíos no existen; es un espejismo, una alucinación antisemita. Se ruega con insistencia al señor Renaud Camus que trate de curar su «enfermedad[327]».

En el periódico *Le Monde* del 4 de mayo del 2000, Patrick Kéchichian desmontaba ante nuestros ojos la «retórica del discurso antisemita», empezando por denunciar la paranoia del escritor que se declaraba víctima de una «caza de brujas» y de un «linchamiento» mediático. Patrick Kechichian apuntaba correctamente que previamente Renaud Camus había dado muestras de una «judeofilia casi militante»: «El escrúpulo que expresa es revelador de su mentalidad... esta protesta de simpatía es un procedimiento tan antiguo como el propio antisemitismo... ¡Qué gran cultura! ¡Qué pueblo admirable! Que sufrimientos... Pero también: ¡Que invasión! ¡Que arte de estar en todas partes! Es la cantinela rancia y trillada, que recuerda el famoso fantasma del "lobby" judío, como se ha visto recientemente con las palabras de François Mitterand referidas por Jean d'Ormesson, que aún no ha caído en desuso y que, disimulado tras la falsa objetividad, difunde el mismo desprecio. La admiración demasiada acentuada solo es la contrapartida simétrica de una exasperación, de un inconfesable odio[328].»

Todos habrán comprendido que es completamente inútil explayarse en previas declaraciones de admiración, con la vana esperanza de evitar los escupitajos infames, si se quiere expresar la menor crítica a los representantes mediáticos de la comunidad judía. Kechichian concluía su discurso así: «Esta manera–muy de la "vieja Francia", hasta en el estilo–de echar a los judíos fuera de las fronteras de la cultura francesa es absolutamente inaceptable.» Para él, las declaraciones de Renaud Camus «están claramente manchadas por esta perversión del espíritu.» Parece que es un leitmotiv de los intelectuales judíos acusar a sus adversarios de trastorno mental.

Ante la amplitud de las protestas, el director de las ediciones Fayard, Claude Durand, decidió retirar de la venta y volver a publicar el libro sin los pasajes incriminados. Los recortes y correcciones del texto de *Campaña de Francia* representaban una decena de páginas sobre

---

[327] *Les Espérances planétariennes*, p.365, 366. *Psychanalyse du judaísme*, p. 219, 220

[328] Sobre François Mitterrand, cf. *Les Espérances planétariennes*, p. 332

quinientas. Jean-Etienne Cohen-Seat, director delegado de Hachette-Livres, grupo perteneciente a Fayard, justificaba, de manera escueta, esa decisión: «El libro de Renaud Camus apesta».

Pero después de tres semanas desde la desaparición del libro de las librerías, *Campagne de France* seguía alimentando la polémica. Michel Polac, antiguo presentador estrella de un programa cultural de la televisión, se expresó en el periódico *Charlie-Hebdo* del 17 de mayo del 2000 denunciado «las "gilipolleces" antisemitas de ese escritorzuelo». Las páginas de Renaud Camus eran, según él, «vomitivas». Y proseguía: «Para este mindundi, un judío sin raíces no puede comprender la literatura francesa. ¿Habría que atestiguar un antepasado cruzado para tener el derecho de hablar? Y para los demás, ¿establecer un numerus clausus? Y encima, este pobre hombre ha citado nombres: debe tener en la biblioteca de su castillo el *Dictionnaire des Juifs* y el *Comment reconnaître un Juif*, libros publicados durante la ocupación alemana en la misma colección que *Bagatelles pour un massacre* y *Les Beaux Draps**.»

El 25 de mayo, el muy mediático Bernard-Henri Levy titulaba amablemente su artículo en el semanal *L'Événement du jeudi:* «Hay que mirar la mierda a la cara». Como de costumbre, Bernard-Henri se explayaba, lanzando invectivas: «Odio el antisemitismo que se escucha en *Campaña de Francia*. Y estoy muy enfadado porque algunos pretenden negar o minimizar el carácter odioso de esas páginas... páginas, palabras, absolutamente pestilentes» que solo pueden provocar «el horror» y la «repulsión». «Renaud Camus práctica un muy viejo antisemitismo francés, influenciado por Charles Maurras, que considera que un judío–un extranjero, un meteco–es incapaz de comprender las sutilezas de la cultura francesa. Es una estupidez, es abyecto, no puede haber ningún debate al respecto.» Y Levy añadía: «Todas esas líneas, no solo son dudosas, son odiosas... No puede uno, ante tanta perversidad raciocinada, contener una constante y difusa náusea[329].»

Como vemos, no se trataba de debatir de la cuestión de fondo, es decir de la «sobrerrepresentación de los judíos en los medios de comunicación». Sin embargo, "BHL" se declaraba en contra de la censura: «Este libro no debería ser retirado o censurado. No creo que se

---

[329] *Le Point* del 26 de junio del 2002

* Los dos famosos virulentos panfletos antisemitas de Louis-Ferdinand Celine de antes de la guerra.

pueda combatir el odio con la censura o con la ley. No creo que se pueda "prohibir" eficazmente el mal... No se puede hacer como si Celine no hubiese escrito *Bagatelles pour un massacre»*. Una buena educación ciudadana, desde la más temprana edad, debería bastar para contener el peligro, a condición de que el bombardeo mediático sea permanente.

El 25 de mayo del 2000 salía en el diario *Le Monde* una petición firmada por Jacques Derrida, Serge Klarsfeld, Claude Lanzman, Philippe Solers, Jean-Pierre Vernant, etc... «Creemos que la campaña que pretende hacer pasar el autor de *Campaña de Francia* por una víctima es inquietante. Es urgente decir claramente que las palabras de Renaud Camus son opiniones criminales, que no tienen, como tales, ningún derecho a ser expresadas... Esto no tiene nada que ver con la libertad de expresión. Aquel que piense eso, escribe eso y publica eso... piensa, escribe y publica opiniones criminales, racistas y antisemitas. Esto no tiene nada que ver con la libertad de expresión... Declaramos que las palabras de Renaud Camus son opiniones criminales, y que, por lo tanto, defender o publicar de nuevo su libro en nombre de la libertad de expresión o cualquier otro motivo, es, se quiera o no, defender y publicar opiniones criminales y condenables. El público debe saberlo. Esto no se expurga... Declaramos que ningún ofuscamiento, ninguna ilusión son permitidas. Y dejar insinuar tales opiniones, por debilidad o cualquier otro motivo, es consentir a que se instale insidiosamente lo peor.»

En el *Art Press* de junio del 2000, Jacques Henric emitía su análisis, y apuntaba él también la enfermedad mental de Renaud Camus: «Estamos en presencia de una enfermedad endémica, que se vuelve a manifestar periódicamente», escribía, fustigando «ese repliegue nacionalista con tintes xenófobos» y «sus palabras llanamente delirantes», «chovinistas y reaccionarias».

El 18 de junio, el escritor de plató Philippe Solers tuvo la oportunidad de expresarse en el diario *Le Monde:* «El error de Claude Durand es ante todo literario, escribía Sollers: cree que Renaud Camus es un escritor importante, cuando en realidad es prosa enmohecida... Es un antisemitismo decoroso, el más peligroso de todos. Es también un síntoma que no acaba de desaparecer y que se debe a la era Mitterrand: por la mañana veo a Bousquet y por la tarde voy a SOS Racismo. Ese viejo antisemitismo francés, un poco sombrío, es una tradición que debe desaparecer.»

La *Campaña de Francia* reaparecía el 4 de julio en una nueva edición, donde los pasajes escandalosos habían sido dejados en blanco. El director de la editorial Fayard anunciaba que el libro había sido expurgado de los pasajes polémicos por el propio autor, «con tachaduras blancas, como cicatrices infligidas a nuestra libertad de expresión, y, en primer lugar, a la libertad de criticar.»

El presidente de la Liga de los Derechos del Hombre, Michel Tubiana, daba su punto de vista en el número de julio del 2000 de *Hommes et Libertés*, la revista de la asociación. Su artículo, muy pedagógico, se titulaba: «El racismo explicado a un escritor y a su editor». Denunciaba los «pasajes inaceptables»: «Nos guste o no, ese tipo de recuento nos retrotrae a precedentes que sabemos que son insoportables. Y más grave aún, algunas de sus palabras son totalmente nauseabundas.»

Con respecto al problema de la «sobrerrepresentación», Michel Tubiana también tenía una respuesta de autodefensa instintiva: «Me niego a contestar para refutar las palabras de Renaud Camus. El enfoque racista es evidente, y viniendo de un hombre de cultura, es aún más insoportable.» No se puede discutir: se ataca.

Para la Liga de los Derechos del Hombre, la cuestión no había de plantearse y debatir de esa forma: «Planteemos el debate sobre unas verdaderas bases... ¿Es posible juzgar los individuos en base a sus orígenes y no a sus actos y pensamientos? En vez de acusarnos de censura, estas son las preguntas a las que deberían contestar los amigos y el editor de Renaud Camus.» Precisamente, el problema es que los «actos» y «pensamientos» están fuertemente relacionados con los «orígenes».

Michel Tubiana observaba que, al volver a publicar el libro, el autor y el editor «habían demostrado una obstinación extraña e inexplicable: podíamos esperar que el editor iba a admitir su error y que Renaud Camus entendiese la naturaleza del debate que había provocado. Para nada. El editor se envuelve en los pliegues de la libertad de pensamiento y expresión, que no se cuestionaban, y el autor adopta la postura de víctima incomprendida. No entendieron nada o fingieron no entender.» Definitivamente, estos franceses no tienen remedio.

La réplica de Claude Durand, el director de la editorial Fayard, concluía de esta forma: «Incluso los censores más endurecidos de los regímenes totalitarios del siglo XX no habían inventado esta nueva fórmula actual: la prohibición de las tachaduras blancas en cualquier texto.»

Las dos únicas voces un poco discordantes entre los intelectuales de la «comunidad» eran las de Alain Finkielkraut y Elisabeth Levy. En *Le Monde* del 6 de junio del 2000, Alain Finkielkraut escribía tímidamente con respecto a sus congéneres: «En este caso, se ha necesitado menos valentía que oportunismo para unirse a la arrebatiña.» Por su parte, Elisabeth Levy, presentadora de un programa cultural, citaba las palabras polémicas de Renaud Camus en su libro *Los Maestros censores*, publicado en 2002, pero cuidándose de remitirlos a una nota en pie de página: «Los pasajes citados han sido reproducidos numerosas veces en la prensa» Esta precaución, que le permitía protegerse ante posibles acciones legales, decía mucho acerca de la libertad de expresión en Francia a principio del siglo XXI. A propósito de Bernard-Henri Levy, escribía: «Podríamos contestar al escritor que siempre es más urgente refutar que denunciar, convencer que satanizar. Pero seguramente se juzgue esto propio de un espíritu muniqués [330].» Elisabeth Levy fue una valerosa excepción, razón por a cuál no se debe decir o señalar a «los judíos» en general, aunque la excepción confirme la regla.

Uno de los más grandes pensadores francés del siglo XIX, Ernest Renan, ya había notado estos rasgos de carácter muy específicos. En su *Vida de Jesús*, en 1863, decía: «Uno de los principales defectos de la raza judía es su dureza en las controversias y el tono injurioso en que las envuelve casi siempre... La falta de matices es uno de los rasgos más constantes del espíritu semítico[331].»

La dictadura mediática

Evidentemente, el escritor Renaud Camus no fue el primero en darse cuenta de la «sobrerrepresentación» de los judíos en los medios de comunicación. Periodistas de "extrema derecha" ya habían hecho referencia a la predisposición militante de la comunidad judía. François Brigneau, una de las figuras importantes del periodismo de la derecha nacional de la segunda mitad del siglo XX, escribió en 1975: «En Francia, son seis cientos mil sobre cincuenta millones de franceses, pero son preponderantes en la prensa. Yo mismo, he pasado más de la mitad de mis veinticinco años de carrera trabajando en los diarios de M. Lazareff y de M.Lazurick: son preponderantes en el cine, la radio, la televisión, la farándula... Los vemos en la banca, en todos los negocios; ocupan un papel muy importante en la élite intelectual.» François de

---

[330] Elisabeth Levy, *Les Maîtres censeurs*, Lattès, Poche, 2002, p.346. Espíritu relativo a los acuerdos de Múnich (1938)

[331] François de Fontette, *Sociologie de l'antisémitisme*, PUF, 1984, p.9

Fontette, quién informaba de estas palabras, añadía, indignado y quejándose de que «la "moratoria de Auschwitz" hubiese vencido»: «Como los emigrantes de antaño, el autor de estas líneas no ha aprendido ni olvidado nada[332].»

Estas ideas son todavía enérgicamente condenadas en Francia hoy en día. El presidente del Frente Nacional (FN), Jean-Marie Le Pen también tuvo que hacer frente al estallido de la tribu mediática después de algunas de sus declaraciones. El periodista Serge Moati se refería a una de esas declaraciones: «El 26 de octubre de 1985, durante la fiesta "Bleu-Blanc-Rouge" del FN, vociferaba ante una muchedumbre enfervorecida: "Les dedico vuestra acogida a Jean-François Kahn, a Jean Daniel, a Ivan Levaï, a Elkabach, a todos los mentirosos de la prensa de este país. Esa gente son la vergüenza de la profesión.» La LICRA (Liga Internacional Contra el Racismo y el Antisemitismo) lo denunció inmediatamente. Jean-Marie Le Pen fue condenado, y Serge Moati apuntaba lo siguiente: «El considerando del tribunal que ha dictado sentencia estipula: "El antisemitismo no es un problema judío sino el problema de todos. Un ataque antisemita contra uno solo constituye en realidad una amenaza para todos".» Podemos darnos cuenta como la jurisprudencia no había aún integrado la fraseología propia de la comunidad judía, que, sin duda, hubiera preferido la expresión: «una amenaza para toda la humanidad».

En agosto de 1989, la retórica de Jean-Marie Le Pen subió a un nivel más alto. En una entrevista al diario *Présent*, denunciaba «las grandes internacionales como la internacional judía que desempeña un papel notable en la construcción del espíritu antinacional [333].» Pero a principios del año de 1990, la inmunidad parlamentaria europea del presidente del Frente Nacional fue suspendida para permitir a la justicia tratar el asunto de "la internacional judía". En este caso también, fue condenado duramente. El publicista Alain Minc, indignado, más aún cuando esas palabras eran reproducidas en la prensa, escribía: «Le Pen arremete contra el peso de los judíos en los medios. Es la nueva mitología colectiva equivalente a la fantasmagoría bancaria de hace cincuenta años: el símbolo del poder en la sombra. Y mientras tanto, *Le Monde* permite que los encuestadores hagan la pregunta:" ¿Tienen los judíos demasiado poder en los medios de comunicación? "Extraña

---

[332] François de Fontette, *Sociologie de l'antisémitisme*, PUF, 1984, p. 121, 122

[333] Serge Moati, *La Haine antisémite*, Flammarion, 1991, p. 191

pregunta. Extraña publicación, escribía Alain Minc: por lo visto, los tabúes han desaparecido definitivamente, pues según el sondeo un tercio de los franceses responden afirmativamente[334].»

En efecto, es realmente escandaloso que los franceses puedan quejarse de la "sobrerrepresentación" de los judíos en los medios, puesto que los judíos son franceses como los demás, "perfectamente integrados". Peor aún, *Le Monde*, a pesar de ser el "periódico de referencia", se hacía eco de esos "hedores nauseabundos", poniendo así en evidencia que Francia era un país irremediablemente antisemita. Ciertamente, Alain Minc olvidaba decirnos que él era el presidente de la Sociedad de lectores del *Monde* y que el diario era propiedad de personas emparentadas con la poderosa familia Bronfman, la cual dirigía también el Congreso judío mundial[335].

El peso del conformismo también prohibía expresarse acerca de otros temas, como la invasión migratoria y la tercermundización de Francia, o acerca de la desigualdad de las razas, por ejemplo. En septiembre de 1996, Jean-Marie Le Pen declaraba en la cadena LCI: «Creo en la igualdad de oportunidades, pero también creo en la desigualdad de las razas. Creo que existen desigualdades entre los hombres en todos los ámbitos, y también que hay una jerarquía dentro de las civilizaciones. La historia lo demuestra.» (*Rivarol*, 13 de septiembre de 1996). En este caso también, no hizo falta más para que el MRAP (Movimiento contra el Racismo y para la Amistad entre los Pueblos), próximo al Partido comunista, denunciara. Jean Kahn, el presidente de la Comisión consultiva de los derechos del hombre se declaró «profundamente conmocionado», y hasta «destrozado».

No recapitularemos aquí las innumerables denuncias interpuestas por minorías étnicas contra patriotas franceses, que denunciaron durante estos últimos decenios la islamización y tercermundización de su país. Mencionemos solamente el juicio al escritor Jean Raspail por su artículo del 17 de junio de 2005 publicado en *Le Figaro*. El autor predecía que los franceses autóctonos serían minoritarios en Francia en la década de 2050. La invasión migratoria masiva, durante los últimos veinticinco años del siglo XX, había efectivamente cambiado la población francesa.

---

[334] Alain Minc, *La Vengeance des nations*, Grasset, 1990, p. 128

[335] Leer la indispensable *Encyclopédie politique française* de Emmanuel Ratier.

En noviembre del 2005 estallaban graves disturbios en los suburbios de las grandes ciudades, en los que cuatro franceses perdieron la vida y más de catorce mil vehículos fueron incendiados. Al contrario de los demás medios europeos, especialmente los rusos, la televisión francesa jamás mencionó que las revueltas tenían claramente un carácter racial. *Le Monde* del 17 de noviembre del 2005 refería las declaraciones de Hélène Carrère d'Encausse, historiadora especialista de Rusia y secretaria perpetua de la Academia francesa, hechas durante una entrevista con el semanal *Les Nouvelles de Moscou*: «La televisión francesa es tan políticamente correcta que se ha vuelto una pesadilla. Tenemos leyes que habría podido imaginar Stalin. Vais a la cárcel si decís que hay cinco judíos o diez negros en la televisión. La gente no puede expresar su opinión sobre los grupos étnicos, la segunda guerra mundial y muchas otras cosas.»

Desde 2001, numerosos incidentes antisemitas habían ocurrido en Francia paralelamente al conflicto de Oriente medio. En el 2004, la reacción contra la influencia del "lobby" fue fortalecida por el muy mediático humorista franco-camerunés Dieudonné. Cuando trabajaba en dúo con Elie Semoun, Dieudonné se había lanzado en la lucha contra «la extrema derecha», junto a muchos otros artistas cosmopolitas. Pero después de enfadarse con su pareja artística y su denuncia del "eje americano-sionista", Dieudonné tuvo que enfrentarse no solo al boicot mediático, sino además a presiones para anular sus espectáculos e incluso agresiones físicas contra él y su público, haciendo que radicalizara su discurso aún más. Fue vilipendiado por todos los medios y se le ordenó que se disculpara. Su nuevo espectáculo, unos meses más tarde, se titulaba irónicamente *"Mis disculpas"*. En realidad, era una carga feroz contra el lobby judío y el Estado de Israel. Dieudonné, después de ganar sus diecisiete juicios, encarnaba, como él mismo lo decía con gracia, el "eje del mal por si solo".

En marzo del 2005, en un programa de radio de Meditérranée FM en el que Dieudonné participaba, el presentador declaraba: «Los judíos de Oriente-Medio han participado ampliamente al tráfico de esclavos puesto que muchos comerciantes eran judíos.» A lo que el humorista negro contestaba: «... La verdad es que, efectivamente, el pueblo judío, que dice ser perseguido desde siempre, también ha participado a infames persecuciones. También debe asumirlo.» El 10 de abril del 2005, otro presentador había declarado lo siguiente: «El judaísmo, ya lo dije, sigue siendo una religión que es como un club privado, casi hay que tener una visa oro para ser miembro... es un club de privilegiados, un club de ricachones, extremadamente cerrado a los demás... »

Estas palabras, "insoportables", no podían quedar impunes. El CRIF pidió por lo tanto que se tomaran todas las medidas «para contener el aluvión de antisemitismo audiovisual y radiofónico», y en octubre del 2005, el Consejo Superior del Audiovisual enviaba un cese y desistimiento a la emisora de radio.

A propósito de Dieudonné, la cantante "francesa" Shirel, una "nueva estrella" de la telerrealidad, daba su opinión en la revista *Tribune juive* de octubre del 2004: «¿Por qué Dieudonné y tantos otros, que profieren insultos antisemitas, no están entre rejas? No lo entiendo. Me pregunto si este insoportable clima no es, quizás, un llamamiento o un signo de que el momento ha llegado para todos los judíos de Francia de regresar a su hogar, en Israel.» Esta señorita que había ido a vivir una temporada a Israel había seguido las clases de ilustres rabinos y comprendido las causas del antisemitismo: «El rabino Aviner, con quién estudié en Israel, analiza las causas del antisemitismo como el rechazo por parte de los demás pueblos de la palabra de Abraham, quién entregó al mundo la noción de consciencia. Es incómodo tener que decir a los que nos rodean que lo que hacen no es justo, bueno y recto. Es cierto que explicar la justicia a los hombres les molesta, pero también es esa la misión del pueblo judío.»

La represión también golpeaba los representantes de las minorías étnicas. Kemi Seba, el líder de un movimiento de jóvenes negros, denunciaba, él también, enérgicamente la participación de comerciantes judíos en la trata esclavista. Su denuncia del "lobby sionista" en sus conferencias, de forma cruda y sin complejos, mucho más explícita que la de los nacionalistas franceses, le valieron dos meses de cárcel en 2007. Pero su determinación se mantuvo intacta.

Los vínculos entre la izquierda anti-sionista y la derecha nacional se precisaban. En octubre del 2005, un comunicado de prensa de Jean-Marie Le Pen pedía la dimisión del presentador Marc-Olivier Fogiel, contra el que también se habían movilizado los partidarios de Dieudonné. Reunidos en la asociación *République sociale*, estos denunciaban Fogiel como «el portavoz de la dictadura de lo políticamente correcto en el servicio público». *République sociale* libraba una «batalla republicana contra la dictadura mediática» y para «la reconquista ciudadana del servicio público audiovisual».

Tras una visita de Dieudonné a la fiesta anual del Frente Nacional, en noviembre del 2006, Bruno Gollnish y algunos otros dirigentes del partido le devolvieron la visita, yendo al mes siguiente a la sala Zénith aplaudir su espectáculo; 5000 personas se citaron, a pesar del boicot generalizado del sistema mediático. Los nacionalistas franceses se mezclaban sorprendentemente con los «jóvenes» de los suburbios de origen afro-magrebí.

El 28 de septiembre del 2004, el escritor republicano anti-comunitarista Alain Soral, que firmaba dedicatorias de sus libros en una librería parisina, fue también víctima de jóvenes activistas judíos que entraron a saco en la librería, rompiendo el escaparate y agrediendo a los clientes. Un año después de los hechos, la policía no había llevado a cabo ningún arresto. Entrevistado de manera informal y coloquial, durante un reportaje televisado a pie de calle unos días antes, Alain Soral «parecía haber cruzado la línea roja» al declarar: «Ya llevan 2500 años que cada vez que ponen los pies en algún lugar, acaban hostiados al cabo de cincuenta años–porque, en resumidas cuentas, esa es más o menos su historia... ». Cuando «con un francés, judío sionista, dices que quizás hay problemas que vienen de ellos, que quizás cometieron algunos errores, que no es sistemáticamente culpa de los demás si nadie los puede tragar, te das cuenta de que el tipo se pone a ladrar, a chillar, se vuelve loco. Todo el mundo está equivocado menos ellos. No se puede dialogar.» Finalmente, Alain Soral sacaba esta conclusión: «Hay una psicopatología del judaísmo-sionismo que raya con la enfermedad mental.» Alain Soral fue llevado ante la justicia por estas palabras. Dos años después de su agresión se unía oficialmente al Frente Nacional.

En *Operación Shylock*, el novelista norteamericano Philip Roth confirmaba sin embargo estas palabras a través de uno de sus personajes antisemita del que tiraba de la lengua: «La gente más antisemítica del mundo es la que ha estado casada con un judío o una judía. Todos te dicen lo mismo: son una panda de neuras.» Y proseguía: «Se gastan un porrón de millones de dólares en luchar contra el antisemitismo. Y el antisemitismo no ha tenido más remedio que pasarse a la clandestinidad... Ellos son conscientes de que no le caen bien a nadie. ¿Por qué? Pues ¿por qué va a ser? Por las cosas que hacen... Si se te ocurre decir algo, en seguida te conviertes en [*susurrando*] *antisemita*. Cómo va uno a extrañarse de que el antisemitismo haya pasado a la clandestinidad. Qué remedio le queda. Porque, vamos, ¿cómo puede uno *no ser* antisemita? Coño, si es que han nacido con el gen de las relaciones públicas implantado. Nacen con ese gen, con lo agresivo que es[336].»

---

[336] Philip Roth, *Operación Shylock*, Debolsillo, Editorial Mondadori, 2005

En Estados Unidos, el famoso actor y director australiano Mel Gibson, también había tenido problemas debido a algunas de sus declaraciones. Arrestado en estado de embriaguez a finales de julio del 2006 en una carretera de Malibu, Gibson había proferido palabras juzgadas antisemitas, afirmando que los judíos eran «responsables de todas las guerras en el mundo». Es cierto que, en aquel entonces, el Estado de Israel venía de lanzar una ofensiva destructiva sobre el Líbano. El presidente de la muy influyente Liga de antidifamación americana, Abraham Foxman, había inmediatamente pedido a Hollywood que se distanciara de «ese antisemita». A pesar de ser riquísimo, tras el éxito mundial de su película sobre *La Pasión de Cristo*, Mel Gibson tuvo que arrodillarse. *Le Figaro* del 2 de agosto del 2006 transcribía sus palabras: «No hay ninguna excusa, y no debería haber ninguna tolerancia con cualquiera que piense o exprese algo antisemita. Quiero pedir perdón a todos los miembros de la comunidad judía por las palabras violentas e hirientes que dije a un policía la noche que me arrestaron. Por favor, sepan que no soy antisemita. No soy intolerante. El odio, sea el que sea, va en contra de mi fe.» Su contrición iba aún más lejos: «No solo pido perdón. Quisiera hacer más, y reunirme con dirigentes de la comunidad judía, con quién pudiera hablar y encontrar la forma de reparar los daños causados.» Este mea culpa de Gibson parecía satisfacer Abraham Foxman: «Estamos felices de que Mel Gibson acepte finalmente la responsabilidad de sus comentarios antisemitas, y sus disculpas parecen sinceras. Cuando haya terminado su rehabilitación [en su combate contra el alcohol], estamos dispuestos a ayudarlo en su otra rehabilitación para combatir la enfermedad de los prejuicios.»

Vemos como Edouard Drumont tenía razón, en 1886, cuando escribía en *La France juive:* «Siempre le faltará al judío, comparado con el cristiano, lo que constituye el atractivo de las relaciones sociales: la igualdad. El judío-tengan muy en cuenta esta observación- jamás será igual a un hombre de raza cristiana. O se arroja a vuestros pies o bien os aplasta bajo su talón; siempre está encima o abajo, jamás al lado.»

Criticar Israel

Incluso los intelectuales más cosmopolitas y conformistas pueden ser víctimas de la represión. Para ser perseguido por la justicia, basta con criticar la política represiva del Estado de Israel. En mayo del 2002,

---

Barcelona, p. 296, 297, 299

Daniel Mermet, presentador y productor de un programa de la radio de Estado *France Inter*, era llamado a comparecer ante los tribunales de París por incitación al odio racial. El motivo era una serie de declaraciones oídas en una serie de programas dedicados a la situación en Israel. Daniel Mermet era acusado de haber dejado, de forma complaciente, expresarse algunos oyentes en el buzón de voz, según la "intangible norma" del programa de emitir los mensajes integralmente. De los 35 mensajes difundidos aquella semana, siete eran considerados odiosamente racistas, totalmente insoportables para los dirigentes de la comunidad judía de Francia. Por ejemplo, esta reacción de un oyente sobre el Estado de Israel: «¿Qué clase de poder mortífero es ese que se complace en el asesinato de niños y en las mutilaciones, que justifica lo inaceptable día tras día con una desfachatez criminal, y que tiene la infame arrogancia de tratarnos de racistas cuando nos atrevemos, tímidamente, a protestar contra tal indigna conducta?»

Aquello era demasiado, y el susodicho Mermer fue denunciado por la Unión de los Estudiantes Judíos de Francia (UEJF), la asociación de Abogados sin fronteras, y la LICRA. Entre los testigos de la parte denunciante de este juicio, estaba el mediático Alain Finkielkraut. El filósofo escribía en *Le Monde* del 1 de junio del 2002: «El 95% de los judíos de Francia son sionistas, en el sentido que tienen una solidaridad de destino con Israel. Desterrar ese Estado, por ser fascista o nazi, es excluir, bajo la apariencia de antirracismo, todos aquellos que, como judíos, lo apoyan.» Sin embargo, esta no era la opinión de Rony Brauman, antiguo presidente de Médicos sin fronteras, citado por la defensa, para quien el sionismo «es a la vez un movimiento de liberación nacional y un movimiento colonial. En ese sentido, añadía, contiene una parte de racismo.»

Daniel Mermet fue finalmente puesto en libertad. En una entrevista al diario comunista *l'Humanité* del 10 de septiembre del 2002 (publicado en su página web), explicaba su versión: «El perjuicio sufrido sobrepasa ampliamente el dictamen jurídico favorable. Cuando se calumnia, siempre queda algo. Se ha atentado contra mi honor profesional. Se me ha tratado de antisemita, y no en balde. Para mí, esa acusación equivale a un intento de asesinato moral.» Daniel Mermet aseguraba que estaría en la fiesta de *l'Humanité* para hablar de esa injusticia: «Se debe denunciar la confusión que se hace entre el Estado de Israel, el pueblo judío y el sionismo. Se ha vuelto un arma intimidatoria contra el conjunto de la profesión.»

El sociólogo planetario Edgar Morin también fue llevado ante la justicia por un artículo publicado en *Le Monde* del 4 de junio del 2002 y titulado

«Israel-Palestina: el cáncer». En ese artículo, Edgar Morin escribía lo siguiente: «cuesta imaginar que una nación de fugitivos, proveniente del pueblo más perseguido de la historia de la humanidad, que ha sufrido las peores humillaciones y el peor desprecio, sea capaz de transformarse en dos generaciones en un" pueblo dominador y seguro de sí mismo" y, excepto una admirable minoría, en un pueblo despreciador, satisfecho con humillar a otros.» Edgar Morin continuaba así: «Los judíos de Israel, descendientes de las víctimas del apartheid llamado gueto, a su vez apartan los palestinos en guetos. Los judíos que fueron humillados, despreciados, perseguidos, humillan, desprecian y persiguen a los palestinos. Los judíos que fueron víctimas de un orden despiadado imponen su orden despiadado a los palestinos. Los judíos víctimas de la inhumanidad muestran una terrible inhumanidad. Los judíos, chivos expiatorios de todos los males, convierten ahora en chivos expiatorios a Arafat y la Autoridad palestina, responsabilizándolos de atentados que se les impide detener.»

Para Edgar Morin, los judíos que viven en Israel parecen ser de una naturaleza muy distinta a la de los judíos de la diáspora. Pero los denunciantes habituales juzgaron que era culpable de «generalización»: «aludiendo "a toda una nación o a un grupo religioso en su casi totalidad"» había cometido el delito de difamación racial. *Le Monde* del 30 de marzo del 2004 informaba que, en este caso, el sociólogo tenía el apoyo de un centenar de figuras intelectuales, francesas y extranjeras, también críticas con la política israelí de Ariel Sharon. En su declaración de apoyo a Edgar Morin, se leía lo siguiente: «Los acusadores de Morin creen defender el Estado de Israel. En realidad, corren el riesgo de reavivar el antisemitismo si identifican completamente la política actual del gobierno israelí con el Estado de Israel y el pueblo judío.»

La denuncia de las asociaciones judías fue finalmente desestimada, pero quedaba claro que los intelectuales judíos tampoco se libraban de los procesos judiciales. Edgar Morin, judío de origen sefardí, de apellido Nahoum, partidario de un mundo sin fronteras, daba su opinión en *Le Monde* del 23 de julio de 2005: «El judaísmo no es un bloque uniforme, y reducirlo a un partido religioso o nacionalista, no solo es mutilarlo, sino también renegar de su aportación universal. Después de todo, el mismo Spinoza fue excluido de la sinagoga, y su luz aún nos alumbra después de que sus perseguidores hayan caído en el olvido.»

En definitiva, se trata de rencillas entre intelectuales judíos que se pelean a propósito de su interpretación del universalismo y del mesianismo judío. Algunos piensan que el Estado de Israel es criminal, otros que no. Algunos piensan que es necesario, otros que no.

El geopolítico Pascal Boniface, director del Instituto de relaciones internacionales y estratégicas (IRIS), de reconocida autoridad, había tenido, él también, algunos altercados con el lobby sionista en Francia, después de publicar en el 2003 un libro titulado *¿Está permitido criticar Israel?*, en el que estudiaba los agentes y corresponsales político-mediáticos del lobby proisraelí. En una entrevista para *Le Quotidien d'Oran* del 1 de octubre del 2003 revelaba que siete editores habían rechazado publicar su libro: «Creo que todos los que leyeron el libro pudieron comprobar que no se me podía acusar de racismo. En Francia, existen leyes que protegen contra las expresiones racistas. La conclusión que saco de ello es que el tema es tan sensible que los editores temen comprometerse; lo cual dice mucho de la magnitud de las presiones. Solo puedo imaginarlas, pues no tengo ninguna explicación. Y eso que he publicado una veintena de libros a título individual y otros tantos a título colectivo: nunca tuve ese tipo de dificultades... Cuando se critica el gobierno de Israel, no como Estado y su existencia, sino la acción política del gobierno israelí uno es calificado rápidamente de antisemita por parte de los ultras proisraelíes. Esta acusación de antisemita es, evidentemente, muy pesada de llevar... Además de esa acusación, existen otras amenazas. A raíz de mis textos escritos sobre Oriente medio, se produjeron presiones sobre los miembros del consejo de administración del IRIS para que dimitiera, o para que se me retirase mi puesto de responsabilidad. A su vez, se ejercieron presiones sobre nuestros socios para que pararan de trabajar con nosotros.» Pascal Boniface concluía: «Como lector, constato que es mucho más fácil criticar a los árabes y a los musulmanes de Francia. Un ejemplo: cuando un dignatario religioso árabe tiene problemas o es agredido, casi nadie reacciona. A la inversa, cuando el rabino Farhi fue apuñalado en circunstancias que no fueron perfectamente dilucidadas, cuatro antiguos Primeros ministros se apresuran a la cabecera de su cama[337]. Es normal que la clase política muestre su solidaridad cuando ocurre una agresión antisemita, pero se debe hacer lo mismo cuando se produce una agresión antiárabe... » Y Pascal Boniface habría podido añadir: «...y sería aún más normal defender los franceses autóctonos

---

[337] La investigación demostró que el rabino Farhi se había apuñalado a si mismo. Cf, *Les Espérances planétariennes*, p. 376

cuando estos son agredidos por unos y por otros en su propio país.» Pero esto ya hubiera sido pedirle demasiado.

En abril del 2001, dos años antes de dejar el partido socialista, Pascal Boniface había enviado a los altos cargos del partido, M. François Hollande y M. Henri Nallet, un informe interno acerca de los acontecimientos de Oriente medio, en el cual llamaba la atención sobre la política israelí de Ariel Sharon y la importancia del electorado pro-palestino en Francia: «Imaginemos: después de una guerra, un país ocupa los territorios en contra de las leyes internacionales. Treinta y cuatro años después, esta ocupación sigue a pesar de las condenas de la comunidad internacional. La población que vive en esos territorios ocupados ve como se le impone obligaciones excesivas, leyes de excepción y como se le niega el derecho de autodeterminación. Destrucción de casas, confiscación de tierras, encarcelamientos sin juicios, humillaciones diarias, y, hasta hace poco, torturas legalizadas bajo el nombre de "presiones físicas moderadas" son prácticas corrientes. Esa población se rebela y pide la creación de un Estado independiente en los territorios ocupados tal como lo establecieron las Naciones Unidas. Empieza entonces un ciclo de violencia y de represión, durante el cual las fuerzas del orden de la potencia invasora disparan y matan regularmente manifestantes y produciéndose atentados mortales contra la población de dicha potencia. En cualquier situación de ese tipo, un humanista, y más aún un hombre de izquierda, condenaría la potencia invasora. Imaginemos un país donde el Primer ministro ha sido directamente relacionado con la masacre de civiles, principalmente mujeres y niños, en campos de refugiados desarmados. Un país cuyo líder del tercer partido político en el poder trata los miembros de una de las principales comunidades nacionales del país de "serpientes", peor aún, de "víboras" y propone aniquilar esos villanos y ladrones, disparándoles con súper-misiles. Un país donde los extremistas armados pueden organizar impunemente pogromos contra civiles desarmados. Esto sería una situación inaceptable. Sin embargo, esa es la situación que se tolera en Oriente medio.»

Pascal Boniface se escandalizaba del trato impuesto a aquellos que se atrevían a expresar algunas críticas: «Todos aquellos que se oponen a la política del gobierno de Israel, son sospechosos de no condenar el holocausto o de ser antisemitas... El terrorismo intelectual que consiste en acusar de antisemitismo aquellos que no aceptan la política de los gobiernos de Israel (y no el Estado de Israel), puede ser efectivo a corto plazo, pero resultar catastrófico a medio plazo... Afortunadamente, algunos intelectuales de origen judío como Rony Brauman y Pierre Vidal Naquet se han desvinculado públicamente de la represión israelí, evitando el peligro de meter a todos en el mismo saco [338].»

Alain Menargues, el director de información de *Radio-France Internacional* (RFI, 400 periodistas en París, 300 corresponsales en el mundo), había sufrido también el mismo tipo de problemas después de la publicación de su libro titulado *El Muro de Sharon*, en 2004. En el denunciaba las discriminaciones sobre las que se fundaba el Estado judío y la construcción de un muro de seguridad en la frontera con los territorios palestinos. Después de una ruidosa campaña de prensa fue finalmente despedido. Tras su marcha forzosa de RFI, Alain Menargues no parecía convencido de su error, tal como lo relataba el mensual comunitario judío *L'Arche* del mes de mayo del 2005: «lejos de enmendarse honradamente por sus escritos antisemitas, se vanagloria de ello, desarrollando, además, una teoría de la conspiración, según la cual sus desdichas provienen del famoso lobby del que no se puede decir el nombre.» ¡Ese Ménargues tenía una desfachatez verdaderamente increíble! *L'Arche* proseguía: «Hubiéramos podido pensar que tales derivas habrían hecho del autor una persona non grata para todos los ciudadanos que se identifican con la democracia y el antirracismo. Cual no fue nuestra sorpresa cuando descubrimos que su libro, un conjunto de fantasías antijudías medievales y de textos copiados de autores neonazis y negacionistas, disfruta de una sorprendente publicidad en los "Amigos del *Monde diplomatique*".» Por lo que era «urgente intervenir ante la directiva del *Monde diplomatique* para parar ese escándalo.»

Las tesis de Alain Menargues eran efectivamente insostenibles: para él, el «muro de Sharon» habría sido construido no para proteger los israelíes del terrorismo sino para hacer una separación entre lo «puro» y lo «impuro»: «Esta separación de lo puro e impuro es una consigna rotunda recogida en el Levítico (tercer libro de los cinco libros de la Tora).» En cuanto a los 613 mandamientos que rige la vida diaria de los judíos Menargues escribía: «Esos mandamientos tienen como objetivo hacer del "pueblo de Dios un pueblo diferente" de los que le rodean: " No haréis lo que se hace en la tierra de Egipto, donde habéis morado, ni haréis lo que se hace en la tierra de Canán, adonde yo os llevo; no

---

[338] Pascal Boniface, *Est-il permis de critiquer Israël ?*, Robert Laffont, 2003, p. 233-238. Posteriormente, Pascal Boniface fue apartado por la dirección del Partido socialista.

seguiréis sus costumbres... Porque todas esas abominaciones son las que han cometido los hombres de esas tierras que la habitaron antes de vosotros, y la tierra se ha manchado".(Levítico 18, 3 y 27)» Está claro que Alain Menargues daba prueba de un antisemitismo delirante, tal como lo veía y aseguraba el periódico *L'Arche*:«Lo que acaban de leer no es un extracto de *La Francia judía* de Drumont, ni del *Stürner* de Streicher, sino del órgano de los Amigos del *Monde diplomatique*. En ese pasaje, el odio antijudío está basado en una incultura total». Así pues, *L'Arche* denunciaba con la mayor firmeza las «fantasías antisemitas del señor Menargues sobre "lo puro e impuro" en el judaísmo» y el mito de la «conspiración judía» que parecía alimentar hablando de «agentes influyentes», que, según él, habrían organizado una campaña de prensa calumniosa. «¿Quizás sería tan amable el señor Menargues de dar a sus oyentes la lista de los textos negacionistas y neonazis que utilizó para redactar su libro?»

Dejemos a Alain Menargues que se explique por sí mismo. En el sitio web nord-palestine.org, durante una larga entrevista con Silvia Cattori en noviembre del 2004, el antiguo director de *Radio-France internationale* dejó constancia de su estupefacción: «Llevó treinta años en esta profesión. Ninguno de mis colegas habría podido pensar, antes de que estos ataques se desataran contra mí, que un día me trataran de racista o de antisemita... Estoy muy irritado de ver cómo está desapareciendo en Francia una libertad fundamental... No puedo concebir que en mi país haya un terrorismo intelectual que amordace a la gente bajo pena de ser destruido.» A la pregunta: «¿Por qué no hay más periodistas que dicen las cosas como son?» Menargues respondía lo siguiente: «Porque para algunos hay que llegar a fin de mes. Hay muchos periodistas que comparten la misma opinión que yo. Pero no son libres. Los jefes de prensa temen perder los suscriptores y los ingresos publicitarios.»

Su conclusión era la siguiente: «A fuerza de acusar a todo el mundo, se acaba por trivializar la palabra antisemita. Esos excesos acabaran volviéndose contra el Estado de Israel y, desgraciadamente, contra los ciudadanos de confesión judía que aceptan todos esos abusos. A raíz de todo lo que sufrí, recibí miles de correos de simpatía y también de exasperación. La intolerancia de unos corre el riesgo de atizar el odio de los demás.» Menargues también mencionaba las manipulaciones en el caso del rabino auto apuñalado y el incendio de una sinagoga: «Si todos los periodistas hiciesen realmente su trabajo honestamente, podríamos detener el torrente de mentiras vertido sobre todo lo que atañe al mundo árabe.» Al igual que Pascal Boniface, podría haberse acordado de sus compatriotas, pero eso hubiese sido una actitud de «extrema derecha».

La revista mensual comunitaria *L'Arche* de mayo del 2005, se alarmaba de la recomposición del panorama político. En efecto, Alain Menargues «había repetido sus delirios antijudíos en varias intervenciones públicas–empezando por la emisora de radio de extrema derecha *Radio Courtoisie*.» Esta deriva era por lo tanto muy preocupante para la comunidad, sobre todo porque «sus tesis "anti-sionistas" habían sido acogidas en diversos círculos de extrema izquierda.» Evidentemente, esta convergencia entre los dos extremos traía malos recuerdos a la comunidad judía.

La dictadura que se ha impuesto poco a poco en Francia sobre el mundo de las letras y el conjunto de la cultura francesa ha reducido enormemente la libertad de expresión. En el mes de noviembre del 2005, el editor francés del libro de Israel Shamir titulado *La otra cara de Israel*, se veía condenado a tres meses de cárcel con libertad condicional y 10 000 euros de multa. Además, tenía que abonar 12 000 euros de indemnización por daños y perjuicios y 1500 euros de gastos de justicia a la Liga internacional contra el racismo y el antisemitismo (Licra). El editor tenía treinta días para retirar el libro de la venta, bajo pena de una multa de 100 euros por cada ejemplar subsistente al vencimiento del plazo. El tribunal había argumentado su sentencia en el hecho de que el libro presentaba a «los judíos» como los «dominadores del mundo», en el marco de una «tercera guerra mundial» actualmente en curso, según el autor. Sin embargo, esto no era más que una faceta del libro, el cual se centraba ampliamente en la cuestión palestina.

Recordemos a continuación el asunto de Raphaël Schoemann: Durante el año 2003, M.Schoemann había enviado cartas de amenazas junto con balas de rifle a una quincena de personalidades conocidas por su cercanía a la causa palestina. «La próxima no llegará por correo» escribía a cada uno de los destinatarios. Ese hombre de 65 años decía haber sido deportado a los dos años de edad y, durante la audiencia, afirmó que la parte civil estaba compuesta por "antisemitas". En febrero del 2007, Schoemann era condenado en apelación a una multa de 500 euros a cada uno de los denunciantes. «Cuando eres bretón, corso o musulmán, vas al talego», denunciaba uno de los abogados indignado por ese veredicto laxista.

Estas presiones ejercidas contra todo aquel que osaba emitir una crítica, y las represalias resultantes, no eran un fenómeno nuevo en Francia, y podían incluso ser ejercidas contra los más altos dignatarios del Estado. El periodista François Brigneau, en el diario *National Hebdo* del 31 de octubre de 1996- recordaba los problemas del general De Gaulle después de sus palabras tras la guerra de los Seis Días, en 1967:

«El general De Gaulle tenía una amistad especial con el Estado Hebreo. A menudo se cita su brindis: "Israel, nuestro amigo, nuestro aliado... «pronunciado de una vibrante voz.» El 2 de junio de 1967, sin embargo, De Gaulle decidía la interrupción total e inmediata de los envíos de armas a Oriente–Medio. El 5 de junio, el ejército israelí atacaba en todos los frentes. La Guerra de los Seis Días empezaba con el aplastamiento en pista de la aviación egipcia: «En todas partes, los victoriosos soldados de la Paz (¡Shalom!¡Shalom!) ocupaban la península del Sinaí, el Golan y la Cisjordania. El embargo–que no fue respetado, ni nunca lo sería- no les había molestado lo más mínimo. De Gaulle lo mantenía, sin embargo, condenando Israel y negándose a "dar por hecho los cambios producidos en el terreno por la acción militar".» El 27 de noviembre, durante una conferencia de prensa que sigue siendo famosa hoy en día, De Gaulle se atrevía a hablar de un «Estado de Israel guerrero y decidido a agrandarse» y de un «pueblo seguro de sí mismo y dominador». «Inmediatamente, los shofares sonaban desde todas partes, escribía François Brigneau. El Gran Rabino Kaplan acusaba el general De Gaulle de "dar carta blanca a las campañas de discriminación". Raymond Aron, al que se consideraba un espíritu superior y moderado, escribía: "El general De Gaulle ha abierto de forma voluntaria un nuevo periodo de la historia judía, quizás hasta del antisemitismo". Seis meses más tarde, en mayo de 1968, un alboroto de estudiantes, conducido por cabecillas en su mayoría judíos, organizado por todas las radios, se convierte en una revuelta y hace tambalear el poder de De Gaulle. Once meses más tarde, el régimen se desmoronaba la noche del referéndum perdido.»

Efectivamente, el referéndum de abril de 1969 sobre la regionalización había provocado la salida del general. François Brigneau presentaba en su libro los testimonios sacados del libro de Samy Cohen, titulado *De Gaulle, los gaullistas e Israel* (Alain Moreau, 1974, p.209). «Un libro que no es hostil a los sionistas», subrayaba Brigneau. Seis meses después del referéndum, François Mauriac decía lo siguiente: «He visto, unos meses antes del referéndum, como la política de De Gaulle hacia Jerusalén volvio loca a algunos hombres. Y no eran individuos desprovistos de medios.» En le *Libre Journal* de *Radio Courtoisie* del 19 de diciembre del 2003, Brigneau relataba otra vez: «Seis meses después, en el *Figaro littéraire*, François Mauriac desvelaba "lo que nadie se atrevía recordar por miedo a ser acusado de antisemita". Una de las causas del triunfo del "no" en el referéndum, fue la política del General respecto de Israel. Lamento no haber guardado algunas cartas de amigos judíos, fervientes gaullistas, en las que se volvían de golpe en adversarios implacables" (24 de noviembre de 1969).»

El libro de Samy Cohen aportaba más testimonios, como el de Leon Noel, embajador, que denunciaba los «israelíes de Francia»: «Durante el fatídico referéndum de abril de 1969, su oposición pesó de tal manera que no es exagerado decir que fueron en gran parte responsables del resultado.» Edmont Michelet, antiguo deportado, ministro de Justicia y ministro de Estado lo confirmaba: «Los que decidieron la mayoría, son los cientos de miles de judíos... Tienen en sus manos una gran parte de los medios de comunicación.»

La política occidental respecto de Israel parecía, pues, decidida desde mucho tiempo por judíos influyentes, tanto en Estados Unidos como en Europa. En el programa el *Libre Journal* del 5 de septiembre del 2006, François Brigneau presentaba el testimonio de Forrestal, el último secretario de la Marina de Roosevelt y Ministro de Defensa del presidente Truman. El 29 de noviembre de 1947, las Naciones Unidas votaban la creación de un Estado judío. Con respecto al reparto de la Palestina, Forrestal escribía en su *diario:* «26 de julio de 1946: Los judíos han desencadenado una propaganda muy vigorosa para forzar el Presidente [Truman].» En la fecha del 3 de diciembre de 1947 escribía: «Es por completo lamentable que la política extranjera de nuestro país pueda ser determinada por la contribución de un grupo de intereses privados dentro del partido.» (p.225) François Brigneau proseguía: «Unas semanas después, una campaña de prensa y de radio se ponía en marcha contra Forrestal, parecida a las que en su momento obligaron a Ford al arrepentimiento y a Lindbergh al ostracismo. Se le acusaba de anticomunismo enfermizo y de antisemitismo. Son palabras que matan.» Un año más tarde, el presidente Truman aceptaba su dimisión. El 23 de mayo de 1949, Forrestal se tiraba del decimosexto piso del hospital marítimo de Bethesda, en el Maryland, donde se le prodigaba cuidados por trastornos mentales. Su diario fue publicado en 1952.

Diecisiete años antes que Edouard Drumond y su *Francia judía*, Roger Gougenot des Mousseaux, había publicado un libro en 1869 sobre el mismo tema. A pesar de no tener el mismo estilo que su sucesor, algunas de sus reflexiones son todavía hoy de extraña actualidad. En *Los Judíos, el Judaísmo y la judaización de los pueblos cristianos*, escribía en su introducción: «Singular audacia, de verdad, la audacia del judío quien, ... levanta la mano no solamente contra la libertad de prensa sino contra la libertad misma de la historia, apenas siente puntas que lo hieren.» Y más adelante: «... ¿Quién no lo tomaría como una inocente víctima? Se queja, llora, suspira, se lamenta, mezcla a los gritos de dolor los gritos de furia; llena, aturde al mundo de acusaciones... a sus súplicas redobla con la insolencia de sus amenazas; pide ayuda a sus compatriotas de afuera; exige, invocando lo que él llama sus derechos, la intervención de pueblos extranjeros... trata a esos príncipes como si fuera una potencia más; les habla en tono de superioridad y de cuya obediencia duda; se atreve, en la cara de la Europa liberal, se atreve a amenazarlos con su influencia sobre la libertad de prensa y la libertad de expresión[339]»

Mentiras y calumnias

Los insultos que vierten "algunos" intelectuales judíos sobre aquellos que no les agradan pueden ser acompañados de mentiras y de calumnias. He aquí un texto del "filósofo" Bernard-Henri Levy, escrito a quemarropa entre las dos vueltas de las elecciones municipales de 1995, para avisar a los electores de la ciudad de Vitrolles contra el candidato de la" extrema-derecha". Bernard-Henri Levy publicó de nuevo *l'Appel de Vitrolles* en 2004, en su libro titulado *Récidives*: «Si el señor Megret ganase, veríamos proliferar bandas y milicias privadas. Los fusiles y las recortadas saldrían de los sótanos... Los jóvenes de Vitrolles, en su mayoría, asqueados, decidirían marcharse fuera a hacer su vida y dejar la ciudad a aquellos insensatos que decidieron entregarla a esos bárbaros. Vitrolles sería una ciudad maldita... ». Bernard-Henri Levy describía así el programa del señor Megret: «Un programa ultraliberal. Lo cual significa claramente: un programa terrible para los débiles; despiadado con los marginados; un programa en el que solo se respeta a los fuertes, y en el que se prevé, como en todos los programas fascistas, aplastar a los humildes, los tullidos, los pequeños. Al señor Mégret no le importa la gente humilde. El señor Mégret desprecia los marginados... Sé que hay en Vitrolles hombres y mujeres que guardan parte de su corazón del otro lado del mediterráneo, en esa Argelia donde crecieron y que ven como se cubre de luto día tras día por el terrorismo sin rostro de los islamistas. Pues bien, quiero que sepan que el señor Mégret es de

---

[339] Roger Gougenot des Mousseaux, *Los Judíos, el Judaísmo y la judaización de los pueblos cristianos*. Versión pdf. Traducido al español por la profesora Noemí Coronel y la inestimable colaboración del equipo de Nacionalismo Católico. Argentina, 2013. p. XXXIII, XXXIV, y p. 470

los que aprueba ese terror... Quiero que sepan que los amigos de Mégret son cómplices de los asesinos que están haciendo de Argelia una tierra en ruina y llena de sufrimiento. El señor Megret es el crimen. El señor Megret es la guerra. El señor Megret no es el heredero de aquellos que hicieron Francia, sino de aquellos que, a lo largo de los siglos, no dejaron de deshacerla... Ellos son los enemigos de Francia. Y es por eso por lo que debemos, sin parar, recordarles su indignidad [340].» Evidentemente, nada de esto se produjo tras la elección de Bruno Megret a la alcaldía de ese municipio del sur de Francia. En cualquier caso, vemos que Bernard-Henri Levy no temió hacer el ridículo publicando de nuevo su artículo.

El escritor "francés" Albert Cohen, también mencionaba esa tendencia de «algunos» judíos a la mentira y a la calumnia en una de sus novelas titulada *Comeclavos*. En ella describe la vida de los judíos de Cefalonia, una de esas islas griegas de la que él mismo es originario. La novela es cómica y burlesca, pero bajo el trazo gordo se vislumbran verdades definitorias. *Comeclavos* es un personaje truculento y pintoresco:«Comeclavos salió de la cama completamente vestido y procedió a inciertas abluciones al tiempo que bendecía al Eterno,... musitó deprisa y corriendo su oración, agradeció a Dios el que le hubiera hecho hombre y no mujer, (y) le rogó que transfiriera sus pecados a la cuenta celeste de sus enemigos... A sus actividades de degollador sinagogal de gallinas, de consejo jurídico, de falso testigo de accidentes, de falso acreedor de comerciantes en quiebras y de pisaúvas... añadía Comeclavos el lucrativo oficio de no calumniador de notables. Su clientela de no calumniados no era nutrida pero sí selecta[341].» Es decir que se comprometía, a cambio de moneda contante y sonante, a no hablar mal de los judíos importantes y de sus familias durante algún tiempo.

Hallamos la misma maledicencia patológica en la novela de Philip Roth, *Operación Shylock*, publicada en 1993: «¿Por qué será que los judíos nos tratamos con tan pocos miramientos? ¿Por qué perdemos los judíos, estando entre nosotros, la cortesía normal en toda convivencia? Por qué tenemos que magnificar todas las ofensas?¿Por qué tiene que haber pelea cada vez que se producen una provocación?... La falta de amor de los judíos por sus camaradas judíos... la animosidad, la ridiculización,

---

[340] Bernard-Henri Levy, *Récidives*, Grasset, 2004, p. 477, 478

[341] Albert Cohen, *Comeclavos*, Anagrama, 1989, Barcelona, p. 38

el puro y simple odio de un judío por otro... ¿Por qué hay tanta división entre los judíos?... ¿Quién les ha metido en la cabeza a los judíos que siempre hay que estar hablando, cuando no gritando o haciendo chistes a costa de alguien, o desmenuzando por teléfono, durante una tarde entera, los defectos del mejor amigo?[342]»

El gran escritor ruso Aleksandr Solzhenitsyn también mencionó esta tendencia, por lo visto muy extendida en la comunidad judía. Vimos, al principio de este libro, como el hombre de Estado ruso Derjavine había estudiado las causas de la hambruna en Bielorrusia a principios del siglo XIX. Derjavine había concluido que el papel de los destiladores de alcohol y comerciantes judíos había tenido consecuencias terribles, lo cual le indujo a ordenar el cierre de algunas destilerías, como la del pueblo de Liozno. Después de entregar su informe al zar en 1801, Derjavine fue calumniado de forma odiosa. Una judía de Liozno le había denunciado, acusándolo de haberla violado en una destilería, a consecuencia de lo cual pretendía haber dado a luz un mortinato. El senado ordenó una investigación y Derjavine respondió: «Estuve en esa destilería a penas un cuarto de hora; no solo no apaleé ninguna judía, pero con mis propios ojos, no vi ninguna.» Se esforzó para ser recibido por el Emperador: «Que me encierren en una fortaleza» declaró, antes de suplicar el zar. «¿Como pudo Usted fiarse de una denuncia tan absurda, tan descabellada[343]?» El judío que había redactado esa denuncia calumniosa en nombre de la mujer fue finalmente condenado a un año de cárcel.

Menos conocido que Bernard-Henri Levy, el intelectual Albert Caraco expresó de forma explícita esas desafortunadas inclinaciones. Hijo de un intermediario financiero levantino, nació en Constantinopla en 1919 y pasó su infancia en Berlín, antes de huir a América del Sur con sus padres ante la amenaza nazi. De regreso a Europa tras la destrucción de Alemania, publicó una veintena de libros, entre ellos *Apología de Israel*, publicado en 1957, en el que declaraba abruptamente, respeto de sus congéneres: «Engañando los espíritus, calumniando, mintiendo, seguros de su buena fe... tienen el alma blanca para poder ser más sombríos y no morirse nunca de su malicia[344]» En *Ocho ensayos sobre*

---

[342] Philip Roth, *Operación Shylock*, Debolsillo, Editorial Mondadori, 2005 Barcelona, p. 384, 385

[343] Alexandre Soljénitsyne, *Deux Siècles ensemble*, Tome I, Fayard, 2002, p. 62

[344] Albert Caraco, *Apologie d'Israël*, 1957, L'Age d'homme, 2004, p. 53

el mal, publicados en 1963, escribía: «Se puede mentir, a condición de mentir sin parar, volver a la carga siempre sobre los que se difama... Lo principal es la insistencia... Golpear diez veces y hasta cien, renovando las calumnias... Añadan a eso un aire de moderación para que las atrocidades sean mejor aceptadas... Hacer pasar por locos aquellos que se afanan en comprender, es el método más comprobado[345].»

En el siglo IV, Gregorio de Nisa ya les atribuía estos defectos: «Secuaces del Diablo, raza de víboras, delatadores, calumniadores, cerebros oscurecidos, levadura farisaica, sanedrín de demonios, malditos execrables, lapidadores, enemigos de todo lo que es bello[346].»

La represión contra los historiadores

En 1990, en *Le Figaro* del 3 de abril, una antigua comunista de origen judío, Annie Kriegel denunciaba «una insoportable policía judía del pensamiento.» Es esa policía la que, bajo el impulso del rabino Sirat[347], lanzó la idea de una ley anti-revisionista que fue finalmente votada gracias al antiguo Primer ministro socialista de origen judío Laurent Fabius. Este revindicó, con razón, ser el patrocinador de aquella iniciativa parlamentaria. La campaña mediática organizada alrededor de la profanación de las tumbas judías del cementerio de Carpentras había paralizado la oposición a la votación final de la ley Sirat-Fabius-Gayssot. Esa ley restringía notablemente la libertad de expresión en Francia, ya que condenaba cualquier estudio o investigación acerca de la versión oficial de la historia establecida por los vencedores de la Segunda Guerra mundial en Nuremberg en 1946.

En diciembre del 2005, en previsión de una futura conferencia internacional revisionista que debía desarrollarse en Irán, el famoso profesor Faurisson recordaba a la opinión pública que los principales historiadores revisionistas estaban «o bien en la cárcel, o bien en exilio,

---

[345] Albert Caraco, *Huits Essais sur le mal*, L'Age d'homme, 1963, p. 331, 332

[346] François de Fontette, *Histoire de l'antisémitisme*, PUF, 1982, p. 29. La lapidación estaba verdaderamente en boga en aquella época entre los hijos de Abraham.

[347] Boletín de *L'Agence télégraphique juive*, 2 de junio de 1986, p. 1

* Ver también en http://www.ihr.org/jhr/v16/v16n2p-2_Faurisson.html.

o bien en una situación precaria» de tal forma que se les prohibía cruzar las fronteras y transitar por un aeropuerto internacional*.

El historiador Ernst Zündel, casado con una estadounidense y viviendo pacíficamente en el Estado de Tennesse, había sido arrestado delante de su domicilio el 5 de febrero del 2003 y encarcelado bajo un pretexto falso. Fue extraditado a Canadá donde, durante dos años, se pudrió en una cárcel de alta seguridad en condiciones degradantes. Finalmente fue entregado a Alemania que lo mantuvo en prisión en Mannheim, en espera de un juicio por revisionismo. En Canadá, al igual que en Alemania, los revisionistas se veían negado el derecho de defenderse y de cuestionar lo que era "de notoriedad pública". Recordemos que Ernst Zündel había sido víctima, el 7 de mayo de 1995 en Toronto, de un incendio criminal que había destruido su casa. Unos días más tarde, recibía un paquete bomba que la policía tuvo que desactivar haciéndolo explotar[348].

En Estados-Unidos también, cerca de Chicago, el alemán Germar Rudolf había sido secuestrado, separado de su esposa estadounidense y de sus hijos, y entregado a Alemania donde fue encarcelado en Stuttgart. El revisionista belga Siegfried Verbeke había sido arrestado en el aeropuerto de Ámsterdam en 2005 y entregado a Alemania donde estuvo detenido en la cárcel de Heidelberg. El famoso historiador británico David Irving había sido arrestado mientras transitaba por Austria y encarcelado en Viena. Estas cuatro personas se veían expuestas a penas de cárcel de varios años «excepto quizás David Irving, si, como lo sugiere su abogado, se retracta, expresa su arrepentimiento y solicita la indulgencia del tribunal.» Irving sería, efectivamente, liberado en diciembre del 2006, unos días después de la conferencia revisionista internacional de Teherán.

Recordemos además que, en septiembre del 2003, el revisionista austríaco Wolfgang Froehlich, antiguo diputado de extrema derecha había sido condenado a un año de prisión y dos años de libertad condicional tras la publicación de un libro que denunciaba la" mentira" de las cámaras de gas. Otros revisionistas estaban en prisión en Alemania o en Austria, escribía Faurisson, citando al abogado Manfred

---

[348] Para los actos de violencia cometidos en EEUU, se puede consultar el folleto de Mark Weber, *The Zionist Terror Network, Background and Operation of the Jewish Defense League and other Criminal Zionist Group, A Special Report*, Institute for Historical Review, Revised and Updated Edition, 1993

Roeder. El 2 de diciembre de 1999, Manfred Roeder era condenado a dos años de prisión por un tribunal de Grevesmuehlen por haber calificado de "impostura" el genocidio de los judíos por los nazis. En agosto de 1995, el líder nacionalista alemán Bela Ewald Althans era condenado a tres años y medio de prisión por un tribunal de Berlín tras haber negado el Holocausto. El 15 de diciembre de 1994, Althans ya había sido condenado a 18 meses de cárcel en Múnich por haber negado en cintas de video VHS la muerte de millones de judíos por los nazis. En noviembre de 1992, el presidente del partido nacionalista alemán NPD, Guenther Anton Deckert, era condenado en Mannhein a un año de libertad condicional por haber calificado la cifra de seis millones de víctimas judías del nazismo de "inepcia cerebral" y de" absurdidad". Mencionemos también Fredrick Töben: ciudadano australiano de origen alemán que desarrollaba su actividad revisionista en Australia y en Internet. Estando de paso en Alemania para investigar in situ la represión judicial del revisionismo en ese país, fue arrestado y encarcelado. En Polonia, en República checa y otros países de Europa, revisionistas eran también perseguidos y condenados. En Suecia, Ahmed Rami también era encarcelado.

Hay que mencionar, además, las prohibiciones profesionales de toda clase en diversos países, así como los dramas familiares y los suicidios provocados por la represión. En Alemania, en Múnich, el 25 de abril de 1995, el revisionista Reinhold Elstner se había auto inmolado para protestar por «el Himalaya de mentiras» vertido sobre su pueblo. La gran prensa alemana pasó por alto su acto heroico y la policía alemana había confiscado los ramos de flores depositados en el lugar del sacrificio y procedido a detener aquellos que habían manifestado su compasión.

En abril del 2000, el suizo Gaston-Amaudruz, editor de un mensual revisionista, era condenado a 12 años de prisión por el Tribunal correccional de Lausana por haber puesto en duda la existencia de las cámaras de gas y cuestionado la cifra de seis millones de judíos matados por los nazis. En Suiza, también, René-Louis Berclaz fue encarcelado, mientras su compatriota, el profesor Jurgen Graf era condenado en 1999 a 50 000 francos de multa por el Tribunal correccional de París por haber enviado a los parlamentarios franceses un libro titulado *L'Holocauste au scanner* (*El Holocausto bajo el escáner*).

Otro caso digno de recordar es el de Georges Theil, antiguo consejero regional del Frente Nacional (FN), que fue condenado en enero del 2006 por el Tribunal correccional de Lyon a seis meses de prisión y 10 000 euros de multa por negación de crímenes contra la humanidad, tras haber denunciado en una entrevista televisada la "fantasía" de las cámaras de gas. Ya había sido condenado en 2001 por hechos similares a tres meses de libertad condicional y 50 000 francos de multa por el Tribunal de apelación de Grenoble. Jean Plantin, perseguido en Lyon, y Vincent Reynouard en Limoges, habían recibido también diversas condenas, incluido penas de prisión. El propio Robert Faurisson, condenado en 1981 y en 1991, compareció en julio del 2006 ante el Tribunal correccional de París por haber concedido a la cadena de televisión iraní «Sahar» una entrevista telefónica sobre temas revisionistas. El 3 de octubre del 2006 era condenado a tres meses de libertad condicional y 7500 euros de multa.

El cerco parecía cerrarse cada vez más. El número dos del Frente Nacional y diputado europeo, Bruno Gollnisch, también iba a comparecer ante el Tribunal de Lyon por haber declarado en octubre del 2004: «No hay ningún historiador serio que suscriba integralmente las conclusiones del juicio de Nuremberg. Creo que, respecto al drama de los campos de concentración, la discusión debe ser libre. La existencia de las cámaras de gas lo deben discutir los historiadores.» Esta simple declaración había provocado una reacción de indignación general en la prensa y fue suficiente para ser llevado ante la justicia. En enero del 2007, el tribunal correccional de Lyon condenaba Bruno Gollnisch a tres meses de libertad condicional y 5000 euros de multa, por «negación de la existencia de crimen contra la humanidad». Debía, además, pagar 55 000 euros de daños y perjuicios a las partes civiles.

En el diario *Libération* del 28 de diciembre del 2005, Jack Bensimon declaraba su satisfacción por las leyes en vigor: «Hoy en día, gracias a esta ley Gayssot, ya no son los judíos los que deben ocultarse, sino los antisemitas, que deben esconder su antisemitismo en su subconsciente. Mientras esto siga así, nuestro país estará a salvo de los pogromos, cuyo recuerdo aún está muy presente en el subconsciente colectivo judío, e incluso individual.»

Robert Faurisson recordaba que, en Francia, grupos armados judíos campaban a sus anchas, agrediendo impunemente personas y hasta dentro del recinto del palacio de justicia de París. De 1978 a1993, él mismo había sufrido una decena de agresiones que permanecieron impunes. «Si los judíos y los sionistas usan así la violencia física y la represión judicial, es porque los revisionistas los han derrotado holgadamente en el terreno del debate científico e histórico.»

Activistas judíos actuaban efectivamente con total impunidad. A través del Betar* y con el acuerdo del ministerio del interior, la minoría judía francesa tenía constituido formaciones paramilitares, sin paragón alguno en el resto de la población francesa o cualquier minoría extranjera sobre el territorio francés. Faurisson contaba, desde el 19 de junio de 1976 hasta el 2 de abril de 1991, unos cincuenta casos de agresiones físicas cometidas por judíos organizados. En los cincuentas casos identificados «las víctimas fueron cientos. Se contabilizaban: muertos, heridas graves con coma, minusvalías y secuelas graves, además de ataques con ácido, actos de barbarie, ojos reventados, palizas contundentes en presencia de policías o guardias de seguridad negándose a interponerse, varias hospitalizaciones y numerosas emboscadas.» La mayoría de esas agresiones eran pasadas por alto por los medios o brevemente relatadas. Algunas eran aprobadas por publicaciones u organizaciones judías, las cuales, en general, tras algunas palabras de reprobación, daban a entender que las víctimas merecían su suerte y que, en adelante, no había que esperar ninguna indulgencia si se provocaba otra vez la cólera de los judíos. En cambio, subrayaba Faurisson, «se puede destacar como ningún judío ha sido víctima de un solo ataque de un grupo de extrema derecha o revisionista[349].»

Sabemos, por otra parte, que el asesinato político es una práctica que no repugna a los judíos organizados, por no hablar de los atentados contra los palestinos[350]. Cientos de víctimas, por un lado, y del otro, víctimas cuyo total se eleva a cero. En la prensa de la comunidad judía, los llamamientos a la violencia física eran corrientes. Jacques Kupfer, presidente del Herout de France, avisó de cual sería la respuesta judía ante el auge del nacionalismo francés. En la *Tribune juive* del 25 de mayo de 1995, escribía: «Nunca he considerado que el antisemitismo se solucionara a golpe de declaraciones o de discusiones filosóficas.

---

[349] Acerca de las agresiones físicas cometidas contra los patriotas franceses léase el libro de Emmanuel Ratier, *Les Guerriers d'Israël: Enquête sur les milices sionistes* ("The Warriors of Israel: An investigation of Zionist militant groups," Facta, 37, rue d'Amsterdam, 75008 París, 1995).

* Milicia de autodefensa judía.

[350] Sobre los asesinatos políticos: Cf. *Les Espérances planétariennes*, p. 295-301. Se puede añadir el asesinato, en 1916, del ministro Stürgkh a manos de Fréderic Adler, el hijo de Victor Adler, que dirigía en Alemania el movimieno socialdemócrata. Leer además Nachman Ben-Yehuda, *Political Assassination by Jews, A Rhetorical Device for Justice*, New York, State University of New York Press, 1993

Pero sí sé cómo se soluciona el problema de los antisemitas: de una manera muy física. La juventud judía debe estar preparada para ello: no se debe llorar, ni temer, ni lamentarse.»

El antiguo ministro socialista Bernard Kouchner (actualmente partidario de la derecha liberal), y su compañero Daniel Cohn-Bendit se mostraban igualmente combativos, pero, eso sí, privilegiando la vía legal: «Contra el antisemitismo que se manifiesta en Francia, primero se debe perseguir y condenar los culpables, como tu bien dices. El problema no se solucionará únicamente por la fuerza. Un largo trabajo nos espera Dani. Vamos, esta lucha es necesaria[351].»

Ante el auge inexorable del antisemitismo (desde aproximadamente 3000 años), el intelectual Michel Winock, profesor de "Ciencias políticas", presentaba el análisis siguiente: «No es la primera vez que en Francia, una crisis antisemita se manifiesta como el síntoma de una crisis democrática. La última elección presidencial del 2002 ha sido reveladora. Cuando la República se tambalea, los judíos son los primeros afectados. Hoy en día, la crisis es debida principalmente a las dificultades para integrar una población inmigrante o procedente de la inmigración, mal escolarizada, marginada, demasiadas veces discriminada-siendo terreno abonado para la propaganda comunitaria, antirrepublicana y antioccidental. En esta crisis... cada cual a su nivel tiene que involucrarse. Sentido de apertura, capacidad de escucha del otro, pedagogía continua, responsabilidad de los medios, vigilancia ante el racismo y el antisemitismo, al mismo tiempo que firmeza de los valores laicos, únicos que nos permiten el *"vivir juntos"* *, más allá de las diferencias que tenemos que respetar. Es un inmenso desafío: asumirlo es el precio de la pacificación francesa[352].» La "paz" está, efectivamente, en el centro de la concepción judía del mundo.

En Estados Unidos, la represión contra los antisemitas se agudizaba igualmente. El periódico *Rivarol* del 29 de abril del 2005 informaba del

---

[351] Daniel Cohn-Bendit, Bernard Kouchner, *Quand tu sera président*, Robert Laffont, 2004, p. 336

[352] Michel Winock, *Eduard Drumond et Cie, antisémitisme et fascisme en France*, Seuil, París 1982, p. 385.

*"Vivir *juntos":* *"Vivre ensemble":* Eufemismo políticamente correcto en Francia, que sirve de consigna mediática para la población. Su definición sería: Capacidad y voluntad de los habitantes, en un entorno de diversidad social y cultural, de compartir su espacio vital de forma armoniosa.

caso del estadounidense Matt Hale, 33 años, diplomado de la facultad de derecho del Illinois, presidente de la Iglesia del Creador, movimiento nacionalista que pretendía oponerse al «poder sionista» privilegiando como medio de lucha el recurrir sistemáticamente a los tribunales. Por lo visto, Matt Hale empezaba a ser molesto. El 8 de enero del 2003, Michaël Chertoff, hijo de rabino y futuro ministro de justicia de George Bush, ordenó su arresto bajo el pretexto que había intentado organizar el asesinato de un juez. En virtud de la nueva legislación antiterrorista en vigor en EEUU desde los atentados del 11 de septiembre 2001 (El Patriot Act), fue mantenido apartado y confinado durante quince meses en un aislamiento absoluto y considerado como un terrorista al igual que los prisioneros islamistas afganos e iraquís detenidos en Guantánamo. En abril del 2004, se presentaba ante el tribunal vestido con el mono naranja de los criminales más peligrosos. Toda la acusación se basaba en las declaraciones de un testigo de cargo, Anthony Evola, que resultó ser un agente del FBI infiltrado en el entorno de Hale que dirigía su servicio privado de seguridad, y que declararía haber recibido la orden por parte de Hale de asesinar la juez Lefkow. Matthew Hale asumió el solo su defensa, denunciando «el Estado policial de Georges Bush» y los «medios controlados por los judíos». Fue condenado el 6 de abril del 2005 a cuarenta años de cárcel.

«Los judíos son siempre víctimas el tiempo justo que precisan para convertirse en verdugos», escribía Alphonse Toussenel en 1845, en la introducción de su libro, *Los Judíos reyes de la época, historia de la feudalidad financiera* (*Les juifs rois de l'époque, histoire de la féodalité financière*). Lo ideal sería la ley soviética de Lenin, que condenaba lo antisemitas a la pena de muerte. También podríamos retomar las palabras escritas por Louis-Ferdinand Celine en su famoso panfleto de 1937, *Bagatelles pour un massacre*: «Todo antisemita tendrá la cabeza cortada.» Así sería todavía más fácil.

La crueldad

Un plan de «pacificación» ya había sido establecido durante la Segunda Guerra mundial. "El plan Kaufmann" quedó para la historia para ilustrar ese anhelo de "pacificar "los individuos y las naciones. El texto de Theodore N. Kaufmann, asesor de Roosevelt, fue publicado en 1941 en Estados Unidos por Argyle Press con el título de «*Germany must perish*». El semanal *Rivarol* del 31 de mayo de 1996 publicó parte de él:

«Ahora no queda sino determinar el mejor método, la más práctica y expedita manera, con el cual deba ser arrasada la nación alemana. Y entiéndase bien, la masacre y la ejecución al por mayor debe ser descartada. Además de ser impracticable, cuando se la aplica a una población de unos 70 millones, tales métodos son inconsistentes con las obligaciones morales y prácticas éticas de la civilización. No queda entonces sino un sólo modo de desembarazar al mundo, para siempre, del germanismo, y esto es detener la fuente de la cual nacen esas almas incontinentes de guerra, impidiendo al pueblo alemán reproducirse para siempre en su especie. Este método moderno, conocido por la ciencia como esterilización eugenésica es a la vez práctica, humana y completa. La esterilización se ha convertido en un proverbio de la ciencia, como el mejor método para la raza humana de deshacerse de lo que le sienta mal: los degenerados, los dementes, el criminal hereditario... Cuando uno se percata que medidas sanitarias, como la vacunación y los tratamientos de suero, son consideradas como un beneficio directo para la comunidad, ciertamente la esterilización del pueblo alemán no puede ser considerada sino como una gran medida, promovida por la humanidad, para inmunizarse a sí misma, para siempre, contra el virus del germanismo. La población de Alemania, excluyendo territorios conquistados y anexados, es aproximadamente de 70 millones, casi igualmente dividido entre varones y hembras. Para alcanzar el proyecto de la extinción germánica sería necesario esterilizar a unos 48 millones, una cifra que excluye, a causa de la limitada capacidad para procrear, a machos de más de sesenta años de edad y a hembras de más de cuarenta y cinco años... Tomando 20.000 cirujanos, como cifra arbitraria y en la asunción de que cada uno de ellos conseguiría un mínimo de veinticinco operaciones diarias, no se tardaría más de un mes, a lo más, para completar su esterilización... Desde luego, después de la completa esterilización, cesará la tasa de nacimientos en Alemania. Con una tasa normal de defunciones del 2 % anual, la vida alemana disminuiría en 1,5 millones de vidas anualmente*.»

El *Time Magazine* calificó estas ideas de «fenomenales»; el *Washington Post* habló de una «teoría provocadora, presentada de forma interesante», mientras el *New York Times* llegaba a titular: «Un plan para la paz duradera para las naciones civilizadas.» Estas ideas, sin duda han contribuido a influenciar los estrategas estadounidenses e ingleses en sus bombardeos masivos de ciudades y poblaciones civiles alemanas con gigantescas cantidades de bombas incendiarias.

Tras la derrota de Alemania, numerosos judíos, como es de suponer, dejaron vía libre a su venganza. Tras la caída del III Reich, más de cinco millones de soldados alemanes quedaron prisioneros, amontonados en campos vallados con alambradas, en las zonas de ocupación estadounidenses y francesas. El historiador canadiense James Bacque publicó en 1989 un libro muy interesante sobre este episodio olvidado de la historia, *Other Losses*, en el cual retrataba las condiciones de vida espantosas de esos campos que provocaron la muerte de cientos de miles de prisioneros: «El suelo de los campos se volvió rápidamente un inmundo barrizal de heces y orinas, verdadero foco de epidemias. Mal alimentados, sin refugios donde abrigarse, privados de las instalaciones sanitarias más elementales, los prisioneros pronto empezaron a morir de inanición y enfermedad. Desde el mes de abril de 1945 hasta mediados de 1946, cerca de un millón de individuos fueron aniquilados, la mayoría en los campos estadounidenses, los otros en los campos franceses... Durante más de cuarenta años, este episodio trágico de la Segunda Guerra Mundial permaneció oculto en los archivos de los Aliados.»

De 1947 hasta los primeros años 1950, James Bacque escribía que, «los alemanes calculan que 1 700 000 soldados, aún en vida al final de las hostilidades, no regresaron nunca a sus hogares. Todas las potencias aliadas afirman no saber nada del paradero de esos hombres. Los Estados Unidos, Gran Bretaña y Francia acusan a Rusia de haber cometido atrocidades en sus campos de internamiento[353].»

Estas cifras no incluyen las innumerables víctimas debido a las evacuaciones de los 12 millones de alemanes de los territorios de Prusia oriental, Pomerania, Silesia y los Sudetes, hoy en día bajo dominación rusa, polaca y checa.

Recordemos el caso de un tal Salomon Morel, comandante del campo de trabajo de Swietochlowice-Zgoda durante el periodo comprendido entre febrero y noviembre de 1945. A los 75 años, Salomón Morel había finalmente sido acusado en 1996 por la justicia polaca de «violencias físicas y psicológicas contra prisioneros alemanes». Su papel en los crímenes cometidos en los campos de Swietochlowice había sido esclarecido por el instituto de la Memoria Nacional, una institución

---

[353] James Bacque, *Morts pour raisons diverses*, 1989, Éditions Sand, 1990 pour l'Éd. Française, p. 16-18. (Léase en español *Crimen y Perdón*, de James Bacque, Editorial Machado, 2013, Madrid)

* Theodore N. Kaufmann, *¡Alemania debe perecer!*, versión pdf, Editorial Kamerad, p. 41

creada en los años 90 en Polonia tras la caída del comunismo. Esta institución, presidida por un judío polaco llamado Leon Kieres, que fue elegido por el Parlamento y que se había fijado el objetivo de clarificar las páginas oscuras del periodo nazi y comunista.

El texto publicado inicialmente en polaco informaba que las malas condiciones de vida e higiene provocaron la extensión dramática del tifus, de la fiebre tifoidea y de la disentería[354]. Nada había sido hecho para impedir la difusión de la epidemia, ni tan siquiera despiojar los presos. Además, estos vivían en el terror instituido por el comandante: «El sábado de Pascua de 1945, los guardias y el comandante Morel irrumpieron de noche en el campo y golpearon los presos con látigos, las culatas de los fusiles y con las patas de taburetes.» En esa ocasión, una treintena de testigos habían sufrido maltratos. Por lo que se informaba, Salomón Morel golpeaba a muerte a los alemanes.

John Sack, un judío estadounidense, escribía en su libro *Ojo por ojo*[355], que los judíos polacos que se habían alistados tras la guerra en los servicios de seguridad estalinianos se vengaban de cualquier alemán que caía entre sus manos, pero también de todos los oponentes al estalinismo. Salomón Morel era uno de esos: «Los habría fusilado a todos. Pero la porra le daba mayores satisfacciones emocionales. En Auschwitz, se prohibía a los SS pegar a los judíos para su satisfacción personal, pero los guardias de Salomón Morel no temían ninguna restricción de poder. A veces, distinguían" el castigo corporal" del "castigo general", cuando agarraban el alemán por las piernas y los brazos y golpeaban su cabeza contra una pared como se hace con un ariete. Cazaban los alemanes llevandolos hacia las perreras y los golpeaban si no querían ladrar. Los obligaban a golpearse los unos a los otros. Violaban las mujeres y adiestraban los perros para que fueran a morder las partes genitales cuando se les ordenara.»

Así era como, de febrero a octubre de 1945, se trataba a los prisioneros en el campo dirigido por Salomón Morel. De los 6000 presos, 1800 habían fallecido debido a los maltratos y a la epidemia de tifus. Perseguido por Interpol por crímenes contra la humanidad, Salomón

---

[354] El texto traducido del polaco al inglés fue publicado en la carta de información n°55 (mayo 1997) del Adelaide Institute (Australia). La revista *Tabou* de Jean Plantin da una versión francesa del texto en su n°1, Éditions Akribeia, 2002.

[355] John Sack, *An Eye for an eye*, Basic Books, 1993. www.johnsack.com

Morel se había refugiado en Israel en 1992, después de haber sido toda su vida un funcionario de los Servicios de Seguridad en tiempos del régimen comunista.

Existe poca información, que se sepa, respecto de los grupos de «vengadores» judíos después de la guerra. Entre los más famosos figuraba el grupo Nakan, cuyo nombre significaba "venganza" en hebreo. El periódico *Rivarol* del 12 de abril de 1996 informaba que un programa de televisión israelí llamado "Ojo por ojo", emitido el 25 de febrero de 1996, había recibido y entrevistado a Ava Kuvner, el antiguo dirigente de uno de esos grupos de venganza. Este contaba detalladamente y con cierto orgullo, la ambiciosa solución ideada para liquidar seis millones de alemanes, envenenando el agua de Múnich, Nuremberg, Hamburgo y otras grandes urbes alemanas. Este plan, según se informaba, había sido elaborado y apoyado calurosamente por Haïm Weizman, futuro primer presidente del Estado Hebreo. Fue Weizman quien dirigió Kuvner hacia los químicos competentes, confirmaba Dan Setton, en su libro publicado en 1995 titulado *Vengeance*. Ese proyecto, quizás demasiado ambicioso, fracasó a pesar de muchos meses de preparación. Esto es lo que dice al respecto Israel Shamir, publicista israelí convertido al cristianismo ortodoxo, en su libro titulado *La otra cara de Israel*: «Afortunadamente, el complot fue descubierto y oficiales británicos arrestaron Kuvner en un puerto europeo. Esta historia ha sido publicada el año pasado en Israel, en una biografía de Kuvner escrita por Dina Porat, directora del centro de investigación sobre el antisemitismo de la Universidad de Tel-Aviv[356].» Shamir añadía que "Abba Kovner" había intentado también «envenenar las fuentes del Rin... Se puede leer al respecto en su biografía, sin ningún atisbo de remordimiento o vergüenza, escrita por la historiadora israelí Anita Shapira[357].»

En el programa de televisión, Kuvner se vanagloriaba de haber logrado envenenar «miles de SS» introduciendo pan preparado con estricnina en los campos donde estaban presos. Dan Setton cifraba en quince mil los prisioneros alemanes que habrían consumido pan envenenado. El programa televisivo se mostraba «extrañamente silencioso en cuanto a los resultados de la operación». Sin embargo, no dejaba de ser sorprendente escuchar criminales vanagloriarse de sus actos bajo el

---

[356] *Haaretz*, 28 de abril del 2001

[357] Israel Shamir, *L'autre visage d'Israël*, Éditions Al Qalam, 2004, p. 139, 333

pretexto de «justicia», lamentándose únicamente de «no haber llevado a cabo su venganza». Haïm Weizman daría su nombre al instituto Weizman, institución homologa del instituto Pasteur francés. Ningún Jefe de Estado que visita Israel se libra de una visita reverente a ese prestigioso instituto.

La televisión israelí había emitido en el año 2000 otra investigación acerca de estos" vengadores" judíos que operaban en Alemania ocupada. Dos israelís de edad avanzada, Leipe Distel y Joseph Harmatz, miembros del Nokim (palabra hebrea que significa *Los Vengadores*), reconocían haber pertenecido a un escuadrón de la muerte, dirigido desde Tel-Aviv, que tenía como objetivo envenenar con arsénico miles de prisioneros alemanes en un campo estadounidense cerca de Nuremberg. En 1946, tras conseguir ser contratados para trabajar en la panadería del campo, consiguieron empapar 3000 hogazas de pan con arsénico. Los registros habían conservado los partes médicos de cientos de prisioneros con graves dolencias de estómago. Joseph Harmatz, de 74 años, daba la siguiente opinión al respecto: «Nosotros, los judíos, hemos actuado con la moral de nuestra parte. Los judíos tienen el derecho de vengarse de los alemanes.» Rafi Eitan, antiguo director de operaciones del Mossad, resumía así las acciones de los Nokim (seguramente fueron cientos): «Actuaban sin miramientos y sin mayores formalidades. Se contentaban con ejecutar todos los nazis que encontraban. Para ellos, los actos se justificaban en virtud de la norma bíblica:" Ojo por ojo, diente por diente".»

El periodista Emmanuel Ratier informaba en *Faits et Documents*, que, en abril del 2002, tras años de retraso, las autoridades judiciales alemanas, concretamente el procurador general de Nuremberg, Klaus Hubmann, el cual se había negado a ceder ante las presiones, decidían finalmente abrir una investigación criminal sin precedentes acerca de los escuadrones de la muerte judíos de la posguerra. Resultó que numerosos miembros de dichos escuadrones se habían convertido en agentes y dirigentes del Mossad. Desde Tel Aviv, Harmatz calificaba esta investigación de «ridícula»: «Estas personas son idiotas, decía. De todas maneras, no reconozco Alemania. Y desde luego, no tengo la menor intención de ir allí. Las autoridades israelíes nunca les permitirán venir hasta aquí para interrogarnos. Ya hemos tenido suficiente de los interrogatorios de los alemanes[358].»

---

[358] *Faits et documents*, 15 abril 2002

Tras la guerra, el Estado de Israel quiso poner fin a estas acciones desordenadas. Un ejemplar del *Crapouillot* de febrero de 1985 informaba que el coronel Schadmi, el jefe del Haganá[359] en Europa, encargado de desmantelar las redes existentes, tuvo que ordenar el secuestro de aquellos «vengadores» que se negaban a abandonar sus actividades y transferirlos a Israel.

Elie Wiesel también mencionó algunos excesos cometidos por sus congéneres en los campos alemanes durante la guerra: «¿Como se puede explicar que el hijo del gran líder sionista polaco Yitzhak Grinbaum, kapo en Auschwitz, se ensañaba tanto torturando, humillando y golpeando a sus compañeros de celda judíos, sobre todo si eran religiosos o sionistas?». «Esos kapos judíos que nos aporrean, ¿por qué? ¿Para demostrar a los verdugos que pueden ser igual que ellos[360]?» Vemos aquí, al fin y al cabo, que los judíos pueden ser hombres como los demás...

En su libro sobre los judíos en Rusia, el gran escritor ruso Aleksandr Solzhenitsyn también llamó la atención sobre el papel de numerosos judíos en los órganos de represión bolchevique: «Tenían ahora un poder casi ilimitado que nunca hubiesen podido imaginar antes. No supieron detenerse, dar un paso al costado, hallar en ellos mismos un freno o la lucidez necesaria.» Solzhenitsyn citaba un historiador judío, G. Landau, que escribía sobre el periodo bolchevique: «Nos hemos visto afectados por algo que no esperábamos encontrar en los judíos–la crueldad, el sadismo y la violencia que parecían ajenas a un pueblo alejado de la vida guerrera; aquellos que ayer no sabían manejar el fusil, estaban ahora entre los asesinos y verdugos[361].»

Estos instintos fueron puestos en evidencia en otras épocas más antiguas de la historia. En *La otra cara de Israel*, Israel Shamir recordaba la conquista de Palestina por los persas, en el siglo VII. En 614, Palestina formaba parte del imperio Bizantino, sucesor del imperio Romano. Los judíos de Palestina se aliaron entonces a sus correligionarios de Babilonia para echarles una mano a los persas en su

---

[359] Haganá: la primera organización paramilitar que combatía las tropas británicas para la independencia de Israel.

[360] Elie Wiesel, *Mémoires, Tome I*, Le Seuil, 1994, p. 111, 113

[361] Alexandre Soljénitsyne, *Deux Siècles ensembles*, Fayard, 2003, p. 146

conquista de la Tierra santa. 26 000 judíos participaron en la ofensiva. Tras la victoria persa, los judíos perpetraron «un holocausto masivo»: «Incendiaron las iglesias y los monasterios, matando los monjes y los curas y quemando los libros.» Fue «el año más horrible de la historia de Palestina hasta el siglo XX», escribía Shamir, citando el profesor de la Universidad de Oxford Henry Milman: «Por fin había llegado la hora tan esperada del triunfo y de la venganza. Los judíos no dejaron pasar su oportunidad y lavaron con la sangre de los cristianos la profanación de la ciudad santa.» Según Shamir, compraron los cristianos prisioneros a los persas, y los asesinaron en la reserva de Mamilla. «Solo en la ciudad de Jerusalén, los judíos masacraron entre 60 000 y 90 000 cristianos palestinos... Unos días después, habiendo comprendido la magnitud de la masacre, los soldados persas impidieron que los judíos siguieran con sus abusos y atropellos... El genocidio de 614 después de Jesús Cristo fue el más terrible, aunque no fue el único genocidio perpetrado por los judíos durante esa época caótica[362].»

Israel Shamir mencionaba naturalmente otros episodios trágicos de Palestina, especialmente el de la masacre del pueblo de Deir Yassine, a las puertas de Jerusalén: «Durante la noche del 9 de abril de 1948, los grupos terroristas judíos Etsel y Lethi atacaron ese pueblo apacible y masacraron a todo el mundo, hombres, mujeres y niños.» Los jefes de estas bandas terroristas, Menahem Begin e Itzhac Shamir, se convertirían luego en Primeros ministros de Israel. Sin embargo, ninguno de los dos expresó remordimiento alguno, e incluso «Begin vivió hasta el final de su vida en una casa con vista panorámica sobre Deir Yassine. Para ellos no hubo un tribunal de Nuremberg, ni venganza, ni penitencia», sino «una alfombra de rosas que llevaba hasta el premio Nobel de la paz.» Cuando la masacre fue desvelada, Ben Gourion, Primer ministro de Israel en ese momento anunció que «unas bandas de árabes desenfrenadas» habían sido los autores. Tres días después, los grupos paramilitares fueron incorporados al ejército israelí que se estaba formando y una amnistía general absolvió sus crímenes.

El mismo esquema, es decir la negación, seguida de disculpas y finalmente de un gesto de clemencia y de promociones, fue aplicado tras la primera atrocidad cometida por el Primer ministro Sharon en 1953. Aquello se produjo en el pueblo palestino de Qibya, donde la unidad que comandaba Sharon hizo volar con dinamita las casas con sus habitantes dentro, masacrando unas sesenta personas, hombres,

---

[362] Israel Shamir, *L'autre visage d'Israël*, Éditions Al Qalam, 2004, p. 133-137

mujeres y niños. Cuando el asunto fue desvelado, el Primer Ministro Ben Gourion empezó acusando a las bandas árabes. Este acto, una vez más, no arruinó la carrera de Ariel Sharon, el cual llegaría a ser también Primer ministro. Shamir citaba un tercer ejemplo, el de la masacre de Kafr Kasem, donde las tropas israelís habían reunido los campesinos para ametrallarlos. «Cuando fue imposible negar el caso y un diputado comunista desveló los infames detalles, los culpables fueron juzgados por la corte marcial y condenados a largas penas de prisión; salieron al cabo de pocos meses y el comandante fue nombrado director de la oficina de" Empréstitos de Israel"[363].»

Una noticia de Agence France Presse del 22 de mayo de 2006 señalaba efectivamente que «la mayoría de los militares y de los colonos israelíes implicados en homicidios ilegales contra palestinos seguían beneficiando de la impunidad». En su informe anual, Amnistía Internacional informaba sobre esas vulneraciones de los derechos humanos en Israel: «Las investigaciones y actuaciones judiciales eran escasas. Estas, la mayoría de las veces, no desembocaban en una condena... En los casos excepcionales en los que los israelíes eran declarados culpables de homicidios o de violaciones de derechos fundamentales de palestinos, las penas incurridas eran ligeras». El informe señalaba también los atropellos «recurrentes» perpetrados contra los palestinos por los colonos judíos: «Los colonos israelíes han atacado con regularidad los palestinos y sus bienes en Cisjordania. Han destruido cosechas, arrancado o quemado olivos, contaminado depósitos de agua e impedido a agricultores cultivar sus tierras para obligarlos a marcharse.» El informe precisaba que, la mayoría de las veces, los militares y policías israelíes no intervenían. «En cambio, Israel utilizaba todos los medios a su alcance-especialmente medidas que violan el derecho internacional como los asesinatos y las sanciones colectivas- contra los palestinos responsables de ataques contra israelíes o sospechosos de haber participado directa o indirectamente en esos ataques.» Por último, se mencionaba que «las alegaciones de tortura de prisioneros palestinos no eran objeto de investigaciones serias.»

Vemos como el envenenamiento de los pozos de agua parece ser una vieja costumbre de esos «vengadores» judíos. Asimismo, es bastante sorprendente constatar como la mayoría de los historiadores judíos se rasgan las vestiduras ante las terribles «acusaciones» de los cristianos que, ya en la Edad-Media, culpaban los judíos de envenenar el agua de

---

[363] Israel Shamir, *L'autre visage d'Israël*, Éditions Al Qalam, 2004, p. 143-146

los pozos. Pero se trata, sin duda, de una leyenda, de un mito propagado por los antisemitas para dañar el pueblo judío, siempre víctima, eterno chivo expiatorio.

Otra acusación, igual de disparatada, consistía en sostener que los judíos practicaban asesinatos rituales de niños cristianos (libelos de sangre) para mezclar su sangre al pan ácimo que se consumía durante las fiestas de Pascua judía (Pesaj). Estas acusaciones falsas, innobles y horribles, eran aún numerosas en el siglo XIX y hasta recientemente. Tal es el caso por ejemplo del caso de Tisza-Eszlar, en Hungría: En 1882, la sinagoga de la ciudad fue destruida tras la desaparición de una niña de catorce años. En junio de 1891, el cuerpo de un niño fue hallado en Xanten, en Prusia renana, atribuyéndose tal crimen al deseo de los judíos de recoger sangre. En 1899, un judío llamado Hilsner fue condenado por un asesinato ritual en Bohemia. Naturalmente, estos prejuicios eran persistentes. El caso Beilis, en 1911, fue muy sonado. «A pesar de que el pobre desgraciado fuese absuelto, el jurado declaró solemnemente que los asesinatos rituales existían, sin lugar a duda[364]», escribía Leon Poliakov.

Otro caso muy sonado fue el de Damasco, ciudad en parte cristiana. En 1840, un monje capuchino, el Padre Thomas, desapareció misteriosamente. Su cadáver fue hallado en el mes de marzo (después de la fiesta de Purim), en las alcantarillas del barrio judío. El cónsul francés Ratti-Menton, achacó su desaparición a miembros de la comunidad judía y apoyó las acciones judiciales entabladas contra personalidades destacadas, acusadas de asesinatos rituales. En París, Adolfo Thiers, que acababa de ser nombrado presidente del Consejo por Luis-Felipe, se solidarizó con el cónsul francés. Pero los financieros Fould y Rothschild intervinieron con todo su poder y promovieron una campaña de prensa contra Thiers. Este último los atacaba desde la tribuna de la Cámara: «¡Vosotros reclamáis en nombre de los judíos y yo reclamo en nombre de Francia!» Nuevamente, el historiador Leon Poliakov nos daba una idea del poder de la comunidad judía internacional en aquella época: «Los Rothschild finalmente ganaron la causa, amenazando con beneficiarse de la caída de la renta. Thiers tuvo que dimitir. Los judíos emprendieron entonces la lucha por la rehabilitación de las víctimas de la calumnia medieval y la obtuvieron

---

[364] Léon Poliakov, *Histoire des crises d'identités juives*, Austral 1994, p.210

gracias a la intervención británica. Pero la alerta había sido dada y este asunto marca el origen de las organizaciones de defensa judías, empezando por la Alianza israelita universal[365].»

Esta Alianza israelita fue creada en 1860 por un francés del Mediodía francés, «perfectamente integrado»: Adolfo Crémieux. En 1866, ya se había precipitado en Rusia para defender a los judíos: «En Saratov, un grupo de judíos era acusado de asesinato ritual. Adolfo Crémieux se desplazó hasta allí y consiguió su absolución[366]». En 1870, se convirtió en el primer ministro de Justicia de la nueva República francesa, y, como sabemos, concedió inmediatamente la nacionalidad francesa a sus congéneres de Argelia, cuando los ejércitos prusianos aún campaban sobre el territorio nacional.

Si remontamos en la historia, constatamos que los libelos de sangre se cuentan por decenas en toda Europa. En España el famoso caso del Santo Niño de La Guardia fue el más emblemático. En Polonia, en el siglo XVIII, la comunidad judía pasaba por duras convulsiones y aún estaba desgarrada por el conflicto que oponía los rabinos a los sabateos, los discípulos del "falso mesías" Shabtai Tzvi y de su sucesor, Jacob Frank. Los sabateos, declarados heréticos por los rabinos, eran duramente perseguidos [367], pero replicaron atacando el Talmud, «diciendo que era falso y maligno», informaba David Bakan, añadiendo: «Llegaron hasta acusar el Talmud de imponer el uso de sangre cristiana, atestiguando y jurando que los judíos perpetraban crímenes rituales[368].» Es lo que escribía también Gershom Scholem, uno de los mayores pensadores judíos del siglo XX: «Durante sus discusiones públicas con

---

[365] Léon Poliakov, *Los Samaritanos*, Anaya & Mario Muchnik, 1992, Madrid, p. 111. Un libro publicado al respecto en 2005, *La Sangre cristiana*, presentaba las confesiones de un antiguo rabino arrepentido de Moldavia (*Refutación de la religion de los judíos*, 1803). Este aseguraba que unas pocas gotas eran suficientes. Sobre el caso de Damasco, se puede leer que todos los judíos inculpados confesaron el asesinato. Diez de ellos fueron condenados a muerte, y finalmente salvados gracias a la intervención de Adolphe Crémieux, de Moïse Montefiore y de los financieros internacionales.

[366] Léon Poliakov, *Histoire des crises d'identités juives*, Austral 1994, p. 67

[367] Sobre los Sabateos, cf. *Psychanalyse du judaïsme*, H. Ryssen, Baskerville, p. 158-166

[368] David Bakan, *Freud et la tradition mystique juive*, 1963, Payot, 2001, p. 132

los rabinos judíos en Lvov, en 1759, los miembros de la secta no rehusaron recurrir a la acusación de crimen ritual, la acusación más insoportable y dolorosa para la sensibilidad judía, más aún que las que atacan sus creencias.» Pero Scholem se apresuraba en añadir que según el historiador Meir Balaban, «los sabateos lo hicieron a instigación del clero católico, el cual tenía interés en poseer un documento de esa índole para sus propios objetivos[369].»

El último caso importante de crimen ritual tuvo lugar en 1946 en Kielce, en Polonia. Un pogromo estalló tras una acusación de asesinato ritual. En total, 42 judíos fueron ejecutados por la muchedumbre, 5 por la policía, y más de 70 fueron gravemente heridos. Kielce representaba el episodio más significativo del antisemitismo que reinaba en Polonia después de la guerra: «Solo entre noviembre de 1944 y octubre de 1945, escribía Gabriele Eschenazi, unos 350 judíos fueron asesinados por los polacos. Desde la liberación, hasta finales de 1947, hubo unas 1500 víctimas.» En Rzeszow, en 1945, «se propagó la noticia de que una patrulla de policías había encontrado en casa de un rabino los cuerpos torturados de al menos dieciséis niños. La comunidad judía se vio forzada a huir bajo protección policial[370].»

En febrero de 2007 estallaba en Italia otro desagradable caso que causó un gran escándalo. El profesor Ariel Toaff acababa de publicar un libro de 400 páginas titulado *Pasque di sangue (Pascua de sangre, los judíos de Europa y los libelos de sangre)*. El profesor Toaff, de la universidad Bar-Ilan de Jerusalén, provocaba un revuelo mediático reconociendo que los asesinatos rituales fueron practicados por algunos judíos asquenazíes en el norte de Italia.

El periódico *Actualité juive* del 1 de marzo del 2007 resumía el asunto: «*Pasque di sangue*, el libro del historiador Ariel Toaff, con una tirada de solo 1000 ejemplares, quizás hubiese pasado relativamente desapercibido si otro historiador, Sergio Luzzato, también judío, no hubiese hecho una crítica elogiosa del libro en el diario el *Corriere della Sera*.» Este calificó la publicación del libro de «acto intelectual inédito y valeroso.» Ariel Toaff aseguraba que, durante la Edad Media, «entre 1100 y 1500, algunas, quizás varias, crucifixiones de niños cristianos se habían realmente producido» a manos de «de una minoría de integristas

---

[369] Gershom Scholem, *Le Messianisme juif*, 1971, Calmann-Levy, 1974, p.144

[370] Gabriele Eschenazi, Gabriele Nissim, *Les Juifs et le communisme après la Shoah*, 1995, Éd. De París, 2000, p. 231-239

asquenazíes» El periódico daba más detalles: «pulverizada, la sangre se mezclaba al pan ácimo y al vino consumido las noches de seder, (la cena de Pascua). Podemos imaginar con facilidad la onda de choque producida por tales afirmaciones. Pues, además, Ariel Toaff, profesor de historia medieval, no era otro que el hijo del antiguo Gran Rabino de Roma, Elio Toaff, el cual recibió el Papa Juan Pablo II en la sinagoga de Roma. Al día siguiente, todos los diarios italianos hablaron del libro, cuyos mil ejemplares se agotaron en un solo día.» A continuación, Ariel Toaff insistió, recordando en el diario la *Stampa* las persecuciones de judíos durante las Cruzadas: «De ese traumatismo nació una pasión por la venganza que, en algunos casos, generó ciertas reacciones como el asesinato ritual de niños cristianos.» El historiador mencionaba también «el comercio de sangre secada en ambos lados de los Alpes, con frascos estampillados kósher por los rabinos.» Inmediatamente desmentido por los historiadores transalpinos, Ariel Toaff fue desaprobado por su padre, por la comunidad judía local y «por todo el judaísmo italiano», así como por la Universidad de Bar-Ilan. Tras recibir varias presiones, Toaff hizo algunas declaraciones contradictorias, y pidió a su editor, El Molino, que no volviera a publicar su obra hasta que modificara algunos capítulos. El autor declaraba además que los beneficios de la venta del libro irían a parar a la Liga Anti-Diffamation, basada Estados-Unidos, para expresar «su profundo pesar». Naturalmente, *Actualité juive* publicaba otro artículo de un historiador judío que calificaba el libro de «alucinatorio».

En un libro que examinaremos más en detalle adelante, el doctor Georges Valensin mencionaba cierta inclinación a la crueldad en algunos de sus congéneres. Evocando la retirada de Rusia de la Grande Armée de Napoleón, aportaba el testimonio del general Marbot, que escribía en sus *Memorias*: «Judíos infames se abalanzaban sobre franceses heridos o enfermos; los despojaban de sus vestimentas y los tiraban desnudos por las ventanas en un frío de menos 30°C[371].» Es también conocido, respeto a esos acontecimientos, el testimonio del Capitán Coignet, quién escribía en sus famosos *Cahiers*: «Los judíos y los rusos degollaron mil franceses; las calles de Vilna estaban cubiertas de cadáveres. Los judíos fueron los verdugos de nuestros franceses.

---

[371] Georges Valensin, *La Vie sexuelle juive*, Éditions philosophiques, 1981, p. 131

Afortunadamente la Guardia los detuvo y el intrépido mariscal Ney restableció el orden.»

En el 2002, Jacques Attali tenía, curiosamente, una interpretación exactamente opuesta: «Cien mil polacos (entre ellos, judíos) mueren como héroes cubriendo la retirada del Gran ejército [372]». Quienes leyeron nuestros anteriores libros han notado esta propensión de muchos intelectuales judíos en ir en contra de la verdad, cuando esta les molesta, y en acusar sistemáticamente sus víctimas de aquello de lo que son probablemente culpables. En 1869, Gougenot des Mousseaux notaba ese comportamiento característico y detectaba en «el judío», «su invencible atrevimiento, su característica tenacidad para negar todos los crímenes, frente a todas las evidencias[373]».

Voltaire también se había percatado de cierta forma de crueldad en los judíos. En la versión no expurgada de su *Diccionario filosófico* escribía: «El espíritu sedicioso de ese pueblo le indujo a cometer nuevos excesos: su carácter fue cruel en todas las épocas, y su sino fue siempre el ser castigado.» Notaba además que el Antiguo Testamento abundaba de ejemplos de masacres: «Casi todos los cánticos... están llenos de imprecaciones contra todos los pueblos vecinos. Solo se trata de matar, exterminar, destripar las madres y aplastar los sesos de los niños contra las piedras.» (*Mélanges, Dieu et les hommes, ch.21*). Voltaire proseguía con su ironía mordaz: « Jefté inmola su hija a su dios sanguinario; Aod asesina su rey en nombre del Señor; Yael clava la cabeza de un general; Samson repite las proezas de Hércules; los judíos quieren practicar la pederastia con un ángel y un levita ; un levita despedaza su mujer en doce pedazos; 400 000 soldados son matados en un pequeño territorio; historias de 600 vírgenes y fabulas de caníbales; Dios se venga de los cananeos infligiéndoles hemorroides; Samuel descuartiza el rey Agag; Saul consulta una pitonisa; el violinista David, a la cabeza de sus filibusteros, saqueando y degollando sin perdonar la vida de los niños lactantes tal como lo ordena el rito judío... Hay que reconocer que nuestros bandoleros fueron menos culpables a los ojos de los hombres;

---

[372] Jacques Attali, *Los Judíos, el mundo y el dinero*, Fondo de cultura económica de Argentina, Buenos Aires, 2005, p.342

[373] Roger Gougenot des Mousseaux, *Los Judíos, el Judaísmo y la judaización de los pueblos cristianos*. Versión pdf. Traducido al español por la profesora Noemí Coronel y la inestimable colaboración del equipo de Nacionalismo Católico. Argentina, 2013, p. 244

pero las vías del dios de los judíos no son las nuestras.»(*Voltaire, Examen important de milord Bolingbroke, ch.7 et 8*).

Voltaire seguía y escribía: «Hubo, según vuestro Libro de los Números, dieciséis mil mujeres para vuestros soldados, dieciséis mil mujeres para vuestros sacerdotes; y de la parte de los soldados, se extrajeron treinta y dos para el Señor. ¿Qué se hizo con ellas? No teníais religiosas. ¿Cuál es la parte del Señor en todas vuestras guerras, sino la de la sangre? (*Diccionario filosófico*, no expurgado).

En su *Testamento de un poeta judío asesinado* Elie Wiesel se empeñaba sin embargo en convencernos de que los judíos eran seres incapaces de cualquier acto de barbarie. En el nos contaba las peripecias de su héroe durante la guerra civil española. Este resultaba ser «torpe e inapto para el combate». Se vería por lo tanto adscrito al servicio de «propaganda y cultura». Después de describir las crueldades cometidas por los dos bandos de la guerra, Wiesel insistía en exculpar los voluntarios internacionales: «Los voluntarios internacionales, sin embargo, se comportaban honradamente. ¿Sería porque en sus filas había muchos judíos? Puesto que los judíos parecen incapaces de cometer ciertas ignominias, incluso cuando se trata de vengarse. Los Stern, los Gross, los Frenkel, los Stein–que vinieron desde comunidades judías dispersas de Hungría, Rumanía y Polonia-demostraban magnanimidad hacia los vencidos», nos decía Elie Wiesel, para finalmente concluir: «Su aversión a la crueldad, nunca la hubiesen atribuido a sus orígenes judíos, sino más bien a su ideología marxista[374].» Elie es un tipo asombroso.

La teología de la venganza

La venganza no es considerada un sentimiento noble en la civilización cristiana. Israel Shamir afirmaba que tampoco lo es en la civilización musulmana: «En las literaturas cristianas y musulmanas, la idea de revancha aparece raramente como el tema principal de un libro importante. "Vengador" es un término negativo en la cultura cristiana y la cultura musulmana.» La cultura judía, en cambio, «está saturada de venganza, ya que deriva directamente del Antiguo Testamento. No es de extrañar que Israel haya introducido la venganza en su política cotidiana. Sus ataques contra los palestinos reciben el nombre de *peulot tagmul*, los actos de venganza.» Shamir, que vivía en Israel, no tenía

---

[374] Elie Wiesel, *Le Testament d'un poète juif assasiné*, 1980, Points Seuil, 1995, p. 209-211

dificultades para ilustrar sus palabras: «La invasión del Líbano, en 1982, con sus 20 000 fallecidos libaneses y palestinos, cristianos y musulmanes, era un acto de venganza por el intento de asesinato del embajador de Israel en Londres. Durante la última Intifada, cada acción de terror israelí era calificada de "castigo" o de "represalia" por los israelíes y los medios estadounidenses [375].» Igualmente, durante el verano del 2006, los medios presentaron la destrucción del Líbano bajo un diluvio de fuego como un acto de represalia en respuesta al secuestro de dos soldados israelíes por Hezbollah.

Jean-Paul Sartre ya avisó en su momento del deseo de venganza de los judíos y como era algo bien conocido de todos: «Durante la ocupación [alemana], los demócratas eran profundamente y sinceramente contrarios a las persecuciones antisemitas, pero de vez en cuando suspiraban:" Los judíos van a regresar del exilio con una insolencia y un apetito de venganza tan grande que me temo un recrudecimiento del antisemitismo[376].»

La ensayista Viviane Forester, que ya hemos mencionado en nuestros libros anteriores, también transcribió en algún pasaje de sus libros los furores de algunos judíos. Durante el transcurso de la Segunda Guerra Mundial, el comité nacional de Resistencia judía en Polonia lanzó un mensaje al mundo entero: «La sangre de tres millones de judíos clama venganza, y ¡será vengada! El castigo no solo golpeará los caníbales nazis, sino también todos aquellos que no hicieron nada para salvar un pueblo condenado[377].»

La venganza también rezumaba en el libro de *Souvenirs* del famoso gánster Pierre Goldman, publicado en 1975. Tras participar en los acontecimientos de mayo de 1968 en París, pasaba una temporada en Venezuela antes de regresar a Francia con una falsa identidad. Se fue por el camino del gansterismo y de los atracos a mano armada sangrientos, aunque admitía que esas prácticas se alejaban de su ideal revolucionario. Fue arrestado en abril de 1970 en posesión de un falso pasaporte venezolano[378]. Su padre era un comunista que había

---

[375] Israel Shamir, *L'autre visage d'Israël*, Éditions Al Qalam, 2004, p. 245

[376] Jean Paul Sartre, *Réflexions sur la question juive*, Gallimard, 1946, Folio, 1954, p. 68-69

[377] Viviane Forrester, *Le Crime occidental*, Fayard, 2004

[378] Sobre Pierre Goldman: Cf *Psychanalyse du judaïsme*, p. 134-136

participado en las Brigadas internacionales: «Mata [fascistas] alemanes. Con odio, con alegría, sin dudarlo. Tallador y deportista, guerrea y guerrea bien. Ha merecido su nacionalidad francesa y nunca fue tan judío como en aquel momento... En el comunismo, soñaban con la fraternidad internacional, una internacional y un socialismo donde el pueblo judío, su identidad judía no sería abolida. Nadie fue más judío que esos nuevos asmodeos, esos nuevos macabeos, esos hijos del pueblo del libro que empuñaron las armas para escribir la historia sagrada de la rebelión judía.»

La madre de Pierre Goldman era una judía comunista de Polonia que llegaría a ser miembro del Partido comunista francés: «En mi cuna, había octavillas y armas que se escondían ahí» escribía Golman. En cualquier caso, era sincero respecto a su filiación identitaria: «Ser o no ser francés, no había sido nunca una preocupación para mí: para mí, la cuestión no se planteaba. Creo que siempre supe que era sencillamente un judío polaco nacido en Francia... Nací ateo y nací judío[379]», aseguraba Goldman.

Se apuntó a la Unión de las Juventudes comunistas con ese espíritu moldeado por ideas de venganza: «Aprendía el marxismo con Politzer (del que sabía que era un filósofo y un combatiente, un pensador y uno de los primeros comunistas en haber tomado las armas. Sabía que ese catedrático había sido fusilado. Sabía que era judío). Soñaba con la guerra civil, con la guerra antifascista, con un verdadero regreso del tiempo, de la historia... Me hartaba, me imbuía, me atormentaba con películas e historias sobre aquella guerra, con imágenes del holocausto.»

Los acontecimientos de Argelia fueron la ocasión de alimentar su odio: «Tengo hacia los policías pogromistas de las redadas de 1961 un odio feroz y judío. No entiendo como las víctimas asesinadas en Charonne no son vengadas.» En Compiégne, conoció el hijo de un antiguo FTP: «Nuestros proyectos: robar armas y matar algunas personalidades conocidas por sus simpatías hacia la OAS*. La guerra de Argelia se acaba antes de que podamos actuar.»

---

[379] Pierre Goldman, *Souvenirs obscurs d'un juif polonais né en France*, Points Seuil, 1975, p. 29-33.

* Organización del Ejército Secreto (OAS) (*Organisation de l'Armée Secrète*) fue una organización terrorista francesa de extrema derecha creada en Madrid en 1961 tras el intento de golpe de Estado contra De Gaulle.

En París, se apuntó a la Sorbona, pero dedicó la mayor parte del tiempo a la acción militante: «Me dedico a dominar las sutilezas del debate marxista. Hablo. Pero rápidamente, me oriento hacia la organización de la lucha contra los grupos de extrema derecha (pues el odio me aboca a ello) ... Es lo que llamaremos el servicio de seguridad de la UEC (Unión de los Estudiantes comunistas). Atacamos los que repartían octavillas fascistas y monárquicas[380].»

En su combate político subyacía también, ciertos impulsos criminales. En Evreux, a principios de los años 60, «se relacionaba con gánsteres judíos, proxenetas y algunos pandilleros motorizados.» Goldman se alistó luego en un carguero noruego y partió hacia México. Sin papeles en regla, fue rechazado en la frontera y acabó detenido en una prisión estadounidense: « En mi celda, él que mandaba era un judío de cuerpo simiesco y enorme, aunque bajo y fornido, que me acogió fraternalmente... Ese judío, originario de Europa del este, como yo, estaba en la cárcel por robo a mano armada... Se arriesgaba a una pena de veinte años, pues era reincidente, pero le era indiferente el encarcelamiento[381].» Pierre Goldman llevaba muy mal estar confinado con los blancos; hubiera preferido estar con los negros. En efecto, sus mejores amigos en París eran guadalupeños, y con ellos prepararía sus atracos unos años más tarde. Cuando desertó Francia para no tener que cumplir su servicio militar, erró entre Praga, Berlín y Bruselas, «en los bares frecuentados por el hampa y el lumpen antillano».

En 1967, en tiempos de la Guerra de los Seis Días, escribía, «conocí a dos camaradas judíos, marxistas-leninistas y supuestamente anti-sionistas, que se alegraban hipócritamente del poderío y habilidad guerrera de las tropas de Dayan. Sonreí para mis adentros de esta terrible y oculta complicidad que compartíamos en secreto como judíos. Pensaba en los combatientes sagrados del gueto, a su valentía absoluta. Pensaba en los judíos de las Brigadas internacionales, en los judíos del grupo Manouchian-Boczov, en los judíos del Orquesta rojo y en los judíos de los servicios especiales del Komintern estaliniano... Y

---

[380] Pierre Goldman, *Souvenirs obscurs d'un juif polonais né en France*, Points Seuil, 1975, p. 39-43

[381] Pierre Goldman, *Souvenirs obscurs d'un juif polonais né en France*, Points Seuil, 1975, p. 53

recordaba la alegría descarada de mi padre cuando vibraba por el triunfo de las armas judías[382].»

El ambiente general parecía propicio para las grandes actuaciones: «Decidí viajar a Cuba lo antes posible. Había fraguado contactos con camaradas guadalupeños y, en el calor parisino, preparábamos violentos incendios insurreccionales, sangrientas operaciones liberadoras.» Tenía, en ese momento, 24 años, y se relacionaba con revolucionarios guadalupeños y congoleses. «Robé un pasaporte que falsifiqué y, esperé... Pensaba, al salir de Francia, que en Venezuela viviría experiencias y grandes pruebas que me cambiarían. Cambiar o morir, esa era mi obsesión. Llegar a ser lo que no solía ser. Arrancarme de esta perpetua repetición empantanada en la que me veía con espanto y repugnancia. También pensaba que era importante que pereciese antes de los treinta años y que muriese purificado de las escorias vergonzosas que arrastraba[383].»

Viviendo en la clandestinidad, se mantuvo apartado de los acontecimientos de mayo del 68 de París y partió a Venezuela. Allí estuvo un tiempo con la guerrilla antes de regresar otra vez a París: «deseaba desgarrar, romper el curso pacifico de las relaciones políticas de este país, introducir en él la violencia, provocarlo. Estaba profundamente fascinado por la idea de una lucha armada en Francia.»

En 1969, empezó sus atracos a mano armada con dos cómplices antillanos, que acabaron con el asesinato de dos farmacéuticas. Un día llegó a confesar a los «dirigentes ocultos de una gran y proactiva organización izquierdista» (maoísta): «Experimenté en el crimen,

---

[382] Pierre Goldman, *Souvenirs obscurs d'un juif polonais né en France*, Points Seuil, 1975, p. 62. Vemos aquí que el compromiso antisionista de los judíos de extrema izquierda era dudoso. Ya hemos mencionado al respecto los casos de Herbert Marcuse, Marek Halter, Guy Konopnicki y Alexandre Adler en *Les Espérances planétariennes*, p. 172, 173. En 1967, siendo comunistas se alegraban en secreto de la victoria de Israel. Esto decía Daniel Cohn-Bendit: «Recuerdo que pasaba un examen en ese momento. Salía todas las horas para escuchar las noticias. No decía nada a nadie, pero estaba agobiado.» (André Harris, Alain de Sédouy, *Juifs et Français*, Grasset, 1979, Poche, p.191).

[383] Pierre Goldman, *Souvenirs obscurs d'un juif polonais né en France*, Points Seuil, 1975, p. 73

momentos únicos, puros, de fraternidad total, silenciosa y enmudecida, que me habían unido a negros desconocidos y armados[384].»

La sentencia firme tras el recurso de apelación que lo absolvió en 1976 causó una gran indignación. Finalmente, fue abatido en 1979 por un misterioso grupo «Honneur de la Police». Una reciente investigación acerca del «asesinato de Pierre Goldman» afirmaba que ese grupo era probablemente una fachada tras la cual se escondía el GAL español (Grupo Antiterrorista de Liberación). Después de su liberación, Goldman había estado traficando con armas para la ETA (los independentistas vascos) y con drogas con Bauer (socio de Mesrine) entre España y Suecia. A pesar de este currículum caótico, la comunidad judía había logrado hacer pasar Goldman por un mártir.

Esto era lo que escribía Bernard-Henri Levy en 1986: «Pierre Goldman era judío, uno de nuestros grandes escritores judíos, uno que hizo mucho para la gloria y ejemplaridad de nuestro judaísmo, y quizás haya muerto por ser demasiado fiel a algunos de nuestros textos y mandamientos, a veces hasta la alucinación, incluso cayendo en los deslices más extremos. En mi opinión, era, a su manera, un Justo cuya pérdida pone de luto, nuestra comunidad[385].»

Esta solidaridad judía, orgullosamente revindicada, también ha sido detectada por los goyim, pero entonces se consideraba "antisemita". En el periódico *Je Suis Partout* del 17 de febrero de 1939, Robert Brasillach escribía, por ejemplo: «De buena gana se apoyan unos a otros, se niegan a dejar de ser solidarios con la escoria de su pueblo, y mientras un francés reniega de un Landru*, el judío más fino e inteligente siempre está incomodo cuando se dice algo malo de Bela Kun delante de él», el famoso jefe bolchevique que destacó en Hungría por su crueldad. Bien es cierto que Bernard-Henri Levy y Pierre Goldman provienen de un entorno familiar parecido, pues Levy escribía: «Mi padre era un antifascista de primera, voluntario con 18 años en la España republicana, y luego en el ejército francés para participar en la lucha contra los nazis[386].»

---

[384] Pierre Goldman, *Souvenirs obscurs d'un juif polonais né en France*, Points Seuil, 1975, p. 80, 100

[385] Bernard-Henri Levy, *Questions de principe*, deux, Grasset, 1986, Poche

* Landru, asesino en serie francés de inicios de siglo XX.

[386] Bernard-Henri Levy, *Récidives*, Grasset, 2004, p. 388

En realidad, su espíritu vengativo parecía estar dirigido mucho más contra los europeos que contra el «capitalismo» y la sociedad liberal, a tenor de las relaciones y compromisos antirracistas del gánster y del filósofo. Pero en el caso de Pierre Goldman, parece bastante claro que su militancia radical reflejaba una crisis identitaria que a menudo raya, en los judíos, con el odio a sí mismo y la locura.

El fundador del socialismo en Alemania, Ferdinand Lassalle, de familia judía ortodoxa, estaba, él también, torturado por su identidad judía y la idea de venganza contra el hombre blanco y la civilización europea. Esto escribía Leon Poliakov sobre él: «Siendo adolescente, soñaba con la época del escándalo de Damasco y en convertirse en el mesías vengador de los judíos[387]... Anunciaba su esperanza de ver llegar pronto la hora de la venganza, y proclamaba su sed de sangre de cristianos.» Lassalle cambió sin embargo sus ambiciones y transcendió su neurosis en el mesianismo comunista: «Cuando su ajetreada vida lo convirtió en el mesías de la clase obrera alemana, su furia pareció dirigirse únicamente contra sus hermanos[388].» Efectivamente, al igual que Marx, empezó a vituperar contra sus congéneres.

La idea de un Mesías vengador ha sido estudiada recientemente por el universitario israelí Yacob Yuval, de la Universidad Hebraica, en su libro *Dos naciones en vuestro seno*[389].«Yuval cita numerosos textos judíos antiguos para apoyar su tesis, escribía Israel Shamir. "Al final de los tiempos (cuando venga el Mesías), Dios destruirá y exterminará todas las naciones excepto la de los israelitas", según el Sefer Nitzahon Yashan, escrito por un judío alemán del siglo XIII.» Shamir citaba también por ejemplo Klonimus Ben Judah, que tuvo una visión de las «manos de Dios llena de cadáveres de goyim.» Cien años antes de las cruzadas y las masacres perpetradas contra los judíos, Rabbi Simon Ben Yitzhak ya imploraba a Dios que «empuñara el gladio y degollara los goyim[390].»

---

[387] El caso de Damasco: en 1840, miembros de la comunidad judía de la ciudad fueron acusados de crimen ritual.

[388] Léon Poliakov, *Histoire de l'antisémitisme, Tome II*, Point Seuil, 1981, p. 226

[389] Two Nations in your womb, Tel Aviv, 2000, Alma/Am Oved.

[390] Israel Shamir, *L'autre visage d'Israël*, Éditions Al Qalam, 2004, p. 242, 243

El rabino Shmuel Boteach estudió la escatología judía en un ensayo titulado *El Tiempo del odio*: «El judaísmo, escribía, nos obliga a despreciar y combatir los malos a toda costa... La única manera de reaccionar ante el mal impenitente es librarle una guerra sin cuartel hasta que sea erradicado del universo... En aras de la justicia, la respuesta apropiada ante el malo es odiarlo con cada fibra de nuestro ser y desearle que nunca halle el descanso, ni aquí, en este mundo, ni en el otro[391].»

En su libro de 1957, titulado *Apología de Israel*, el pensador Albert Caraco expresó, él también, muy explícitamente en sus aforismos el gran pensamiento talmúdico: «Yo os lo digo, Romanos: para ser igual de crueles que el adversario, tenemos demasiado, demasiado que vengar.»(p.78).«El honor de los judíos se llamara venganza y su Redención la espada, pero una espada de justicia.»(p.176).«Por mucho que nos maldigan y por más que nos degüellen, sus hijos serán nuestros, sobre ellos nos vengaremos de los padres.»(p.247).

Caraco continuaba así: «Se pretende resistir a los judíos, y bien que se hace: abandonarían por falta de resistencia, pues el odio que se les profesa les da vida y obliga a defenderse, reavivados y diligentes, presos de un furor insaciable, hechos unos botafuegos... No se vengan tan mal de todos aquellos que les ofenden: ya no los tratan como hombres, sino como objetos, como meros accidentes, negándoles hasta la evidencia, incluso los entierran y los difaman muertos o simplemente los olvidan para siempre, matándolos así una segunda vez[392].»

La pasión de destruir

El novelista Romain Gary obtuvo una primera vez el premio Goncourt con su novela *Las raíces del cielo*, y una segunda vez con *La vida por delante*. Judío de origen lituano, su verdadero nombre era Roman Kacew. Su padre, Ariel-Leib Kacew, era peletero en Wilna (Vilnius), en Lituania. Tenía trece años cuando dejó Varsovia para instalarse en Niza en los años 30. Entró en la Resistencia en agosto de 1940 e ingresó en el grupo Lorrraine de las Fuerzas aéreas francesas libres. En 1943, escribió su primera novela en inglés, alentado por su compañero de habitación, Joseph Kessel, combatiente voluntario como él. El libro fue

---

[391] Israel Shamir, *L'autre visage d'Israël*, Éditions Al Qalam, 2004, p. 270

[392] Albert Caraco, *Apologie d'Israël*, 1957, L'Age d'homme, 2004, p. 150

inmediatamente traducido al francés con el título de *Educación europea*, un relato sobre la resistencia polaca, y su «talento abrumador» aclamado por Raymond Aron, tal como lo transcribía la revista *Les Cahiers de L'Herne* dedicada al personaje (2005). Kessel, Aron, Gary: todo dentro de la misma familia. Su temprano compromiso con la Resistencia le valdría para entrar de lleno y de pleno derecho en la carrera diplomática. En el *Nouvel Observateur* del 26 de febrero del 2004, que le dedicaba unas planas, se podía leer al respecto: «Tuvo que vérselas con más de un geronto de la vieja Francia que miraba torvamente ese meteco reciclado en diplomático». Su primer destino fue Sofía, en Bulgaria.

Romain Gary era ante todo un intelectual judío, a juzgar por su producción literaria. *Tulipán*, su segunda novela, publicada en 1946, estaba dedicada a León Blum. Según *Les Cahiers de L'Herne*, en ella, Gary denuncia «las atrocidades del nazismo, el nacionalismo, la indiferencia, la reescritura de la historia, el papel de los medios de comunicación, la enseñanza del odio». El novelista se expresaba a través de su héroe: Tulipán «critica el concepto de Estado soberano, una vaca sagrada repugnante.» (*Tulipán*, p.53). En otra de sus novelas, *L'Homme à la colombe (El Hombre con la paloma, 1958)*, el héroe Johnny aboga por un «gobierno mundial» (p.44). En *Las raíces del cielo* (1956) y en *Los Devoradores de estrellas* (1966), denunciaba el hombre blanco opresor en las colonias[393]. Romain Gary se afianzaba pues como un verdadero intelectual judío, manifestando las mismas obsesiones que la casi totalidad de sus congéneres, tal como lo hemos demostrado en *Las Esperanzas planetarias* (2005) y en *Psicoanálisis del judaísmo* (2006).

En 1967, Gary entraba en el gabinete del ministro de la Información del general De Gaulle. «Gaullista, se sentía sin embargo un hombre de izquierda». En 1968, efectivamente, ya no se identificaba con la mayoría en el poder, por lo que se declaró favorable a François Mitterand en 1974. Moldeado por el cosmopolitismo, se complacía dándole la vuelta a los valores tradicionales de la sociedad europea: «La resistencia a las jerarquías sociales y a la cultura oficial... el cambio de valores, el ninguneo de los ideales más nobles, la permutación constante de lo alto en bajo» constituían la trama de fondo de sus obras: «*Para Sganarelle* (ensayo, 1965) era, en ese sentido, un verdadero manifiesto, según *Les Cahiers de L'Herne*... Por sí solo, un libro como *Lady L.*

---

[393] Les Cahiers de l'Herne, Romain Gary, p. 143, 137

(novela, 1963) ejemplificaba ese vuelco carnavalesco, que colocaba en la cúspide de la aristocracia inglesa una antigua prostituta.» (p.295). Reconocemos aquí perfectamente la marca del intelectual judío, obsesionado por la subversión de los valores tradicionales. Evidentemente, era «americanófilo» y apasionadamente «antirracista». En Estados Unidos, se afilió a 23 movimientos anti-segregación y tomó partido por los Blacks Panthers.

Esta subversión de los valores se observaba casi siempre, de una manera u otra, en los intelectuales judíos. Los cambios radicales de situación son también a menudo caricaturescos. En la película de Steven Spielberg, *Twilight Zone: The Movie* (EEUU, 1983), por ejemplo, el racista Bill se verá en la piel de alguien perseguido por el racismo. En el mismo estilo, la novela de Arthur Miller, *Focus*, publicada en 1945, hacía pasar por judío un estadounidense medio, haciéndole pasar por las angustias diarias del antisemitismo[394]. Estos cambios de papeles se veían también puestos en escena en la película *The Servant* (GB, 1963) de Joseph Losey: un sirviente conseguía dominar el aristócrata para el que trabajaba, el cual acababa cayendo en el alcoholismo.

En su *Apología de Israel*, publicado en 1957, Albert Caraco, expresó muy bien esa voluntad de destrucción de la sociedad tradicional. Sus diecinueve libros han sido editados por Vladimir Dimitrijevic, un editor serbio. Tras el suicidio del escritor en 1971, Dimitrijevic publicó algunas de sus obras póstumas. En 1984, declaraba: «Su padre y yo éramos sus únicos verdaderos lectores... Ya no estamos acostumbrados a escuchar una voz tan atronadora, una lengua tan bella e imperativa.» En nuestra opinión, y después de haber lidiado y examinado exhaustivamente cientos de libros de intelectuales judíos, consideramos que Caraco ha sido la lectura más ardua y fastidiosa de todas. Por lo tanto, hemos procurado con este autor, al igual que con algún otro, por cierto, dar forma a su pensamiento ordenando sus aforismos de manera que su lectura resulte más fácil.

He aquí pues, el destino de la humanidad, según Albert Caraco: «Roma y La Meca son impuras para siempre, paganas para siempre... La Iglesia y el Islam son bastardos, y nada borrará su bastardía mientras perviva, carnal, un miembro de la raza elegida... Dios solo tiene un hogar en la tierra: Jerusalén.»(p.73, 244).«Los judíos enterrarán Roma y La Meca y darán a su historia un sentido humillante y conforme al espíritu que

---

[394] Cf. *Psychanalyse du judaïsme*, p. 223, 224

reina en las páginas de la Biblia.»(p.318). E insistía: «Estamos en el momento en que Roma y el Islam van a llegar a su fin, no les doy un siglo de vida.» (p.246)

Caraco confirmaba que el método de los judíos para lograr sus objetivos era desarraigar todas las sociedades tradicionales, nivelar todas las diferencias, todas las tradiciones para llegar a un mundo de "paz" en el que solo subsistirá el pueblo de Israel, el cual habrá cuidadosamente conservado su memoria: «La fe de los pueblos, la harán vacilar, sin que la suya varíe y cuando el mundo no tenga ni fe ni leyes, ellos estarán entre nosotros para fundar una y promulgar otras.»(p.176). «Quién no quiere de nosotros no querrá de Dios. Nuestra elección nunca cesó, solo a través de nosotros Dios Eterno pondrá a prueba aquellos que pretenden servirlo.» (p.322).

El Islam representaba, evidentemente, un rival de talla: «Allí donde el Islam se prosterna, nosotros rezamos de pie; donde el islam tiembla, nosotros ya no tenemos temor alguno.» (p.322). En cuanto a la Iglesia Católica, de ahora en adelante, su suerte ya está echada: «La venganza de Israel[forzará] la Iglesia a temerlo, a armarse, a luchar por fin para ser culpable y morir infiel... Cuando los judíos avasallen la Iglesia, ¿se atreverá ésta a rezar por los judíos? Ciertamente no, pero así la Iglesia será doblemente vencida.» (p.186)

También hallamos en el pensamiento de Albert Caraco, la "tendencia diabólica" expresada por el escritor austríaco Joseph Roth[395]:«La Iglesia, escribía Caraco, quiso que ellos fueran los demonios que la sirvieran, pero lo son con vistas a abatirla y ganar sobre la ruina general las virtudes y el poder que se les niega.» (p.165). «Quién no les cierra sus oídos está verdaderamente perdido. De hecho, no tienen fundamento más que en la ruina, viven de la muerte que siembran... Son el mal, y aquellos que les resisten no son el bien... El final de los tiempos ha empezado, los signos ya se multiplican.» (p.225)

Finalmente, Caraco evocaba las típicas imágenes de los judíos para describir los tiempos mesiánicos, haciéndose los voceros de las guerras y de las catástrofes: «La desmesura y el caos rematan lo que debe morir, el mismo renacimiento precisa violencia, y las convulsiones del alumbramiento [del Mesías] preludian su reinado, la guerra obligará el siglo a cambiar de figura.» (p.226). He aquí porque «el caos es la señal

---

[395] Sobre las tendencias diabólicas, cf. *Psychanalyse du judaïsme, p. 249-252*

de su reinado.» (p.172). «Lo que no pueden conseguir, lo reforman; lo que no pueden reformar, lo destruyen.» (p.171).

Numerosos intelectuales y cineastas judíos ya mostraron su odio de la Iglesia Católica de manera más o menos velada, a través de su producción literaria o cinematográfica. El novelista estadounidense Philip Roth, en *El mal de Portnoy*, no dudaba en hablar a través de su enfermizo personaje de «toda la mierda católica» y de «esas asquerosas escuelas católicas». Y más aún: «Puedes darlo por seguro, Alex: nunca en tu vida oirás una *mishegoss*[396] tan carente de sentido y tan llena de inmundicias como la religión de los cristianos[397].»

Albert Caraco incitaba a los judíos a entrar en la Iglesia para destruirla desde dentro, aunque no insistía demasiado en ese punto: «Los judíos, escribía, no serían prudentes si arruinasen la Iglesia en vez de dominarla... Es a través de Jesús que poseerán el universo y lo dominaran apaciblemente... Seguirán siendo judíos convirtiéndose en cristianos, serán libres de escoger el camino en vez de estar bajo la amenaza[398].»

Estas inclinaciones destructoras se veían de nuevo en las palabras de Elie Wiesel, cuando describía la Alemania de la República de Weimar de entreguerras: «La Alemania vencida daba la impresión de que en su territorio todo estaba permitido excepto tomarse algo en serio, escribía Wiesel. Se rompían los ídolos, se desmontaban las estatuas, se colgaban los hábitos de los religiosos, se hacía mofa de lo sagrado, y para más inri se sacralizaba la risa con el fin de reírse[399]... La capital, en efervescencia permanente, recordaba las ciudades pecadoras de la Biblia. El talmudista dentro de mí se sonrojaba y apartaba la mirada. Prostitución, pornografía, depravación de los sentidos y del espíritu, perversión sexual y demás; la ciudad se desvestía, se maquillaba, se

---

[396] Mishegoss: locura, insensatez

[397] Philip Roth, *El mal de Portnoy*, Seix Barral, Barcelona, 2007, cedida a Debolsillo, Mondadori, Barcelona, 2008 p. 95, 137, 30. (Traducción edulcorada de R. Buenaventura de "hideous Catholic bullshit", "fucking Catholic church" y "mixed-up crap and disgusting non sense as the Christian religion")

[398] Albert Caraco, *Apologie d'Israël*, 1957, L'Age d'homme, 2004, p. 126, 126, 148

[399] Elie Wiesel, *Le Testament d'un poète juif assassiné*, 1980, Points Seuil, 1995, p. 100

humillaba sin reparo, enarbolando su degeneración como una ideología. A la vuelta de la esquina de *Chez Blum*, en un club privado, hombres y mujeres, o mujeres entre ellas, bailaban desnudas. En otras partes, la gente se drogaba, se azotaba, reptaba en el barro, se transgredía todos los límites; aquello me recordaba las hábitos y costumbres de los sabateos. Se invertían los valores, se levantaban los tabúes. ¿Acaso la gente sentía acercarse la tormenta[400]?»

En dos páginas más adelante, Elie Wiesel escribía ingenuamente: «Berlín parecía dominada por los judíos... Periódicos y editoriales, teatros y bancos, grandes almacenes y salones literarios. Los antisemitas franceses que veían el judío por todas partes tenían razón... al menos en el caso alemán. Las ciencias, la medicina, las artes: el judío marcaba la pauta, la imponía.»

Ya en la Antigüedad, los judíos eran el blanco de las mismas acusaciones. El historiador judío Flavio Josefo recogía en su obra titulada *Contra Apión* los escritos antijudíos de la época. Flavio Josefo citaba por ejemplo Lisímaco de Alejandría, un erudito griego del siglo I antes de Cristo: «Moisés... exhortó a los judíos a no ser bondadosos con nadie, a seguir los peores consejos y a derribar todos los santuarios y altares de dioses que encontrarán.» El gran historiador del judaísmo, León Poliakov, añadía en su *Historia del antisemitismo*: «Incluso en un autor que habla de los judíos y de sus instituciones con mucha benevolencia, Hecateo de Abdera, hallamos este comentario:" [Moisés] instituyó una forma de vida contraria a la humanidad y a la hospitalidad". Otros autores griegos (Diodoro Sículo, Filóstrato), así como algunos autores latinos (Pompeyo Trogo, Juvenal) retoman las mismas acusaciones, que vemos resumidas de forma lapidaria en este célebre pasaje de Tácito:" Los judíos... tienen entre ellos un apego terco, una conmiseración activa, que contrasta con el odio implacable que profesan al resto de la humanidad. Nunca comen o duermen junto a extranjeros. Esta raza, aunque muy dada a la depravación, se abstiene de cualquier comercio con las mujeres extranjeras... " Y más lacónicamente:" Todo lo que veneramos, ellos lo odian; en cambio, todo lo que es impuro para nosotros les es permitido".»

En el siglo IV después de Cristo, los predicadores cristianos lanzaban contra ellos violentas diatribas. Ya vimos lo que pensaba de ellos

---

[400] Elie Wiesel, *Le Testament d'un poète juif assasiné*, 1980, Points Seuil, 1995, p. 124

Gregorio de Nisa. Juan Crisóstomo tenía la misma opinión: «Lupanar y teatro, la sinagoga también es cueva de ladrones y guarida de fieras[401].» Pero mil quinientos años antes, en el antiguo Egipto, los judíos ya manifestaban las mismas lamentables inclinaciones. Elie Wiesel recordaba, así como José, vendido por sus hermanos judíos, se había asegurado un puesto como asesor de confianza del faraón: «En la cúspide de su gloria, el faraón le dio el sobrenombre de Tzofnat Paneach, el rompedor de códigos[402].»

Los intelectuales judíos se vanaglorian a menudo de perdurar a lo largo de los siglos, mientras que las civilizaciones egipcia, babilónica, persa, griega y romana han desaparecido desde hace mucho tiempo. Pero, indudablemente, se olvidan decirnos el papel que jugaron en la desaparición de estas grandes civilizaciones.

Esta destructividad se manifiesta en nuestra época a diario, especialmente a través de la propaganda televisiva. Por ejemplo, en el 2006, una serie de televisión francesa, *Plus belle la vie (Más bella la vida)*, daba una idea de ese odio implacable. El periódico *Présent* del 24 de marzo del 2006, presentaba un resumen de los temas tratados por esta serie, en la cual los magrebíes y los negros eran naturalmente admirables," súper simpáticos", mientras que el varón blanco y heterosexual salía muy mal parado. La serie exaltaba, evidentemente, el mestizaje: una madre de familia ponía los cuernos a su marido con el jefe de este, un negro, un hombre de bien en todos los aspectos. Otra francesa, Julieta, se enamoraba de otro negro. Pero este era un inmigrante clandestino. Por lo que hará todo lo posible para conseguir su regularización. Finalmente, encontraba una solución, gracias a un policía homosexual-un blanco-, que decidía robar un pasaporte en su comisaría para regalárselo al clandestino. La apología del mestizaje y de la homosexualidad es efectivamente la marca de fábrica: era el sello judío inconfundible. Aparecían además en esta serie: un oficial de policía que vivía un idilio amoroso con el hijo del dueño de un bar marsellés; dos gais que luchaban para poder adoptar un niño; una camarera de un bar que descubría que tenía orígenes magrebíes; un cura

---

[401] Léon Poliakov, *Histoire de l'antisémitisme, Tome I*, Point Seuil, 1981, p. 19, 20, 33

[402] Elie Wiesel, *Celebración Bíblica. Retratos y leyendas del Antiguo Testamento*, Muchnik Editores, 1987, Barcelona

depravado. Las mujeres blancas incitadas a abortar: una chica de 15 años quedaba embarazada. Le preguntaba entonces a su amigo: «¿Lo guardo o lo aspiro? Aspira lo, grandullona, sobre todo si es blanco.»: esto era lo que sugerían el realizador y el guionista. Y es que los blancos son unos cabrones, la cosa está clara. Allí por donde pasan, hacen el mal. Todo lo contrario de los judíos, a fin de cuentas. En la serie podíamos verlos por ejemplo probando una nueva vacuna sobre unos pobres negros, en África. Esta nefasta experiencia diezmaría la población del pueblo. También estaba ese militante de "extrema derecha" que había sido condenado por haber atropellado un pobre magrebí con su coche, etc, etc....Todas estas bromas de mal gusto se emitían todas las noches a las 20 horas en un canal público. Debemos agradecerle a Olivier Szulzynger por esos guiones.

Las películas y series que destilan mensajes destructores son innumerables. Hicimos un recuento de ellas no exhaustivo en nuestros dos precedentes libros. Pero podemos citar aquí la serie estadounidense *Cold Case*, la cual destilaba un mensaje anticatólico. Uno de los capítulos relataba la historia de una niña negra violada y asesinada hacía veinte años. El culpable era finalmente detenido: era un cura negro. En otro capítulo, el cuerpo de un crío era hallado. La investigación establecía que era un huérfano y había sido secuestrado por unas monjas. Estas, naturalmente, eran muy antipáticas y practicaban castigos corporales sobre los niños. Una de ellas tuvo un hijo que entregó a su antiguo amante, para administrarle un tratamiento con electrochoques del que la criatura no se recuperaría nunca. Un tercer capítulo contaba la historia de un niño encontrado muerto. La investigación había conducido a tres negros, pero el principal sospechoso había conseguido escapar. Veinte años más tarde, el dossier era reabierto y esta vez, la investigación iba a apuntar hacia tres personajes, a cuál más horrible. Primero, un cura, obviamente pedófilo, pues ya se sabe que los curas son todos unos pedófilos, tal como nos lo explica muy claramente el director- aunque se trata de la clásica inversión acusatoria de los judíos, como veremos más adelante. La segunda persona sospechosa era la propia madre del niño, la típica estadounidense de clase media incapaz de hacer frente a sus responsabilidades familiares. Finalmente, descubrimos que el verdadero culpable era un comerciante del barrio. Fue él, el que había acusado de forma deleznable aquellos adolescentes negros. Este tipo asqueroso era un innoble racista, que deseaba que la policía estuviera más presente en el barrio, para así hacer subir los precios de las viviendas. ¡Esta gentuza no recula ante nada para hacer dinero!

Un cuarto capítulo tenía lugar en los años 70 y presentaba un grupo de encantadores revolucionarios hippies. Su jefe era un negro muy guay, muy simpático, y su chica una hermosa rubia. Esta iba a ser asesinada por un cabrón blanco, que resultaría ser un chivato del FBI.

En un quinto capítulo, el héroe se llamaba Ben: Era un guaperas, seductor y era el rey de la discoteca del que todas las chicas estaban enamoradas. Evidentemente, su éxito generaba el odio y la envidia de esos pequeños desgraciados goyim, pues seguramente son unos horribles antisemitas. Ben era judío, y fue por eso por lo que sería asesinado. Afortunadamente, se haría justicia. Una escena final muy emotiva, mostraba la familia judía en llantos, una vez más víctima del odio. El productor de esta serie no era otro que Jerry Bruckenheimer, un director de referencia en EEUU.

En 1925, en *La Revolución surrealista*, el escritor Louis Aragon había expresado esta misma rabia destructiva de forma muy explícita, aunque también es cierto que era un fervoroso estaliniano: «Arruinaremos esta civilización que tanto queréis, escribía... Mundo occidental, estas condenado a muerte. Somos los derrotistas de Europa: Mirad como esta tierra está seca, propicia para todos los incendios[403].»

Mucho antes que él, en tiempos de Napoleón III, Gougenot des Mousseaux citaba en su libro un tal Ernest Desjardins, profesor de universidad. Este se había rendido ante la evidencia: «Ellos introducen en todos lados, por efecto mismo de su presencia, los gérmenes de destrucción y de disolución, ya que su tendencia es de elevarse donde se encuentren sobre las ruinas de los otros[404].»

La insolencia

Alejandro Minkowski era un médico bastante famoso en la Francia de los años 70. Profesor de neonatología, y «judío inconformista», se había desahogado en un libro titulado *El Mandarín descalzo*, publicado en 1975. Sus padres «pertenecían a la intelliguentsia judeo-polaca». Habían huido a Alemania, donde los judíos pasaban por «una situación

---

[403] Elisabeth Levy, *Les Maîtres censeurs*, Lattès, Poche, 2002, p. 238

[404] Roger Gougenot des Mousseaux, *Los Judíos, el Judaísmo y la judaización de los pueblos cristianos*. Versión pdf. Traducido al español por la profesora Noemí Coronel y la inestimable colaboración del equipo de Nacionalismo Católico. Argentina, 2013, p. 461

privilegiada mientras que en Francia estaban en la diana a raíz del caso Dreyfus (1894-1906)». Finalmente, se instalaron en Francia.

Al igual que la mayoría de los judíos, Alejandro Minkowski afirmaba ser un francés «perfectamente integrado»: es un «francés nacido en París y totalmente integrado». Probablemente fue por amor a Francia que se unió a la Resistencia en 1940: «Contrariamente a mis padres, que, como ya dije, consideraban un honor llevar la estrella amarilla... a mí, me parecía molesto.» Aunque no citaba ningún hecho de armas en el que hubiera participado, sus motivaciones parecían sinceras. No entendía porque sus colegas del hospital lo consideraban como un intruso: «Yo solo era un francés más, apellidado Monkowski», escribía. Evidentemente, estaba indignado por el comportamiento de esos franceses que se negaban a ir a morir otra vez en las trincheras por intereses ajenos. El hecho era que muy pocos de sus amigos fueron resistentes: «Mi padre había arriesgado su vida para venir a Francia: "¡Saludos Francia, Reina de las Naciones!" Sin embargo, en París descubrí un pueblo de gallinas amaricondas, la burguesía médica a la cabeza... Alguna voz valiente se dejaba oír de forma excepcional en nuestra facultad de cobardes.»

El resistente Alejandro Minkowski conocía, sin embargo, sus límites: «Siempre aspiré al mando, a ser un jefe. Pero curiosamente, no en la resistencia.» En 1944, una vez asegurada la derrota de Alemania, se alistó en el ejército francés que iba a invadir el país vencido. Hijo de burgués, médico e interno de hospital, se incorporó como capitán en un batallón de combate: «En Alsacia, recibí una mención redactada así: «" Buen arrastrador de hombres. Tuvo la mitad de sus efectivos muertos bajo su mando" ... Lo más fuerte es que estaba tan impregnado de valores militares que mi esposa, después de leer el texto, tuvo que hacerme comprender la barbaridad de este[405].»

La burguesía francesa con la que se codeaba no le inspiraba confianza: «La xenofobia de la burguesía francesa es legendaria; ha resurgido a las primeras de cambio bajo la Ocupación alemana. Hay que combatirla sin tregua.» Expresaba además su repugnancia hacia la Francia tradicional. Sus padres ya tenían «algún recelo contra la Institución católica» a la que él «considera perniciosa». Aún pervivía «un serio contencioso con la Iglesia católica». Hablando de un cura católico misionario en

---

[405] Alexandre Minkowski, *Le Mandarin aux pieds nus*, 1975, Points Seuil, 1977, p. 70-79

Indochina, sentenciaba brutalmente: «Nunca se será lo suficientemente violento contra esos cruzados[406].»

En 1946, se trasladaba a los Estados Unidos para completar su formación médica de pediatra. «En seguida me sentí como en casa», afirmaba este francés «totalmente integrado». Y añadía: «Al igual que mi amigo cineasta Jean-Pierre Melville, amo Estados Unidos, física y carnalmente[407].» Podemos notar que en la página 23 de su libro, pretendía además ser un «ciudadano del mundo». Aunque también era cierto que añadía que estaba a favor «de una moral de la ambigüedad». Y efectivamente, en unas páginas más adelante declaraba: «No soy sionista, no siento la necesidad de instalarme en Israel. Soy francés.»

En Estados Unidos, Alejandro Minkowski pudo observar el comportamiento de algunos de sus congéneres situados en la cúspide de la escala social: «Como ganaba muy poco dinero, fui contratado de empleado doméstico por un rico judío alemán que se llamaba Rothschild. Los Rothschild tenían en Chicago una posición privilegiada, pues eran dueños de grandes almacenes de confección... Tenía un chófer negro al que daba golpes con un matamoscas.» Evidentemente, ese tipo de comportamientos despectivos ha podido favorecer el antisemitismo: «Me enteré luego, que el antagonismo entre judíos y negros era casi definitivo[408].»

En otro libro, titulado *El Impertinente*, el gran burgués Alejandro Minkowski nos contaba que fue un ferviente militante de izquierda, y como se había comprometido en favor de Pierre Mendes-France. Naturalmente, alababa las bondades de la sociedad multicultural: «Si recordamos la riqueza cultural, artística y comercial de la comunidad judeo-árabe de la España del siglo XIV (a la que pusieron fin los Reyes Católicos para desgracia de su país y del mundo civilizado), solo podemos esperar el regreso de esa época feliz. ¿Quizás eso sea un ejemplo para la salvación de Europa, y por qué no del mundo? Propongo fundar con algunos voluntarios un movimiento a favor de una

---

[406] Alexandre Minkowski, *Le Mandarin aux pieds nus*, 1975, Points Seuil, 1977, p. 24, 37, 43, 159

[407] Alexandre Minkowski, *Le Mandarin aux pieds nus*, 1975, Points Seuil, 1977, p. 85, 90. Jen-Pierre Melville (Achod Malakian) es el director de *L'armée des ombres*, película que glorifica la resistencia "francesa".

[408] Alexandre Minkowski, *L'Impertinent*, Jean-Claude Lattès, 1984, p. 88

Europa judeo-árabe[409].» Sin duda, esto debe ser otra "impertinencia" más. Lo cual nos hace pensar que Minkowski merecería también unos golpes con un "matamoscas".

Sembrar las semillas de la discordia y provocar "picazones" parece ser el pasatiempo de estos espíritus "anticonformistas[410]". Daniel Cohn-Bendit, por ejemplo, representaba en mayo del 68 el joven rebelde insolente, héroe de toda la juventud francesa. Treinta años más tarde, en noviembre de 1998, el director del semanal *L'Evénement du jeudi*, George-Marc Benamou, lo ensalzaba en portada en estos términos: «Dany el rompe pelotas». Dany, según se nos contaba, tenía «esa frescura provocadora» y lograba «sacar de sus casillas a los carcas reaccionarios.»

Alejandro Minkowski tenía la misma costumbre y procedía de la misma forma: «Paradójicamente, diría que hoy en día puede ser una ventaja ser judío: en lo que a mí respecta, puedo permitirme impunemente acciones que rozan la provocación... público desde varios años artículos contra los excesos de la policía y la justicia, contra el orden establecido, contra la burguesía médica, contra los escándalos. Cuando lo hace Milliez - Milliez es un católico que proviene de los jesuitas- lo atacan públicamente, lo persiguen, etc. Estoy relativamente protegido en la medida que nuestros adversarios temen ser considerados antisemitas. ¡Aprovechemos mientras podamos, quizás no dure para siempre[411]!» En esto último probablemente tenga razón Minkowski.

Roger Gougenot des Mousseaux ya se había percatado de estas características del espíritu judío: « Cuando el viento del tiempo se torna en incredulidad, en persecución de la Iglesia, como los de hoy, el Judío, olvidando la opresión bajo la cual vivió tanto tiempo y la generosa mano que le tendió la Iglesia, se vuelve arrogante, insolente, odioso; llena el mundo con sus quejas; se asocia a cualquier movimiento hostil a la Iglesia y se vuelve por su intolerancia revolucionaria en el más inconsecuente de los sectarios... es malo cuando es perseguido, arrogante e insolente ¡apenas se siente protegido![412]»

---

[409] Alexandre Minkowski, *L'Impertinent*, Jean-Claude Lattès, 1984, 189

[410] Leer al respecto *Psychanalyse du judaïsme*, p. 69

[411] Alexandre Minkowski, *Le Mandarin aux pieds nus*, 1975, Points Seuil, 1977, p. 44

[412] Goschler, de origen Judio, *Dict. encycl. allemand, supra*—pag. 453; 1861

Los escarnios y las mofas contra la sociedad tradicional europea y el desprecio hacia el goy se expresan frecuentemente bajo la pluma de los intelectuales judíos. El famoso novelista estadounidense Philip Roth escribía así, respecto a las costumbres alimentarias de los no-judíos: «Que los *goyim* hinquen sus dientes en cualquier inmunda criatura que se arrastra y gruñe por la faz de la sucia tierra, nosotros no contaminaremos así nuestra humanidad. Que *ellos* (si entiende lo que quiero decir) se atiborren de todo lo que se mueve, por odioso y abyecto que sea el animal, o grotesca, *shmutzig* (sucio) o estúpida pueda ser la criatura en cuestión. Que coman anguilas y ranas y cerdos y cangrejos y langostas; que coman buitre, que coman carne de mono y de mofeta si quieren... una alimentación de abominables criaturas que cuadra perfectamente a una raza tan irremediablemente vana y vacía como para beber, divorciarse y luchar con sus puños. Lo único que saben estos imbéciles devoradores de lo execrable es fanfarronear, insultar, hacer mofa y, tarde o temprano, pegar»

Los chinos no merecían más respeto que los europeos: «Los únicos del mundo a quienes, me parece a mí, los judíos no les tenemos miedo, es a los chinos. Primero, porque hablando inglés hacen que mi padre, a su lado, parezca el mismísimo Lord Chesterfield; segundo, porque tienen la cabeza rellena de arroz frito; y, tercero, porque para ellos no somos judíos, sino *blancos*—hasta puede que anglosajones. ¡Figúrese! ... Para ellos, somos una variante WASP* de nariz grande[413]» Está claro que los tontos chinos nunca entenderán la verdadera naturaleza de los judíos, sus métodos y sus objetivos. Pero al novelista norteamericano le costaba disimular sus sentimientos: «Los *goyim* pretendían ser algo especial, mientras que nosotros éramos realmente sus superiores morales. ¡Y lo

---

en Roger Gougenot des Mousseaux, *Los Judíos, el Judaísmo y la judaización de los pueblos cristianos*. Versión pdf. Traducido al español por la profesora Noemí Coronel y la inestimable colaboración del equipo de Nacionalismo Católico. Argentina, 2013, p. 317, 308

* WASP (White Anglo-Saxon Protestant), «protestante blanco anglosajón», norteamericano descendiente de europeos del norte de Europa y perteneciente a la iglesia protestante. Los WASP son considerados clase dominante en Estados Unidos.

[413] Philip Roth, *Lamento de Portnoy*, Alfaguara, Madrid 1977-1997, p. 78 y *El mal de Portnoy*, Seix Barral, Barcelona, 2007, cedida a Debolsillo, Mondadori, Barcelona, 2008, p. 87

que nos hacía superiores era precisamente el odio y el menosprecio que tan abundantemente derramaban sobre nosotros![414].»

Esta mentalidad era confirmada por muchos otros testimonios. El escritor Israel Shamir es un antiguo judío que prefirió salir del judaísmo, contrario, según él, a la moral de la humanidad. En *La Otra Cara de Israel*, repetía esta máxima pronunciada por el rabino Yaakov Perrin el 27 de febrero de 1994 y citado por el *New York Times* del 28 de febrero de 1994[415]: «La vida de un centenar de gentiles no vale la uña del dedo del pie de un judío.»

Escuchen también la respuesta del Gran rabino de los Lubavicth, interrogado sobre la posibilidad de una vida extraterrestre: «Es posible que otra vida pueda existir, pero esas criaturas serían de un nivel de inteligencia inferior al nuestro, puesto que no poseen la Tora, emanación única de la sabiduría del creador que solo fue revelada al pueblo judío[416].»

Estas palabras parecen reflejar una mentalidad ampliamente compartida. Por ejemplo, en *El último justo*, el novelista André Schwarz-Bart contaba la historia del pobre Mardoqueo, el cual atacado por unos campesinos polacos llegaba a defenderse -cosa increíble para un pobre judío-, y a derrotar sus agresores: «Mardoqueo, aturdido y casi ebrio de sangre, descubre de golpe el mundo cristiano de la violencia... Esa misma noche, de vuelta a casa, supo que en adelante, aventajaría a sus semejantes, ¡cuán irrisorios e insignificantes!, de un cuerpo estrechamente vinculado a la tierra, a las plantas y los árboles, sobre todos los animales inofensivos o peligrosos-incluidos aquellos que llevan el nombre de hombres[417].»

Todas estas palabras son las que inducen a pensar que las citaciones más insultantes del Talmud, que se leen en los libros "antisemitas", son quizás, al fin y al cabo, perfectamente verídicas: «Solo los judíos son humanos, las demás naciones son la simiente del ganado». El Talmud, como sabemos, es el libro de referencia que contiene las interpretaciones rabínicas, que debe ser puesto por encima de la Tora.

---

[414] Philip Roth, *Lamento de Portnoy*, Alfaguara, Madrid 1977-1997, p. 54

[415] Israel Shamir, *L'autre visage d'Israël*, Éditions Al Qalam, 2004, p. 380

[416] *Actualité juive* del 4 de septiembre de 1997.Cf. *Faits et Documents*.

[417] André Schwarz-Bart, *El último justo*, Editorial Seix Barral, Barcelona, 1959, p. 41, 42

Como lo decía Bernard-Henri Levy, los judíos deben someterse al «mandamiento de amar la Tora más que a Dios, y de amar el Talmud más que a la Tora[418].»

Las mofas y los sarcasmos forman parte del arsenal dialéctico del judaísmo. Los intelectuales judíos se burlan de todo lo que no es judío, y ridiculizan desde siempre las tradiciones de los pueblos en medio de los cuales viven. Un ejemplo más lo encontramos en Philip Roth, el cual mencionaba en su libro la obra del «brillantísimo Irving Berlin», un cantante estadounidense: «Las dos festividades en que se celebra la divinidad de Cristo, ... Y ¿qué es lo que hace Irving Berlin? ¡Las descristianiza ambas! Convierte la Pascua en un desfile de modas y la Navidad en unas vacaciones en la nieve. Nada de sangre ni de muerte de Cristo: ¡abajo el crucifijo y arriba el gorro de lana! El tipo abarata la religión cristiana. ¡Pero con toda la suavidad del mundo! Tanta suavidad, que los gentiles no saben ni por dónde les ha llegado el golpe. Les gusta. A todo el mundo le gusta. Sobre todo, a los judíos[419].»

La pacificación del mundo

El novelista y ensayista Manes Sperber, fallecido en 1984, había roto con la ideología comunista en 1937, durante los juicios de Moscú. Era un judío ateo: «ateo desde sus trece años». Pero, sin embargo, seguía estando impregnado de un cierto «amor» hacia la Biblia. En 1978, este marxista expresaba así las mismas esperanzas mesiánicas que los judíos religiosos: «Antaño, creía con gran optimismo en un futuro que reconciliase todos los seres y todos los pueblos, un futuro que reuniría toda la humanidad; aún mantengo esta firme esperanza.» Manes Sperber afirmaba que todo judío tiene el deber de trabajar para la culminación del proyecto de Israel: «La venida del Mesías depende de nosotros mismos, del trabajo de todos. Ninguna idea me ha dominado tanto, ni ejercido tanta influencia sobre el camino que elegí: este mundo no puede permanecer tal como es, debe convertirse en algo totalmente diferente, y lo hará. Esta única exigencia y certeza determinan, desde que tengo uso de razón, mi existencia como judío y contemporáneo.» A través de su conversión al marxismo, no hacía más que prolongar la

---

[418] Bernard-Henri Levy, *Récidives*, Grasset, 2004, p.417

[419] Philip Roth, *Operación Shylock*, Debolsillo, Editorial Mondadori, 2005 Barcelona, p. 181. (*El tipo abarata la religión cristiana: la convierte en shlokh, en mierda. En la traducción francesa de Gallimard, 1995*)

escatología judía bajo una forma laicizada: «Cuando más tarde, descubrí a Hegel y Marx, esa gran esperanza de un mundo justo que supere definitivamente la prehistoria, sabía que estaba siguiendo la tradición de mi bisabuelo mesiánico[420].»

Al igual que muchos intelectuales judíos, reconocía no poder explicar el destino del pueblo judío de otra forma que no fuese su elección divina. Para él, era la única manera de explicar el destino tan especial del pueblo judío: «Nunca pude olvidar la amenaza que pendía sobre el pueblo judío por el hecho de ser el pueblo elegido; es por ello también, que nunca pude explicar racionalmente su destino singular. Incluso hoy, más que nunca, sería incapaz decir por qué nosotros, precisamente, hemos perdurado más que todo, por qué hemos sobrevivido a tantas cosas.» Este destino según él, «sigue siendo un problema histórica y filosóficamente inextricable[421].»

Los judíos parecen efectivamente capaces de resistir los embates de todos sus enemigos: «Los supervivientes de cada catástrofe descubrían de nuevo su invencibilidad», escribía Sperber. Desde la Antigüedad, «vemos como nunca se consideraban realmente vencidos, sino que al contrario se creían abocados a un triunfo posterior que sería definitivo. Se reclaman de un Dios invencible, su Dios, único Dios verdadero, que reina sobre el universo[422].»

Para ellos, el presente solo es un largo corredor hacia un futuro radiante. Toda su existencia parece estar dedicada al advenimiento del triunfo de Israel y la paz eterna que lo acompañará: «Durante la época más oscura de su exilio bimilenario, los judíos creían que el final de los tiempos se acercaba-vivían yendo por delante de él», escribía Sperber. «Los vencedores no son las naciones que ganan las primeras batallas, sino aquellas que salen victoriosas de la última. La escatología judía promete que al final de los tiempos reinara una paz eterna donde todas las criaturas se reconciliaran[423].»

---

[420] Manès Sperber, *Être Juif*, Éd.Odile Jacob, 1994, p. 34, 28, 32, 121

[421] Manès Sperber, *Être Juif*, Éd.Odile Jacob, 1994, p. 17

[422] Manès Sperber, *Être Juif*, Éd.Odile Jacob, 1994, p. 60, 133

[423] Manès Sperber, *Être Juif*, Éd.Odile Jacob, 1994, p. 91

* Face, en mayúsculas en el texto original. Literalmente: la Cara.

Los impulsos mesiánicos de los judíos se expresan a veces más brutalmente, como en el caso de Albert Caraco. En su *Apología de Israel*, los términos más repetidos bajo su pluma son muy explícitos: «inocencia», «venganza», «gloria», «demencia», «esperanza». He aquí algunos pasajes en los que plasmaba sus pensamientos.

Caraco exponía así sus certezas: «¿Qué somos? escribía. Lo que nos venga en gana ser: esclavos ayer y mañana pontífices.» (p.82). «Veladores de lo absoluto, somos para vosotros el destino y seremos vuestros amos, vuestros amos después de Dios, vuestros amos ante Dios, nosotros los esclavos de la Cara*.» (p.111)

Y, como ya sabemos, para que el pueblo de Israel consiga el imperio sobre el mundo, todas las naciones deben ser destruidas: «La paz nos aguarda sobre las cimas, en la real soledad en que moramos con y ante Dios, con las naciones yacentes en el polvo. Entonces intercederemos por ellas, nosotros los pontífices legítimos, raza sacerdotal nata, sirviente de lo absoluto.» (p.81). «Tras veinte siglos durante los cuales su presencia fue silenciada, los judíos han entrado en la historia, y es por ello por lo que los tiempos se aproximan», escribía Caraco (p.217). «Antes de tres generaciones, solo habrá un mundo, no habrá más fronteras y la paz reinará.» (p.259). «Sin nosotros, ninguna luz, a través de nosotros, toda la luz.» (p.77)

La *pax judaica* que va a establecerse en el mundo será implacable. Es cierto que los hombres han sido injustos con el desdichado pueblo judío, así que es normal que este sacie sus ansias de venganza: «Nos castigaron, generosos; nos despreciaron, justos; nos adorarán, despiadados.» (p.77). En efecto, el pueblo judío es «un pueblo de liderazgo»(p.177).«Ávido de poder y no de fama, este pueblo desprecia las formas y enfurece por lo absoluto, rabia por convencer a los humildes y seducir a los rebeldes, para reinar sobre unos y fulminar a los otros.»(p.171).«Ir hacia la justicia por los caminos del poder, y al poder por los del mal... en razón de la iniquidad de los hombres que los hizo odiosos y miserables, tal es el sino de los judíos, para la venganza nacidos y nacidos para la salvación.»(p.191).«Que tengan el dominio, irán hacia la Gracia y el Reino les será concedido por encima del universo, para que todo repose a la sombra de la Gloria.»(p.211).«El poder es su huida y el dominio absoluto el único medio de vida que les queda.»(p.169). Como siempre, será el pueblo llano el que se rebele contra esta dictadura, mientras que las elites traicionaran: «Los débiles vomitaran los judíos, para que los poderosos los acojan y los poderosos que los rechazan no lo serán por mucho tiempo.» (p.132).

Así pues, el pueblo judío es un pueblo en guerra permanente contra el resto de la humanidad. «Este pueblo está bajo las armas.» (p.170); lleva guerreando «desde hace cuarenta siglos». Clara Malraux, la esposa del escritor André Malraux, judía originaria de Berlín, también se hacía eco de esta idea: «La derrota no se puede aceptar con el recuerdo de las victorias pasadas y la esperanza de las victorias futuras. Así fue durante casi dos milenios para el pueblo judío[424].»

La fuerza de los judíos es permanecer en la sombra y actuar en secreto: «Tienen el honor de reinar invisibles.» (p.158). «La sombra es su fuerza y el equívoco su imperio, el absurdo su venganza, el mundo su esperanza, y cuando el mundo sea judío, ya no andarán solos, lamentables.» (p.63). Y Caraco se adelantaba, quizás atrevidamente, y avisaba: «Aquellos que desenreden sus proyectos ya no sabrán plasmarlos y pasarán por locos.» (p.163).

Cuando los nuevos amos dominarán el mundo, podrán desvelar sus verdaderos rostros: «Cuando sean iguales a la evidencia, levantarán su máscara y verdaderamente ya no tendrán que sonrojarse de ellos mismos, ni el universo de tenerlos como amos.» (p.163)

El universo mental de los judíos está totalmente impregnado de estas locas esperanzas mesiánicas que alimentan su orgullo desmesurado. La obra principal de los cabalistas judíos, el Zohar, contiene también pasajes que reflejan muy bien el orgullo inmenso del pueblo elegido: «Es porque Dios tiene afecto por Israel y que lo atrae hacia él, que todas las naciones idólatras odian Israel; pues ellas son mantenidas a distancia, mientras que Israel está cerca de él[425].»

Según Stephen Sharot, este sentimiento de superioridad se manifestaba aún más en los judíos sefarditas, que pretendían descender de la aristocracia de la antigua Jerusalén y ocupaban la cúspide de la sociedad en la España medieval, mientras que la mayoría de los judíos asquenazíes eran en aquella época, pequeños comerciantes y artesanos en la Europa central: «El sentimiento de superioridad que animaba los sefardíes, no solo provenía de su judaísmo y de su judeidad, como era

---

[424] Clara Malraux, *Rahel, ma grande soeur...*, Editions Ramsay, París, 1980, p. 54

[425] Citado por David Bakan, en *Freud et la tradition mystique juive*, 1963, Payot, 2001, p. 176

el caso de los asquenazíes, sino más aún de su estatus y de su poder dentro de la sociedad[426].»

En su obra *Fuentes*, el filósofo Vladimir Jankelevitch, nos explicaba sin rodeos, que el judío de la diáspora era «dos veces más humano que otro hombre por ese poder que tiene de estar ausente de si mismo y de ser otro que él mismo[427].»

Naturalmente, Albert Caraco expresó él también ese orgullo extravagante: «En verdad os lo digo... es Dios al que golpean a través de los judíos.»(p.246).«Es Dios a quien persiguen los Romanos a través de los judíos, Dios al que aborrecen y al que hieren.»(p.84).«Y verdaderamente os lo digo: el cielo ya no tiene voz desde que esta nación tiene la boca cerrada.»(p.188).«Este pueblo es el eje de la historia.»(p.234). En estas condiciones, «la elección de los judíos es una evidencia que se impone... y quien se niegue a creerlo tendrá en el futuro la locura por compañera y las tinieblas por asilo... El mundo forjó los amos, y cuando la prueba termine, la gloria será mejor fundada y el orden más divino.» (p.247)

En otra obra, *Las razas y las clases*, Albert Caraco escribía: «El Espíritu del mundo está reunido en su cabeza, el mundo tendrá la elección entre la nada o los judíos.» (p.374). «El hombre necesita a Dios, pero ¿Qué es Dios, si Él no tiene al Judío de sacerdote?» (p.375)

Finalmente, Caraco reiteraba su fe en la elección divina del pueblo judío y la necesidad de destruir el cristianismo y el islam para alcanzar ese mundo de" paz" descrito por los profetas: «La hora de los judíos comienza: elegidos o no, ellos son el punto donde la palanca de la subversión se apoya, antes de levantar el mundo.» (p.384). «Esa es propiamente la misión de los judíos». Las lecciones del pueblo judío «valdrán para todos los pueblos y para todos los siglos, es ahora y antes nuestros ojos que la Elección se confirma[428].»

Pero el Mesías de los judíos ya apareció varias veces en la historia. Evidentemente, cada vez resultó que este era un falso mesías, que los tiempos no estaban maduros, y que era preciso tener más paciencia. Aquel que desencadenó más entusiasmo fue indudablemente Shabtai

---

[426] Shmuel Trigo, (sous la direction de), *La société juive à travers l'histoire*, tome I, Fayard, 1992, p. 277

[427] *Le Crappuillot*, février 1985

[428] Albert Caraco, *Les Races et les classes*, L'Âge d'homme, 1967, p. 386

Tzvi, el cual vivió en el imperio otomano en el siglo XVII y puso en efervescencia todas las comunidades judías de Europa[429]. En una novela titulada, *Satán en Goray*, Isaac Bashevis Singer, premio Nobel de literatura en 1978, describió el desenfreno del pueblo judío en esa época. Era evidente para todos que los tiempos habían llegado, y que por fin iba a cumplirse que «la más humilde y pequeña de las naciones de la tierra debía vencer a los otros pueblos y dominarlos», escribía Singer: «Los hijos de Israel iban a ser pronto exaltados sobre todos los demás pueblos[430].»

Así es como entonces vieron los judíos su triunfo inminente: «El mundo quedó atónito. Las gentes de Judea gozaban ahora de alta reputación. Príncipes y reyes acudían a honrarles y se postraban ante ellas. Tierras y cielos se regocijarían el día en que Sabbatai Zevi llegase a Estambul. Con toda certeza los judíos celebrarían la Fiesta de las Semanas en la tierra de Israel. El santo templo sería restaurado, las tablas de Ley volverían al Arca sacra y un sumo sacerdote entraría en el Sancta Sanctorum. Sabbatai Zevi, el redentor, reinaría en todo el mundo... Todo hombre temeroso de Dios dispondría de diez mil esclavos paganos para lavarle los pies y atenderle. Duquesas y princesas serían institutrices y niñeras de los niños judíos, como estaba anunciado en el Libro de Isaías... Los enfermos curarían y los feos se convertirían en personas bellas. Todos comerían en platos de oro y no beberían más que vino. Las hijas de Israel se bañarían en arroyos de bálsamo y la fragancia de sus cuerpos inundaría al mundo. Los hijos de Israel ceñirían armadura, con espadas al costado, arcos y flechas al hombro, para hostigar al resto de los enemigos de Israel. La gente de la nobleza que fuera bondadosa con los hijos de Israel sería perdonada, así como sus mujeres y vástagos; todos se convertirían en siervos de los elegidos[431].

El escritor "inglés" Israel Zangwill resumió la aventura de Shabtai Tzvi en su novela *Los Soñadores del gueto*, publicada en 1898. Describía estas locas esperanzas mesiánicas en términos equivalentes: «No temáis

---

[429] Cf. Hervé Ryssen, *Psychanalyse du judaïsme*, Baskerville 2006, p. 158 y siguientes

[430] Isaac Bashevis Singer, *Satán en Goray*, PDF, Editor digital Epublibre, German25, 2017, p. 18, 26

[431] Isaac Bashevis Singer, *Satan en Goray*, PDF Editor digital German25, 2017, p. 75, 93

más, pues ejerceréis vuestro imperio no solo sobre las naciones, sino también sobre las criaturas que viven en el fondo de los mares[432].»

Evidentemente, este tipo de discursos es probable que ofenda la susceptibilidad de los goyim, que seguramente no están dispuestos a aceptar la dominación absoluta del pueblo elegido. Es por lo tanto necesario guardar siempre en secreto el trasfondo de estos discursos cuando van dirigidos a ellos, y expresarse mediante elipsis, poniendo de relieve más bien el concepto seductor de "paz universal".

Inspirado por la misión del pueblo judío, el físico Albert Einstein también trabajaba para "pacificarnos". En Nueva York, en 1931, declaraba en una entrevista: «Deberíamos reescribir todos los manuales escolares, en vez de perpetuar antiguos rencores y prejuicios. Quizás no sea posible erradicar todos nuestros instintos belicosos en una generación. Quizás tampoco se deba hacerlos desaparecer todos, pues los hombres deben seguir peleando por algo, pero que de aquí en adelante sean cosas que valgan la pena, y no imaginarios trazados geográficos, prejuicios raciales, o una avidez que maquillan con los colores del patriotismo[433].»

La reescritura de los manuales escolares era también una de las preocupaciones del billonario George Soros, tras el derrumbe del imperio soviético: «Contribuimos activamente en la formación de profesores y en la publicación de nuevos manuales escolares para sustituir las obras marxistas-leninistas. Estamos imprimiendo en Rusia millones de libros cada año[434].»

El sociólogo Edgar Morin también pretendía pacificarnos: «No basta con pacificar los Estados, en efecto, es preciso pacificar los individuos, los espíritus y las conciencias. El problema de la agresividad y del racismo reside ante todo en la relación entre uno mismo y el otro, y dentro de uno mismo [435].» La idea de Edgar Morin era que la inmigración masiva y la apología de la sociedad multicultural eran el mejor medio para disolver las identidades nacionales, condición previa para la pacificación del mundo. Desde esta perspectiva, era esencial educar la población europea, sin duda aún demasiado reticente a los

---

[432] Israel Zangwill, *Rêveurs de ghetto*, 1898, Éditions Complexe, 1994, p. 165

[433] Cf. *Les Espérances planétariennes*, p. 121-126

[434] George Soros, *Le Défi de l'argent*, Plon 1996, p. 115

[435] Edgar Morin, *Un nouveau commencement*, Seuil, 1991, p. 39, 96

grandes proyectos del judaísmo. Vemos aquí como la palabra" shalom", que significa "paz", está en el centro de la concepción judía del mundo.

Esto mismo era lo que intentaba hacernos comprender Elie Wiesel en un artículo sobre el judaísmo, firmado por él en el semanal *Le Point* del 21 de julio del 2005 y dedicado a las grandes religiones. Había titulado su artículo «La religión despreciada». Elie Wiesel iba a intentar darnos una mejor imagen del pueblo judío, respondiendo a todas esas innobles acusaciones: «Nunca hemos deseado conquistar el mundo, como nos acusaron, asegura... El pueblo judío no es superior o inferior a los otros... Ser judío, es asumir ese pasado a veces lleno de amenazas, pero también iluminado por la promesa de la llegada del Mesías: la Historia se dirige hacia alguna parte para hacerse mejor, para difundir la paz... El judaísmo es una religión que da sentido a la Historia: ha aportado al mundo el mesianismo, la promesa de un futuro mejor.» Y proseguía: «El judaísmo está fundamentalmente en contra del fanatismo y el rigor extremo. La belleza del Talmud reside primero en el respeto del otro. Esto puedo explicar por qué no hubo proselitismo forzado en los judíos. Un cristiano no necesita convertirse al judaísmo para merecer mi respeto. Igual para los musulmanes, igual para los agnósticos. Acepto al otro tal como es.»

En una revista de gran tirada como *Le Point*, es efectivamente importante presentar las cosas bajo una luz más favorable. El gran público no debe saber nada de los secretos de Israel. De hecho, los judíos están acostumbrados desde hace mucho tiempo en disimular sus verdaderos pensamientos y en tergiversar sus palabras con el fin de evitar ser objeto de terribles acusaciones. Como cuando Shmuel Trigano, citando el gran Maimónides, escribía, por ejemplo: «La única diferencia entre este mundo y los días del Mesías es la sujeción de Israel a las Naciones [436]». Sus lectores judíos no se confunden y saben instintivamente comprender el sentido de la fórmula.

2. El antisemitismo

---

[436] Shmuel Trigo, (sous la direction de), *La société juive à travers l'histoire*, tome I, Fayard, 1992, p. 263-266. Traducido del inglés por Jean-Christophe Attias.

El universo mental de los judíos está, aún hoy en día, fuertemente marcado por las persecuciones que han jalonado su historia y que parecen ser una fatalidad. El novelista alemán Joseph Roth escribía entre guerras: «La huida de Egipto dura desde hace milenios. Siempre hay que estar preparado para marcharse precipitadamente, con todo encima, el pan y una cebolla en un bolsillo, las filacterias[437] en el otro. ¿Quién sabe si no habrá que partir dentro de una hora[438]?»

En *El último justo*, André Schwarz-Bart escribía una crónica del sufrimiento judío, desde la Inglaterra del siglo XII hasta la Alemania nazi, pasando por las expulsiones de Francia, España y los pogromos medievales de Polonia y Rusia. En 1917, el descendiente de todas estas generaciones, Benjamin, está pensando en huir de Polonia, como su antepasado había huido de Rusia. Planea huir a Inglaterra, pero duda: «Una isla, ¿Como huir en caso de extrema necesidad? En cambio, le complacía la palabra América», pues le «recordaba la danza bíblica alrededor del Becerro de oro, a la cual su antaño jefe tallador de Zemiock comparaba la vida de los judíos americanos... En cuanto a la palabra Francia, tenía el inconveniente de ir asociada a la de Dreyfus, la cual Benjamin había oído pronunciar mucho; se decía que los franceses habían enviado ese judío a la isla del Diablo; ya solo el nombre daba escalofríos, ¿que se había de decidir entonces? Finalmente, después de esta vuelta al mundo desalentadora, Benjamin optó por la palabra: Alemania[439].» Y así es como se fue a Berlín.

Vemos como el país en el que un judío elige vivir es aquel que le ofrece las mejores oportunidades y garantías. Sabe que podría ser expulsado en cualquier momento, como siempre se dio el caso hasta ahora. Arthur Koestler nos informó en una de sus obras del universo agónico de los judíos y su historia trágica, para legitimar su instalación en Palestina y la creación del Estado de Israel: La historia de los judíos «es un lúgubre cuento que comienza siempre con una luna de miel, para acabar con un sangriento divorcio. Al principio, se halaga a los judíos, se les otorgan cartas, privilegios y favores. Se les acoge como si fueran alquimistas, porque conocen el secreto para hacer cambiar los engranajes de la

---

[437] Filacterias o Tefilín en hebreo: pequeñas envolturas de cuero que contienen tiras de pergamino con pasajes de la Biblia y que los judíos llevan atado al brazo izquierdo y a la frente durante ciertos rezos.

[438] Joseph Roth, *Judíos errantes*, Acantilado 164, Barcelona, 2008

[439] André Schwarz-Bart, *El último justo*, Editorial Seix Barral, Barcelona, 1959

economía.» Koestler daba a continuación una idea de la reputación que tenían los judíos en la Edad-Media: «Durante los "siglos oscuros", el comercio de la Europa occidental estaba en gran parte en manos de los judíos, incluyendo también la trata de esclavos, y los cartularios carolingios emplean las palabras" judío" y "comerciante" como términos casi intercambiables[440].» Una vez alcanzada la cúspide de su poder, los judíos son expulsados invariablemente del país que se adueñaron. «No existe ejemplo en la historia de un pueblo que haya sido tan perseguido en la tierra, que haya sobrevivido a su muerte como nación, y que entre los autos de fe y las cámaras de gas, haya seguido brindando "el año que viene en Jerusalén" durante un intervalo de tiempo tan astronómico y con la misma incansable fe en lo sobrenatural[441].»

El chivo expiatorio

La tesis principal promovida por los intelectuales judíos para explicar el antisemitismo es la del "chivo expiatorio". El judío será siempre y en todas partes el culpable ideal sobre el que ensañarse cuando la sociedad está en crisis. Los historiadores marxistas han, evidentemente, insistido en el aspecto económico de la cuestión. En *El Odio antisemita*, Serge Moati nos aportaba por ejemplo el testimonio de Simón Epstein, un economista instalado en Israel desde 1974: «El antisemitismo siempre viene por oleadas. Al final del siglo pasado, está en todas partes, y no solamente en Francia con el caso Dreyfus. Al principio del siglo XX disminuye en todas partes. Sube otra vez en los años treinta y desciende de nuevo después de la Segunda Guerra mundial. Podemos por lo tanto relacionar el carácter cíclico del fenómeno a las crisis económicas. La de finales del siglo XIX favoreció la crisis antijudía y el crac de 1929 contribuyó a la oleada de los años 30-40.»

Un periodo de calma parece por lo tanto preceder inevitablemente una fase de tensiones: «El periodo de "calma" antes del genocidio comporta muchas similitudes con lo que estamos viviendo actualmente[442].» Estos

---

[440] Encyclopedia Britannica, 1973, artículo «Jews», en Arthur Koestler, *La treizième Tribu*, Calmann-Levy, 1976, Poche, p. 198 (Traducción del PDF Arthur Koestler, *Judíos Kázaros, La Tribu número 13*, p. 185, en es.scribd.com)

[441] Arthur Koestler, in Victor Malka, *En Israël, Guide Bleu*, Hachette 1977, p. 13

[442] Serge Moati, *La Haine antisémite*, Flammarion, 1991, p. 171, 172

análisis que alimentan la angustia permanente dan legitimidad a los llamamientos a la vigilancia susceptibles de unir la comunidad.

Emil Weis, animador del festival de cine judío en París, defendía un análisis marxista muy caricaturesco del antisemitismo de finales del siglo XIX: «Ese periodo corresponde al advenimiento de la era industrial y al declive de los grandes latifundistas. De ahí el esfuerzo de estos últimos para movilizar y despertar los reflejos nacionalistas de la opinión pública para evitar el desmoronamiento de su propio poder. Incapaces de cuestionar o revisar las estructuras sociales arcaicas y aferrándose a sus privilegios, hicieron caer la responsabilidad de la crisis sobre unos chivos expiatorios[443].»

Pero el antisemitismo es la mayor parte del tiempo inexplicable o mejor dicho: inexplicado. Al menos bajo la pluma de los intelectuales judíos. He aquí otro ejemplo caricaturesco sacado de un libro de Beatrice Phillippe titulado *Los Judíos en el mundo contemporáneo*, que daba una idea del antisemitismo que asolaba la Argelia francesa tras el decreto Crémieux del 24 de octubre de 1870, que concedía la nacionalidad francesa únicamente a los judíos de Argelia: «Francia, fiel a su vocación, ha "adoptado a 35 000 nuevos hijos".» Sin embargo, aquello no fue más que el principio de la crisis: «El primer brote de antisemitismo estalló en 1882 en Argel, luego en 1883 en Oran y Sétif... El segundo brote estallaría en los años 30... Efectivamente, se produjeron serios incidentes en Oran en 1934, donde 700 árabes miserables se echaron sobre la población israelita (23 muertos, 38 heridos judíos y 3 muertos y 35 heridos musulmanes)[444].» Quizás Béatrice Philippe hubiese podido añadir: «... así, sin más, sin ningún motivo». Pues no presentaba ninguna explicación del ataque de ira de los musulmanes de Argelia. Que menos haber explicado que Adolphe Crémieux había sido también el presidente de la Alianza israelita universal, y que, cuando llegó al ministerio de Justicia, al proclamarse la tercera República, se apresuró en conceder la nacionalidad francesa a sus congéneres, a riesgo de suscitar el odio de los musulmanes hacia Francia.

A Serge Moati le ocurría lo mismo. Así era como presentaba el antisemitismo de los países árabes: «La mayor parte de los países árabes, vecinos de Israel, atizan a menudo el odio antisemita, bajo el pretexto

---

[443] CinémaAction, *Cinéma et judéité*, Annie Goldmann (dir.), Cerf. 1986, p. 44

[444] Béatrice Phillipe, *Les Juifs dans le monde contemporain*, MA éd., 1986, p. 18

del anti-sionismo. Desde hace cuarenta años, en esos países, los judíos, descritos como cobardes, hostiles, embusteros, vengativos e hipócritas", son víctimas de numerosas persecuciones. El 1 de junio de 1941, en Bagdad, un pogromo" espontáneo" dejó 600 muertos, 240 heridos y 586 tiendas saqueadas y 911 casas destruidas. A penas unos meses después del final del holocausto, en noviembre de 1945, estallaban los primeros disturbios y ataques contra las sinagogas y tiendas de judíos en Egipto, en Siria y en Libia. En diciembre de 1947, una segunda oleada. Judíos eran masacrados en Alepo, en Aden, en Irak, en Persia y en Pakistán. De 1945 a 1952, 150 000 judíos de Irak huían clandestinamente a Israel... En 1956, los judíos eran expulsados de Egipto. En 1970, los bienes de los judíos eran confiscados en Libia. En 1979, en vísperas de la revolución islámica, un millar de judíos abandonaban Irán.» Él también habría podido añadir: «... así, sin más, sin ningún motivo». Pues efectivamente, él tampoco aportaba ninguna explicación para esos estallidos de violencia. A pesar de constatar la permanencia de esos sentimientos antisemitas, incluso después de la salida de los judíos, escribía simplemente: «Todo aquello es sorprendente... Se trata aquí, al igual que en Polonia, de un "antisemitismo sin judíos". El antisemitismo árabe es más ideológico e histórico que social[445].» Su explicación es, aun así, un poco corta.

El antisemitismo es una cosa sorprendente. Es incluso un «gran misterio», como lo dice Simon Epstein, citado por Serge Moati: «El antisemitismo es un gran misterio. En vez de intentar explicarlo, ¿por qué no observarlo?» Efectivamente, ese es el enfoque de la casi totalidad de los pensadores judíos, que solo muestran las manifestaciones del antisemitismo sin dar nunca las causas de este. Por lo tanto, el antisemitismo aparece necesariamente bajo su pluma como algo absurdo.

Con el fin de subsanar las lagunas de los libros de Beatrice Philippe y Serge Moati acerca del antisemitismo en los países árabes, podríamos citar un solo pasaje de la novela de viaje de Guy de Maupassant, *Bajo el Sol*, publicada en 1887: «En Bu Saada, los vemos en cuclillas bajo cubiles inmundos, hinchados de grasa, sórdidos y acechando al árabe como una araña acecha a la mosca. Lo llaman, tratan de prestarle cien perras y a cambio le hacen firmar un papel. El hombre conoce el peligro, duda, se resiste. Pero el deseo de beber, junto con otros deseos, lo tientan. ¡Cien perras representan para él tantos goces! Y finalmente cede,

---

[445] Serge Moati, *La Haine antisémite*, Flammarion, 1991, p. 172, 174

toma la moneda de plata y firma el grasiento papel. Al cabo de tres meses deberá diez francos, cien al cabo de un año, doscientos al cabo de tres años. Entonces el judío pone en venta su tierra, en caso de que la tenga, o si no su camello, su caballo, su borrico, en fin, todo lo que posee. Los jefes, los *caids*, agás o *Bach agás*, caen igualmente en las garras de esas rapaces que son plaga, la sangrienta plaga de nuestra colonia, el gran obstáculo de la civilización y del bienestar del árabe.» Es una explicación probablemente muy fragmentaria, pero seguramente permite lanzar el debate.

Para intentar comprender las reacciones antisemitas, podremos consultar el análisis luminoso del gran Primo Levi, que todos los escolares de los países occidentales conocen bastante bien. En su famoso libro *Sí, esto es un hombre*, publicado en 1958, relataba su experiencia en los campos de concentración de los que consiguió salir milagrosamente ileso[446]. «Todo el mundo sabe actualmente que *Sí, esto es un hombre* es una obra maestra de la literatura universal y no solamente uno de los testimonios más destacados del Holocausto.» Esto es lo que quiere decirnos Jean-Claude Zylberstein en una «nota para esta nueva edición».

En 1976, Primo Levi escribió un apéndice para la edición escolar, «para responder a las preguntas que le hacían tanto los estudiantes de secundaria como los adultos. A la pregunta: «¿Cómo se explica el odio fanático de los nazis por los judíos?», respondía en ocho páginas, escritas en caracteres pequeños.

Presentaremos aquí un resumen, bajo la forma de un dialogo amistoso con el autor:

«No hay duda de que se trata, en sus orígenes, de un hecho zoológico: los animales de una misma especie, pero de grupos distintos manifiestan entre sí fenómenos de intolerancia. Esto también ocurre con los animales domésticos: es sabido que, si se introduce una gallina de un determinado gallinero en otro, durante varios días es rechazada a picotazos. Lo mismo sucede con ratones y abejas y, en general, con todas las especies de animales sociales. Ahora bien, el hombre es ciertamente un animal social (ya lo había afirmado Aristóteles): pero ¡pobres de nosotros si todas las pulsiones zoológicas que sobreviven en

---

[446] El profesor Robert Faurisson, cuyos trabajos han sido traducidos y publicados en todo el mundo, apuntaba con acierto que cuando los milagros se producen en cadena, ya no son precisamente "milagros".

el hombre se toleraran! Las leyes humanas están precisamente para esto: para limitar los impulsos animales.»

- Todo esto está bien dicho, señor Levi, pero ¿cómo explica usted el odio fanático de los nazis por los judíos?

- «El antisemitismo es un fenómeno típico de intolerancia. Para que surja una intolerancia hace falta que entre dos grupos en contacto exista una diferencia perceptible: esta puede ser física (los negros y los blancos, los rubios y los morenos), pero nuestra complicada sociedad nos ha hecho sensibles a diferencias más sutiles como la lengua, o el dialecto, o el mismo acento (bien lo saben nuestros meridionales cuando se ven obligados a emigrar al norte); la religión, con todas sus manifestaciones exteriores y su profunda influencia sobre la manera de vivir, el modo de vestir o de gesticular…

- Todo esto es muy interesante. Pero, si me permite… ¿cómo explica usted el odio fanático de los nazis por los judíos?

- «[… En la Antigüedad], los judíos, minoritarios en todos sus afincamientos, eran así distintos, reconocibles como distintos, y a menudo orgullosos (con o sin razón) de ser distintos: todo lo cual los hacía muy vulnerables[447]. De hecho, fueron duramente perseguidos, en casi todos los países y en casi todos los siglos… Desde los primeros siglos del cristianismo se acusó a los judíos de algo mucho más grave: el ser, colectivamente y por la eternidad, responsables de la crucifixión de Cristo, de ser en fin el "pueblo deicida". Esta formulación, que aparece en la liturgia pascual en tiempos remotos y que solo fue suprimida por el concilio Vaticano II (1962-1965) se halla en el origen de varias creencias populares funestas y siempre renovadas: que los judíos envenenan los pozos propagando la peste; que profanan habitualmente la hostia consagrada; que en Pascua secuestran niños cristianos con cuya sangre embeben el pan ácimo. Estas creencias han dado pie a numerosas y sangrientas masacres, y, entre otras cosas, a la expulsión de judíos primero de Francia e Inglaterra y luego (1492-1498) de España y Portugal.

- Todo eso es efectivamente increíble. ¿Y el odio fanático de los nazis por los judíos, como lo explica?

- «La idea fija [de Hitler] es la de una Alemania dominadora, no en un futuro sino ahora mismo; no mediante una misión civilizadora sino con

---

[447] Quería decir: "desagradables".

las armas. Todo lo que no es germánico le parece inferior, o peor: detestable, y los primeros enemigos de Alemania son los judíos, por muchos motivos que Hitler enunciaba con fervor dogmático: porque tienen "sangre distinta"; porque están emparentados con otros judíos en Inglaterra, en Rusia, en América; porque son herederos de una cultura en la que se razona y se discute antes de obedecer y en la que está prohibido inclinarse ante ídolos, cuando él mismo aspira a ser venerado como un ídolo...

- Se suele decir que Hitler reprochaba también a los judíos de tener demasiado poder en Alemania...

- «... muchos judíos alemanes han alcanzado posiciones clave en la economía, en las finanzas, en las artes, en la ciencia, en la literatura: Hitler, pintor fallido, arquitecto fracasado, vuelca sobre los judíos su resentimiento y su envidia de frustrado... [Para él] los judíos son culpables de todo, del rapaz capitalismo americano y del bolchevismo soviético, de la derrota de 1918, de la inflación de 1923; liberalismo, democracia, socialismo y comunismo son satánicos inventos judíos que amenazan la solidez monolítica del Estado nazi....El antisemitismo... se diseminó fácilmente por toda Alemania y buena parte de Europa gracias a la eficacia de la propaganda de los fascistas y de los nazis que tenían necesidad de un chivo expiatorio sobre quien descargar todas las culpas y todos los resentimientos; y que el fenómeno fue llevado a su paroxismo por Hitler, dictador maníaco... Se ha dicho que Hitler volcaba sobre los judíos su odio hacia todo el género humano; que reconocía en los judíos algunos de sus propios defectos, y que al odiar a los judíos se odiaba a si mismo; que la violencia de su aversión provenía del temor de tener "sangre judía en las venas"... Antes de que Hitler llegará al poder, los judíos alemanes eran profundamente alemanes, perfectamente integrados en su país, y únicamente Hitler y algunos fanáticos que lo seguían desde el principio los consideraban enemigos.

- Numerosos judíos han desempeñado un notable papel en el comunismo y las atrocidades que fueron cometidas en su nombre. Hasta treinta millones de muertos en la URSS, lo cual no es poco. ¿No cree usted que los horrores de la revolución bolchevique han podido provocar una reacción en Alemania, especialmente a través del movimiento de Hitler?

- La idea fija de Hitler, según la cual el judaísmo se confundía con el bolchevismo, no tenía ningún fundamento objetivo, y menos aún en

Alemania, donde era notorio que la aplastante mayoría de los judíos pertenecía a la burguesía[448]»

El interlocutor, poco convencido, menea ligeramente la cabeza y pregunta.

-Dígame francamente señor Levi, ¿cree realmente que estas respuestas pueden convencer nuestros lectores?

-... no me parecen explicaciones adecuadas... Las hipótesis propuestas justifican los hechos sólo parcialmente, explican la calidad, pero no la cantidad. Debo admitir que prefiero la humildad con que algunos historiadores entre los más serios (Bullock, Schramm, Bracher) confiesan no comprender el antisemitismo furibundo de Hitler y, detrás de él, de Alemania. Quizás no se pueda comprender todo lo que sucedió, o no se deba comprender, porque comprender casi es justificar... en el odio nazi no hay racionalidad: es un odio que no está en nosotros, está fuera del hombre, es un fruto venenoso del tronco funesto del fascismo... No podemos comprenderlo; pero podemos y debemos comprender donde nace, y estar en guardia[449].

- A fin de cuentas, lo que usted propone, es no hacer preguntas sobre el antisemitismo, por miedo a que se pueda comprender, ¿es así?

- ¡Exactamente !, contestó Primo Levi con una gran sonrisa.

Por fin estábamos de acuerdo. En ese momento, me levanté para darle un caluroso apretón de manos.

- Señor Levi, muchísimas gracias.»

La locura de los hombres

En *El Testamento de un poeta judío asesinado*, el héroe de Elie Wiesel relataba un episodio terrible de su infancia en Rusia, a principios de siglo. Una noche de Navidad, él y su familia padecieron el odio desenfrenado, y tuvieron que esconderse en una pequeña habitación debajo de la granja: «Ser judío en un mundo cristiano, es conocer el miedo, y acostumbrarse a él. Miedo al cielo además del miedo a los

---

[448] Primo Levi, *Si esto es un hombre*, Muchnik Editores, 2002, Barcelona, p. 116-119

[449] Primo Levi, *Si esto es un hombre*, Muchnik Editores, 2002, Barcelona, p. 120

hombres. Miedo a la muerte y miedo a la vida -el miedo a todo lo que respira allí fuera, a todo lo que se trama del otro lado. Una oscura amenaza pesa sobre nosotros- sobre cada uno de nosotros... El enemigo, el enemigo. Intentaba imaginármelo. Egipcios en tiempos del Faraón. Saqueadores a las órdenes de Hamman. Cruzados bajo la sombra de los iconos, rostros desencajados por el odio. El enemigo no cambia. El Judío tampoco.»

La locura de los hombres iba a estallar otra vez: «Iba a aprender de qué son capaces los hombres. Su locura iba a irrumpir en nuestro mundo: locura negra y de odio, locura salvaje, sedienta de sangre y asesinato. Se acercaba lentamente, solapadamente, sigilosamente, como una manada de fieras rodeando una presa vencida por el espanto. De repente se desata. Un grito sale de las entrañas, rasgando el silencio y las tinieblas: ¡Muerte a los Judíos! Repetido por innumerables voces... Oírlos, soportarlos y sentirlos devastar mi cerebro, mis oídos me dolían, mis ojos y todo mi cuerpo. No pude controlar mis temblores; me agazapé en el seno de mi madre.»

Mientras tanto, en el exterior, solo eran masacres, violaciones y saqueos, por lo menos en la mente de Elie Wiesel. «Sentía hacia el populacho de Krasnograd, por lo tanto... hacia el pueblo ruso, por lo tanto, hacia toda Rusia, un odio visceral, monstruoso y despiadado[450].» Así fue como la familia de su héroe abandonó Rusia para instalarse en Rumanía.

Incluso durante la guerra, cuando los judíos eran perseguidos tan cruelmente por los alemanes, los campesinos rusos no hicieron nada para ayudarlos: «¿Por qué la gente buena de Vitebsk ha permitido a esos asesinos matar a sus vecinos judíos? Pudieron protegerlos, ponerlos a resguardo. No lo hicieron. Cuarenta años de educación comunista. No lo entiendo, no lo entiendo[451].» El propio Stalin se había vuelto «loco». Elie Wiesel se dio cuenta de ello el día en que, «en un estallido de odio, en un arrebato de demencia [452]», Stalin empezó a atacar a los intelectuales judíos.

---

[450] Elie Wiesel, *Le Testament d'un poète juif assasiné*, 1980, Points Seuil, 1995, p. 39-43, 46

[451] Elie Wiesel, *Le Testament d'un poète juif assasiné*, 1980, Points Seuil, 1995, p. 256

[452] Elie Wiesel, *Le Testament d'un poète juif assasiné*, 1980, Points Seuil, 1995, p. 14

Wiesel lo confirmaba en sus *Memorias*: «Stalin está loco, su odio lo ha vuelto loco. En Israel, donde ya no existen relaciones diplomáticas con la URSS y sus satélites, la izquierda está desconcertada: no comprende el antisemitismo feroz e implacable de Stalin y los estalinianos[453].»

El sociólogo de renombre Edgar Morin también creía que el antisemitismo estaliniano era la manifestación de una locura. El sistema soviético «se volvió loco una vez entre 1936 y 1937, cuando nada parecía poder detener las detenciones masivas, hasta que Stalin liquidó los dos grandes ejecutores sucesivos, Yagoda y Yezhov; quizás hubiese enloquecido una segunda vez en 1953, si la muerte de Stalin no hubiera detenido el delirio[454].»

En definitiva, debemos entender que el comunismo se volvió loco cuando se desprendió de los dirigentes judíos que no seguían la línea del partido, como en 1936-1937, o cuando intentaba excluirlos de la administración de forma más radical. Pero en tiempos normales, cuando el régimen, en gran parte dirigido por judíos, exterminaba millones de campesinos, de "burgueses", así como la nobleza rusa y ucraniana, se podía considerar que no era tan problemático.

En el diario *Le Figaro* del 9 de julio de 1996, Henri Hajdenberg, presidente del CRIF (Consejo Representativo de las Instituciones Judías de Francia) y vicepresidente del Congreso judío europeo, recordaba otro episodio doloroso de la historia judía, en la Polonia" liberada" por el ejército rojo: «Desde el 3 de mayo de 1945, en Cracovia, estudiantes rompían las ventanas de las casas judías y proclamaban eslóganes antisemitas. En agosto del mismo año, en Cracovia, volvieron a aparecer las acusaciones de crímenes rituales. De 1945 hasta 1947, dos mil judíos fueron asesinados en Polonia. La mitad de los dos cientos mil que habían regresado de Rusia, fueron obligados a marcharse de nuevo al exilio.» En Kielce, el 4 de julio de 1946, estalló un pogromo: «Cabe preguntarse, escribía Hajdenberg, acerca de la escandalosa facilidad con la que una población se mostró dispuesta a asesinar judíos... No solo se trataba de robar sus bienes sino, como lo demostraron los peritajes médicos, de machacar sus rostros.»

Claramente, los polacos también enloquecieron. Y la Iglesia, una vez más, fue cómplice de esas atrocidades cometidas por razones desconocidas: «En un clima de guerra civil, con la instalación del

---

[453] Elie Wiesel, *Mémoires, Tome I*, Le Seuil, 1994, p.291

[454] Edgar Morin, *Un nouveau commencement*, Seuil, 1991, p. 38

régimen comunista y un antisemitismo redoblado, el cardenal Hlond, primado de Polonia, solo pensaba en denunciar el papel de los líderes comunistas judíos. El Vaticano se negó a condenar el pogromo. El movimiento de emigración de la población judía se aceleró brutalmente hacia los campos de personas desplazadas de Alemania occidental, o hacia Palestina.»

La locura criminal de los antisemitas era expuesta por el historiador Norman Cohn, que explicaba el antisemitismo moderno a partir de la difusión de los famosos *Protocolos de los sabios de Sion*. Norman Cohn demostraba como el antisemitismo «fue reavivado y modernizado en los siglos XIX y XX por unos pocos cristianos excéntricos y reaccionarios» antes de ser recuperado «por los racistas, especialmente Hitler y sus seguidores». *Los Protocolos de los sabios de Sion* «se expandieron por el mundo y llegaron a poseer la mente de Hitler y se convirtieron en la ideología de los más fanáticos de sus seguidores en Alemania y otros países [455]». Para Norman Cohn, evidentemente, aquellas eran ideas descabelladas, «fantasías tan ridículas», pues «existe un mundo subterráneo en el que los sinvergüenzas y los fanáticos semicultos elaboran fantasías patológicas disfrazadas de ideas, que destinan a los ignorantes y a los supersticiosos[456]»

El delirio antisemita llegaba incluso hasta acusar a los judíos de ser los principales protagonistas del comunismo y del liberalismo. En su *Sociología del antisemitismo*, François "de Fontette" denunciaba esta inepcia: «Los antisemitas han subrayado a menudo el estrecho vínculo, incluso la colusión, que según ellos se produjo entre los judíos y el comunismo; por lo que se puede subrayar una vez más el carácter completamente contradictorio de las acusaciones, ya que si bien los nazis habían usado abundantemente este argumento a partir del 22 de junio de 1941, anteriormente no habían dejado de denunciar la influencia perniciosa de la plutocracia judeo-masónica en los países anglosajones, que para ellos no era más que la emanación del capitalismo internacional y su ambición de dominio mundial[457].»

---

[455] Norman Cohn, *El mito de la conspiración judía mundial. Los protocolos de los Sabios de Sión*, Editor digital pdf: Titivilius, 2016, p. 8

[456] Norman Cohn, *El mito de la conspiración judía mundial. Los protocolos de los Sabios de Sión*, Editor digital pdf: Titivilius, 2016, p. 8

[457] François de Fontette, *Sociologie de l'antisémitisme*, PUF, 1984, p. 57

Los antisemitas son unos enfermos, nos aseguraba Eli Wiesel a través de su poeta, el cual no se creía esa amenaza: «Hablábamos de los nazis como de una enfermedad desagradable, pero poco seria y para nada mortal. Nos decíamos a nosotros mismos: cada sociedad está llena de escoria, la nuestra también; un día, serán arrojados en la basura de la Historia. Las amenazas, las divagaciones, los delirios obscenos de un Goebbels, de un Goering o de su ridículo Führer ni siquiera nos molestaban. Pensábamos: ladran y ladran, pero ya se cansarán tarde o temprano[458].»

Pero como todos sabemos, la «locura antisemita» se desató durante la guerra. «Seis millones de judíos fueron asesinados en los campos de la muerte de una Europa enloquecida», escribía Víctor Malka. Al final del conflicto, no quedaba para muchos judíos más que la solución sionista. La creación del Estado de Israel y la emigración de los judíos parecía la única salida: «Los supervivientes del holocausto nazi, últimos testigos de la locura criminal de Europa contra los judíos llegaron los primeros[459].»

El antisemitismo es un «fenómeno extraño», escribía Shlomo Taub en *L'Impact* del 9 de marzo del 2007, un periódico de información sobre Israel y el mundo judío. Shlomo Taub se sorprendía del antisemitismo nazi, dado que en ese momento los judíos estaban, según él, perfectamente integrados: «Hacia finales del siglo XIX, los judíos de Alemania y de Austria habían rechazado por primera vez en su historia aquella designación de pueblo elegido... aspiraban entonces a ser como los goyim, a integrarse totalmente en la sociedad en la que vivían y consideraban Alemania como su casa y refugio. En el momento en que los judíos habían adoptado fielmente la cultura del país, y cuando se sentían más alemanes que judíos, el odio antisemita alcanzó su apogeo, estallando violentos pogromos. Esta oleada de barbarie se produjo en el lugar y en el momento en que los judíos menos revindicaban la idea de pueblo elegido.» Los judíos fueron, como de costumbre, acusados de todos los males porque eran «un blanco fácil de odiar y de perseguir» Finalmente, Shlomo Taub concluía, lógicamente: el antisemitismo, «del que cuesta tanto comprender sus orígenes» es un «fenómeno extraño».

---

[458] Elie Wiesel, *Le Testament d'un poète juif assasiné*, 1980, Points Seuil, 1995, p. 125

[459] Victor Malka, *En Israel, Guide bleu*, Hachette 1977, p. 13, 27, 28

Manes Sperber analizaba así la cuestión: «El odio hacia los judíos, siempre me pareció un delirio agresivo de persecución... como un miedo delirante del otro, una angustia que el que odia intenta ocultarse a sí mismo. Dentro de su hostilidad maniática, se persuade de que goza de una superioridad insuperable sobre los que odia y desprecia, pero que a su vez teme porque son diabólicamente maliciosos.» Y añadía: «Si ese odio constituye algunas veces para nosotros el peor de los peligros, es sin embargo vuestra enfermedad. Es el mal que os aqueja. Sin duda nos ha causado sufrimientos indecibles, pero seguimos venciéndolo continuamente.» Y con el fin de curarnos, Manes Sperber nos aconsejaba que reformáramos a fondo nuestra sociedad: «Se puede intentar sanar un odio total cuando es un fenómeno individual, con una educación terapéutica. Para luchar contra él como fenómeno social, uno debe entrar en combate contra toda las imposturas religiosas, sociales y nacionales, que siempre surgen en una época que duda en afrontar sus verdaderos problemas[460].»

La inocencia

La inocencia es un término clave que hallamos frecuentemente en la producción intelectual del judaísmo. He aquí, por ejemplo, lo que escribía Aharon Appefeld, un escritor israelí nacido en 1932 en Chernivtsí (Bucovina), al que algunos consideran «como uno de los mayores escritores de nuestro tiempo». En su novela titulada, *La herencia desnuda*, publicada en 1994, se preguntaba: «¿Qué hay en mí, ¿qué hace de mí el enemigo del género humano? ¿Es la forma en que estoy hecho, o mi pensamiento?» Sin embargo, reconocía no poder encontrar una respuesta: «Siempre supimos que nuestra judeidad no era un secreto, que era una catástrofe. Había momentos en que, dentro de nuestros corazones, maldecíamos nuestro destino, el destino del inocente perseguido... cuya única falta era el misterio judío dentro de él[461].»

Albert Caraco también subrayaba la inocencia intrínseca de los judíos. «Cuanto más inocentes son, más desafortunados son» escribía en su *Apología de Israel*. «Los judíos son inocentes, de ahí viene su torpeza;

---

[460] Manès Sperber, *Être juif*, Éd. Odile Jacob, 1994, p. 24, 31, 149

[461] Aharon Appelfeld, *L'héritage nu*, 1994, éditions de L'Olivier, 2006, p. 34, 82

los que los condenan son monstruos astutos y fríos, dignos de los abismos de los mares[462].»

En un libro titulado *Sobre el Antisemitismo*, publicado en el 2006, Stephane Zagdanski exageraba de forma deliberada: «Según el antisemita, la cosa es muy simple: los judíos son siempre y en todas partes la causa de todo. Han martirizado a Cristo, esclavizado los africanos, inventado el capitalismo, expandido el bolchevismo, falseado las funestas cifras de su propio exterminio, expoliado los palestinos. Ahora como antaño, poseen el Dinero, el Poder y los medios de comunicación. Según las últimas noticias, están encerrando entre muros a todo un pueblo[463]y amordazan a cualquiera que se atreva a poner en cuestión su imperio demoníaco. En fin, si son universalmente odiados, es que son indefectiblemente odiosos.» Y Zagdanski añadía inmediatamente: «Esta autojustificación del odio resulta totalmente alucinatoria. Es precisamente porque no son la causa de nada de aquello que se les acusa, que los judíos han sido tan odiados en tantos lugares a lo largo del tiempo[464].»

Observemos ahora la situación en Hungría a través de la mirada de Gabriele Eschenazi. Según él, los judíos habrían manifestado un gran apego a su país durante las luchas de liberación nacional del pueblo húngaro: «Los judíos húngaros participaron masivamente en la revolución fallida de 1848-1849 mediante la cual Hungría intentó liberarse de la tutela austriaca.» Es cierto que los judíos del Imperio austriaco de aquella época no tenían el derecho de ciudadanía. En este caso, sus intereses coincidían momentáneamente con los de los húngaros que deseaban emanciparse de la tutela austriaca. Es lo que permitía al autor escribir que los judíos eran «fieles patriotas»: «Tanto apego a la nación magiar les costó muy caro. Tras la derrota, el gobierno militar de los Habsburgo impuso a los judíos una indemnización muy elevada, a la vez que restringía sus actividades económicas y profesionales.»

Finalmente, en 1867, los austriacos concedieron a los húngaros un estatus de igualdad. El Imperio austriaco pasaba a ser bicéfalo, transformándose en Imperio Austrohúngaro, con los Habsburgo como

---

[462] Albert Caraco, *Apologie d'Israël*, 1957, L'Âge d'homme, 2004, p. 119, 227

[463] Un muro de ocho metros de altura ha sido construido por Israel en el 2004 para protegerse de las incursiones de los combatientes palestinos.

[464] Stéphane Zagdanski, *De l'Antisémitisme*, Climats, 1995, 2006, p. 10

dinastía reinante. Fue también en esa época que el derecho de ciudadanía fue otorgado a los judíos: Parece ser que los judíos «se consideraban húngaros de fe mosaica», y que se declaraban patriotas: «En ningún otro país del Este se vio a tantos judíos renunciar a sus apellidos para adoptar apellidos húngaros. Los Weiss, Kohn, Löwy, Weinberger, Klein, Rosenfeld y Grünfeld se transformaron en Vészi, Kardos, Kukacs, Biró, Kis, Radó y Erdélyi. No lo hicieron coaccionados, como ocurrió en Polonia, sino porque quería sentirse orgullosos de ser magiares.»

Así, los judíos pudieron evolucionar a su antojo en la sociedad húngara. Se podría decir que su integración fue un éxito completo, incluso quizás un poco demasiado a los ojos de los húngaros: «A principios del siglo XX, la ciudad de Budapest representaba una especie de Nueva York para los judíos húngaros. Se la llamaba "Judapest". No había una profesión moderna en la que los judíos no fuesen preponderantes. Las cifras que arrojaba un estudio de los años veinte eran significativas. A pesar de constituir el 5,9% de la población, los judíos que se dedicaban al comercio eran tantos como los húngaros. Representaban el 59,9% de los médicos, 50,6% de los abogados y 34,3% de los músicos. En 1930, el 61,7% de las sociedades comerciales de más de 20 empleados, así como el 47,4% de las mayores industrias, pertenecían a judíos. Los Chorin, los Weisz y los Goldberger eran las familias que controlaban la banca y las industrias más importantes del país.»

Estaban, pues, efectivamente perfectamente integrados, al menos en el plano social y financiero. Desgraciadamente, «lo que parecía una marcha irresistible hacia la integración exitosa fue repentinamente interrumpida» por un suceso que traumatizó Hungría. Fue un nuevo fracaso de la historia del pueblo judío, definitivamente desafortunado. Primero hubo la desastrosa derrota de 1918 y el tratado de Trianon que hizo perder a Hungría el 70% de su territorio: «Pasar de un imperio plurinacional a un Estado" nacional" privó los judíos de su tradicional función de agentes de "magiarización" en los territorios periféricos. Pronto se olvidó su patriotismo[465]», pues además la voluntad de los húngaros de recuperar esos territorios los llevó a aliarse con Alemania. El resultado fue que «el traumatismo causado por la pérdida de los territorios hizo que se responsabilizara de la derrota nacional a aquellos

---

[465] Gabriele Eschenazi, Gabriele Nissim, *Les Juifs et le communisme...* , 1995, Éd. De París, 2000, p. 49-53

que habían sido hasta entonces los más entusiastas patriotas del imperio.»

El autor podría haber contado el papel de sus congéneres en el episodio de la República bolchevique de Bela Kun, en 1919, que ensangrentó el país durante 133 días hasta ser derribada por la acción militar conjunta de Rumanía y Francia. Evidentemente, mantenía un perfil bajo acerca de esa aventura, aunque reconocía que, en aquel gobierno comunista, «los judíos eran ampliamente mayoritarios[466]»

Es así como los judíos -o" algunos judíos"- pasan del papel de verdugos bolcheviques sanguinarios al de "chivo expiatorio". De esta manera, el antisemitismo de los húngaros se vuelve incomprensible. Por ejemplo, se instituyó un númerus clausus para el acceso a la universidad: «Era la señal de que su integración ya no era aceptada, y que, después de haber sido" húngaros de fe mosaica", volvían a ser una minoría étnica[467].»

En abril de 1938, Hungría adoptaba la primera ley antijudía de Europa del Este, que limitaba al 20% la presencia de los judíos en todos los sectores profesionales. Dos años más tarde, esa tasa descendía al 6% y con la votación de la tercera ley antijudía de 1941, se llegó a prohibir a los judíos casarse y tener relaciones sexuales con los no judíos. El 19 de marzo de 1944, los alemanes, informados de los proyectos del Almirante Horthy de cambiar de bando y de sellar una alianza con la Unión Soviética, ocuparon el país. Los húngaros parecieron acomodarse a la situación: no solamente no hubo ninguna resistencia a la concentración de los judíos en los guetos, sino que los propios servicios de seguridad húngaros colaboraron en su deportación. Esto demuestra lo profundo que era el resentimiento de los húngaros hacia los judíos.

Pero Gabriele Eschenazi veía los acontecimientos bajo otro prisma. Para él, la hostilidad de los húngaros no tenía ningún fundamento. Siendo los judíos inocentes por naturaleza, los húngaros eran, por lo tanto, efectivamente culpables de haber traicionado los judíos, los cuales eran más «patriotas» que los húngaros. Así describía la situación en 1945: «A la mayoría de los supervivientes les resultó difícil sentirse magiares después de la traición de la que habían sido víctimas» (p.73);

---

[466] Sobre la revolución húngara: *Les Espérances planétariennes*, p. 263, 274, 275

[467] Gabriele Eschenazi, Gabriele Nissim, *Les juifs et le communisme...* , 1995, Éd. De París, 2000, p. 54-56

«la traición de los húngaros parece increíble» (p.63); el país había abandonado sus «más fieles patriotas» (p.48).

Los soldados del ejército rojo que entraron victoriosos en Budapest fueron naturalmente recibidos como héroes por los judíos: «Para los judíos, la llegada de los soldados soviéticos había significado su salvación, y el final de la terrible pesadilla; veían a esos soldados que recorrían Budapest como héroes» (p.74). Los judíos ingresaron entonces en masa en el nuevo régimen. El autor analizaba así la nueva dictadura comunista en Hungría: «Para reconstruir el aparato de Estado, el partido comunista necesitaba personas competentes y deseosas de edificar una nueva sociedad, pero que no estuvieran comprometidas por su pasado. Los judíos supervivientes del Holocausto, que habían sido traicionados por la derecha húngara, cumplían con todos los requisitos. De esta forma, en el momento de mayor desesperación, se les abrieron perspectivas inesperadas.» Así pues, si lo hemos entendido bien, en el «momento de mayor desesperación» los judíos establecen una feroz dictadura. Pero debemos comprenderlos: «Era la mejor manera de volver a integrarse definitivamente en el país que los había traicionado.» (p.81). «Con la desaparición de las clases sociales, el antisemitismo también desaparecería. Estábamos en los albores de un nuevo mundo. Los judíos querían olvidar sus sufrimientos y la traición de su país.» (p.83)

Sin embargo, es muy importante precisar que los dirigentes y verdugos comunistas que tomaron el poder ya no eran judíos. En efecto, Eschenazi escribía: «El Partido exigía, a cambio del contrato social que ofrecía, que reprimieran completamente sus orígenes: estos debían romper con cualquier forma de identidad judía, su religión, sus antiguas solidaridades, sus amigos, el extranjero y olvidar aquellos que se habían marchado a Israel... Esa es la razón por la que su implicación en el sistema fue total... Compensaron así la pérdida de su identidad cultural. Su identificación con el Partido resultó tan poderosa que su fidelidad al régimen era a menudo mayor que la de los demás húngaros... Hicieron carrera no por ser judíos, apoyados por un partido comunista pro-semita, como lo pensaban erróneamente muchos húngaros, sino porque su pasado de perseguidos era considerado una garantía de lealtad por un régimen que no gozaba de ninguna legitimidad en el país.» Gabriele Eschenazi concluía: «Así es como el mito del poder judío empezó, sin prisa, pero sin pausa, a insinuarse en el nuevo Estado[468].»

---

[468] Gabriele Eschenazi, Gabriele Nissim, *Les juifs et le communisme...* , 1995,

En resumen, si entendemos correctamente, los judíos comunistas, que acababan de instaurar una sangrienta dictadura sobre el pueblo húngaro, en realidad no eran en absoluto judíos. Debemos creer que los húngaros estaban sujetos a «alucinaciones», como diría Stephane Zagdanski. Es un razonamiento análogo al de hoy en día, que nos dice que «el voto judío no existe», «el lobby judío no existe», «no hay una comunidad judía». Debemos retener de todo esto que cuando un novelista publica un libro «genial», es un judío; cuando un director estrena una película «conmovedora», es un judío; cuando un violinista es «admirable», es un judío; pero cuando un torturador es culpable de atrocidades incalificables, es un hombre corriente cualquiera: ¡probablemente un goy!

Los judíos, en efecto, son por naturaleza inocentes, y el antisemitismo nace de algunos burdos prejuicios que hay que denunciar sin cesar. Es lo que pretendía explicarnos Manes Sperber: «La lógica del odio utiliza dos métodos: la "totalitarización" y la "atomización". El antisemita busca en las noticias diarias únicamente los nombres de estafadores judíos. Primero dirá: "todos los estafadores son judíos", y luego totalizará esta generalización diciendo:" todos los judíos son estafadores". Finalmente atomizará, despojando los judíos de su calidad de personas reales y reduciéndolos únicamente a los actos criminales de los que se les acusa[469].»

La "totalitarización" es, de esta forma, el procedimiento empleado por los antisemitas para reunir judíos y bolchevismo en una misma abominación. Pero en realidad, debemos comprender que los judíos fueron las primeras víctimas del comunismo. Es lo que trataba de explicarnos por ejemplo un tal Frederic Stroussi en *Israel Magazine*, «la primera revista mensual israelí en lengua francesa», en abril del 2003: «Si bien fueron las primeras víctimas del nazismo, también estuvieron entre las primeras víctimas del bolchevismo. Solo dos años después de la revolución de Octubre de 1917, la comunidad judía sufrió un verdadero genocidio étnico. El 5 de agosto de 1919, un decreto ponía fin a la autonomía de todas las organizaciones judías de la Unión Soviética.» Frederic Stroussi acababa explicando que la cheka había organizado una «represión sistemática de las organizaciones sionistas y

---

Éd. De París, 2000, p. 87, 88

[469] Manès Sperber, *Être juif*, Éd. Odile Jacob, p. 145

hebraístas: locales decomisados, suspensión de publicaciones y arrestos masivos.»

Igualmente, en el libro de Alain Brossat, hallamos el testimonio de un militante comunista que también relativizaba la responsabilidad aplastante de los doctrinarios judíos, de los funcionarios y torturadores judíos en la tragedia soviética. He aquí lo que declaraba un tal Chimen Abramsky: «Durante los once primeros años del régimen soviético, [los judíos] fueron tratados sino como enemigos, por lo menos como ciudadanos de segunda categoría, lo cual es irrisorio si se considera la proporción excepcionalmente alta de judíos en el aparato de Estado soviético en los años 20[470].» He aquí otra «paradoja» planteada por otro intelectual judío.

Norman Cohn hacía el mismo análisis. Si bien admitía que bajo el régimen soviético «es cierto que los judíos, en el sentido de personas de origen judío, aportaron una parte desproporcionada de la dirección (aunque no del total de miembros) de los dos partidos marxistas, los bolcheviques y los mencheviques», se apresuraba en seguida en añadir, para reducir el alcance de esta verdad, que «en cuanto a los judíos que figuraban entre los dirigentes bolcheviques, también casi todos ellos cayeron fusilados en el decenio de 1930[471].» Finalmente, la conclusión de su exposición era la siguiente: «Bajo el régimen soviético sufrieron [los judíos] todavía más que los demás rusos: en el decenio de 1920 más de una tercera parte de la población judía carecía de derechos civiles, en comparación con un 5 o un 6 por 100 de la población no judía.»

Gabriele Eschenazi escribía así: «El mito del judeocomunismo es claramente una construcción ideológica antisemita. Si, en efecto, hubo judíos estalinianos, pero también los hubo polacos, checoslovacos y húngaros... La refutación de la tesis del comunismo como "poder judío" no presenta ninguna dificultad particular.» Debemos creer pues, que los judíos «se convirtieron en el chivo expiatorio favorito de los regímenes comunistas[472]».

---

[470] Alain Brossat, *Le Yiddishland révolutionnaire*, Balland, 1983, p. 18

[471] Norman Cohn, *El mito de la conspiración judía mundial. Los protocolos de los Sabios de Sión*, Editor digital pdf: Titivilius, 2016, p. 80

[472] Gabriele Eschenazi, Gabriele Nissim, *Les juifs et le communisme...* , 1995, Éd. De París, 2000, p. 28, 35

Algunos historiadores como Michael Checinski, citado por Gabriele Eschenazi, no dudaban en defender la tesis de que los judíos polacos fueron usados «con un cinismo total»: «Se les asignaba las tareas más ingratas para que el resentimiento popular fuera contra ellos. Una vez terminado el trabajo sucio, estos judíos" verdugos" podían ser destituidos y condenados por él mismo régimen que se había servido de ellos.» (p.227). De nuevo, vemos como el sufrimiento de los judíos debió ser insoportable, y debemos imaginar su dolor ante los cuerpos atrozmente mutilados de los resistentes rusos y polacos que acababan de torturar.

Arkadi Vaksberg también lo confirmaba, a pesar de todas las informaciones que había aportado: «La parte "excesiva" de judíos en la revolución, y las consecuencias que derivaron de ello, es una idea que debe mucho a lo imaginario, al mito[473].»

Esta amnesia selectiva es indispensable para la inocencia del pueblo judío. Manes Sperber, que constataba los mismos reflejos en los judíos de todas las épocas tras un periodo de persecución, escribía, no sin cierta lucidez: «El pueblo del que se elogia la inteligencia desde milenios se comportaba como si no escuchara nada, y olvidaba rápidamente aquello que no podía no haber oído.» Después de cada catástrofe, efectivamente, los supervivientes «descubrían de nuevo su invencibilidad. Era la de su fe.»

Con respecto a la Segunda Guerra mundial y al Holocausto, escribía: «Para los contemporáneos de ese cataclismo, no hay, no podría haber una explicación reconfortante, un consuelo que acabe con la profunda inquietud de los supervivientes... únicamente una memoria complaciente y deficiente nos permitiría olvidar que la tierra se desmoronaba bajo nuestros pies[474].»

Y Sperber apuntaba aquí una idea clave que permite comprender mejor el universo mental tan especial de los judíos: «Dios era justo, pues condenaba a sus enemigos a transformarse en asesinos, y a ellos [los judíos] les concedía la gracia de ser las víctimas, que al morir santificarían el Todopoderoso. Desde Juan Crisóstomo hasta el último mujik pogromista, los perseguidores no sospechaban hasta qué punto

---

[473] Arkadi Vaksberg, *Staline et les juifs*, Robert Laffont, 2003, p. 21

[474] Manès Sperber, *Être juif*, Éd. Odile Jacob, 1994, p. 74

su triunfo momentáneo reforzaba la convicción de los perseguidos de ser el pueblo elegido[475].»

En resumen, las persecuciones serían sencillamente necesarias al pueblo judío, no solamente porque confirman su elección divina, sino también porque al convertir los goyim en asesinos, permite a los judíos aprovecharse de la culpabilidad de sus enemigos. Indudablemente hay algo de masoquista en este pueblo. «Mi Maestro citaba el Talmud, escribía Elie Wiesel: "Más vale estar entre las víctimas que entre los asesinos[476]".»

A partir de ahí y teniendo en cuenta esto, el mecanismo de proyección acusatoria permite invertir los papeles y acusar su adversario. Stalin se convierte así en el "chivo expiatorio" ideal que se puede "acusar de todos los males". Stalin, el tirano, el verdugo, el dictador, el nacionalista, resulta muy útil para cristalizar los horrores del régimen soviético. Los judíos internacionalistas nada tienen que ver, tampoco la ideología comunista. Guy Konopnicki escribía así: «Al contrario, es el retraimiento de la revolución, el aislamiento de la Rusia soviética y el despertar nacionalista de la gran Rusia decidido por Stalin los que fundaron ese espantoso sistema que solo algunos retrasados mentales aún siguen llamando utopía generosa del siglo pasado... La ideología nacionalista ha ensangrentado ese siglo a través de toda clase de grandes patriotas como fueron Stalin en Rusia, Pilsudski en Polonia, Ceausescu en Rumanía y Jomeiní en Irán. Por no hablar del más nacionalista y por lo tanto más asesino de todos los regímenes, el nazismo, con su vuelta a los orígenes culturales germánicos[477].» Así es como un intelectual judío limpia y purifica el pueblo judío de su responsabilidad en el régimen más terrorífico y criminal de toda la historia de la humanidad.

Apartados del poder en la URSS tras la muerte de Stalin, los judíos de todo el mundo no dejaron luego de gritar su dolor por todo el mundo. Elie Wiesél también estaba desesperado por el brutal cambio del régimen soviético en el que muchos judíos habían depositado sus esperanzas. Relataba así la lucha de los judíos del «mundo libre» en los años 60: «Incansablemente, llaman a las puertas de los senadores, diputados, periodistas y miembros del clero; organizan seminarios, coloquios y peticiones: se trata de salvar innumerables vidas humanas

---

[475] Manès Sperber, *Être juif*, Éd. Odile Jacob, 1994, p. 60

[476] Elie Wiesel, *Mémoires, Tome I*, Le Seuil, 1994, p. 32

[477] Guy Konopnicki, *La Place de la nation*, Éd. Olivier Orban, 1983, p. 20, 21

proclamando sus derechos a la dignidad y a la esperanza. ¿Cuántas son? Se dice que millones... ¿Qué podemos hacer por ellos? Quiero decir: ¿además de lo que ya estamos haciendo? ... Estoy a punto de abogar por un combate político más firme, campañas de prensa más vehementes, discursos más comprometidos en la sede de las Naciones Unidas[478].»

Vemos pues que el pueblo judío puede parecer un pueblo eternamente inocente, y sin embargo eternamente perseguido. Tal como lo escribía André Darmon, al final de su editorial en la revista *Israel Magazine* de abril del 2003: «Matar un Judío o un niño provoca el llanto de Dios, pues así se extermina los portadores de la ética universal y de la inocencia.»

La menor duda, la menor alusión a una eventual culpabilidad de Israel, provoca inmediatamente una oleada de protestas en todos los medios. Vimos como Renaud Camus había pagado caro por ello. Frederic Stroussi, en la misma revista, atacaba Stephane Courtois, el cual se había atrevido a escribir en el prefacio de su *Libro negro del comunismo*: «La muerte de un hijo de un kulak ucraniano deliberadamente matado de hambre por el régimen estaliniano "vale" lo mismo que la muerte de un niño judío del gueto de Varsovia.» Estas simples palabras bastaron para provocar la ira de este Frederic Stroussi, el cual reaccionaba de una manera exagerada y totalmente desproporcionada a esas palabras bastante triviales y ciertamente justificadas del muy ponderado y moderado Stephane Courtois. Se declaraba «estupefacto» de tal afrenta. Ese discurso, según él, era ni más ni menos «abyecto» y representaba un «ataque obsceno» contra el pueblo judío: «¿A qué viene aquí esta comparación? ¿Por qué servirse del martirio de un niño judío para insinuar engañosamente y de forma despreciable la idea de que los judíos "hacen sombra" a las demás víctimas de los totalitarismos monopolizando toda la atención sobre ellos?»

En 1869, Gougenot des Mousseaux había perfectamente notado esta inclinación tan característica: «Con la mayor seriedad exigen medidas especiales para su pueblo. Cuando tiramos de la oreja al niño Judío, *todos los Judíos del globo* lanzan alaridos por este trato, por este atentado brutal. Cuando uno se permite la observación de que el niño Judío quizá haya merecido esto, se nos trata de reaccionarios y oscurantistas[479].»

---

[478] Elie Wiesel, *Mémoires, Tome I*, Le Seuil, 1994, p. 485, 498

[479] Roger Gougenot des Mousseaux, *Los Judíos, el Judaísmo y la judaización*

A continuación, analizaremos lo que se puede denominar la" paradoja del Zohar": El antisemitismo nace de los beneficios que los judíos aportan a la humanidad. Estos beneficios son tan grandes que los que los reciben se avergüenzan, y suscitan en ellos el odio contra sus benefactores.

Elie Wiesel se basaba efectivamente en las "palabras del Zohar", el libro Cabalístico, para presentarnos una interpretación del porqué de los accesos de antisemitismo en los tiempos más antiguos: «Instalados en Egipto, los hijos de Jacobo fueron al principio prósperos, estimados y felices. Luego comenzaron a envidiarlos en secreto. Después abiertamente. Pero no era peligroso. Entonces empezaron a temerlos. A odiarlos. Pensaban que eran demasiado ricos. Eran demasiados, molestos, invasivos. Pero aún no era peligroso. Llegó el momento en que los Egipcios entraron en una guerra sangrienta con sus vecinos; y fueron salvados gracias a la intervención de los hijos de Israel. Entonces, el peligro que amenazaba los hijos de Israel se hizo real. Pues aquello, los Egipcios no pudieron perdonarlo[480].»

Jacques Attali también expresó esta curiosa paradoja: «Se consolida el antijudaísmo cristiano, con base en el odio hacia aquel que trajo la buena palabra. El odio hacia quien prestó un servicio. Esto se encontrará mucho más tarde en la relación con el dinero: el odio por aquel que presta dinero a los

otros tras haberles provisto a su Dios[481].»

Aquellos que se oponen al proyecto de los judíos solo pueden ser unos locos que no comprenden todos los beneficios que los judíos traen al resto de la humanidad. En su *Apología de Israel,* Albert Caraco escribía a su vez: «Somos castigados porque fuimos benefactores y porque el bien molesta el orden.» (p.219) «Nunca perdonarán a los judíos los favores que les deben, su vasallaje los devora por dentro, su deuda los

---

de los pueblos cristianos. Versión pdf. Traducido al español por la profesora Noemí Coronel y la inestimable colaboración del equipo de Nacionalismo Católico. Argentina, 2013, p. 327

[480] Elie Wiesel, *Celebración Biblica, Retratos y leyendas del Antiguo Testamento*, Muchnik Editores, 1987, Barcelona,

[481] Jacques Attali, *Los Judíos, el mundo y el dinero,* Fondo de cultura económica de Argentina, Buenos Aires, 2005, p. 95

mata y es por eso por lo que debemos ser los más fuertes y salvarlos de su propia rabia.»

Pero a veces, los intelectuales judíos dejan entrever que la inocencia de la que presumen es quizás menos una virtud del pueblo judío que un subterfugio para embaucar los goyim y lograr sus fines. Albert Caraco, siempre tan explícito, lo declaraba sin ambages: «Que perseveren en su inocencia, y conseguirán con ella lo que ningún pueblo ha soñado.» (p.165). «Al final de los tiempos, vestirán la toga de la inocencia y el manto real, ellos que el poder solo puede blanquear y que sola la dominación redime.» (p.175). «La Nada o los Judíos, esa es la elección suprema[482].»

Stéphane Zagdanski ya nos dejaba entrever el truco de magia: Los judíos son «místicamente indispensable para el mundo y, por lo tanto, para su mentira, sosteniéndolo como si fueran unos Atlas de alegría e inocencia, y por eso mismo son odiados por el mundo y su mentira[483].» En otro pasaje de su libro Zagdanski creía quizás ser muy fino al escribir lo siguiente: «La mala fe antisemita no bromea y no tolera por mucho tiempo que se burlen de ella[484].»

Finalmente, dejaremos la última palabra de este capítulo a Manes Sperber, el cual se desahogaba en 1956 con una sinceridad insólita: «El exilio solo fue soportable en la medida en que, para cada castigo y herida, hallábamos una interpretación que exculpaba hasta Dios mismo. Para lograr esa reconciliación, solo se precisaba una inteligencia ágil, una sagacidad viva y un arte de la interpretación[485]... » Por último, Manes Sperber acusaba a los antisemitas de no entender nada de los judíos y del judaísmo: «Todas las minorías pisoteadas pueden estar convencidas de que sus enemigos no saben prácticamente nada de ellas. Esta ignorancia asombrosa que caracteriza desde siempre a los antisemitas es una de las razones más fuertes del desprecio que sienten los judíos por sus enemigos[486].»

---

[482] Albert Caraco, Apologie d'Israël, 1957, L'Âge d'homme, 2004, p. 25

[483] Stéphane Zagdanski, De l'Antisémitisme, Climats, 1995, 2006, p. 334, 335

[484] Stéphane Zagdanski, De l'Antisémitisme, Climats, 1995, 2006, p. 244. La frase sería más cierta en sentido contrario.

[485] Manès Sperber, Être juif, Éd. Odile Jacob, 1994, p. 103

[486] Manès Sperber, Être juif, Éd. Odile Jacob, 1994, p. 147

La inversión acusatoria

Al igual que los húngaros en el periodo de entreguerras, los polacos habían acusado a los judíos de haber constituido una «quinta columna» del bolchevismo soviético. Esta teoría no se sostenía, explicaba Gabriele Eschenazi: «Esta amenaza suigéneris no estaba justificada por ningún hecho real... En realidad, los judíos eran el símbolo de todas las debilidades y frustraciones de la nación polaca... El mito católico del "poderío demoníaco" judío permitió a los polacos, más que cualquier cosa, justificar sus límites, sus angustias y sus miedos[487].»

El testimonio de un tal Jerzy Szapiro, citado por el autor, aportaba un elemento más para la comprensión del fenómeno: «Los polacos, decía Szapiro, sufren de un complejo de inferioridad; es la razón por la que echan encima de otros la responsabilidad de sus desgracias. Sin embargo, en su imaginación, se sienten superiores; por lo que necesitan, para justificar sus infortunios, encontrar un chivo expiatorio[488].»

Ahora sabemos que los polacos son por lo menos igual de embusteros que los húngaros... Su perfidia es tal que los historiadores polacos fueron hasta el punto de imaginar las fábulas más absurdas para desacreditar el desdichado pueblo judío. En 1940, por ejemplo, circulaban rumores «según los cuales los judíos, no solamente habían acogido a los soldados soviéticos como si fuesen liberadores, sino que, además, un gran número de ellos habían ingresado en la nueva administración para sustituir los antiguos burócratas polacos.» Aquello fue la confirmación del «mito polaco de la traición de los judíos[489]».

Manifiestamente, a los polacos les encanta hacerse pasar por las víctimas, explicaba Eschenazi: «El hecho de que la cúspide del poder comunista fuese ocupada por dirigentes de origen judío venidos de la URSS con el Ejército rojo durante la "liberación" contribuyó a producir la impresión paradójica de que finalmente los polacos eran las verdaderas "víctimas" de la Segunda Guerra mundial, mientras que los judíos eran los "vencedores"... Llegaron a creer de manera totalmente

---

[487] Gabriele Eschenazi, Gabriele Nissim, *Les juifs et le communisme....*, 1995, Éd. De París, 2000, p. 166

[488] Gabriele Eschenazi, Gabriele Nissim, *Les juifs et le communisme...* , 1995, Éd. De París, 2000, p. 201

[489] Gabriele Eschenazi, Gabriele Nissim, *Les juifs et le communisme...* , 1995, Éd. De París, 2000, p. 189, 192

surrealista que los judíos eran la fuente de todos los males de Polonia: eran el " judeo-comunismo".»

Debido a sus mentes desconfiadas de gañanes, los polacos se confundieron y metieron a todos en el mismo saco: «En la imaginación colectiva, los dirigentes de origen judío ocupaban posiciones inminentes dentro del sistema comunista... Asimismo, dado que los polacos tenían tendencia a ponerse de víctimas, llegaron a desquitarse de sus frustraciones con los demás. El judío se convirtió en el chivo expiatorio ideal. Polonia estaba oprimida: ¿De quién era la culpa? De los judíos[490].»

Los polacos son sin duda alguna unos malpensados, por la sencilla razón de que los nuevos dirigentes judíos, al igual que en Hungría, en realidad ya no eran judíos, sino simplemente unos comunistas. Debe entenderse que «los dirigentes "judíos" del Partido como Jakun Berman, Hilary Minc o Roman Zambrowski... habían roto con sus orígenes judíos y se definían únicamente como comunistas y polacos.» Solo porque los judíos fuesen «numerosos en la cabeza del partido» y que «ocupasen la mayoría de los puestos en el comité central», no significaba que fuese una dictadura judía, pues esos judíos, en realidad, ya no eran para nada judíos: «Nos hallamos ante una nueva paradoja, escribía Eschenazi: convirtiéndose en comunistas, los judíos dejaban de ser judíos para su propio entorno, pero para los polacos, esa conversión los convertía todavía más en "judíos", incluso, en los judíos de la "peor calaña[491]".» Esta es la verdadera explicación. Si los polacos hubiesen sido menos estúpidos, lo habrían podido entender.

Gabriele Eschenazi citaba el testimonio de un periodista llamado Wolicki, un miembro del Partido: «En los años cincuenta había un gran número de judíos en la policía política. Es innegable. En los años sesenta, eso ya no era así. Sin embargo, el mito se mantuvo vivo, incluso se amplificó. La gente creía que la policía estaba repleta de judíos. A esto le llamo antisemitismo mágico. Un antisemitismo pragmático dice: "Este hombre es judío, por lo tanto, es un delincuente". Un antisemita mágico dice:" Este hombre es un delincuente, por lo tanto, es un judío"»

---

[490] Gabriele Eschenazi, Gabriele Nissim, *Les juifs et le communisme...* , 1995, Éd. De París, 2000, p. 179, 180, 182

[491] Gabriele Eschenazi, Gabriele Nissim, *Les juifs et le communisme...* , 1995, Éd. De París, 2000, p. 183, 187

(p.224). Efectivamente, ese es el problema: ocultándose detrás de identidades falsas, los judíos se han ganado el recelo natural de muchos.

Gabriele Eschenazi insistía en este punto: «La actitud que consiste en ponerse de víctimas está tan profundamente arraigada en la sociedad [polaca] que resulta difícil que salga a la luz alguna autocrítica. Los fracasos y las dificultades continúan siendo considerados fruto de factores exteriores (el enemigo, un complot, los "anti-polacos"). El polaco es "inocente" por definición. El éxodo de 1968 privó a la sociedad de su chivo expiatorio favorito y desde entonces se empezó a ver polacos apostillar de forma peyorativa a otros polacos. Cualquier individuo antipático o desagradable puede ser tachado de "judío".» (p.287). En realidad, explicaba el autor, «los polacos sentían inconscientemente un profundo remordimiento por todo lo que había pasado» durante la guerra. «Para sustraerse a la culpabilidad que los devoraba, recurrían a todo tipo de justificaciones... " No podíamos hacer nada"," los judíos estaban con los rusos", etc....En realidad, a pesar de que nadie quisiese reconocerlo, el país cargaba un peso enorme sobre su consciencia.» (p.305). He aquí, bajo la pluma de un intelectual judío, una "proyección acusatoria".

La proyección de la culpabilidad se verificaba también con el escritor Manes Sperber, cuando este analizaba el "mito" de la codicia, de la que siempre fueron acusados injustamente los judíos a lo largo de la historia: «Poseer plata, oro y joyas era la única garantía -aunque no siempre efectiva- contra la expulsión y el asesinato. Los judíos compraban de esta forma el derecho a vivir, a instalarse en un lugar y una protección provisional contra el pueblo llano. La insaciable codicia de los que tenían el poder de venderles o negarles el derecho a la existencia, los condenaba a tener que ser duros para obtener ganancias.» El judaísmo «estaba amenazado por enemigos animados por una voluntad frenética de saquear y poseer. Esos chantajistas encontraron nobles razones para justificar su actitud. Unas veces pretendían querer vengar la crucifixión de Cristo, otras veces castigar una profanación de hostias imaginada para la ocasión, o un asesinato ritual inventado. Era la época de los ladrones señoriales y clericales[492].» Sperber insistía: «En sus relaciones con los judíos, los príncipes cristianos se comportaron durante más de un milenio de forma singularmente parecida al ser inhumano y sediento

---

[492] Manès Sperber, *Être juif*, Éd. Odile Jacob, 1994, p. 100

de oro que la caricatura antisemita había hecho del prototipo de judío[493].»

De tal manera que Manes Sperber podía lamentarse: «¿Qué no hicieron los enemigos del pueblo judío – qué medios, qué artimañas, qué venenos, qué armas han empleado, qué calumnias han esparcido? ¿Qué leyes han promulgado, qué torturas han inventado[494]?»

Pero los príncipes cristianos no eran los únicos culpables: «Más de la mitad de los panfletos antisemitas evidencian que sus autores están obsesionados con el dinero. Y en casi todos se manifiesta lo que los polemistas antijudíos llaman el espíritu talmúdico, término con el que designan la manera de tratar un hecho con desprecio y de retorcer descaradamente su significado real.» ¡Descarado Manes!

El antisemita, como entenderán, odia en el Otro «los defectos que desearía eliminar de sí mismo. Se los perdona y disimula a si mismo más fácilmente, imaginándolos grotescamente desmesurados en aquel que odia... La superioridad del Otro en los ámbitos en los que se siente desesperadamente inferior... Ciertamente, la mala fe tiene su papel en este tipo de argumentación, al igual que la tiene en el desenfreno difamatorio y calumniador del odio totalitario. Pero sería ignorar el sentido de este fenómeno si no se tuviera en cuenta la lógica paranoica que determina estos procedimientos... Esta invierte la relación de causa y efecto, desmenuza los hechos y los parchea arbitrariamente, ignorando, negando o destruyendo las evidencias que se oponen a la interpretación preconcebida» y «confiere al que la usa una buena consciencia inalterable[495]».

La proyección acusatoria se manifestaba otra vez en Manes Sperber cuando se trataba de comprender las acusaciones de asesinatos rituales: «El antisemita, más que ningún otro, merece los reproches que hace a los que odia. ¿Qué debemos pensar de la acusación de asesinato ritual, tantas veces pronunciada contra los fieles de una religión que prohíbe categóricamente el consumo de cualquier forma de sangre? Según su dogma, los cristianos, sí que beben la sangre y comen la carne de su

---

[493] Manès Sperber, *Être juif*, Éd. Odile Jacob, 1994, p. 141

[494] Manès Sperber, *Être juif*, Éd. Odile Jacob, 1994, p. 111

[495] Manès Sperber, *Être juif*, Éd. Odile Jacob, 1994, p. 142-144

Redentor. ¿No habrá una relación entre ese rito profundamente pagano y su absurda calumnia contra nosotros[496]?»

Vemos como el intelectual judío proyecta sobre los demás todo aquello de lo que se siente culpable, incluso su propia tendencia a la inversión acusatoria. Alexis Rosenbaum es catedrático de filosofía, y también un gran talmudista, como podemos deducir de su manera de analizar el antisemitismo en un libro publicado en el 2006 y titulado de forma original, *El Antisemitismo*: «¿Es el antisemitismo la expresión de una neurosis[497]?» se preguntaba, antes de explicar: «El mecanismo de proyección viene acompañado normalmente de una inversión acusatoria. Se atribuía a los judíos precisamente los delitos que se quería cometer o que se estaba a punto de cometer contra ellos. Sabemos, por ejemplo, que en el mismo momento en que eran perseguidos en la Alemania nazi, la propaganda les atribuía sistemáticamente crímenes imaginarios: el judío violaba, mutilaba, torturaba, destruía las otras religiones, maltrataba las mujeres puras, buscaba vengarse de las persecuciones, etc. Desde el punto de vista psicoanalítico, estos hechos son sintomáticos de un proceso de inversión entre la víctima y el verdugo (o inversión proyectiva). Este persigue a los judíos porque se imagina o se convence a si mismo de ser perseguido por ellos. Lo cual le permite liberarse de la culpa a la vez que culpabiliza aquel que es objeto de su odio.»

A continuación, Alexis Rosenbaum analizaba el antijudaísmo cristiano a través del psicoanálisis: «En la imaginación del joven cristiano que se identificaba con el Cristo como Hijo, los judíos podían ser percibidos como una especie de ancestros temibles que seguían extrañamente presentes, es decir como la imagen transformada de su propio padre. Pero según el psicoanálisis freudiano, el padre es precisamente la fuente de la Ley, de las prohibiciones fundamentales a las que el niño debe someterse limitando su ansia de goces. Los sentimientos del niño son considerados especialmente ambivalentes: porque percibe de forma confusa que su madre pertenece a su padre, este es a la vez objeto de admiración y de envidia. Es por eso por lo que los judíos, fundadores del monoteísmo y de sus leyes, eran susceptibles de ser el objeto de una

---

[496] Manès Sperber, *Être juif,* Éd. Odile Jacob, 1994, p. 147

[497] Alexis Rosenbaum, *L'Antisémitisme*, Bréal, 2006, p.63. Alexis Rosenbaum se apoyaba en los trabajos de Otto Fenichel, *Elements of Psychoanalytic Theorie of Anti-semitism*, in E. Simmel, (dir), *Anti-Semitism. A social Desease*, IUP, 1946

relación profundamente contradictoria, una especie de odio admirativo... Se decía que los judíos eran los verdugos de Cristo, de tal forma que su sangre recaía sobre ellos. El niño descubría así en la historia santa un sorprendente modelo de solución psicológica para sus conflictos: como cristiano, podía ser exonerado de la muerte de Cristo haciendo recaer el peso del crimen sobre los judíos... El pueblo judío podía ser concebido como un medio para aliviar cualquier culpabilidad importante, como si fuese una figura sagrada negativa destinada a pagar eternamente por el papel que supuestamente había jugado[498].»

«El antisemitismo se caracteriza... por una fuerte tendencia a las elucubraciones, siendo terreno abonado para él las personalidades sujetas a representaciones obsesivas y paranoicas. En esos casos, ya no se trata de xenofobia ordinaria, sino de un fanatismo muy particular, que fábrica entidades imaginarias y favorece los deseos de eliminación radical. Recordemos que la multiplicación de creencias aberrantes sobre el judaísmo fue prodigiosa a lo largo de la historia. El antisemita apasionado plantea unas teorías sorprendentemente desmesuradas, a menudo muy ingeniosas, aunque nunca le perturba el hecho de que ninguna de las grandes acusaciones contra los judíos haya podido ser demostrada. Obnubilado por los semitas o por los sionistas, es casi imposible razonar con él[499].» Una vez más, basta con invertir los términos "judíos" y "antisemitas" para darse cuenta del problema de Alexis Rosenbaum.

Stephane Zagdanski nos presentaba también otro buen ejemplo de inversión acusatoria. «La lógica antisemita se caracteriza por la inversión paranoica, de tal forma que sus más tenaces estereotipos son siempre estúpidas antítesis de lo que profesa tradicionalmente la religión, la cultura y el pensamiento judío.» Y Zagdanski insistía en ese punto: «El funcionamiento privilegiado por el antisemitismo es la inversión paranoica, y el lenguaje predilecto de la inversión es la calumnia. Lo cual significa que cada idea antisemita sea exactamente lo contrario de la verdad... Cada una de las afirmaciones del antisemitismo es un insulto al sentido común, cada una de sus inflexiones, una ofensa.» El antisemita es «un gran neurótico. Haría

---

[498] Alexis Rosenbaum, *L'Antisémitisme*, Bréal, 2006, p. 66-69

[499] Alexis Rosenbaum, *L'Antisémitisme*, Bréal, 2006, p. 116

bien en consultar un psicoanalista... Se pierde haciendo cálculos obsesivos con tal de no reconocer su propio delirio[500].»

Lo cierto es que Zagdanski también se protegía de antemano contra cualquier crítica: «Este libro es también un *schibboleth** para mis propios oídos. Cualquier crítica sonará como una alarma. En cuanto a los elogios, serán la mayoría insultos disimulados. Quién me llame paranoico será él mismo fuertemente propenso al delirio. Quién me reproche de mezclarlo todo será él mismo tremendamente confuso. Quién me acuse de no demostrar nada, será incapaz de demostrarlo. Quién me acusa se recusa a si mismo.» Bien es cierto que había escrito al principio de su libro: «Saludo mi fogoso, mi alegre, mi voluble, mi vivo, mi acrobático, mi más alto pensamiento. Mi bienaventurado pensamiento judío[501].»

Vemos pues, como el intelectual cosmopolita proyecta sobre los demás sus propias taras, todas sus taras, y por lo tanto su propia tendencia a la inversión.

Manes Sperber nos dejó una maravillosa y reveladora imagen de esta inclinación de los judíos a ver el mundo al revés: «Cuando teníamos cuatro años -ya aprendíamos a traducir el Libro— pasábamos nuestro escaso tiempo libre practicando dos ejercicios de gimnasia: pararse sobre la cabeza y hacer volteretas. Todo eso para prepararnos a la llegada del Mesías. Cuando llegue el gran momento, la tierra dará un giro, entonces, evidentemente, habrá que saber pararse sobre la cabeza durante al menos un cuarto de hora para coger la postura correcta. Los muertos, por su parte, rodarán bajo tierra hasta Jerusalén donde resurgirán... El sentido de la vida, de los sufrimientos y de la muerte, todo estaba determinado en función del Final, principio de un presente eterno[502].»

Nuestros antepasados europeos habían entendido perfectamente que la naturaleza profunda del judaísmo manaba de los preceptos del Talmud. El rey San Luis preocupado por aquello había ordenado que se juzgara el Talmud. El juicio se abrió el 12 de junio de 1240 en el Palacio de

---

[500] Stéphane Zagdanski, *De l'Antisémitisme*, Climats, 1995, 2006, p. 10, 157, 210, 224

* hebreo. Una suerte de santo y seña, como una contraseña.

[501] Stéphane Zagdanski, *De l'Antisémitisme*, Climats, 1995, 2006, p. 338, 21

[502] Manès Sperber, *Être juif*, Éd. Odile Jacob, 1994, p. 118

justicia de París, bajo la presidencia de Blanca de Castilla. Tras muchos debates, se decidió destruir ese libro. El 6 de junio de 1242, veinticuatro carros con 1200 ejemplares del Talmud fueron quemados en la plaza de Grève.

El anti-sionismo como proyección acusatoria

En Occidente, si bien ningún político sensato o periodista se arriesgaría a la menor crítica de los judíos, en cambio aún se tolera, de momento, condenar la política israelí. Los judíos prefieren sin embargo hacerlo ellos mismos. En *Operación Shylock*, «un libro provocador lleno de inteligencia y humor», el célebre novelista estadounidense Philip Roth se dio cuenta del peligro que suponía el Estado de Israel para los judíos de todo el mundo: «Hay que desactivar el país que mayor cantidad de vidas judías pone en peligro hoy; es decir, ¡el país llamado Israel!... El Estado que con su omnipresente totalitarismo judaico se ha trocado en el principal temor de los judíos del mundo, sustituyendo a los gentiles; el estado que hoy, con su ansia de acaparar judíos, está, de muchísimas y muy terribles maneras, deformando y desfigurando a los judíos de un modo que antaño sólo estuvo al alcance de nuestros enemigos antisemitas... ¿Qué han hecho? ... ¿Cuáles son sus méritos? Una pandilla de maleducados que van por la calle metiendo bulla y dándote empujones. He vivido en Chicago, en Nueva York, en Boston. He vivido en París, en Londres, y en ninguna parte he visto semejante clase de gente andando por las calles. ¡Qué *arrogancia*! ¿Qué han creado los de aquí que pueda compararse con lo que habéis hecho los demás judíos del mundo? Absolutamente nada. Nada más que un Estado fundamentado en la fuerza y en la voluntad de dominio[503].»

Philip Roth se indignaba también que los israelís tuviesen ese comportamiento con los judíos de la diáspora: «Pero además no es que reserven su arrogancia para el árabe y su mentalidad, porque lo mismo hacen con los *goyim*, los gentiles, y su mentalidad, o con vosotros y vuestra mentalidad. ¡Estos ganapanes provincianos os miran a vosotros por encima del hombro! ¿Te lo puedes imaginar? ... Os miran por encima del hombro a todos los "neuróticos" de la diáspora... ¡Y qué superiores se sienten a los judíos que no quieren saber nada de las armas! Judíos que agarran a los niños árabes y les rompen los nudillos a

---

[503] Philip Roth, *Operación Shylock*, Debolsillo, Editorial Mondadori, 2005 Barcelona, p. 91, 139-140

garrotazos... ¡Y qué superiores se sienten a todos vosotros, los incapaces de semejante violencia! ... ¡Qué *arrogancia*, Philip, qué arrogancia tan *insufrible*! Lo que les enseñan a sus hijos en el colegio es a que miren con disgusto a los judíos de la diáspora, a considerar que los judíos anglohablantes, y los hispanohablantes, y los ruso hablantes, son todos una panda de gente rara, unos gusanos, unos neuróticos prisioneros del pánico... ¡Como si hablando hebreo se alcanzase el máximo de los logros humanos! Estoy aquí, piensan, y hablo hebreo, ésta es mi casa y ésta es mi lengua, y no tengo que andar por ahí preguntándome una y otra vez: «Soy judío, pero ¿qué es ser judío? Yo no tengo por qué ser uno de esos neuróticos aterrorizados y alienados, que se odian a sí mismos y que no paran de hacerse preguntas... ¡Ése es su gran logro judío!¡Convertir a los judíos en carceleros y en pilotos de bombardero! ... Los judíos tienen fama de ser inteligentes, y de veras lo *son*. Que yo sepa, el único sitio del mundo donde todos los judíos *son* idiotas es Israel. ¡Escupo encima de ellos!¡*Escupo* encima de ellos[504]!»

Pero la «arrogancia», el «desprecio», y la «voluntad de dominar» no son solamente una especificidad de los judíos israelís. La crítica del sionismo doméstico permite así evitar de hablar de la influencia de los judíos de la diáspora y proyectar sobre los judíos israelís los defectos que cualquiera podría atribuir a los judíos en general.

Philip Roth acusaba además a sus congéneres israelíes: «Nosotros hemos hecho un mal a los palestinos. Los hemos desplazados y los hemos torturado, los hemos matado. El Estado judío, desde el momento mismo de su creación, se ha dedicado a eliminar la presencia histórica palestina en la Palestina histórica, apropiándose la tierra de un pueblo indígena. Los palestinos se han visto apartados, dispersados y conquistados por los judíos[505]... Trato de meterles en la cabeza que en el mundo hay judíos que no se parecen en nada a los de aquí. Pero para ellos el judío israelí representa semejante grado de maldad, que les cuesta trabajo creerme.»

Esta transferencia de la culpa se manifiesta también cuando se trata de criticar la propensión universal de los judíos a las jeremiadas. En este caso, Philip Roth proyectaba de nuevo sobre el Estado de Israel los

---

[504] Philip Roth, *Operación Shylock*, Debolsillo, Editorial Mondadori, 2005 Barcelona, p. 143-145

[505] Philip Roth, *Operación Shylock*, Debolsillo, Editorial Mondadori, 2005 Barcelona, p. 404-405, 139

defectos de sus congéneres de la diáspora: «Qué justifica que no se desaproveche ninguna oportunidad de extender las fronteras de Israel? Auschwitz. ¿Qué justifica el bombardeo de la población civil de Beirut? Auschwitz. ¿Qué justifica que se les machaquen los huesos a los niños palestinos y que se les vuelen las extremidades a los alcaldes árabes? Auschwitz. Dachau. Buchenvald. Belsen. Treblinka. Sobibor. Belsec... Judíos locos de poder, eso es lo que son, eso es todo lo que son, y si se diferencian en algo de los demás locos de poder, en otros puntos de la tierra, es en la mitología de la victimización que utilizan para justificar su adicción al poder y la victimización que hacen de nosotros. El viejo chiste norteamericano lo expresa con toda exactitud:"There is no business like *Shoah* business", en vez de *"Show business"*, no hay negocio como el negocio del Holocausto, en vez del negocio del espectáculo.»

Ese tipo de afirmaciones, que alegra los «anti sionistas» pro-palestinos, son como los árboles que no dejan ver el bosque, pues relegan a un segundo plano el auge del poderío de las comunidades judías en el mundo occidental, principalmente a través de la finanza y el sistema mediático. Es el mismo síndrome de proyección que descubrimos en estas palabras: «(...)los pocos israelíes en quienes todavía se puede confiar un poco, porque conservan la autoestima y todavía saben decir algo que no sea pura propaganda.» Las artimañas de esos judíos israelíes, escribía Roth, sirven «para reforzar la piedra angular de la política de prepotencia de los israelíes, apuntalando la ideología de la víctima. No dejaran de pintarse como víctimas ni de identificarse con el pasado.» Philip Roth vituperaba una vez más contra la «arrogancia insufrible» de esos israelíes, como si los judíos de la diáspora estuvieran libres de esos mismos defectos, y avisaba finalmente a los judíos de Israel «antes de que los sionistas, en su locura y su vengatividad irredimibles, acaben involucrando a todo el mundo judío en su brutalidad y atraigan sobre él tal catástrofe, que nunca logrará recuperarse[506].»

En resumidas cuentas, la crítica del Estado de Israel es muy práctica para hacer olvidar a todo el mundo que el corazón del judaísmo mundial

---

[506] Philip Roth, *Operación Shylock*, Debolsillo, Editorial Mondadori, 2005 Barcelona, p. 152-157. En la traducción francesa: «Las artimañas de esos judíos israelís sirven para justificar el poderío de los Judíos, para justificar el dominio de los Judíos manteniendo viva para los próximos cien milenios la imagen del Judío víctima.»

está en Nueva York, en Londres y en París, y no en Tel-Aviv. Cabe preguntarse, efectivamente, si los judíos israelíes son más crueles que lo que fueron los judíos bolcheviques, y nos gustaría escuchar las mismas palabras y el mismo arrepentimiento respecto a las atrocidades infligidas al pueblo ruso y ucraniano.

Faroles y cuentos chinos

Las persecuciones de las que las comunidades judías pretenden ser víctimas son a veces reales, pero son a veces también muy dudosas. En efecto, se dan casos bastante frecuentes de estafas mediáticas al respecto. Un estudio publicado en Estados Unidos y traducido al francés en 2003 por la revista *Tabou*[507] recopilaba varias decenas de actos presuntamente antisemitas en Estados Unidos y en el extranjero que resultaron haber sido cometidos por judíos «de mente trastornada». Este estudio recopilaba, además, decenas de acusaciones de antisemitismo contra individuos que se trataba de desprestigiar. El caso siempre era muy sonado al principio, y luego era cuidadosamente silenciado, una vez que la superchería había sido descubierta. He aquí algunos ejemplos:

En agosto de 1979, un dentista judío del Estado de Nueva York, el doctor Sheldon Jacobson descubrió una esvástica en llamas sobre el césped de su casa. Unos días más tarde, la policía detenía el culpable: Douglas Kahn, un adolescente judío enfadado porque el perro de Jacobson había hecho sus necesidades en su jardín. (*New York daily*, 29 de agosto de 1979).

En agosto de 1983 tuvo lugar una serie de incendios criminales que atemorizaron la comunidad judía de West Hartford, en el Connecticut. Los incendios afectaron dos sinagogas y el domicilio de un rabino local. Todos los medios reaccionaron a la primera para denunciar el antisemitismo. La televisión difundió las imágenes de una anciana en llanto que rememoraba los horrores del holocausto: «Nunca creí que volvería a ocurrir», declaraba la asustada señora. La policía puso treinta y tres inspectores en el caso y el alcalde ofreció una importante recompensa. Sin embargo, las sospechas se centraron rápidamente sobre un estudiante judío de 17 años, un tal Barry Dov Schuss que acabaría confesando los cuatro incendios voluntarios. Jack Schuss, el

---

[507] Laird Wilcox, *Crying wolfes, hate crime hoaxes in America*, Editorial research service, Kansas, 1994, in *Tabou*, volume 4; Éditions Akribeia, 2003, p. 64-120

padre del adolescente declaró que Barry tenía algunos problemas de índole psiquiátrico y que ya había sido tratado. Durante su juicio, en enero de 1984, Schuss declaró que «había actuado para mantener viva la consciencia del peligro del antisemitismo.» En su lugar cualquier goy hubiera sido sentenciado a quince años de prisión, pero Barry Dov Schuss solo recibió una suspensión de pena con cinco años de libertad condicional. (*Chicago Tribune* del 1 de septiembre de 1983, *Hartford Courant* del 15 y del 17 de diciembre de 1983 y del 24 de enero de 1984)

En marzo de 1984, los habitantes de Co-Op City, un complejo de viviendas del Bronx, en Nueva York, encontraron esvásticas y pintadas antisemitas en 51 puertas y muros de apartamentos. Aquello fue una «conmoción en la comunidad». El incidente fue también muy mediático, hasta que dos adolescentes judíos de 14 y 15 años fueron atrapados. El silencio se hizo repentinamente sobre este tedioso caso. (*Jewish Sentinel* del 31 de marzo de 1984)

El 24 de noviembre de 1985, un comunicado del *Associated Press* de Nueva York revelaba que unos vándalos habían destruido los escaparates de ocho tiendas pertenecientes a judíos de Brooklyn. ¡Horror! Los periodistas de todo el país gritaron su indignación, recordando el episodio de la Noche de los Cristales Rotos de 1938. El alcalde, Edward Koch ofrecía 10.000 dólares de recompensa a aquel que informara a la policía sobre el paradero de los culpables. Las llamadas a la vigilancia antifascista se multiplicaron. El 9 de diciembre, se podía leer en la prensa lo siguiente: «Un judío de 38 años con trastornos psicológicos ha sido arrestado... » (*New York Daily News* del 10 de diciembre de 1985). Resultó que el acusado, Gary Dworkin, solo arremetía contra los israelís y los judíos jasídicos.

En diciembre de 1985, el guardia de la sinagoga de Milwaukee fue rociado con una sustancia cáustica. La víctima, Buzz Cody, un antiguo católico convertido al judaísmo, declaró que los hombres tenían la piel oscura y hablaban con un acento medio-oriental. Anteriormente, en el mes de julio, nueve esvásticas habían sido pintadas en el centro comunitario, así como en el apartamento de Cody además de ser allanado y desvalijado. Pintadas antisemitas y llamadas telefónicas anónimas de una misteriosa «Palestinian Defense League» le hacían la vida imposible. La investigación no tardó en llegar a término, y en mayo de 1986, Cody fue inculpado. Se suicidó horas siguientes. (*Milwaukee Journal* del 20 de diciembre de 1985 y del 17 de mayo de 1986)

El 15 de julio de 1987, una mujer judía de Rockville en el Maryland fue despertada en medio de la noche por el incendio de una esvástica en su jardín. El culpable era un judío de 19 años, Gary Stein (*Washington jewish week* del 6 de agosto de 1987)

En enero de 1988, Laurie A. Recht, secretaria jurídica de 35 años, pretendió recibir amenazas de muerte debido a su activismo antirracista. Inmediatamente, los medios la convirtieron en una heroína, destacando su coraje y determinación. En mayo, el colegio de New Rochelle le entregó el título honorífico de doctora en letras, en reconocimiento por las adversidades atravesadas. En el mes de noviembre, pretendió haber recibido otras amenazas de muerte: «La amante de los negros, la judía. No te hemos olvidado. Con tu cadáver revelaremos nuestra causa al mundo. Hay una bala esperándote.» El FBI intervino sus comunicaciones para detener los culpables e instalaron una cámara en el exterior de su apartamento. Finalmente, resultó que Laurie Recht no había recibido ninguna amenaza por teléfono, y que, en cambio, la cámara la grabó pintado ella misma sobre el muro contiguo de su apartamento. En el tribunal, Laurie admitió los hechos. Se exponía a cinco años de prisión y una multa de 250.000 dólares, pero solo recibió una suspensión de pena con cinco años de libertad condicional. (*New York Daily News*, del 28 de noviembre de 1988; *Agence télégraphique juive* del 1de diciembre de 1988)

La revista *Newsweek* del 8 de mayo de 1989 informaba que un personaje adinerado, Morton Downey, había sido agredido por cabezas rapadas en los lavabos del aeropuerto de San Francisco. Estos le habrían inmovilizado en el baño para pintarle una esvástica en la cara y recortarle un trozo de cuero cabelludo antes de saludarle con un «¡Sieg heil!». Los inspectores del aeropuerto solo constataron unos pequeños cortes en la cara, pero no los hechos relatados ante la prensa por Downey. Más tarde, este reconoció que el incidente había sido «una jugada publicitaria preparada de antemano».

El 25 de marzo de 1990, en Yorba Linda, en California, cientos de personas descubrieron un folleto presuntamente distribuido por el círculo metodista que llamaba a «matar a los judíos». Un periódico local informaba: «En una de las caras está representado Jesús; se cita un pasaje del Evangelio de San Lucas y esta frase: "Matad todos los judíos". La otra cara enumera los motivos para desconfiar de los judíos.» El reverendo Keneth Criswell, pastor de la Iglesia unitaria metodista local envío inmediatamente una carta a su comunidad para asegurar que aquellos folletos habían sido «falsa y fraudulentamente» atribuidos a la Iglesia Metodista.

A finales de 1991, Nathan Kobrin, un judío de Concord en California, se declaró víctima de dos incendios provocados y pretendió haber recibido cartas anónimas y amenazas de muerte por teléfono. Periódicos de California aplaudieron su valiente combate contra el antisemitismo y recibió numerosos apoyos. Un investigador que vigilaba su domicilio descubrió la superchería. El 31 de enero de 1992, Nathan Kobrin, 36 años, confesaba ante la Corte de Contra Santa que era el autor de los dos incendios y de las falsas cartas. Fue inculpado por falso testimonio y condenado a un año de prisión. (*Oakland Tribune* del 12 de septiembre de 1991, *Northern Californian Jewish Bulletin* del 20 de septiembre de 1991 y 17 de julio de 1992).

En abril de 1993, una pareja de jóvenes judíos, Jerome y Jamie Brown Roedel, denunciaron el robo con allanamiento de su casa de Cooper City, en Forida. El caso fue muy publicitado porque los muros habían sido cubiertos de pintadas antisemitas. De nuevo, se produjo una gran indignación y «conmoción dentro de la comunidad». Ocho meses de investigación fueron necesarios para llegar a esta conclusión: fraude al seguro. Efectivamente, unos meses antes, Jamie Roedel había adquirido objetos de arte valiosos. Luego de organizar con varias personas el falso robo, reclamó 47 000 dólares a la aseguradora. Finalmente, embolsó 30 000 dólares, dejó su marido y empezó una nueva vida con su amante. En diciembre de 1993, fue inculpada por fraude. (*Chicago Tribune* del 2 de enero de 1994)

En 1994, octavillas abiertamente racistas y antisemitas fueron difundidas en Nueva York. Se descubrió que el culpable era un miembro de la comisión nacional de la Anti defamation League, la principal asociación «antirracista» estadounidense (*New York Times* del 27 de febrero de 1994). Después de ser detenido, Donald Mintz explicó que había querido suscitar un movimiento de simpatía entorno a su candidatura y recoger fondos. Perdió la elección tras el escándalo.

Este estudio llegaba hasta 1994, por lo que no permitía conocer los casos acaecidos posteriormente. Pero todos podrán hacerse una idea de lo frecuente que son estos dramas en Estados Unidos y en el extranjero. Recordemos este otro caso que estalló en el 2004: unas esvásticas habían sido pintadas en una veintena de tiendas pertenecientes a judíos del barrio neoyorquino de Brooklyn y de Queens, así como sobre algunas sinagogas. La indignación fue general. Un rabino ofrecía una prima de 5000 dólares a cambio de cualquier información. El 18 de octubre de 2004, la policía detenía por fin el culpable. Se trataba de Olga Abramovich, 49 años, la cual explicaba que quería vengarse de su marido de 78 años, Jack Greenberg, que venía de divorciarse para casarse con una mujer más joven que ella. La prensa y las organizaciones judías silenciaron entonces toda la historia. Afortunadamente el público olvida rápidamente lo que ve en la televisión.

Estas noticias «antisemitas» llevan produciéndose por las mismas causas desde hace mucho tiempo. Escuchemos Arthur Miller, un escritor judío estadounidense, famoso sobre todo por haber sido el esposo de Marilyn Monroe, alarmarse del recrudecimiento del antisemitismo en Estados Unidos antes de la guerra. Sinagogas y casas de judíos del Connecticut habían sido atacadas con bombas. «El autor de los delitos fue detenido unas semanas más tarde. Era un joven judío de mente trastornada[508].»

Pero más recientemente, en Israel, en mayo de 1990, la profanación de dos cementerios judíos había provocado una conmoción en el mundo entero. Se había descubierto más de dos cientos cincuenta tumbas judías con inscripciones en hebreo que reclamaban la destrucción del judaísmo y la creación de un Estado palestino. «Los árabes mataran a los judíos». Zevolon Hammer, ministro israelí de Asuntos religiosos, apuntaba a que ese episodio podía tener relación con la profanación de las tumbas del cementerio de Carpentras en Francia, que muchos habían atribuido a la extrema derecha. Dos judíos, David Goldner, 41 años, y Gershon Tennenbaum, 32 años, fueron finalmente detenidos en Haïfa. Explicaron su acción por el deseo de unir el pueblo judío contra los Estados árabes. (*The Jewish Week* del 18 de mayo de 1990, *New York Times* del 17 de mayo de1990). Hubo en Israél también muchos casos de falsos ataques contra colonos judíos para provocar una reacción.

En Francia, las noticias presentan regularmente las mismas supercherías creando «burbujas mediáticas». He aquí algunos ejemplos:

En marzo de 1990, Louisa Zemour, militante de SOS-Racismo en Grenoble era herida por un «esbirro del Frente Nacional» que había disimulado su rostro con un pañuelo «azul-blanco-rojo*» En realidad, resultó que se había herido sola intentando entrar por la ventana de su casa porque su marido no la dejaba entrar después de una pelea doméstica. (*Rivarol* del 15 de junio de 1990)

---

[508] Arthur Miller, *En el punto de mira*, Tusquets Editores, 1995, Barcelona, p. 12

* Bleu blanc rouge, de la bandera tricolor francesa.

En 1992, en la madrugada de Nochevieja, un cóctel Molotov provocaba el incendio de la sinagoga de Villepinte, en Seine-Saint-Denis. El atentado fue revindicado por un misterioso grupúsculo llamado «Francia pura». Fue una «conmoción dentro de la comunidad». El 10 de enero de 1993, varios ministros participaban en la manifestación organizada por el gran rabino Joseph Sitruk para protestar contra ese acto de barbarie. Pero finalmente, resultó que el autor del incendio era un tal Michel Zoubiri, judío argelino, que quería imputar el atentado a Patrick E, un rival amoroso miembro del Frente Nacional (*Rivarol* del 15 de enero de 1993).

En enero del 2003, la agresión con arma blanca del rabino Gabriel Fahri había sido exageradamente publicitada y politizada, antes de que el caso fuera finalmente enterrado: de hecho, no se había producido ninguna agresión. El informe del peritaje médico mencionaba «una herida dudosa», que no había producido ninguna lesión abdominal. Además, el desgarramiento de 10 centímetros de las vestimentas era «incompatible con la supuesta agresión». Debido a la falta de testigos, todo el caso dependía de las declaraciones de la víctima que inculpaba un «hombre con casco», que habría gritado «Allah Akbar» con «un acento francés». En realidad, el rabino Farhi se había apuñalado a sí mismo.

El incendio de un centro social judío en París, el 22 de agosto del 2004 había tenido mucho eco en todos los medios de comunicación. Los culpables habían dejado pintadas antisemitas, esvásticas invertidas y eslóganes islamistas salpicados de faltas groseras de ortografía. El alcalde de París y el Primer ministro visitaron el lugar del incendio para expresar su indignación. A raíz del atentado el alcalde adjudicó unos 300.000 euros adicionales para la seguridad de los lugares frecuentados por la comunidad judía de París. Pero la investigación desembocó finalmente en un hombre de 52 años, miembro de la comunidad, y trabajador benévolo que disfrutaba de las comidas servidas a los más desfavorecidos. «Mentalmente frágil», no había soportado la pérdida del apartamento que le alquilaba el centro social.

Igualmente, tampoco ningún medio francés había informado del veredicto del juzgado número 17 del tribunal correccional de París que condenaba a Alex Moïse a una multa de 750 euros. En efecto, el susodicho había denunciado amenazas e insultos antisemitas recibidos en su domicilio, pero la investigación había determinado que se las había enviado él mismo. Alex Moïse, secretario general de la Federación sionista de Francia (miembro de pleno derecho del CRIF) y antiguo portavoz del Likoud de Francia, era también uno de los instigadores de las prohibiciones de los espectáculos del humorista negro de origen camerunés Dieudonné M'Bala. Este individuo había sido en los años 90 el presidente del Comité de coordinación del Sentier, la milicia judía de autodefensa local.

El antisemitismo es exagerado de esta forma por el sistema mediático por tres razones: la primera obedece al hecho de que la identidad judía contiene una parte de angustia y de paranoia natural, desde hace tres mil años. La segunda es que permite a los judíos del mundo entero mantener y cultivar una identidad frágil, siempre amenazada de desaparecer por asimilación en el país de acogida, y de reforzar así la cohesión de la comunidad. La tercera razón es que esa alarma incesante permite que muchos judíos se vean incitados a instalarse en Israel, cuya demografía es demasiado débil comparada con la de los árabes.

Esto era lo que confesaba Georges Friedmann en 1965: «A menudo he observado como los israelís asquenazíes, excepto los *Kibutzim*, y en general "los antiguos", reaccionaban de manera positiva a cualquier noticia de manifestación de antisemitismo en el mundo. La subrayaban y tendían a exagerar su importancia[509].» Algo similar declaraba un tal Jacques Kupfer, un dirigente sionista, que veía con buenos ojos el antisemitismo: «Deseo que haya cada vez más esvásticas y bombas contra las sinagogas, de esta forma, los judíos acabaran por mover el culo de una vez[510].»

Más recientemente, el rabino Melchior hacía un llamamiento desde Israel a sus congéneres de Francia, en situación extremadamente peligrosa según él, a mudarse lo antes posible a Israel. El 8 de enero del 2001, el ministerio israelí de integración adjudicaba 9000 dólares a cada judío que hiciera su *alyah*. El semanal *Le Point* del 27 de abril del 2006 publicaba un artículo al respecto tras la publicación de un libro titulado *OPA sobre los judíos de Francia*. El libro denunciaba la instrumentalización del antisemitismo en beneficio del discurso sionista y constataba que efectivamente, el *alyah* hacia Israel estaba aumentando: 3015 personas en 2005. Sin embargo, un cálculo rápido permite relativizar el gran miedo de los judíos de Francia, dado que la «huida» representaba solo un 0,3% de la población judía.

---

[509] Georges Friedman, *Fin du peuple juif?* Gallimard, 1965, p. 289

[510] André Harris et Alain de Sédouy, *Juifs et Français*, Grasset, 1979, Poche, 1980, p. 328-344

La segunda Intifada palestina en octubre del 2000 había efectivamente provocado un estallido de violencia en los jóvenes inmigrantes musulmanes de los suburbios franceses. De septiembre del 2000 hasta septiembre del 2001, el Consejo Representativo de las Instituciones judías de Francia (CRIF) había contado 350 atentados antisemitas. La Unión de los estudiantes judíos de Francia recordaba a su vez que 322 actos antisemitas se habían producido en Francia entre el 1 de enero y el 1 de octubre del 2004[511]. La comunidad judía estaba conmocionada. Pierre Birenbaum constataba que la situación era alarmante: «Las más altas autoridades del Estado están de acuerdo: el antisemitismo se está extendiendo peligrosamente en la sociedad francesa contemporánea.» Sin embargo, él mismo reconocía que el gobierno francés era firme en ese punto. En diciembre del 2001, durante la cena anual del CRIF (Consejo Representativo de las Instituciones judías de Francia), Lionel Jospin, entonces Primer ministro, decía, delante de casi todo el gobierno reunido allí, que «al igual que no toleramos los actos de racismo, no toleramos los actos de antisemitismo[512].»

Que el gobierno «casi al completo» se reúna cada año en los locales del CRIF debería tranquilizar los dirigentes de la comunidad. Pero la inquietud y la angustia aún permanecen.

Es llamativo constatar que las sinagogas son los únicos lugares «de culto» de Francia, donde se encierran detrás de alambradas, barreras metálicas, acristalados y puertas blindadas. Cualquier observador extranjero, cualquier "Cándido" podría decir legítimamente: «Vaya, he aquí gente que no parece ser apreciada.» ¿Quizás tengan algo que reprocharse? Ernest Renan ya escribía en 1873: «Puede que haya una razón por la que este desgraciado pueblo de Israel haya pasado su vida siendo masacrado: cuando todas las demás naciones y todos los siglos los han perseguido, debe haber alguna razón para ello[513].»

---

[511] No sabemos si habían contado las pintadas sobre las mesas de los institutos escolares y los buzones.

[512] Pierre Birenbaum, *Prier pour l'État, les Juifs, l'alliance royale et la démocratie*, Calmann-Levy, 2005, p. 137

[513] François de Fontette, *Sociologie de l'antisémitisme*, PUF, 1984, p. 116. El primer ministro inglés Winston Churchill escribió un artículo en 1937: «Puede en efecto que, de forma involuntaria, inviten a la persecución, que sean en parte responsables de la hostilidad que sufren.» El artículo, jamás publicado, fue descubierto en sus archivos por un historiador de Cambridge, según Agence

3. La identidad judía

Los híper-patriotas

La mayoría de las veces, los intelectuales judíos escriben que sus congéneres están «perfectamente integrados» en el país donde viven. Tan bien integrados que incluso serían la quintaesencia de la nación y sus mejores defensores.

Al final del siglo XIX, los judíos de Europa del Este y de Rusia que deseaban emigrar eran atraídos naturalmente por Francia, el «país de los derechos del hombre». Guy Konopnicki relataba el estado de ánimo de aquellos judíos que venían a buscar la felicidad en Francia: «Al comprar su billete de tercera clase en el tren Shtetl-Estrasburgo, mis antepasados no solo emigraban. Venían buscando algo de esa llama que iluminaba todos los pueblos judíos de Polonia y de Rusia en tiempos del caso Dreyfus. Un capitán judío, una campaña de opinión para defenderlo, esas cosas parecían milagros y no se conocía ningún mago rabí que fuese capaz de sacar un inocente de las cárceles rusas o polacas.»

Bajo estas circunstancias, estos judíos se convirtieron en Francia en "híper-patriotas": «Por esa razón, nos volvimos más franceses que los franceses, escribía Konopnicki. Nuestro entorno social de inmigrantes nos alimentó con una Francia soñada, como lo hacían los profesores socialistas [514]... Desde entonces he mantenido una pasión por la Revolución francesa.». Konopnicki establecía incluso un paralelo entre la Revolución de 1789 y sus propias referencias bíblicas: «Los fundadores de la Francia contemporánea eran grandes cosmopolitas. Es por eso por lo que el alcance de la Revolución francesa atraviesa el tiempo y el espacio; hoy en día, no hay desafío más importante que aquel proclamado por ella: los derechos del hombre y del ciudadano. La Revolución no era una cuestión meramente francesa. Se proclamaba universalmente y tenía razón: nada parecido había acaecido desde la entrega de la Ley a los Hebreos sobre el monte Sinaí... Al ejecutar Luis

---

France Presse (marzo 2007)

[514] Guy Konopnicki, *La Place de la nation*, Olivier Orban, 1983, p. 14

* Asamblearios de la Convención nacional de la Primera República francesa (1792-1795). Fue la asamblea constituyente.

Capeto, los convencionales repetían el grandioso gesto de Abraham... Robespierre quería que la Constitución fuese una acto sagrado puesto sobre el tabernáculo, al igual que la Tora de los Hebreos[515*].» También hubiera podido añadir que las incontables masacres de la Revolución, especialmente contra los Vandeanos, repetían el genocidio implacable cometido por Josué y los Hebreos en su conquista de la tierra de Canaán, tan bien descrito por la Tora.

En definitiva, los revolucionarios franceses, bajo alguna influencia masónica desconocida, solo habían retomado y secularizado la escatología hebraica. El novelista Pierre Paraf, cofundador de la LICA (Liga Contra el Antisemitismo), dedicó un poema a este ideal: «Amar a todos los oprimidos/ Salvar a los desheredados/ Levantar en las más altas cimas/ Un templo a la humanidad/ Es el pacto de la alianza/ Que hizo con nosotros el Eterno/ Esas virtudes de vuestra Francia/ Son las virtudes de Israel[516].»

El ensayista Pierre Pierre Birenbaum nos hablaba así de la inmensa felicidad que sentían los judíos al instalarse en la Francia de finales de siglo XIX para disfrutar del nuevo «régimen liberal»: «El advenimiento de la III República fue la edad de oro de los Judíos, pues se identificaron mucho con ese régimen liberal fundado por Gambetta, y al que Adolf Crémieux y muchos otros Judíos habían contribuido tan apasionadamente... De muchas formas, ese largo periodo de felicidad... justificaba como nunca la célebre metáfora "feliz como Dios en Francia", la cual se iba a propagar como un reguero de pólvora hasta los territorios más alejados de Europa del Este, llevándoles así la buena nueva[517].»

El novelista Albert Cohen expresó también ese amor inmoderado y patriótico hacia Francia. En su novela titulada *Comeclavos*, narraba la historia de unos judíos estrafalarios de Cefalonia y sus locas peregrinaciones. En el barco en el que viajaba su héroe y sus amigos hacia Francia, a finales del siglo XIX, una orquesta tocaba la *Marsellesa*: «Comeclavos se sintió intensamente francés y ferviente entusiasta de

---

[515] Guy Konopnicki, *La Place de la nation*, Olivier Orban, 1983, p. 44-46.
*Convencionales: Asambleiarios de la Convención nacional de la Primera República francesa (1792-1795). Fue la asamblea constituyente.

[516] Pierre Paraf, *Quand Israel aima*, 1929, Les Belles lettres, 2000, p. 45, 46

[517] Pierre Birembaum, *Prier pour l'Etat, les Juifs, l'alliance royale et la démocratie*, Calmann-Levy, 2005, p. 89

Dantón. Se paseó por el puente haciendo saludos militares a innumerables regimientos de los que se sentía tremendamente generalísimo. ¡Salomón bebía los vientos por defender a la patria! La Marsellesa extendía alas cada vez más victoriosas y Comeclavos asumió gravemente las funciones de director de orquesta.

- ¡Si fuera jefe de Francia -declaró con lágrimas en los ojos-, mandaría tocarla cada hora en las calles para fomentar el patriotismo!¡Y mandaría fusilar a los cabecillas[518]!»

Pero Comeclavos y sus amigos también amaban a Inglaterra: «No olvidaban que, a raíz del pogrom de 1891, una parte de la flota británica estacionada en Malta puso rumbo a todo vapor hacia Cefalonia. ¡Y qué quietecitos se estuvieron los antisemitas griegos cuando los altos y queridos fusileros ingleses desembarcaron, justos y severos! Y esto es auténtico y los judíos de las Islas Jónicas recordarán siempre la desinteresada bondad de que les dio prueba Inglaterra.»

Ciertamente, los soldados ingleses habían demostrado gran valentía en aquella ocasión para salvar a los pobres judíos. Comeclavos estaba agradecido a quien correspondía: «De las paredes de la cocina de Comeclavos colgaban los retratos de la familia real inglesa, de Sir Moses Montefiore, de Disraeli y de gran número de lores del Almirantazgo[519].»

Los judíos de Francia también serían, naturalmente, los más fervientes patriotas tras la toma de poder de Hitler en 1933. Serían además más belicistas que nunca. Era lo que declaraba Jean-Pierre Bloch, antiguo presidente de la Liga contra el antisemitismo. Ese gran burgués era también un dirigente del partido socialista. «Como socialista que era, era extremadamente patriota. Por ejemplo, fui uno de los siete socialistas en haber votado en contra de los acuerdos de Múnich. Creía que existía un" partido de la traición".» Todos los Jean-Pierre Bloch eran efectivamente unánimes para incitar los franceses a que declararan

---

[518] Albert Cohen, *Comeclavos*, Anagrama, 1989, Barcelona, p. 88, 89

[519] Albert Cohen, *Comeclavos*, Anagrama, 1989, Barcelona, p. 50. Moses Montefiore era un asesor y consejero de la reina Victoria. Ejerció un papel influyente en Europa, juntamente con Adolphe Crémieux, el presidente de la Alianza israelita.

la guerra a los alemanes. «Estaba sumergido en el híper-patriotismo[520]», decía.

Manes Sperber, por su parte, nos arrancaba la bandera francesa de las manos: «Frente a esos judíos expulsados de su patria, los de Francia se sentían más franceses que los descendientes de los Cruzados, y solamente israelitas por deber filantrópico[521].» A menos que sea al revés.

A principios del siglo XX, el imperio austrohúngaro representaba para ellos una plaza fuerte en Europa. Efectivamente, los judíos se habían convertido en los «reyes de Viena» y ocupaban las primeras plazas en la banca, la prensa y el mundo cultural. Los artistas judíos, los escritores y los músicos judíos se beneficiaban de las alabanzas extáticas que les dedicaban constantemente sus amigos periodistas. Había en Viena toda una variedad de artistas y escritores, a cuál más genial. Esto escribía Michael Polack, en *Vienne 1900*: «Allí están Arthur Schnitzler, Hugo von Hofmannsthal, Leopold von Andrian, Richard Beer-Hofmann, Karl Kraus, Felix Salten y Theodor Herzl. Procedentes la mayoría de ellos de la alta burguesía, de la burguesía ennoblecida, incluso de la aristocracia, comparten ciertos valores[522].»

En la capital austriaca uno se podía cruzar con el gran Sigmund Freud, con los escritores Stefan Zweig y Arthur Schnitzler, los compositores Gustav Mahler y Arnold Schönberg, etc. Estaban todos «perfectamente integrados». Hasta tal punto integrados que eran «más austriacos que los propios austriacos». La «reina de los periodistas», Françoise Giroud, atraída naturalmente por esta sociedad vienesa, se interesó en estudiarla: «Entre los súbditos del Emperador, los judíos de la burguesía vienesa están perfectamente integrados y son los más fieles. Todo empezó en 1867 con la incorporación en la Constitución de la libertad religiosa y de consciencia, signo de emancipación. Desde entonces, la simbiosis se ha producido, como en la España del siglo XV. Dado que los judíos tenían nulas posibilidades de hacer carrera en el ejército o en la alta función pública, se dirigieron hacia las profesiones liberales, la industria, llegando a tener una fuerte presencia en la aristocracia financiera. El gran periódico liberal de Viena, el *Neue Freie Presse*, pertenece a una familia judía, los Benedikt. Son liberales y apoyan el

---

[520] André Harris et Alain de Sédouy, *Juifs et Français*, Grasset, 1979, Poche, 1980, p. 63-65

[521] Manès Sperber, *Être Juif*, Éd. Odile Jacob, 1994, p. 62

[522] Michael Pollak, *Vienne 1900*, Folio Histoire, 1984, édition de 1992, p. 14

Emperador y el Estado multinacional, porque es la garantía de su seguridad[523].»

Esta fidelidad al imperio multinacional la mencionaba también el filósofo Jacob-Leib Talmon: «Los judíos formaban el único grupo racial del Imperio Austrohúngaro que adhería plenamente al ideal de reino multirracial de los Habsburgos... Tenían todas las ventajas en mantenerse súbditos de un Imperio multirracial y multinacional, que garantizaba el derecho de libre expresión a grupos y a entidades de todo tipo[524].»

En su biografía del escritor Arthur Schnitzler, Jacques Le Rider corroboraba estas palabras: «La gran mayoría de los judíos vieneses habían depositado sus esperanzas en la metamorfosis de la monarquía en un Estado democrático, pluralista y multinacional... Los súbditos de confesión judía de la monarquía habsburguesa han estado particularmente ansiosos por mostrar su patriotismo y su lealtad hacia el emperador[525].»

Efectivamente, siempre son muy patriotas en cuanto están en el timón. El famoso escritor Stefan Zweig escribía así lo siguiente: «Quien quería hacer algo nuevo en Viena no podía prescindir de la burguesía judía; cuando, en una ocasión, durante la época antisemita, se intentó fundar un así llamado «teatro nacional», no comparecieron autores ni actores ni público; después de unos meses el «teatro nacional» fracasó estrepitosamente, y este ejemplo puso de manifiesto por primera vez que las nueve décimas partes de lo que el mundo celebraba como cultura vienesa del siglo XIX era una cultura promovida, alimentada e incluso creada por la comunidad judía de Viena[526].»

Françoise Giroud nos presentaba con admiración al periodista Karl Kraus: Es un viejo polemista socialdemócrata inflexible, «que emociona los auditorios en sus conferencias predicando la pureza y la intransigencia... Erigido como juez, Karl Krauss distribuye los

---

[523] Françoise Giroud, *Alma Mahler*, Robert Laffont, 1988, Presses Pocket 1989, p. 17

[524] J.L.Talmon, *Destin d'Israël*, 1965, Calmann-Levy, 1967, p. 55

[525] Jacques Le Rider, *Arthur Schnitzler*, Belin, 2003, p. 215

[526] Stefan Zweig, *El mundo de ayer: memorias de un Europeo*, Acantilado, 44, Barcelona, p. 16

anatemas, pero aquellos que lo aborrecen y se enervan por su culpa no pueden dejar de leerlo: es el rey de Viena[527].»

En su biografía de Alma Mahler, Françoise Giroud se había interesado por la esposa del compositor Gustav Mahler, probablemente porque se rodeaba siempre de judíos. Su último marido, Franz Werfel, era un escritor «genial», como lo son la mayor parte de los judíos. *Los Cuarenta días de Musa Dagh*, era «una novela histórica de bella inspiración, el primer gran éxito de Franz Werfel. Un éxito internacional tan rotundo que el nombre del autor llegaría a los oídos del jurado del Premio Nobel.» De regreso a Viena, «los Werfel inauguran su casa de veinte y ocho habitaciones situada en Hohe Warte que Alma acaba de comprar. La flor y nata de Viena está presente. Franz es ahora el autor más famoso de Austria[528].»

¿Quién era ese Franz Werfel? «Es el típico vienés, aunque haya nacido en Praga donde su padre posee una gran fábrica de guantes.» Pero Werfel era un socialdemócrata convencido. «A veces dice:" ¿Como puedo ser feliz mientras alguien sufre en alguna parte? ... Es un platicador brillante e inagotable... Nadie es más europeo y singularmente vienés que él.» Y era este «típico vienés», en noviembre de 1918, cuando Alemania era derrotada, el que arengaba la muchedumbre en favor de la revolución bolchevique: «De pie, subido en los bancos, se pasó el día gritando a los amotinados: "¡Asaltad los bancos!", "¡Abajo los capitalistas[529]!"»

El escritor Arthur Schnitzler se indignaba en ese momento contra las recriminaciones mezquinas de los antisemitas. En junio de 1915, declaraba directamente: «No nos quieren considerar como si fuéramos de los suyos. Creen que no soy un austríaco como ellos... Pero sé muy bien que estoy más en mi país que esta gente. Es un hecho consabido que la esencia de Austria y de Viena es hoy en día sentida y expresada con más fuerza por los judíos que por los antisemitas.»

---

[527] Françoise Giroud, *Alma Mahler*, Robert Laffont, 1988, Presses Pocket 1989, p. 64

[528] Françoise Giroud, *Alma Mahler*, Robert Laffont, 1988, Presses Pocket 1989, p. 168

[529] Françoise Giroud, *Alma Mahler*, Robert Laffont, 1988, Presses Pocket 1989, p. 150, 182, 157

Jacques Le Rider, al escribir la biografía del escritor, tampoco se daba cuenta de la paradoja, cuando después de haber subrayado que Arthur Schnitzler era un «puro vienés», reconocía unas páginas más adelante que sus escritos y sus obras llevaban una dosis antiaustríaca bastante fuerte: «En enero de 1915, su obra de teatro *La Llamada de la vida (Der Ruf des Lebens)* fue atacada por antipatriótica y antiaustríaca. Los pilares del sistema habsburgués, la Iglesia, el Ejército y la burocracia, no le parecían dignos de consideración. Desde *El teniente Gustel*, ya se sabe a qué atenerse con el tema "Schnitzler y el ejército". El clericalismo y la burocracia habsburguesa, descritos con ferocidad en *Profesor Bernhardi*, no habían vuelto a subir en su estima desde el inicio de la Primera Guerra mundial[530].»

El "patriotismo" de los intelectuales judíos solo se manifiesta en realidad cuando se trata de excitar el pueblo y la nación contra otro Estado, culpable de no reconocer a los judíos el lugar que se merecen. Su propaganda belicista es entonces desmesurada y desenfrenada. En ese caso, el "patriotismo" de los judíos austríacos era sentido con más fuerza porque sus hermanos de raza en Rusia eran «perseguidos», pues estos no eran reconocidos como rusos de pleno derecho y no tenían la posibilidad de dominar el país como ellos lo hacían en Austria. Tras la caída del régimen zarista en febrero de 1917, el entusiasmo patriótico de fachada de los judíos alemanes y austríacos se desvaneció y se volvió de forma natural en contra de su país de acogida -un imperio autoritario y una monarquía católica- que ofrecían menos garantías que los países de *L'Entente* y, con más motivos todavía, que la nueva Rusia bolchevique. Aquello fue la famosa" puñalada por la espalda".

Evidentemente, no todos los vieneses eran crédulos o se habían dejado engañar por las declaraciones de fidelidad de aquellos advenedizos que se habían rápidamente colocado en las primeras plazas. Allí como en Francia o en cualquier parte, el antisemitismo se había extendido ampliamente en la población. Uno de los principales escritores judío de aquella época, el inglés Israel Zangwill, dejó una imagen elocuente acerca del resentimiento de la población austríaca. En *Soñadores del gueto*, en 1998, escribía con amargura: «Moisés, el Sinaí, Palestina, Isaías, Esdras, el Templo, el Cristo, el Exilio, los Guetos, los mártires,

---

[530] Jacques Le Rider, *Arthur Schnitzler*, Belin, 2003, p. 222-225

todo eso para que la prensa satírica austríaca haga mofa de los cambistas narizones y sus anteojos de ópera que no necesitan sujetar[531].»

La doble pertenencia

Después de varias décadas de integración «perfectamente lograda» en la Francia republicana, algunos judíos expresaban finalmente su identidad un poco más abiertamente. De tal forma que Theo Klein, antiguo presidente del Consejo representativo de las instituciones judías de Francia (CRIF), escribía en el 2003: «Nací en Francia, fui a la escuela municipal, me expreso en francés y participo espontáneamente en la vida cultural francesa: hago los cálculos en francés, sueño en francés, y al igual que soy naturalmente francés, soy también judío.» Esto lo escribía en la página 94. Pero en la 99, Theo Klein nos revelaba lo siguiente: «Mi actitud respecto a Israel no ha cambiado: soy israelí y contento de serlo. Participo desde y para esa historia.» Más adelante explicaba: «Un judío es un hombre que tiene una historia común con otros judíos con los que, a pesar de su dispersión por el mundo, mantiene lazos en virtud de esa historia común. Ciertamente, hay muchas maneras de ser judío. Para mí, es un estado natural que nunca ha sido cuestionado por nadie[532].»

En 2002, Elie Barnavi, el entonces embajador de Israel en Francia escribía en su *Carta abierta a los judíos de Francia* que la inmensa mayoría de los judíos franceses «afirman tener una vinculación fuerte con el Estado de Israel.» Al final de su libro, en la página 116, animaba a los judíos de Francia a que se instalaran en Israel: «Venid, uníos a nosotros, nos necesitamos mutuamente. No os vayáis sin esperanzas de volver. No os pedimos que elijáis entre una o otra identidad, solo que añadáis la nuestra a la que ya tenéis, a la cual comprendemos que tenéis apego. Al convertiros en israelíes no exigimos que dejéis de ser franceses[533].»

De la misma forma, Dominique Strauss-Kahn, antiguo ministro y alto directivo del partido socialista, declaraba el 13 de mayo del 2004 en France-Inter: «Considero que todos los judíos de la diáspora y de

---

[531] Israel Zangwill, *Rêveurs de ghetto, tome II*, 1898, Éd. Complexe, 2000, p. 293

[532] Théo Klein, *Dieu n'était pas au rendez-vous*, Bayard, 2003, p. 101

[533] Elie Barnavi, *Lettre ouverte aux juifs de France*, Stock, 2002, p. 116

Francia deben prestar ayuda a Israel, de hecho, esa es la principal razón para que los judíos desempeñen responsabilidades políticas. En definitiva, a través de mis funciones y todas las acciones en mi vida diaria intento aportar mi humilde piedra para la edificación de Israel[534].»

En junio del 2006, Pierre Besnainou, presidente del congreso judío europeo, exponía claramente su posición: «He zanjado definitivamente el debate sobre la doble lealtad: sí, me siento franco-israelí.» Y precisaba: «Los judíos europeos son hoy en día totalmente creíbles y legítimos en su defensa de Israel. Podemos permitirnos ser el puente entre Israel y Europa... Considero que como judío tenemos un vínculo natural con Israel... Esta doble pertenencia nos pone en la posición de interlocutores privilegiados para fomentar el diálogo... » Pero sabemos perfectamente que tipo de "dialogo" M. Besnainou pretendía entablar con los palestinos e Irán. Pierre Besnainou continuaba: «Me parece que sería interesante y legítimo conceder a los judíos de la diáspora que lo deseen la nacionalidad israelí sin que tengan que hacer su *alya*[535]. Cuando estamos en Francia, en Italia o en otra parte, nos dirigimos a los judíos diciendo:" vuestro" primer ministro Ehoud Olmert, "vuestro" embajador, "vuestro" presidente, ¿para qué estar incómodo con este tema? Al contrario, creo que debemos asumirlo. Si para los demás somos israelíes, ¿por qué el gobierno no habría de reconocer esa filiación a los judíos que lo deseen? Se dice que somos parte de un mismo pueblo, ¿Entonces por qué no oficializarlo?»

Esto mismo ya lo preconizaba Guy Konopnicki en los años 80: «Excepto en los casos excepcionales, dentro de acuerdos internacionales, no se puede tener dos nacionalidades. Es precisamente en esto que la concepción generalmente admitida del derecho nacional está históricamente superada: ya no corresponde al modo de vida contemporáneo[536].» Como de costumbre, vemos como los intelectuales judíos solo hablan en función de sus propios criterios e intereses que proyectan en un plano universal.

Pero si escuchamos atentamente el historiador Pierre Vidal-Naquet, la doble lealtad podría generar algún tipo de conflicto identitario, tal como lo escribía en sus *Memorias*: «No es casualidad si en mi obra científica el tema del desdoblamiento juega un papel tan importante, pues así es

---

[534] Citado en *Rivarol*, el 27 de octubre del 2006

[535] Hacer su *alya*: instalarse en Israel.

[536] Guy Konopnicki, *La Place de la nation*, Olivier Orban, 1983, p. 39

también como vivo mi judaísmo[537].» El Gran Rabino de Francia Joseph Sitruk expresaba la misma idea en la *Tribune juive* de octubre del 2004: «Creo que todos los hombres son un poco esquizofrénicos, especialmente los judíos.»

En realidad, esta ambivalencia es precisamente lo que constituye el fondo de la personalidad judía. Guy Sorman es originario de Polonia: «Me recuso como intelectual judío. No siento que pertenezca a esa categoría por cuanto el judaísmo se basa en el conocimiento. Me parece inadecuado pretender ser judío cuando el conocimiento se perdió, como es mi caso... Solo me reconozco como intelectual francés.» Pero este es el concepto de identidad francesa según Guy Sorman: «francés, es decir enriquecido de forma extraordinaria por el mestizaje que hizo y hace Francia... Ser francés, es siempre ser pluridimensional: se es a la vez bretón, católico y francés, de Cevenas, protestante y francés, o bien polaco, judío y francés. Nadie es francés a secas. Si solo se siente francés, es porque ignora sus raíces y su cultura.» Su matrimonio con una francesa «normanda y angevina» no lo han hecho menos cosmopolita. Una vez dentro de la plaza, deja las puertas abiertas de par en par a la inmigración: «¿Es realmente tan difícil integrar en la nación francesa a través de la escuela, el niño venido de Sri Lanka o de Argelia? Por supuesto la tarea es ardua, pero no más que hacer de un bretón, un auvernio o un judío unos auténticos franceses, como se viene haciendo desde hace varias generaciones[538].» Guy Sorman es por lo tanto un intelectual «auténticamente francés», pero que piensa y razona como un intelectual auténticamente judío, un militante incansable de la sociedad multicultural.

En 1979, dos periodistas, André Harris y Alain de Sédouy, habían realizado una serie de entrevistas con varias personalidades para intentar comprender el trasfondo de la identidad judía. Su libro titulado *Judíos y Franceses* revelaba bastante bien las paradojas del discurso judío.

El antiguo presidente del órgano de administración de Renault, Pierre Dreyfus, era un judío de Alsacia, «prototipo de gran burgués integrado».

---

[537] Pierre Vidal-Naquet, *Mémoires I, 1930-1955*. Seuil, p. 164

[538] Guy Sorman, *Le Bonheur français*, Fayard, 1995, p. 17-19. Daniel Cohn-Bendit declaraba: «Lo que me gusta de Francia, es su cosmopolitismo. Los Negros, los Árabes, los Judíos. Amo a Francia, especialmente por eso.» (André Harris, Alain de Sédouy, *Juifs et Français*, Grasset, 1979, Poche, p. 188)

Este declaraba, por ejemplo, en la página 43: «No me sentía francés al 99%, sino al 100%» Y en la página siguiente afirmaba: «Si bien es cierto que no recibí ninguna educación o cultura específicamente judía, siempre me sentí, a lo largo de mi vida, solidario de los judíos, dondequiera que fueran infelices.» El señor Dreyfus decía luego estar muy preocupado por la situación de los judíos en Israel.

Jean-Pierre Bloch, que ya hemos mencionado anteriormente, era también «profundamente francés», un «francés como cualquier otro». Es un «judío integrado, honesto, sin contradicciones posibles». (páginas 63-65). En las páginas 71 y 72, manifestaba otra vez su lealtad: «¡Protesto contra la doble lealtad! Soy ciudadano francés de confesión israelita... Me siento profundamente francés. Cuando veo como se pierde el sentimiento patriótico, me indigno.» Pero en la página siguiente no podía evitarlo y confesaba: «Antes, decía:" soy un francés de origen judío." En realidad, he vuelto a ser judío. No practico, pero voy a la sinagoga el día de Yom Kipur.»

Robert Múnich es un ingeniero general del ejército del aire. Es originario de Polonia por parte de abuelos: «Me siento más francés que los franceses», declaraba en la página 75. Y en la página 250: «Estoy unido con cada fibra de mi cuerpo a Israel.» A continuación, explicaba porque seguía viviendo en Francia: «No di ese paso porque creo que todavía sigue habiendo un papel que desempeñar para los judíos de la Diáspora, especialmente en Francia... No es fácil ser judío. No es la manera más cómoda de vivir. Soy consciente de ello, pero lo acepto con orgullo.» Finalmente apuntaba el principal peligro para la comunidad judía: «Si se quiere vivir más cómodamente, uno siempre puede evadirse, dejar de ser judío: cambias de apellido, realizas un matrimonio mixto y terminas olvidando que eres judío.» (página 252).

Annie Kriegel, editorialista en *Le Figaro*, proviene de una familia de «judíos franceses muy integrados», según sus propias palabras, y añadía con cierta sinceridad que «sin embargo, paradójicamente, me doy cuenta de que a pesar de estar plenamente integrados solo vivíamos entre nosotros... No consigo recordar, en mi infancia, personas que vinieran a casa que fuesen cristianas. No tenía ningún problema con esto. Tampoco íbamos a casa de los cristianos[539].»

---

[539] André Harris, A. de Sédouy, *Juifs et Français*, Grasset, 1979, Poche, p. 82-84

Henri Fiszbin es un antiguo directivo de la federación de París del partido comunista. A propósito del Estado de Israel, declaraba: «Aunque me sienta muy francés, sus habitantes son mis hermanos.» (página 226). Dos páginas después, declaraba: «Me siento profundamente judío».

Emmanuel Rozencher es físico. El periodista le preguntaba si de sus dos identidades la francesa era la más fuerte dentro de él. «Sin duda. Soy republicano estilo III República: Escuela laica, Igualdad...» Pero a continuación confesaba: «Me molesta sentir tanto apego por Israel. Pero, aun así, detesto lo irracional... Mientras pueda permanecer en Francia, lo haré. Me siento en casa. Pero si el antisemitismo se convirtiera en insoportable, nos iríamos a Estados Unidos, no a Israel.» (páginas 257-260).

El periodista Ivan Levai ha tenido una larga carrera mediática. Sus padres habían huido de Budapest antes de la guerra. Fue bautizado por deseo de su madre y no recibió ninguna educación judía. Director de programa en la radio *Europe 1*, tuvo sin embargo que capear algunas acusaciones a raíz de debates organizados en torno a la cuestión israelí: «En *Europe 1*, tuve un día un incidente. Había invitado, en los años 1968-69, dos dirigentes de izquierda, uno de la Liga comunista y el otro de otro movimiento izquierdista, *Viva la Revolución*, y otros dos más. Ahora bien, los cuatro eran judíos. No lo había hecho a propósito. Era así. Pues uno de los periodistas de *Europe 1* -Fred Goldstein-, el cual ya falleció desde entonces y era un sionista convencido, se enfadó mucho, creando un fuerte incidente por culpa de aquel debate. Me dijo:" Me niego a que cuatro judíos vengan a pelearse ante un micrófono..." Incluso pidió al rabinato que presionara la dirección de la emisora para que aquel programa fuese suspendido. ¡Estaba profundamente sorprendido!» Ivan Levai continuaba así: «En aquel entonces, me enfadé mucho con Fred Goldstein. Recuerdo incluso haberle dicho:" Es por culpa de fanáticos como tú que el antisemitismo renace. Porque yo, aquí, ¡soy francés! Haber nacido judío es una simple curiosidad, no es algo que esté en mi carné de identidad. Eres tú, Goldstein, él que viene recordarme que soy judío, es la gente como tú la que nos separa de los demás. Yo estoy perfectamente integrado". Pues hoy en día, aunque no sea un ultra sionista como él -de hecho, acabó yéndose a vivir a Israel-, me pregunto, al leer algunos correos que recibo, si no tenía algo de razón.»

El periodista le preguntaba entonces: «Esos correos, ¿Como son?» Y Levai contestaba: «... Usted no es francés, no tiene derecho a defender esa postura... Usted da la palabra a la anti-Francia... solo hay judíos en la prensa... Usted no debería invitar siempre a gente de izquierda en su programa... Dé la palabra al señor Le Pen...Evidentemente, el señor Elleinstein que habéis invitado es judío... Y usted también", etc.» Todo esto no impedía a Ivan Levai afirmar más adelante: «Me siento francés antes que judío... Increíblemente francés, incluso. Me gusta Israel, pero no tanto como para ir a vivir allí [540].» Después de todas estas consideraciones, uno puede sin embargo pensar que Ivan Levai es sobre todo judío, incluso, hay que decirlo, «¡increíblemente judío!».

Bernard-Henri Levy es también un intelectual muy francés y bastante conocido fuera de nuestras fronteras. Esto era lo que nos explicaba, tras la publicación de su libro *La Ideología francesa* en 1981, en el que arrastraba por el fango nuestros más grandes escritores, acusándolos de estar impregnados de valores nauseabundos, más o menos fascistizantes. Levy se defendía de antemano contra las acusaciones que personas malintencionadas podrían echarle en cara: «Es en francés y como francés, al igual que cualquier filósofo francés, que me arriesgué a realizar esta investigación sobre la Francia negra[541].»

Bernard-Henri Levy escribía, además: «Soy judío en Francia. Soy judío y francés, un judío que ama a Francia.» La cosa quedaba clara pues, pero el fondo de su identidad seguía siendo monocromático: «Soy judío, lo soy con todas las fibras de mi ser. Lo soy con mis lapsus, lo soy por las reglas alimenticias que me impuse... Lo soy por mi manera de escribir... Soy judío en virtud del pacto invisible que une a los judíos de todo el mundo... Soy judío por mi paciencia mesiánica[542].»

Lo mismo proclamaría ese "poeta judío asesinado" de Elie Wiesel, Paltiel Kossover, finalmente detenido y ejecutado al mismo tiempo que otros intelectuales judíos comunistas en 1952. En su testamento imaginado por Elie Wiesel, Paltiel Kossover se defendía ante el «ciudadano-magistrado» que lo iba a condenar: «Defiendo la causa judía, la defiendo completamente, totalmente; sí, me considero solidario de los judíos, allí donde estén; sí, soy un nacionalista judío en

---

[540] André Harris, A. de Sédouy, *Juifs et Français*, Grasset, 1979, Poche, p. 268

[541] Bernard-Henri Levy, *Questions de principe*, Grasset, 1986, p. 306; cf. *Les Espérances planetariennes*, p. 87 y siguientes

[542] Bernard-Henri Levy, *Récidives*, Grasset, 2004, p. 413-415

el sentido histórico, cultural y ético; soy judío, ante todo, y solo me arrepiento de no haberlo afirmado antes y en otros lugares[543].»

En el ejemplar de abril del 2003 de la revista *Israel Magazine*, el doctor Itzhak Attia lo aclaraba todo: «la solidaridad judía se expresa así:" *Kol Israelarévim zé lazé*", cada miembro del pueblo de Israel es el garante de otro. Esta realidad tiene numerosas consecuencias jurídicas y es sobre todo la garantía de nuestra existencia.» Camille Marbo expresó lo mismo en *Llamas judías*, la «obligación de solidaridad que los judíos tienen los unos hacia los otros[544].» Este sentido de pertenencia a la comunidad se veía por ejemplo en el novelista austríaco Arthur Schnitzler, cuando escribía en 1908 acerca de la Viena de Freud y Stefan Zweig: «No puedo negar que cuando un judío se comporta de forma incorrecta o ridícula en mi presencia, me siento tan avergonzado que quisiera desaparecer, hundirme bajo tierra[545].»

«Cada miembro de la fraternidad de Israel es responsable de todos los demás», escribía Israel Zangwill. Lo cual, por cierto, no le impedía al final de su libro lamentarse de la condición de los judíos: «Si un cristiano hace algo malo, la responsabilidad corresponde al individuo. Si es un judío, es a la nación. ¿Por qué[546]?»

Israel Zangwill (1864-1926) nació de padres emigrados de Polonia y de Letonia, a Whitechapel, un barrio del East End de Londres donde se amontonaban los judíos venidos de Rusia y de Europa central. Fue un escritor prolífico en lengua inglesa, conocido por sus relatos judíos: *Los Hijos del Gueto* (1892), *El Rey de Schnorrer* (1894), *Tragedias del Gueto* (1899), *Comedias del Gueto* (1907). A continuación, transcribimos un pasaje que pone de manifiesto la fuerza de ese sentimiento de comunidad. Es un diálogo entre un padre y sus hijas que deciden contarle que una de ellas desea casarse con un cristiano.

«El padre notó que sus hijas tenían una cara extraña:

---

[543] Elie Wiesel, *Le Testament d'un poète juif assassiné*, 1980, Point Seuil, 1995, p. 33

[544] Camille Marbo, *Flammes juives*, 1936, Les Belles Lettres, 1999, p. 25, cf.*Psychanalyse du judaïsme*,p. 86

[545] Arthur Schnitzler, *Camino a Campo abierto*

[546] Israel Zangwill, *Rêveurs de ghetto*, 1898, Éd. Complexe, 1994, p. 17, 236

- ¿Tenéis malas noticias? Exclamó. Los rostros se oscurecieron, las cabezas asintieron.

- ¿De Schnapsie? gritó sobresaltando sobre sí mismo.

- Siéntate, siéntate, no ha muerto, dijo Lea con desprecio

Se sentó.

- ¿Qué es lo que pasa? ¿Qué es lo que sucede?

- ¡Se ha comprometido!

Esas palabras en boca de Lea sonaron como un toque de rebato.

- ¡Comprometida! Jadeó, imaginándose lo peor.

- ¡Con un cristiano! Dijo brutalmente Daisy

Se desplomó, pálido y tembloroso. Un silencio tenso cayó sobre la habitación...

Las hijas recuperaron el sentido y ahora hablaban todas a la vez...

-Un horrible majara cristiano...

-Es una terrible deshonra para todos nosotros[547].»

Recordemos unas palabras de Golda Meir, Primera ministra del Estado de Israel, que ahondaban en ese sentido: «Casarse con un no-judío, es como reunirse con los seis millones» de judíos exterminados. En 1970, el sionista Victor Tibika medía el grado de integración de los judíos en las naciones donde vivía: «El judío, a no ser por la conversión a otra religión o el abandono total del judaísmo, es prácticamente imposible de integrar[548].»

En la *Tribu número 13*, publicado en 1976, Arthur Koestler daba algunas informaciones sobre esta religión y este pueblo «testarudo»: «La religión israelita, a diferencia del cristianismo, del islam y del budismo, supone la pertenencia a una nación histórica, a un pueblo elegido. Todas las fiestas israelitas conmemoran y celebran sucesos de la historia nacional: la salida de Egipto, la revuelta de los Macabeos, la muerte del opresor Aman, la destrucción del Templo. El Antiguo Testamento es ante todo un libro de historia nacional; si bien dio al mundo el monoteísmo, su credo es sin embargo más tribal que universal.

---

[547] Israel Zangwill, *Les Tragédies du Ghetto*, 1899, 1984, Éd.10/18, p. 98, 99

[548] Victor Tibika, *1967, Réveil et unité du peuple juif*, 1970, p. 34

Cada rezo, cada rito, proclama la pertenencia a una antigua raza, lo que sitúa automáticamente a los judíos fuera del pasado racial e histórico de los pueblos entre los que viven. La religión israelita, tal como lo demuestran dos mil años de tragedias, engendra su segregación nacional y social. Coloca el judío aparte, invita a que lo pongan a parte. Crea automáticamente guetos materiales y culturales[549].»

El novelista Isaac Bashevis Singer dejó una imagen bastante clara de esa manera de vivir en los guetos. Describía así la vida de esos judíos de Polonia del siglo XVII. Los cristianos eran cuidadosamente alejados del gueto. «En la misma ciudad habitaban muy pocos gentiles. Éstos, el sábado, hacían los trabajos necesarios prohibidos a los judíos. Entre ellos figuraban un ayudante de los baños y otros pocos que vivían en calles laterales, con sus casas rodeadas por altas empalizadas para que no alardeasen de su presencia[550].»

La duplicidad

Jacques Lanzmann, un escritor de segunda fila dio muestras de la duplicidad tan específica del judaísmo. En su libro *La rata de América*, publicado en 1955, narraba la historia de un joven judío de Alsacia que conseguía colarse entre las mallas de los alemanes durante la Ocupación. Es arrestado un día por la milicia e internado en Clermont-Ferrand: «Por la tarde, vinieron a buscarme para llevarme ante un coronel alemán.

- ¿Fridman? ¿Fridman? Ese es un apellido judío... ¡Sois *jude*!

- Mi coronel, no soy *jude*, soy alsaciano.

Había repetido la lección que mi padre me había enseñado. Era alsaciano igual que los alemanes eran austriacos al final de la guerra.

- Mi coronel, puedo darle una prueba de ello.

---

[549] Arthur Koestler, *La treizième Tribu*, C.Levy, 1976, Poche, 1978, p. 280-281. «Todas esas prácticas judías están hechas para separanos de los no-judíos; esa es la idea fundamental.» (Jean-Paul Elkann en André Harris, Alain de Sédouy, *Juifs et Français*, Grasset, 1979, Poche, p. 239)

[550] Isaac Bashevis Singer, *Satán en Goray*, PDF, Editor digital Epublibre, German25, 2017, p. 23

Estaba terriblemente apenado e incómodo por tener que sacar mi glande delante de tantos alemanes. Al no haber sido circuncidado, sabía que iba a ser convincente.»

Unos años más tarde, instalado en América del Sur, el protagonista caía gravemente enfermo. Cuando un sacerdote quiso darle la extremaunción, aún encontró las fuerzas para gritar: «No quiero recibir la extremaunción, no soy católico, ¡soy judío! ¡judío!... ¡Déjenme tranquilo[551]!»

El novelista y hombre de negocios, Paul-Loup Sulitzer, dejó un testimonio parecido en su novela *Hannah*, en la que relataba la vida de Helena Rubinstein, una judía polaca que alcanzaría la gloria en la industria cosmética. El principio del libro relataba los abominables pogromos perpetrados en 1882 por los Cosacos contra los judíos inocentes. Este era Mendel Visoker. Era «el más loco de todos los judíos de Polonia... Siempre está en la carretera, preso de una imperiosa necesidad de movimiento»: «¿Eres judío? -Depende del día que sea, responde Mendel en ruso. Últimamente, no. No lo soy desde hace poco, cuando me pidieron que dejara de serlo[552].» Esto nos recuerda las palabras del antiguo ministro de sanidad Bernard Kouchner, cuando este respondía a su compinche Cohn-Bendit: «Yo soy judío cuando quiero[553]», decía. En definitiva, francés de día, y judío de noche.

Ya vimos en *Psicoanálisis del judaísmo*, como los judíos pueden, con una "asombrosa plasticidad", cambiar de identidad y ponerse sorprendentes disfraces: «Puro alemán, brasileño católico recién llegado, viejo Jefe indio, Cosaco bigotudo, Gángster reconvertido en hermana de la caridad, católico español o holandés, Pacha turco musulmán, aristócrata polaco, revolucionario jacobino, monje budista o conspirador chino, los disfraces de estos judíos son siempre provisionales y no son más que una máscara que desecharán cuando llegue el momento.»

Otro ejemplo lo tenemos en la novela *Comeclavos* de Albert Cohen. El protagonista Comeclavos es un falsario que pone varios nombres a sus hijos: «Tales eran los nombres íntimos del peque de tres años cuyo

---

[551] Jacques Lanzmann, *Le rat d'Amérique*, 1955, Pocket, 1977, p. 56, 142

[552] Paul-Loup Sulitzer, *Hannah*, Stock, 1985, Poche, 1987, p. 58, 59, 42

[553] Daniel Cohn-Bendit, Bernard Kouchner, *Quand tu seras président*, Robert Laffont, 2004, p. 347

nombre oficial era Lenin. En cambio, el mayor se llamaba Mussolini. De ese modo Comeclavos se sentía al amparo de cualquier riesgo: en caso de disturbios sociales, argüiría el oportuno nombre y, según los casos, se declararía comunista convencido o fascista de tomo y lomo[554].»

En *Soñadores del gueto*, Israel Zangwill evocaba la personalidad de Uriel da Costa (1585-1640), un símbolo trágico de la condición judía. Venía de una familia marrana portuguesa convertida falsamente al catolicismo y se había exiliado en Holanda para regresar a la fe judaica. Uriel da Costa descubrió entonces que su nueva religión era muy restrictiva: «El asombro dio paso a la consternación, la consternación a la indignación y al horror cuando comprendió en que lío de ritos se había enredado él mismo. Descubrió que el propio Pentateuco, con su códice complejo de seiscientos trece mandamientos, solo era el solar desbrozado para una vegetación parasitaria cuyas infinitas ramificaciones se introducían en los recovecos más íntimos de la existencia. ¡Como! ¿Fue por esta fabricación rabínica que había cambiado el majestuoso ceremonial del catolicismo?»

Criticó y refutó la autoridad de los rabinos: «Ninguna de sus lecciones se refieren a la inmortalidad del alma, su religión solo habla de la tierra, es muy prosaica... Se había quejado a José de que los rabinos se preocupaban poco de la inmortalidad, pero una búsqueda más exhaustiva en el Pentateuco le hizo ver que el propio Moisés tampoco la tenía en cuenta y que nunca había tratado de reforzar la moralidad del momento con el terror de un mañana póstumo.»

Finalmente, el anatema fue declarado contra él: «A partir de ese día, nadie, hombre, mujer o niño, se atrevía a dirigirle la palabra o a caminar a su lado. Los mendigos rechazaban sus limosnas, los vendedores ambulantes escupían en su camino. Su propia madre y su hermano, ahora totalmente bajo la influencia de su nuevo entorno judío, evitaban ser mancillados por su presencia y lo dejaron solo con su criado negro en su casa. Todos evitaban esa gran casa como si estuviese marcada por una cruz señalando la peste... Era considerado como muerto y enterrado, olvidado... Durante años, no hablo con nadie más que con su criado moro.» Al final, decidió enmendar sus errores, retractarse ante los rabinos, «rendir pleitesía de boquilla a sus ideales, riéndose de ellos por

---

[554] Albert Cohen, *Comeclavos*, Anagrama, 1989, Barcelona, p. 50

dentro... En la península se había disfrazado de cristiano; también se disfrazaría de judío, mono entre los antiguos simios[555].»

Esta duplicidad tan específicamente judía se observaba también en el poeta "alemán" del siglo XIX, Heinrich Heine. Mientras ridiculizaba el patriotismo de los demás y a pesar de haberse convertido al cristianismo, Heine exaltaba el pueblo judío. Esto le hacía decir Israel Zangwill: «Nunca regresé al judaísmo porque nunca lo dejé. Mi bautismo solo fue un chapuzón. Firmó H en todos mis libros, nunca Heinrich, y nunca dejé de ser "Harry" para mi madre. Aunque los judíos me odian aún más que los cristianos, sin embargo, siempre he apoyado a mis hermanos[556].»

Joseph Goebbels, el ministro de Propaganda del III Reich, conocía probablemente muy bien la naturaleza de los judíos. Cuando buscaba un cineasta para realizar una gran película que glorificara el régimen nacionalsocialista, se puso en contacto con Fritz Lang, el cual había realizado en 1926 *Metropolis*, el fabuloso fresco futurista que había fascinado el Fuhrer. Para disuadir a Goebbels de reclutarlo como cineasta oficial, Fritz Lang declaró que su madre era judía, lo cual no era cierto. Goebbels rechazó sencillamente la objeción diciendo: «Nosotros decidimos lo que es judío».

Efectivamente, al judío se le reconoce más por lo que dice, lo que escribe y lo que hace, que, por su nombre y apellidos, o su rostro. Y dado que los judíos tienen por costumbre ocultarse detrás de una máscara, es perfectamente legítimo que los goyims definan lo que es judío y lo que no.

El pensador Albert Caraco expresó de forma explícita lo que parece estar profundamente oculto dentro del espíritu judío. Su estilo extremadamente pesado y retorcido resulta difícil de leer. Sin embargo hemos podido extraer algunos pasajes elocuentes de sus aforismos: «Conviene a los Judíos mentir, incansablemente, pues de no mentir, estarían muertos... Mentid, un día hablaréis, el día en que vuestra elección será la única... Entonces levantaréis la máscara donde las frentes yacen en el polvo.» (p.53,54). «Sed culpables y mentirosos, seréis investidos con el reino y convertidos en Príncipes, se os permitirá ser aquí en este mundo los justos que sois, amos en nombre de Dios de todo el universo.» (p.54). Ellos son «el pueblo de la mentira cuya fábula

---

[555] Israel Zangwill, *Rêveurs de ghetto*, 1898, Éd. Complexe, 1994, p. 102-115

[556] Israel Zangwill, *Rêveurs de ghetto*, 1898, Éd. Complexe, 1994, p. 141. "Harry" en vez de "Ari", león en hebreo.

mata, ellos mentirán para vivir... Sin su fábula, el universo no tendría esperanza y ante el Eterno, ésta los justifica.» (p.65)

Caraco revelaba uno de los secretos de los judíos: «Lo que los salva de la muerte es parecer débiles y culpables, *mientras no tengan la fuerza de avasallar**.» E insistía en este punto: «Su fuerza es parecer débiles»; «Nunca se vanaglorian de su fuerza y siempre se lamentan de ser débiles, pues gimiendo es como tomarán el universo, el cual en vísperas del triunfo todavía les dará limosna[557].»

Cada judío tiene por lo tanto el deber imperativo de no divulgar los secretos de Israel: «Aquel entre los Judíos que levantase la máscara, causaría malestar entre los miembros de la secta.» (p.52). Y a continuación podemos valorar el estilo literario de Albert Caraco cuando escribía: «Os reuniremos, el tiempo para aniquilaros, y entonces quitaremos la máscara, el día en que los hijos derribarán la tumba de sus padres, a fin de heriros en ellas. ¿Perdonaros?¡Buena petición! Lucharéis hasta la muerte y pereceréis igualmente si no libráis batalla.» (p.94) Finalmente, Caraco nos prometía grandes momentos de júbilo y celebración cuando los judíos habrán establecido su dominación absoluta: «Su inocencia hará más daño que las diez plagas de Egipto, el fuego de los cielos estará en sus manos y bajos sus pasos la tierra. No lo dudéis, los tiempos están próximos y cerca está la Salvación que teméis más que la muerte, la nada y el diablo[558].» Albert Caraco probablemente se suicidó demasiado pronto.

Estas imprudentes revelaciones son evidentemente excepcionales en la literatura judía. Siguiendo una vieja costumbre, otros intelectuales judíos han proyectado sobre otros su propia inclinación a la disimulación. El novelista Philip Roth escribía así: «Hablando en términos doctrinales, el disimulo es parte de la cultura islámica; y el permiso de disimulación está extendidísimo. Dentro de esta cultura nadie espera que usted se exprese en términos que puedan traerle perjuicio, ni, desde luego, que sea franco y sincero. Lo tomarían por tonto si lo hiciera. La gente dice una cosa, adopta una postura en público, y luego por dentro son completamente distintos, y en privado actúan de

---

[557] Albert Caraco, *Apologie d'Israël*, 1957, L'Age d'homme, 2004, p. 180, 186, 181.

* *"Tant qu'ils n'ont pas la force de raison garder"* en francés en el texto original.

[558] Albert Caraco, *Apologie d'Israël*, 1957, L'Âge d'homme, 2004, p. 100

modo muy diferente. Tienen una expresión que se aplica al caso:" arenas cambiantes", *ramál mutaharrika*... El disimulo, tener dos caras, el secreto... Todas éstas son cosas que... tienen en gran consideración. No son de la opinión de que la gente tenga por qué saber lo que verdaderamente guardan en sus cabezas. En eso son muy diferentes de los judíos[559]... » Efectivamente, los judíos son sinceros, francos y honestos. De hecho, son conocidos por eso desde hace siglos.

---

[559] Philip Roth, *Operación Shylock*, Debolsillo, Editorial Mondadori, 2005 Barcelona, p. 167

TERCERA PARTE

PSICOPATOLOGÍA DEL JUDAÍSMO

Paradise Mombassa

El 22 de noviembre del 2002, el hotel *Paradise Mombasa*, un hotel de lujo israelí ubicado en la costa de Kenia fue atacado por un grupo terrorista afiliado al grupo islámico Al Qaeda. Ese centro de vacaciones había sido construido para el mercado turístico israelí. El hotel volvió a abrir en el 2005, pero la nueva dirección intenta ahora trabajar con el mercado europeo para así pasar página y borrar los malos recuerdos que dejaron los clientes israelíes en la población local. Hemos hecho aquí el resumen de una traducción de un artículo publicado en hebreo el 14 de octubre del 2005 en el diario *Maariv*, el segundo periódico más importante[560] de Israel.

A finales de los años 90, dos israelíes, Yeuda Sulami e Itzik Mamman, tuvieron la idea de construir un hotel en la costa de Kenia, en frente del mar, y vender paquetes turísticos completos con vuelo, residencia, actividades y aventuras locales. El complejo turístico abrió en el 2001, era completamente *kosher* y tenía su propia sinagoga. Tuvo inmediatamente mucho éxito y pronto 250 israelíes aterrizarían cada semana en el aeropuerto de Mombassa. El negocio iba viento en popa para los dueños, pero el entusiasmo del personal doméstico cayó rápidamente.

Especialmente el de las mujeres del equipo de animación, que tienen un recuerdo bastante desagradable del concepto de vacaciones ofertado por *Mombassa Paradise*. Dorothy Maly, una bailarina, contaba como una vez por semana, el día de llegada de los clientes, cinco de ellas eran llevadas al aeropuerto de Mombassa: «Cantábamos ¡*Jambo, Jambo!* (¡Hola, Hola!) y *Evenu Shalom Aleichem*. Los keniatas locales nos miraban como si hubiéramos salido del manicomio, pero los israelíes

---

[560] www.makorrishon.co.il/nrg/online/1/ART/995/971.html

estaban encantados. Les encantaba el ruido. Cuando llegábamos al hotel, empezábamos otra vez a cantar y a gritar. El gerente ordenó a las chicas que no salieran de la pista de baile hasta que el último de los huéspedes se fuera. Si un huésped decidía no dormir, debíamos quedarnos con él hasta que se fuera a acostar. Debíamos hacer ruido casi las 24 horas del día. Cuando hacíamos un descanso, el director venía y nos chillaba:" ¿Qué os pasa, estáis dormidas? Os lo voy a descontar del salario, daros prisa..."»

Rahima Raymond, una masajista, contaba a su vez: «Nos pidieron que nos quedáramos con los huéspedes hasta altas horas de la noche. Teníamos que salir con ellos, hablarles y divertirlos. Sulami nos dejó bien claro que teníamos que hacer felices a los huéspedes todo el tiempo. Solíamos bailar con los hombres en los clubes nocturnos para que no se quedaran solos. Si no hacíamos lo que ellos querían, se quejaban a los directivos: ¿por qué el personal de entretenimiento no quiere salir con nosotros? Queremos ver la noche africana". No les importaba que tuviéramos familias esperando en nuestras casas. Por supuesto que no nos pagaban las horas extras. Al día siguiente, cuando ellos aún dormían en sus habitaciones, teníamos que empezar de nuevo la jornada a las ocho de la mañana. El lema "el cliente siempre tiene razón" se aplicaba de forma literal.»

Uno de los cocineros, Josef Katan, recordaba también: «Podían sacarme de la cocina y decirme que ahora los invitados querían pasar un buen rato y que tenía que salir con ellos. ¿Como podía preparar las galletas y bailar con ellos al mismo tiempo? Todo el hotel era un equipo de entretenimiento. El personal de cocina formaba parte del equipo de entretenimiento, al igual que el personal de recepción, los jardineros, etc.» Y añadía: «Hubo, por ejemplo, unos judíos religiosos que no podían firmar los recibos del servicio de habitaciones de viernes a sábado, el día del sabbat. Escribíamos sus números de habitación y esperábamos al domingo para pasarles la factura. Después del sabbat, algunos se negaban a pagar. Decían: " Te lo inventaste, falsificaste mi firma". Al final, la dirección siempre los creía y nos obligaban a pagarlas. Nunca creí que la gente pudiera actuar así.»

Dorothy Maly contaba además que «para mantener "el auténtico espíritu africano", los trabajadores eran obligados a llevar ropa muy ligera. A diferencia de los otros hoteles, donde los hombres servían en uniforme, allí el personal masculino iba medio desnudo y descalzo. A las mujeres se les pidió que ataran un pequeño paño alrededor del pecho y del pubis. Incluso cuando refrescaba, no se nos permitía poner nada para cubrirnos. Sulami quería que pareciéramos "auténticas".»

Paradise Mombassa, está situado a 8 kilómetros de la carretera principal. El camino de tierra que conduce al hotel atraviesa una sabana salvaje, por lo que hubo que solucionar el problema del transporte del personal del hotel. Así que se organizó el transporte de los cuarenta empleados hacia el complejo de lujo en un camión de transporte para mercancías y animales. «Era un camión cerrado y sin asientos. La gente iba tan apretada que había que dejar las puertas traseras del camión abiertas. Nos sentíamos como animales. A veces el camión casi se quedaba sin oxígeno, pero sabíamos que si nos quejábamos nos tendríamos que quedar en el hotel y no volveríamos a casa para estar con nuestras familias. Así que no decíamos nada.»

Incluso para las comidas los empleados debían apañárselas como podían. Saline Achling, una joven camarera del hotel explicaba la solución propuesta por el gerente: «Había veces que Sulami era amable y nos dejaba comer las sobras de los invitados. Nuestra suerte era que tenían los ojos más grandes que el estómago. Iban al bufé y llenaban sus platos hasta arriba de ensalada y enormes trozos de carne. Tocaban la comida y dejaban las tres cuartas partes en los platos.»

«*Akol kalul*», decían: «todo incluido». Esa era la filosofía del complejo turístico. Todos los servicios del hotel eran incluidos en el paquete vacacional comercializado en Israel. Los empleados comprendieron rápidamente lo que esas palabras significaban para los israelíes. «Durante todo el día se oía a los huéspedes gritar en el hotel "*Akol kalul*", contaba Saline Achling. Hubo quienes me cogieron del brazo y me gritaron en la cara "*Akol kalul*". Incluso en la playa gritaban a la gente "todo incluido, todo incluido". Les preguntaba," ¿Qué es *Akol kalul*?" y ellos respondían, "todo incluido, incluso tu", refiriéndose a mí. Les dije que no pertenecía a Sulami. El hotel le pertenece a él, pero yo no. Y pensaba para mis adentros:" Dios mío, ¿se comportarán igual en sus países?»

Naturalmente, a ninguno de los clientes se le olvidaba su derecho a ser masajeado gratis una vez al día: «Lo primero que los hombres hacían al llegar del aeropuerto, incluso antes de llevar las maletas a las habitaciones, era correr a la sala de masajes. Entraban en el hotel con los ojos abiertos y preguntaban con las maletas encima "¿dónde está la sala de masaje?". Me encargué de establecer un horario, pues había una competición entre los hombres para ser el primero.»

Dorothy Maly, la bailarina, también trabajaba en la sala de masaje: «Mi trabajo consistía en decirles:" Soy Dorothy y soy masajista en el hotel". A penas pronunciaba esta frase que ya empezaban a gritar "¡masaje,

masaje!" La mayoría no sabía hablar inglés. Decían "Ai Kam Nao"(I come now). Un turista de otro país habría esperado dos semanas, pero en el *Paradise*, reclamaban ese servicio inmediatamente, a veces incluso antes del desayuno. Venían y decían, "Vengo para un masaje *akol kalul*. Quiero *harpaya*" (eyaculación). Cuando pregunté qué significaba *"harpaya"* me respondieron:" no solo *harpaya*, queremos "todo incluido"," full sex"," relación sexual completa". Les dije que no teníamos costumbre de hacer eso, pero entonces contestaban: Escúchame bien, ¡las mujeres también están incluidas! El director nos prometió en la oficina de Tel Aviv que era *akol kalul*. A veces, una de las directivas nos sugería que cediéramos a los caprichos de los clientes.»

Katherine Kaha, otra masajista, revelaba su experiencia: «Empezaba a dar el masaje, y luego el hombre me decía," hazlo por todo el cuerpo, tienes que hacerlo". Si no hubiera hecho lo que quería, me habría denunciado a la dirección. No me gustó, pero lo hice. Al final me daban un dólar, a veces dos dólares. Me sentía fatal. Me sentía sucia.»

Un huésped israelí que solía visitar el hotel cada poco daba el siguiente testimonio: «Siempre había problemas con el masaje. Aprovechaban el masaje para abusar de las chicas hasta el límite. Era lamentable. Había algunos grupos que me avergonzaban y evitaba estar con ellos. Eran tan arrogantes. Venían y se sentían los dueños de todo, creían que podían hacer todo lo que quisieran o pasara por la cabeza.»

Rahima contaba: «Uno de los israelíes me dijo una vez:" Sabes que ayer anoche estuve con una niña pequeña, sólo tenía 13 años. Me acosté con ella, me la follé y le di cinco dólares porque no tenía dinero ni para ropa". Yo le dije:" Ella podría tener la edad de su nieta". No respondió. "Aquí, en África, no es costumbre después de estar con una chica, contárselo a todo el mundo". Pero los israelíes no escondían nada y por la mañana en el restaurante se contaban los detalles de la noche: "¡Ah, fui con ella, me la tiré toda la noche, una y otra vez, y sólo pagué un dólar!";"Las mujeres africanas son muy baratas y buenas";" *Mechona tova, mechona tova*" (buena máquina, buena máquina). Entendíamos perfectamente lo que decían. Cuando el primer grupo de israelíes llegó, creí que el siguiente grupo probablemente sería diferente. Pero no, era exactamente lo mismo. A veces pedían comida para la habitación, y cuando la chica entraba, trataban de agarrarla y manosearla. Las camareras tenían miedo y ya no querían ir con la comida a las habitaciones. Conmigo era diferente, me hacía respetar. Entonces me llamaban "culo grande". Para mí era mejor eso que ser una esclava sexual.

Los hombres casados también se aprovechaban de las chicas del hotel. Vi a uno de ellos decirle a su esposa," ve al comedor, yo estaré por allí", y desaparecía hasta el día siguiente. Fuimos testigos de los gritos de la mujer sobre su marido en el desayuno. Una vez un hombre le respondió a su esposa:"¡Las mujeres en Kenia son maravillosas, tienen un pequeño agujero, tan suave, y tú tienes ese agujero tan grande y estúpido!" "¡Todo esto en el comedor, en público!" En casos así, llamaban al rabino para que intentara calmar los ánimos. Había momentos en que los hombres se sentaban en el comedor mientras afuera había burros del hotel que se perseguían los unos a los otros para tener sexo. Cuando los comensales masculinos se daban cuenta de esto, se ponían de pie gritando y animando a los burros: ¡Bien! ¡Bien! ¡Adelante, atrás! ¡Vamos, así! "Una vez alguien vino a mí y me dijo delante de todo el mundo:" Voy a tomar mis píldoras de viagra, y después de eso tendré poder. Poder para follar. ¿Cómo te llamas por cierto? "Rahima"." Bien, Rahima. ¡Quiero follarte hoy! Otra vez, un cliente me preguntó:" ¿Conoces a una chica del equipo de entretenimiento que se llama Charlie?" Fui a la discoteca con ella, me la cogí, pero no fue nada buena. Quería darle diez dólares, pero sólo le di un dólar. Gritaba como un loco, cuando entonces entró la pequeña Charlie. La señaló y gritó: "Ahí está, es ella".»

Todo eso hizo que Karen Tiglo, una mujer de la limpieza dijera: «"No sabíamos si los huéspedes israelíes eran animales o personas"». Stela Matawa, una camarera, contaba: «Una vez se acercó a mí un hombre y me tiró los tejos. Como no estaba de acuerdo, al día siguiente en el comedor le oí gritar al resto: "Esa chica no es buena, es una mierda, dejadla, la invité a la habitación y fue una nulidad".»

Catherine Blunt tuvo una experiencia traumática con un huésped israelí de 70 años que decidió que estaba enamorado de ella. «No me gustaba para nada. Fuimos a una discoteca juntos. Pensé que sólo estaba acompañándolo para aliviar su aburrimiento. En el camino de regreso, él y el taxista me tendieron una trampa. En lugar de volver al hotel, llegamos a un lugar donde se alquilaban habitaciones para una noche. En la habitación trató de obligarme a acostarme con él, pero no pude. Cuando volvimos al hotel, me gritó que no quería volver a verme nunca más, y que al día siguiente me denunciaría al gerente porque había malgastado su dinero. El gerente me suspendió durante dos semanas después de la denuncia[561].»

---

[561] En octubre del 2006, nos enterábamos de que el presidente israelí, Moshé

Pero la dirección del hotel también se excedía con las mujeres. Según algunas de las empleadas, los administradores israelíes no sólo no condenaban esos comportamientos, sino que algunos incluso participaban en tales abusos. «A uno de los ejecutivos del hotel le gustaba los masajes. Decía:" Házmelo aquí y así", igual que con los clientes. Había que hacerlo... Otro gerente llevaba a las mujeres del equipo de entretenimiento a la habitación y decía: "Soy el gerente, así que nadie te preguntará adónde vas". Tuve que aceptar a pesar de que era muy malo. Al día siguiente, cuando lo veía en el hotel, pasaba delante de mí sin reconocerme. Después del espectáculo del equipo de entretenimiento, una bailarina desaparecía siempre en una de las habitaciones de los ejecutivos. Al principio, las chicas pensaban que podía ser por una reprimenda porque el baile no había tenido éxito, pero en la habitación entendieron que las intenciones eran completamente diferentes.»

Cada semana, el día de partida de los clientes israelíes, cuando estos estaban preparados y subían al autobús que los llevaba al aeropuerto, sonaba la campana y el jefe del equipo de entretenimiento se ponía histérico: «"¡Prepárense, los invitados se van!"». Ordenaba a las mujeres que se reunieran en la puerta de salida y que persiguieran el autobús de los clientes llorando. Tenían que golpear el autobús con los ojos llenos de lágrimas y gritar: «¡No os vayáis!, ¡Os queremos!, ¡Volved por favor, quedaros!» Estas manifestaciones de amor formaban parte del paquete turístico todo incluido y debían dejar a los clientes israelíes un recuerdo inolvidable de sus vacaciones.

Rahima recordaba aquellas escenas: «Si no llorabas podías perder tu trabajo. Nos decían de pensar en algo realmente triste que nos hubiera pasado para llorar de verdad. Pero yo no lloraba.» Catherine Khaa confesaba por su parte: «No lloraba. ¿Cómo hubiese podido? No me caían bien. De hecho, los odiaba.»

Katzav, era finalmente condenado por las violaciones de su antigua secretaria y una empleada. Casado y con cinco hijos, Moshé Katzav también era acusado de acoso sexual sobre otras cinco mujeres, actos indecentes, escuchas ilegales, obstrucción a la justicia y prevaricación. Afirmaba que era inocente y que era víctima de un «complot»: «La prensa está llevando a cabo una caza de brujas contra mí y un linchamiento público», decía en un programa de la radio militar el 21 de septiembre del 2006. «Hay un complot urdido contra mí desde hace mucho tiempo por una banda de delincuentes» denunciaba, pero negándose a hacer público la identidad de los autores del complot.

«Fue una experiencia extraña, dice riéndose y un poco avergonzada Saline Achling, la encargada de la sala de masaje del hotel. Nos dijeron que persiguiéramos el autobús, cantando y llorando para que los clientes supieran que los queríamos y que queríamos que volvieran. Recuerdo que corrí detrás del autobús como una loca, golpeando el autobús con mis puños y gritando a los clientes: "¿Por qué nos dejáis? ¡Os echamos de menos! ¡Os queremos! Los israelíes nos miraban desde las ventanas. Algunos nos grababan en video.»

Maníacos sexuales

El doctor Georges Valensin publicó en 1981 un interesante estudio sobre la *Vida sexual judía*, que permite comprender mejor el comportamiento de esos turistas israelíes, y de los judíos en general. «Nacido dentro de la importante comunidad judía de Argel», Georges Valensin era doctor en medicina de la universidad de esa ciudad. «Generalmente se le considera uno de los pioneros de los estudios modernos sobre la sexualidad y ha publicado quince libros sobre el tema.» En el preámbulo de su obra, el autor explicaba que «procede de viejas familias sefarditas españolas... a través de su padre Levi Valensin y su madre Aboulker», añadiendo además que «a lo largo de mis investigaciones he procurado abstraerme de mis orígenes y evitar cualquier juicio de valor. Solo cuentan los hechos expuestos, aunque algunos antisemitas y prosemitas los usen para argumentar según sus deseos.»

Estas eran sus explicaciones respecto a la falta de compostura y la desinhibición de los judíos: «El joven judío, con apenas diez años, ya era puesto al tanto de la naturaleza de las relaciones sexuales a través de la lectura del Talmud, siendo ésta muy importante para él si, como ocurría a menudo, su matrimonio era precoz. En esa lectura encontraba relatos sexuales muy subidos de tono; relatos con muchas notas y comentarios apasionados que ayudaban a hablar libremente de sexualidad.» El doctor Valensin continuaba: «Exponen de buena gana sus problemas sexuales al rabino, aunque se le pide a este no estar a solas con una consultante o por lo menos estar acompañado de su mujer o de una secretaria. Muchos rabinos reciben una formación de consejero sexual.» Otro sexólogo, Kinsey, también explicaba como «le había llamado la atención la libertad de palabra en materia sexual de los jóvenes judíos estadounidenses.» Kinsey escribía así: «Los judíos hablan de cuestiones sexuales con mucha menos reserva que los demás hombres, y probablemente sea por eso por lo que se ha expandido la leyenda de que eran muy activos sexualmente[562].»

Pero en realidad, explicaba el doctor Valensin, «la abundancia de detalles que facilitan en las encuestas de Kinsey tiene poco que ver con su actividad real[563].» Efectivamente, al principio de su libro presentaba las peculiaridades de la vida conyugal de los judíos de todo el mundo, especialmente la obligación de continencia debido al estado de «impureza» de la mujer durante sus reglas: «El cumplimiento de la pureza ritual ha contribuido mucho a la continencia tradicional de los judíos de antaño y de algunos de hoy en día. Además de las dos semanas de abstinencia desde el día anterior a la regla hasta el baño ritual, había más contratiempos que podían alargar la abstinencia marital... El marido tenía que creer en la palabra de su mujer; pero ésta podía aprovecharse de ello y pretender que su regla era inminente o que una mancha roja había aparecido de forma sospechosa. Unas menstruaciones caprichosas podían impedir que los días de pureza femenina coincidieran con los días de disponibilidad marital; pero, sobre todo, unas reglas demasiado próximas reducían aún más la posibilidad de las relaciones: con un ciclo femenino de tres semanas, solo quedaban libres seis o siete días al mes.»

El doctor Valensin añadía: «La continencia se veía favorecida además por la mojigatería... Maimónides alababa Aristóteles por haber enseñado que las necesidades sexuales eran vergonzosas[564]. En el siglo XV, Solomon Duran y otros rabinos estaban orgullosos de que "la nación judía fuera la más pobre de todas en número de fornicadores[565]". Hoy en día, aún queda algo de esa continencia judaica. Según Kinsey, la actividad sexual de los judíos practicantes es notablemente inferior a la de los católicos o protestantes practicantes[566]. Un rabino talmudista escribía así: «Hay un miembro del hombre que adormece cuando pasa

---

[562] A.Kinsey, *Le Comportement sexuel de l'homme*, Éd. Du pavois, París, 1950, p.617

[563] Georges Valensin, *La Vie sexuelle juive*, Éditions philosophiques, 1981, p. 170

[564] Maimónides, in *Encyclopedia judaïca*, Jérusalem, 1971, volume VIII, p. 49

[565] Rab. Borowitz, *Choosing a sex ethic*, New York, 1974, p. 96

[566] A. Kinsey, *Le Comportement sexuel de l'homme*, Éd. Du pavois, París, 1950, p. 595

hambre y que al contrario es insaciable si se le alimenta⁵⁶⁷". Los judíos practicantes a los que se impone diversas restricciones sexuales acaban por acostumbrarse y tienen menos deseo; su continencia resulta más fácil.»

Otros factores específicos de la condición judía contribuyen a esta continencia, explicaba Georges Valensin: «Una mujer escogida a menudo entre los parientes es considerada más como una hermana o una madre, por lo que las probabilidades de inspirar el marido son menores que las de una extranjera, y siendo además que la angustia judía no predispone a grandes emociones amorosas... La continencia demasiada severa de muchos judíos de antaño e incluso de hoy en día se ha traducido en una impotencia precoz. Según Stekel, un pionero de la sexología vienesa, la impotencia era a principios de siglo una verdadera enfermedad social entre los judíos rusos y galicianos*, todos practicantes extremos:" A menudo he hecho esta observación y ha sido confirmada por varios colegas⁵⁶⁸". La lectura de varios novelistas judíos estadounidenses demuestra que están más preocupados que los escritores arios por los problemas de impotencia; el interés que manifiestan por la sexualidad perversa o desenfrenada podría ser el resultado de la transferencia sobre sus héroes de sus propios deseos que no son capaces de satisfacer.» El doctor Valensin proseguía así con sus explicaciones: «Otro factor de impotencia en los judíos es la frecuencia de la diabetes que padecen, de tal forma que se ha llegado a calificar de enfermedad judía. En el hospital israelita de Long Island en Nueva York, de los 359 judíos que vinieron a las consultas por deficiencias sexuales, se hallaron altas tasas de azúcar en un número sorprendentemente alto de maridos⁵⁶⁹.»

Finalmente, concluía ese capítulo: «Sabemos que el volumen de la verga crece con las relaciones sexuales frecuentes. L. Strominger fue durante cuarenta años jefe de un servicio de urología en Bucarest y apuntaba que durante la guerra de 1914-1918, los exámenes de muchos movilizados y civiles judíos le habían hecho llegar a la conclusión de

---

[567] M. Schvab, *Le Talmud de Jérusalem*, vol. I, p.42 de

* De la Galitzia polaca-ucraniana

[568] Stekel, *L'Homme impuissant*, Gallimard, 1957, p. 246

[569] S. Chumacher et C.Lloyd, Congrès international de sexologie, París, 1974

que sus vergas eran de un volumen inferior a lo normal; todos esos judíos rumanos practicaban un judaísmo ferviente[570].»

Recordemos aquí que el famoso cirujano especializado en el agrandamiento del pene es el doctor judío Melvyn Rosenstein. En el diario *Metroactive* del 8 de febrero de 1996 se informaba que éste había tenido problemas con la justicia estadounidense. Su licencia le había sido retirada por la orden médica de California debido a varias demandas de sus pacientes, cuyas operaciones habían salido mal. Con sus 56 millones de dólares embolsados en dos años, el célebre «Dr Dick» tenía un buen colchón financiero para el resto de su vida.

Existe otro testimonio interesante que viene a confirmar cuán frecuente son los desequilibrios sexuales en la comunidad judía. Se trata del libro autobiográfico de Xaviera Hollander, *La Alegre Madam*, publicado en 1972, y cuyo título original es *The Happy Hooker*. Fue un *best-seller* mítico de los años 70, con 17 millones de ejemplares vendidos en todo el mundo. Es el relato de la vida de una mujer de 35 años que fue durante algún tiempo la gerente de la más famosa casa de citas de Estados-Unidos. Hija única, su madre era una hermosa «rubia ceniza, de ascendencia germana y francesa». Su padre era un judío holandés, médico y propietario de un gran hospital en Indonesia antes de perderlo todo con la llegada de los japoneses durante la segunda guerra mundial.

La familia vivía en Ámsterdam. «En mi casa el sexo se veía como algo natural y hermoso, y yo podía ver a menudo a mis padres, semi o totalmente desnudos, paseándose por la casa.» Siendo aún adolescente, la jovencita ya era muy abierta sexualmente y solía seducir a los hombres: «Mi primer atentado fue con un hermano de mi madre, mi tío favorito, quien, cuando era niña me había adorado con un amor paternal, pero cuyo cariño cambió a una forma más carnal, cuando me convertí en adolescente.» El hijo de otro tío, un joven alemán que había venido a visitar su familia y conocer Holanda, sería su «segundo amorío familiar».

Xaviera Hollander se sentía judía, probablemente en parte debido a la represión antisemita sufrida por sus padres durante la ocupación japonesa de Indonesia. Así relataba como era uno de sus innumerables amantes. Este se llamaba Carl; era un estadounidense que «hacía todo lo que estaba de su parte por ocultar su origen judío. Hasta era miembro

---

[570] Georges Valensin, *La Vie sexuelle juive*, Éditions philosophiques, 1981, p. 31-33

del supuestamente antisemita Club Atlético de Nueva York, y una vez, cuando me llevó a presenciar una competencia de salto de altura, me hizo esconder mi Estrella de David." Escóndela debajo de tu suéter", me murmuró," y nunca sabrán que eres judía, porque no lo pareces". Otras veces, cuando teníamos invitados a comer, me hacía esconder una de las cosas que yo más amaba, un hermoso menorah de cobre que me había regalado mi familia y que era la única cosa de mi propiedad que tenía un valor sentimental para mí, en este país[571].»

Más adelante conoció a Pearl Greenberg. Ella fue quién la convenció de utilizar su insaciable apetito sexual y a dedicarse a la prostitución. Xaviera demostró su valía con «un hombre judío, gordo y feo» y Pearl Greenberg quedó entusiasmada: «Pearl estaba muy excitada por el descubrimiento, ya que le habló a todo el mundo en Manhattan, por teléfono, anunciándole lo siguiente:" Tengo esta adorable chica judía* que viene de Holanda, quien adora el sexo y hará cualquier cosa que usted quiera". Así que este fue el principio de una placentera si no muy productiva relación con Pearl. Ella era lo que uno conoce como *mensh* en yiddish, de buen corazón, siempre de buen humor, espontánea y tierna[572].»

«Me encanta seducir a los muchachos de diecisiete o diecinueve años máximo. La mayoría de los chicos van a Puerto Rico con sus padres, así que tenía que acercarme a ellos como si fuera del tipo maternal, para no despertar sospechas... Si me es permitido no ser modesta durante un minuto, puedo decir que yo estimo que el veinticinco por ciento de los jóvenes judíos que estuvieron de vacaciones en Puerto Rico entre febrero y abril de 1970 aprendieron el arte de amar conmigo.» Después de esas vacaciones decidió ponerse por su cuenta. «En el verano de 1970 decidí que no solo sería una Madame, sino la mejor Madame de Nueva York[573].»

---

[571] Xaviera Hollander, *La Alegre Madame*, 1972, Editorial Grijalbo, México DF, p. 19, 22, 28, 58, 59

* *Yiddish medel* en la versión original.

[572] Xaviera Hollander, *La Alegre Madame*, 1972, Editorial Grijalbo, México DF, p. 68

[573] Xaviera Hollander, *La Alegre Madame*, 1972, Editorial Grijalbo, México DF, p. 124, 138

A partir de ahí Xaviera Hollander empezó a reclutar a chicas. La policía, evidentemente, no paraba de perseguirla, y tuvo que pagar grandes sumas en fianzas y multas, cada vez más cuantiosas, además de los honorarios de los abogados y los sobornos. También ocurrían problemas con los clientes: «Un vecino puede reportarlo a uno por causar disturbios, también puede hacerlo una Madame rival, con el objeto de disminuir la competencia; y algunas veces es un cliente insatisfecho el que, a manera de venganza, llama a la policía. Yo pienso que esto fue lo que sucedió la segunda vez que me arrestaron. Un lunático llamado Nicky, a quien arrojé de mi casa por estar muy pesado con las chicas y molestando a los otros clientes, fue a la delegación de policía y llenó un formato de queja.

- "Tienen una casa de prostitución ahí y discriminan a la gente judía", les dijo.

La verdad es que yo lo había sacado de mi casa por su comportamiento lunático, pero de ninguna manera porque fuera un judío lunático. Pero como consecuencia la policía intervino en el aspecto financiero de mi negocio... y le dijeron al juez que yo era la Madame más importante que operaba en la ciudad de Nueva York. Parecía que las cosas iban muy mal en un principio, pero mi abogado logró que el cargo fuera reducido a menores, y cuando todo terminó, pude salir libre pagando solamente una multa de cien dólares. Además, por supuesto, de elevadísimos honorarios legales[574].»

«Otro caso patético es el de Germán George, quien necesita ser cruelmente degradado para lograr alivianarse. Es un hombre de negocios de cuarenta y cinco años, muy rico... Conocí a Germán George cuando llamó a la casa donde yo trabajaba antes de convertirme en Madame, requiriendo los servicios de una chica, que hablara alemán fluidamente, fuera razonablemente fuerte y pudiera torturar a un hombre. La Madame le aseguró que yo estaba hecha a la medida para el acto, y me envío a su departamento en un lujoso rascacielos de las calles Cincuenta del Este. Germán George, después de saludarme cortésmente en la puerta, quería ir directamente al grano, y lo primero que hizo, fue conducirme a un clóset cerrado que estaba en el pasillo de entrada.

---

[574] Xaviera Hollander, *La Alegre Madame*, 1972, Editorial Grijalbo, México DF, p. 107, 108

El hombre, pálido y delgado, espió por la cerradura, y por la forma en que actuaba, pensé que guardaba en él las joyas de la corona. Pero cuando abrió la puerta del closet con un gesto majestuoso, vi que no contenía nada, excepto seis o siete impermeables originales de la S.S…

El hombre me pidió que me desvistiera, y me pusiera uno de los impermeables sobre mi cuerpo desnudo y sacara una imitación de las cachiporras usadas por la S.S." No olvides ponerte el cinturón" me recordó en tanto que ponía una esvástica en el brazo y me daba una pistola de juguete. La escena continuaba cuando yo me salía de la recámara, en tanto que él se acostaba en su cama desnudo con la cabeza hacia la puerta cerrada.

Fuera de la puerta tenía que pegar con mis puños y gritar en alemán:" ¡Es la Gestapo! ¡Abran la puerta inmediatamente!"

Pero nadie contestaba. Así que abría la puerta de una patada y entraba violentamente, encontrándolo acostado ahí, con su pene en la mano." Herr Cohen", le ordenaba con voz amenazante.

"No, no, yo soy el señor Smith", decía con una mueca, pretendiendo temblar.

"No me mienta, usted es judío, Verdammte Jude, Schweinhund". Bam, bam, lo golpeo en la cara.

El pequeño Germán George se estremece, obtiene una erección y está muy excitado. Empieza a hablar mal de los" malditos judíos" y cuánto desea que hasta el último de ellos reciba lo que merece.

"¡Cállate, judío!", le ordeno, y para asegurarme de que me obedece, me siento en su cara y lo obligo a comerme. Entonces me enojo porque no lo hace bien, y quitándome el cinturón lo golpeo hasta que está a punto de llegar a su clímax, pero en ese momento me pide que detenga la acción.

"Detengámonos y empecemos de nuevo", me dice. Así que volvemos a repetir la escena, y la tercera vez, mientras que lo estoy golpeando, Germán George eyacula.

El pobre hombre está feliz y complacido al pagarme, pero estas cosas me hacen ponerme triste, porque yo también soy judía; y aunque sólo era una bebita durante la Segunda Guerra Mundial, odio verme confrontada con situaciones como ésta.

Otro depravado, cuya debilidad proviene de la guerra, es un rabino que sólo puede hacerlo con muchachas que no sean judías, y hasta después de que le han pintado todo el cuerpo con esvásticas[575].»

Violaciones en psiquiatría

Esta predisposición hacia las cosas del sexo debía reflejarse en el gran número de sexólogos judíos, y esa "sobrerrepresentación" también se apreciaba, naturalmente, en las profesiones de la psiquiatría y del psicoanálisis. Es conocida al respecto la siguiente adivinanza: «¿Qué diferencia hay entre un pequeño tallador judío y un psicoanalista? Respuesta: Una generación.» Estas profesiones son precisamente las que dan que hablar regularmente en los casos de violaciones sobre pacientes. La «Comisión de los Ciudadanos para los Derechos del Hombre» publicó un informe bastante contundente a propósito de ese tema, titulado *Violaciones en psiquiatría*[576]. Una búsqueda en internet permite determinar que esa «Comisión» era una estructura que dependía de la famosa Iglesia de la Cienciología. Independientemente de lo que se pueda opinar respecto a esta secta, las informaciones recogidas por esta comisión permiten comprender porque es el blanco de los ataques de la mafia mediática.

Las medidas tomadas por el Comité médico estadounidense en contra de 761 médicos por agresiones sexuales cometidas entre 1981 y 1996 demuestran una notable preponderancia de la rama psiquiátrica y pedopsiquiátrica. Siendo que solo son el 6% de los médicos de Estados-Unidos, representan el 28% de los condenados por delitos sexuales. Por lo tanto, entre un 10 y 25% de los profesionales de la salud mental habrían abusado sexualmente de sus pacientes. Según las cifras de 1998 de la Asociación americana de psicología, un centenar de psicólogos pierden cada año su autorización de ejercer por «mala conducta sexual». Sin embargo, esta desautorización de ejercer es a menudo solamente provisional, y la propia Asociación americana de psicología solo expulsó a diez miembros, que en cualquier caso pueden seguir ejerciendo sin licencia con su tarjeta de miembro de la APA. Los psiquiatras, en efecto, no hablan de violaciones, sino de «relaciones

---

[575] Xaviera Hollander, *La Alegre Madame*, 1972, Editorial Grijalbo, México DF, p. 196-197

[576] http://h11.protectedsite.net/uploads/fr/FRE%20-%20rape.pdf

sexuales» y el consejo de la orden que regula la profesión trata los casos como simples «faltas profesionales».

Un estudio británico mostraba que un 25% de los psicoterapeutas señalaba haber tenido como pacientes personas que ya habían tenido relaciones sexuales con otro terapeuta[577].El libro del doctor Roger Kahn daba cifras superiores para Estados-Unidos: A pesar de que solo un 10% de los psiquiatras admitía haber abusado sexualmente de sus pacientes, el 65% afirmaba que sus nuevos pacientes declaraban haber sido víctimas de violencias sexuales por parte de su antiguo psiquiatra. Recordemos que «la profesión es un monopolio ampliamente judío», tal como lo escribía el propio Roger Kahn[578].Las cifras demuestran por lo tanto que una mujer tiene «estadísticamente más riesgo de ser violada en el diván de un psiquiatra que haciendo *jogging* en el Central Park de Nueva York.»

Según una investigación estadounidense de 1986 sobre las relaciones sexuales entre psiquiatras y pacientes, el 73% de los psiquiatras que admitieron haber tenido relaciones sexuales con sus pacientes afirmaron haber actuado así en nombre del «amor» o del «placer»; el 19% pretendieron que era para «aumentar la autoestima de la paciente». Las otras excusas mencionaban la «pérdida de control», la impulsividad, la «valorización del terapeuta» y las «necesidades personales[579]». En definitiva, los psiquiatras liberan sus pacientes enseñándoles a superar sus disfunciones sexuales y alcanzar el orgasmo. Algunos psiquiatras pretenden así despenalizar sus crímenes, pero esos actos «nunca serán realmente terapéuticos».

Tenemos el ejemplo del psiquiatra australiano Paul Stenberg, que según un artículo publicado en abril del 2002 en el *Courier Mail* decía: La «terapia» que proponía a sus pacientes consistía en llevarlas al centro de musculación de un balneario para mantener relaciones sexuales. También les sugería el uso de heroína. En el 2000, Stenberg renunció voluntariamente a su licencia, prometiendo al Consejo medical que no volvería a ejercer. Pero solo dos años después, Stenberg copaba de nuevo las portadas de los diarios por nuevos abusos sobre pacientes. «Anne» había solicitado su ayuda para tratar de olvidar los años de

---

[577] Doctor Bill médicare"for sex", *The Daily Telegraph-Mirror*, 8 de julio de 1993

[578] Roger Kahn, *The Passionate People*, William Morris, Inc., 1968, p. 53

[579] *American Journal of Psychiatry*, vol. 143, septiembre de 1986, p. 1128

violencia sexual que su padre les había infligido a ella y a su hermana. Mientras que su madre guardaba esos horrores como un «secreto de familia», Anne buscaba una ayuda para poder «dominar sus recuerdos». Los métodos terapéuticos de Paul Stenberg probablemente no contribuyeron a apaciguar su alma.

Las justificaciones son siempre las mismas: «el sexo es una forma legítima de tratamiento». En el 2001, el psiquiatra australiano Clarence Alexander Gluskie, de Sydney, era expulsado del registro de médicos por mantener relaciones sexuales con una paciente. Había recibido sin embargo en 1999 la condecoración más alta del gobierno: la Orden de Australia. Gluskie había, según él mismo decía, asumido el «papel de padre» durante las sesiones de terapia de una mujer, animándola a retrotraerse al estado de la infancia. De esa forma, la pequeña niña en la que se había convertido venía a sentarse en su regazo. Según él, los niños se sienten a menudo atraídos por sus padres. Gluskie afirmaba que la «estimulación genital libera elementos químicos en el cerebro que favorecen los vínculos entre los niños y los adultos».

El psiquiatra de la APA, Richard Simons daba una explicación a estos desmanes. Según él, «son las pacientes las que provocan inconscientemente los terapeutas, sea para abandonarlos o para maltratarlos de forma sádica.» Esas pacientes sufrirían a menudo de «trastornos de personalidad masoquista».

Otro ejemplo era esta historia acaecida en Missouri el 11 de febrero de 1998: el psiquiatra William Cone fue condenado a 133 años de cárcel por violencias sexuales sobre varias pacientes. Cone les convenció que tenían que «revivir su relación con sus padres», lo cual requería que tuvieran relaciones sexuales con él. Para convencerlas, les había recetado grandes cantidades de medicamentos psicotrópicos, provocándoles una gran adicción. El fiscal declaró en su juicio: «Es un depredador. Estas personas acudieron a él para recibir un tratamiento y salieron ultrajadas. Nunca vi un acusado causar tanto dolor y heridas a tanta gente.» Una de sus antiguas paciente declaraba: «Estaba increíblemente apegada a él. Dependía de él. Me dijo:" la psiquiatría funciona mejor cuando se mantiene en secreto". Me prohibió que le dijera a nadie acerca de esas relaciones sexuales y me avisó que no podía confiar en nadie.»

Todos los psiquiatras implicados afirmaban que su paciente daba su consentimiento. Sin embargo, cerca del 14% de las pacientes abusadas por su terapeuta intentan suicidarse y el 1% lo consigue. Pero la realidad es que pocas pacientes se atreven a denunciar: solo el 1% de las víctimas denuncian los abusos que han padecido. Miles de pacientes «psiquiátricas» se han suicidado y otros miles han sido hospitalizadas a raíz de los perjuicios sufridos. Gracias al coraje y a la determinación de mujeres que han revelado sus casos, algunos de esos psiquiatras-violadores han finalmente sido llevados ante los tribunales.

El sitio de internet jewwatch.com ha recapitulado algunos casos de este tipo en la prensa estadounidense. Vemos así que los abusos no solo afectan a las profesiones relacionadas con la psiquiatría. El *Arizona Republic* del 26 de octubre del 2001 informaba que el doctor Brian Finkel de 51 años, propietario de la clínica Metro Phoenix y especialista de los abortos, había sido encarcelado tras las denuncias de unas cuarenta pacientes. Estas le acusaban de haber prácticado sobre ellas cunnilingus durante las consultas, e incluso durante los abortos.

El *Detroit Now News* del 20 de febrero del 2002 informaba a su vez que el dentista Kenneth Friedman era acusado por una docena de pacientes de haber abusado de ellas en su consultorio. El hombre se declaró culpable.

En Francia, el caso Tordjmann es el más emblemático. Sexólogo de renombre, el muy mediático Gilbert Tordjmann era el fundador y "papa" de la sexología en Francia. La primera denuncia contra él se produjo en 1999, pero hubo muchas más a continuación. Numerosas pacientes se quejaban de tocamientos, masturbaciones, y caricias «forzadas» que llegaban hasta la penetración. Gilbert Tordjmann fue imputado en marzo del 2002. En total, cuarenta y cuatro antiguas pacientes declaraban haber sido abusadas por ese «especialista». El 4 de mayo del 2005, *Le Figaro* informaba que había sido enviado a la Sala segunda. Naturalmente, Gilbert Tordjmann siempre negó todas esas acusaciones: «Gran parte del caso ha sido desestimado» decía una de sus abogadas que ponía de relieve la profesión de ginecólogo de su cliente para justificar los «exámenes» intrusivos. Así pues, el sexólogo pediría de nuevo el sobreseimiento alegando que aquellos gestos eran los indicados por la práctica médica[580].

El juramento hipocrático que todos los psiquiatras prometen respetar prohíbe las relaciones sexuales entre médicos y pacientes, pero cabe pensar que para algunos «terapeutas» ese juramento tiene poco valor.

---

[580] Curiosamente, dos años más tarde, ninguna información salió sobre este juicio.

Incluso podríamos pensar que algunos de ellos se sienten liberados del mismo cuándo sus pacientes no son conscientes de la relación sexual.

Así es como procedía el psiquiatra californiano James Harrington White. Drogaba sus pacientes antes de violarlas y filmar las escenas. Fue condenado a siete años de prisión.

El famoso doctor Jules Masserman, eminente especialista, muy respetado por sus colegas de profesión en todo el mundo y antiguo presidente de honor de la asociación mundial de la psiquiatría social, había él también provocado un escándalo en 1987 tras haber sido acusado por varias de sus pacientes. Jules Masserman tenía por costumbre adormecer a sus pacientes con amobarbital, un barbitúrico capaz de bloquear la memoria. Sin embargo, durante una de sus numerosas sesiones, Barbara Noel, una de las denunciantes, se despertó y descubrió la cara horrible del tipo jadeante encima de la suya. «Jamás había sentido una sensación igual de traición», declaró Barbara Noel. Durante años, Masserman la había drogado y violado mientras dormía. Durante el juicio, éste seguía afirmando que su acusadora era una «enferma mental» y una fabuladora. Barbara Noel no se dejó hacer y libró un combate jurídico de siete años, animando a otras mujeres a testimoniar de forma pública. La APA (Asociación Americana de Psiquiatría) apoyó finalmente la decisión de la sociedad psiquiátrica de Illinois de retirarle a Massermann su autorización médica, pero esa suspensión solo era efectiva cinco años, y no era por violación sino por uso de medicamentos. Las aseguradoras habían desembolsado más de 350 000 dólares de indemnización a sus víctimas.

La *Associated Press* del 3 de enero del 2002 relataba otro juicio. El de Andrew Luster, 39 años, nieto del magnate de la industria cosmética Max Factor, que había sido detenido en el 2000 acusado de violación sobre dos mujeres tras haberlas drogado en un bar de Santa Barbara y a las que había grabado. Los policías habían encontrado en su casa 17 grabaciones de video donde se le veía mantener relaciones sexuales con mujeres aparentemente inconscientes.

El caso de Thierry Chichportich también fue muy sonado. «El masajista de las estrellas», apodado el "hombre con las manos de oro" por la élite del cine mundial. *Le Parisien* del 20 de mayo del 2006 informaba que era condenado a 18 años de cárcel por el Tribunal penal de Niza por la violación de 13 mujeres. Estas habían sido adormecidas con tranquilizantes administrados sin su consentimiento. La primera denuncia se había producido después de que una de las víctimas se despertara durante la violación. El descubrimiento por parte de la policía de las grabaciones de video de sus violaciones y de los medicamentos utilizados permitió condenarlo.

He aquí además lo que podemos leer en el libro del doctor Valensin: «Se ha reprochado muchas veces a los médicos, dentistas y psicoanalistas judíos de abusar de sus pacientes. Un siglo antes, en Rouen, ya se había acusado al dentista Levy de violación bajo hipnosis de una joven paciente que había quedado embarazada; esta resultó ser histérica, y la violación dudosa[581]. En enero de 1935, se podía leer en una revista médica nazi:" Los médicos judíos violan las pacientes anestesiadas[582]... El 14 de agosto de 1935, el *Volkisher Beobachter*, periódico hitleriano, anunciaba que el médico hebreo Ferdinand Goldstein, de Constancia, había sido enviado a un campo de concentración tras haber mancillado una joven alemana; se le atribuía cientos de víctimas[583].»

El libro de Xaviera Hollander permite también confirmar esta fuerte propensión: Los judíos estadounidenses «se encuentran entre mis favoritos, así como mis clientes más asiduos. Y aunque es triste, debo también decir que son mis clientes más extravagantes y depravados. Muchos de ellos parecen estar atravesando por el sicoanálisis con problemas que surgieron por tener una madre demasiado dominante o una esposa que es una princesa judía-americana que trata de dominarlos... Muchos de los médicos judíos que vienen a mi casa, son extravagantes, y usualmente desean ser esclavos. Sin embargo, recientemente supe de un cliente que le dijo a una de las muchachas:" Quédate absolutamente quieta, no digas una sola palabra, actúa como si estuvieras muerta". Este es un síndrome de necrofilia, que es el deseo de copular con un muerto[584].»

Hallamos él mismo comportamiento desviado en el cine de algunos directores judíos. Ingmar Bergman, un director "sueco" escandalizaba regularmente los espectadores. En *El Silencio* (1963), un dialogo hacía referencia a una copulación en una iglesia. Las críticas suecas usaban

---

[581] Brouardel, Annales d'hygiène et de médecine légale, t.I, 1879, p. 39

[582] Deusch Volkgesundheit auss Blut und Boden, 1 de enero de 1935

[583] Georges Valensin, *La Vie sexuelle juive*, Éditions philosophiques,1981, p. 145

[584] Xaviera Hollander, *La Alegre Madame*, 1972, Editorial Grijalbo, México DF, p. 181-182

el calificativo de «vómitos». Después de *Noche de circo* y *Sonrisas de una noche de verano*, un periodista le preguntó: «¿Hace usted pornografía de forma intencionada o es que simplemente no sabe hacer otra cosa?»

Ingmar Bergman contó en sus memorias que el descubrimiento del cadáver de una mujer en un depósito de cadáveres, cuando tenía diez años, le llevó a asociar durante mucho tiempo la desnudez y el erotismo a la muerte. «Esa visión ha inspirado varias escenas freudianas, en especial en *La Hora del lobo,* cuando Ingrid Thulin descansa desnuda sobre una mesa de autopsia y se despierta cuando Max Von Sydow la toca, y en *El Silencio* cuando el niño, al observar a su tía adormecida en su cama tener estertores, proyecta la imagen de su cadáver. En *El manantial de la doncella,* la desnudez de una joven provoca el malestar del público, pues se trata de una niña violada y asesinada, y en *Gritos y susurros,* nos presenta directamente el lavado funerario de una moribunda[585].»

Esta inclinación macabra también se verificaba en el cineasta mexicano y ateo Luis Buñuel. En *Un perro andaluz* (1928), película hecha a partir de unos sueños, y según la técnica de escritura automática en boga en la época del surrealismo, se veía una cuchilla de afeitar cortar el ojo de una mujer y a una niña jugar con una mano cortada. *La Edad de oro* (1930) era un llamamiento a la revuelta contra la sociedad tradicional: Un hombre y una mujer intentaban reunirse a pesar de las trabas puestas sucesivamente por policías, religiosas y representantes del orden establecido. En Francia, el prefecto Chiappe prohibió aquella película por alteración del orden público. En 1961, en *Viridiana,* Buñuel mostraba la «pulsión libidinosa de un hombre mayor que después de hacerle beber un narcótico, abusa de su joven sobrina.» La película fue prohibida en España, en Suiza y en Italia[586]. En *Belle de jour,* en 1966, basada en la novela del escritor judío Joseph Kessel, uno de los clientes del prostíbulo era necrófilo y hacía acostarse una prostituta en un ataúd.

---

[585] Jean Luc Doin, *Dictionnaire de la censure au cinéma*, PUF, 1998, p.55. Édouard Drumont notaba en 1886: "Sarah Bernardt, con su imaginación macabra, su féretro de satén blanco en su cuarto, es evidentemente una enferma." (*La France juive*, tome I, p. 107)

[586] Jean Luc Doin, *Films à scandale*, Éditions du Chêne, 2001, p. 42

Otro informe de la «Comisión de los Ciudadanos para los Derechos del Hombre» aportaba más datos sobre la corrupción del sector psiquiátrico en Estados Unidos[587]. El fraude a los seguros sería muy frecuente. Se podía, por ejemplo, facturar una terapia mental a un paciente de una casa de reposo cuando éste estaba en el coma, o bien, prescribir sesiones diarias de «terapia de grupo» pero que en realidad eran charlas para escuchar música y tomar el té. Según este informe, en Estados Unidos, el 40% de los psiquiatras son procesados por falta profesional durante su carrera.

Así es como el psiquiatra Robert Hadley Gross fue condenado a más de un año de prisión en abril del 2004 por haber facturado a sus pacientes intervenciones que nunca había realizado, y por haber aceptado 860 000 dólares en comisiones de hospitales a los que había transferido enfermos a principios de los años 90. Ese escándalo había provocado una reacción en cadena en el país, y numerosos hospitales psiquiátricos privados tuvieron que pagar millones en reembolso, sanciones e indemnizaciones.

Otro psicólogo de Nueva Jersey, Karl Lichtman, había estafado 36 aseguradoras por un importe total de 3,5 millones de dólares correspondientes a sesiones de terapia inexistentes. En mayo de 1996, fue condenado a reembolsar 2,8 millones de dólares a las aseguradoras privadas y 200 000 dólares a la administración.

Muchos psiquiatras sin escrúpulos no dudaron en aprovecharse de la amplia cobertura médica de los trastornos mentales de las aseguradoras, obligatoria en virtud de la legislación local y nacional. Por otra parte, las asociaciones de psiquiatras ejercen una fuerte presión sobre los niños y los adultos para que sean examinados durante las visitas medicales corrientes. Efectivamente, no debe ser difícil encontrar en cada paciente algo para poder prescribir alguna receta, y más aún cuando la lista de los trastornos mentales se ha alargado considerablemente. Por lo que hoy en día, existe el «trastorno de terror del sueño», o el «trastorno de la pesadilla». El «Manual diagnóstico y estadístico de los trastornos mentales» (DSM) identifica para los niños «la dificultad para articular», el «trastorno de la expresión escrita», el «trastorno por déficit de atención», el «trastorno del comportamiento», o el «trastorno de tartamudez», etc. El DSM clasificaba 112 trastornos,

---

[587] *Psychatrie, un secteur corrompu*: http://h11.protectedsite.net/uploads/fr/FRE%20-%20fraud.pdf

pero en una de sus últimas actualizaciones incluía 374 nuevos. Esta nueva nomenclatura no es anodina, dado que permite hospitalizar a cualquiera y sacar dinero a las aseguradoras y a la administración. La «biblia de la facturación psiquiátrica» también permite absolver los culpables de sus actos delictivos o criminales invocando la locura. De tal forma que el ladrón podrá alegar ante los jueces que es un «ladrón patológico», y el pedocriminal dirá que sufre de un «trastorno del impulso y del comportamiento».

Pedocriminalidad

Un estudio realizado en el 2001 en Estados Unidos revelaba que un paciente sobre veinte abusado sexualmente por un terapeuta era menor de edad. La edad media era de siete años para las niñas y de doce años para los niños. El informe titulado *Violaciones en psiquiatría*[588] revelaba por ejemplo el caso de Donald Persson. Este psicólogo de Utah fue condenado en 1993 a 10 años de cárcel por la violación de una niña de 12 años. El psiquiatra Markham Berry se declaró culpable de la violación de seis niños. En el 2000, el psiquiatra californiano, Burnell Gordon Forgey era condenado a 15 años de prisión por violar un adolescente. En 1992, Alan Horowitz, psiquiatra neoyorkino era condenado a 20 años de prisión por haber violado tres niños de 7 a 9 años y una niña de 14 años. Horowitz trabajaba para una organización municipal de ayuda a la infancia en los barrios pobres.

El sitio de internet estadounidense jewatch.com recapituló en los últimos años numerosos artículos de prensa que implicaban a rabinos con este tipo de casos. El 18 de octubre de 1996, el *Jewish Bulletin* de California del Norte mencionaba el caso del rabino Robert Kirshner, una personalidad eminente del judaísmo californiano. Éste había sido destituido súbitamente de sus funciones en 1992 después de unas acusaciones de violencia sexual sobre ocho mujeres empleadas en las asociaciones y en la sinagoga y de dos estudiantes del Seminario teológico de Berkeley.

El *Jewish Journal* de Los Ángeles nos informaba además en su edición del 15 de diciembre del 2000, que uno de los más eminentes rabinos liberales de California, Sheldon Zimmerman, había sido suspendido por «indecencia sexual».

---

[588] http://h11.protectedsite.net/uploads/fr/FRE%20-%20rape.pdf

El rabino Baruch Lanner, de Nueva Jersey, era acusado en marzo del 2000, de haber abusado por lo menos de una veintena de niñas durante su carrera de educador y de dirigente de la Orthodox Union's National Conference. Una joven de 19 años le acusaba de haber abusado de ella casi todos los días en su despacho cuando tenía 14 años, en 1995-1996. El tribunal rabínico intentó por todos los medios encubrir el caso, presionando los padres para que no denunciaran ante la justicia, pero estos habían finalmente mantenido sus denuncias. (*Jewish Week*, del 16 de marzo del 2000)

El *Jewish Journal of Greater Los Angeles* del 4 de diciembre del 2001 informaba que el rabino Mordechai Yomtov, 36 años, casado y padre de cuatro hijos, había sido arrestado por violencias sexuales sobre tres niños de 8 a 10 años ocurridas en el aula de una escuela primaria.

Podemos recordar también el caso de aquel oficiante de sinagoga, Jerrold Levy, acusado de distribuir pornografía pedocriminal (*Sun-Sentinel*, 20 de julio del 2001). Igualmente, David Webber, 35 años, antiguo empleado del Consejo de la Comunidad judía de Calgary, había sido detenido el 22 de febrero de 1990. En su apartamento se descubrieron numerosas fotos polaroid de niños desnudos de entre 10 y 14 años. Antes de instalarse en Calgary, Webber había sido el joven director de la Beth Israel Synagogue en Edmonton, donde ya había sido acusado de pedofilia.

El *Newsday* del 20 de febrero de del 2002, informaba que Howard Nevison, 61 años, el "cantor" de la mayor sinagoga del mundo, en Manhattan, había sido arrestado. El hombre era acusado de haber violentado sexualmente a su sobrino entre 1993 y 1997, cuando éste tenía entre 3 y 7 años. El niño no quería testificar contra él, pues afirmaba que el cantante tenía una voz fuerte y unos ojos aterradores y que le había amenazado con matarlo si hablaba.

Otro caso, en el 2002, el rabino Richard Marcovitz de 64 años, acusado de violencias sexuales sobre dos chicas menores de edad (*Channel Oklahoma*, 27 de febrero del 2002). Otro rabino, Juda Mintz, que vivía en Georgia, se enfrentaba a una condena de entre 27 y 33 meses de prisión por almacenar en una decena de ordenadores videos pedófilos de niños de menos de doce años (*Newsday*, 26 de febrero del 2002).

El *New York Post* del 31 de marzo del 2002 se hacía eco del caso de Sara Leven, que había hallado a su hijo Daniel de 17 años ahorcado en su sala de baño en 1993. El rabino de la comunidad ortodoxa, Ephraim B. Bryks de 57 años, de la Queens yeshivá de Montreal, a pesar de haber sido denunciado por una asociación de familias, nunca compareció ante la justicia.

En el *Jewish Bulletin of Northern California* del 21 de febrero de 1997 leíamos lo siguiente: El rabino Sidney Goldenberg, de la Congregación B'Nai Israel, era acusado de tocamientos sexuales sobre una niña de 12 años. Varias mujeres de Nueva York se habían puesto en contacto con el fiscal del distrito de Santa Rosa, en California, para contar que ellas también habían sido víctimas del rabino cuando eran niñas. Charlotte Rolnick Schwab, una psicoterapeuta de Nueva York que publicó un libro sobre la delincuencia sexual de algunos rabinos, afirmaba haber recibido cientos de denuncias de mujeres de todo el país.

Los rabinos y oficiantes de sinagoga no son los únicos incriminados. Algunos diplomáticos israelíes también han sido noticia. Como este caso que relataba el *Jerusalem Post* del 6 de julio del 2000: la policía brasileña vigilaba de cerca el consulado de Israel en Río de Janeiro ya que sospechaba que el vice-consul, Aryeh Scher, estaba en el centro de una red pedocriminal. El hombre consiguió huir a Israel, pero su cómplice George Schteinberg, un profesor de hebreo fue condenado por tenencia y difusión a través de internet de imágenes pedocriminales. La agencia Reuters indicaba que la policía había hallado en casa de George Schteinberg, profesor de escuela de 40 años, cientos de fotos y videos pedocriminales. Scher y Schteinberg también mantenía relaciones íntimas. La embajada de Israel y el consulado se negaron a hacer comentarios.

Tuvya Sa'ar, de 65 años y director general de la Unión de periodistas israelíes, fue arrestado por haber violado una menor de 15 años en Tel Aviv. Sa'ar había sido años atrás el director de Israel TV (*Haaretz*, 15 de agosto del 2001).

En enero del 2000, un profesor llamado Ze'ev Kopolevitch era acusado de violencias sexuales por antiguos alumnos de una yeshivá de Jerusalén, la Mercaz Harav yeshivá. Se sospechó el director del Instituto, Avraham Shapira, de haber encubierto el profesor (*Jerusalem Post*, 12 de enero del 2000).

El responsable del movimiento scout judío *Upper East Side's Boy Scout Troop 666*, Jerrold Schwartz, de 42 años, también fue acusado de violencias sexuales sobre menores ante la Corte Suprema de Manhattan. El fiscal presentó a cinco víctimas fehacientes. «Diez minutos en la habitación conmigo; ¡solo es un castigo!», cuenta una de las víctimas de 20 años de edad durante el juicio. Ésta era alcohólica, adicta a la cocaína y tenía pesadillas desde entonces. El hombre intentó suicidarse varias veces automutilándose. (*New York Post*, 19 de diciembre del 2001)

Sabemos además que el director de cine Roman Polanski tuvo que huir precipitadamente de Estados Unidos en 1978 después de haber drogado y violado a una niña de 13 años. Hoy en día sigue en busca y captura por parte de la justicia estadounidense, y se enfrenta a cincuenta años de prisión. Ese fue el motivo por el que no asistió a la gala de los Oscars en el 2003 en la que se nominaba su película *El Pianista*. También son conocidas las tendencias pedomaníacas de Woody Allen, a raíz de las declaraciones de Mia Farrow en sus memorias (1997).

Existen muchos más casos que señalar: Shlomo Nur, por ejemplo, fue declarado culpable de la violación en 1998 de Linor Abergil, la Miss Universo cuando ésta acababa de recibir la corona en Italia (*Jerusalem Post*, 29 de diciembre de 1999). Fue condenado en Tel-Aviv a 16 años de prisión. Steven Gary Cohen fue arrestado en el 2001 por mantener relaciones sexuales con una menor de 14 años (*Westchester News*). Steven Berkoff, 64 años, declarado culpable por violación (*Totally Jewish*, 16 de agosto del 2001).

Cuatro años antes, Samuel Cohen había violado durante varios meses dos niñas de 7 y 8 años que eran las hijas de la niñera que venía a su casa en Filadelfia. Una de las niñas tuvo que ser hospitalizada tras una violación especialmente brutal (6 de abril del 2000, philly.com).

El *Las Vegas Review-Journal* del 4 de julio del 2000 informaba que Russel D. Cohen, de 41 años, se declaraba culpable de las violaciones de menores de 14 años. Sus víctimas eran chicos jóvenes a los que pagaba por distribuir folletos. Fue condenado a 45 años de prisión.

Recordemos también el caso de Seth Bekenstein, de 39 años, acusado en la prensa de ser uno de los principales distribuidores de videos pedocriminales de EEUU y del mundo (*San Ramon Valley*, 5 de enero del 2002).

Al límite de lo legal, la sociedad llamada Webe Web, en Florida del Sur, vendía sexo «online» con vínculos con al menos 14 sitios pornográficos. Webe Web, especializada en el erotismo infantil era dirigida por Marc Greenberg y Jeff Libman, los cuales fotografiaban niñas de 12 años. (NBC 6 y 8 de noviembre del 2001).

News Making News nos informaba el 29 de marzo del 2001 de que David Asimov, el hijo del célebre escritor de ciencia ficción Isaac Asimov, venía de ser condenado a seis meses de cárcel por posesión de pornografía infantil, en Santa Rosa. Ya había sido condenado con anterioridad a cinco años de prisión tras haberse declarado culpable, pero finalmente fue liberado misteriosamente.

En el diario israelí *Ha'aretz* del 4 de noviembre del 2002 aparecía otro caso: los magistrados de Tel-Aviv rechazaban la petición de liberación de Ya'akov Ha'elyon, encarcelado por violación y violencia sexual sobre una niña de 14 años. Ya'akov Ha'elyon era el marido de Yael Ha'elyon, encontrada muerta al pie de su edificio en un búlevar de Tel-Aviv. La policía concluyó que se había suicidado tirándose desde el octavo piso de su apartamento, probablemente tras conocer que su marido había sido condenado.

Este tipo de informaciones casi no aparece en la prensa francesa y europea, o bien en carácteres muy pequeños. Por ejemplo, *Le Figaro* del 21 de septiembre del 2006 relataba de forma discreta en su sección internacional: «En Estados Unidos: Howard Nevison, 65 años, el muy popular rabino de una sinagoga de Manhattan, en Nueva York, ha recibido una condena condicional de doce años por tocamientos sexuales sobre un niño. También se le prohibió tener cualquier contacto con niños menores de doce años.» Estos casos no salen en las portadas, ni tampoco son noticia en los telediarios. Los amos de los medios de comunicación prefieren proyectar esas acusaciones sobre los curas de la Iglesia católica, poniendo el foco sobre esta cuando ocurre algún caso de ese tipo.

En octubre del 2005, la AFP (Agence France Presse) nos informaba que un «publicitario de renombre» era juzgado por la violación de sus dos nietas. El hombre, ausente durante el juicio al declararse «enfermo», fue condenado el 7 de noviembre a tres años de prisión. La AFP no divulgaba el nombre del acusado, lo cual era rarísimo, pero *Le Figaro* había roto el silencio: se trataba de Pierre de Blas, PDG (Presidente Director General) de varios grupos de publicidad y comentarista en BFM, la radio de la economía. *Faits-et-documents*, la valiosa carta confidencial de Emmanuel Ratier, revelaba que el conde Pierre de Robinet de Plas era el hijo de un aristócrata de la Vandea, pionero del comercio con el bloque comunista, y que firmaba sus novelas con el nombre de su madre, de Beer, revindicando así su judeidad, tal como ya lo había hecho en *Tribune juive*.

Emmanuel Ratier también desvelaba el 23 de mayo del 2007 que un rabino había sido detenido en el sur de la India tras una cacería humana de once meses. Rabbi Jay Horowitz, de 60 años, era buscado por Interpol por una orden de la policía de Nueva York. Ese depredador sexual había sido condenado a 15 años de prisión en 1992 por las violaciones de niños y adolescentes de 10 a 17 años. Liberado en el 2004, tenía prohibido salir del país, por lo que sería extraditado a los Estados Unidos.

Sabemos que la influencia de Freud, de los freudo-marxistas de la escuela de Fráncfort y del psicoanálisis ha sido profundamente nefasta en este ámbito[589]. Esto comentaba el pediatra Alexandre Minkowski en 1975, tras haber participado en un coloquio de la Universidad de Yale: «En solo quince años, bajo la influencia de la *"permissivness"*, del psicoanálisis y de la liberación de los complejos, la vida sexual es ahora muy libre, pero también muy precoz... Nos describían clases de secundaria donde, sobre veinticinco chicas de trece años, solo quedaban dos que eran vírgenes y ¡se las señalaba con el dedo[590]!»

Es cierto que, en las comunidades judías de antaño, el matrimonio era siempre muy precoz. En *Satan en Goray*, del novelista Isaac Bashevis Singer, quedaba bastante bien reflejado lo que escribía el doctor Valensin: «En los días intermedios de las fiestas se redactaban contratos de matrimonio y se rompían los platos de la buena suerte en toda casa donde hubiera una muchacha de más de ocho años[591].» El novelista retrataba así las costumbres de aquellos judíos polacos del siglo XVII que estaban convencidos de que Sabbatai Zevi era el mesías tan esperado: «Desde la revelación de Sabbatai Zevi, el mandato contra el adulterio estaba desprovisto de sentido. Rumoreábase que los jóvenes intercambiaban sus mujeres... De Leví se decía que había obligado a Glucke, la hija de su hermano Ozer, a yacer con él y que pagó a Ozer tres monedas polacas de oro como prenda de que el pecado no había de ser descubierto. Los jóvenes que estudiaban en la casa de instrucción practicaban toda clase de depravaciones. Trepaban a la tribuna de las mujeres en pleno día, se entregaban a la pederastia y ejecutaban actos de sodomía con las cabras[592].» Finalmente, el punto culminante del desenfreno llegaría a la comunidad: «A partir de entonces Goray se

---

[589] Cf. ver nuestros libros anteriores: *Les Espérances planétariennes*, p. 69-81; *Psychanalyse du judaísme*, p. 351-366.

[590] Alexandre Minkowski, *Le Mandarin aux pieds nus*, Points Seuil, 1977, p. 96

[591] Isaac Bashevis Singer, *Satán en Goray*, PDF, Editor digital Epublibre, German25, 2017, p. 82

[592] Isaac Bashevis Singer, *Satán en Goray*, PDF, Editor digital Epublibre, German25, 2017, p. 88

entregó a todo género de disoluciones, corrompiéndose más cada día... Las prácticas de los fieles constituían verdaderamente una abominación... Según contaba la leyenda entraban en los subterráneos del castillo y se agasajaban con animales, desgarrando aves con las manos y devorándolas. Después del festín los padres conocían a sus hijas, los hermanos a sus hermanas y los hijos a sus madres[593].» El incesto es, efectivamente, un tema recurrente que atraviesa el judaísmo de forma soterrada.

La ambigüedad sexual

Es un hecho innegable que el judaísmo tiene un vínculo especial con la homosexualidad, si nos basamos por ejemplo en la producción cinematográfica de los directores pertenecientes a la comunidad y el número de programas de televisión dedicados al tema. No se trata solamente de pervertir las naciones, como lo afirman de forma simplista los antisemitas, si no de la expresión de la identidad profunda del judaísmo, cuya característica principal es la ambigüedad. Todo es ambiguo y dudoso en el judaísmo. Las fronteras identitarias y culturales son confusas y cambiantes; y lo mismo ocurre con la sexualidad. No debemos sorprendernos de ver en el cine cosmopolita una evidente complacencia con los personajes transexuales y los travestis. El concepto freudiano de «bisexualidad», que propone la idea de que todos los hombres son un poco mujeres y todas las mujeres son un poco hombres, es en realidad un concepto judío, enunciado por un judío y que se aplica en primer lugar a la comunidad judía, donde la ambigüedad histórica está muy extendida. Esto es simple y llanamente debido a que el incesto, que es la causa de esa patología, ha sido, y probablemente aún sea, ampliamente practicado dentro de la comunidad judía. Es lo que hemos demostrado en nuestro anterior libro, *Psicoanálisis del judaísmo*.

La producción cinematográfica es especialmente reveladora de esta ambigüedad típicamente histérica. *In and out* (EEUU, 1997) es una comedia «desternillante» según dicen: El profesor Howard Brackett enseña la literatura en la universidad de una pequeña ciudad de Indiana, en Estados Unidos. Es querido por todos sus alumnos y la comunidad local, hasta que un día su reputación da un vuelco cuando, durante un

---

[593] Isaac Bashevis Singer, *Satán en Goray*, PDF, Editor digital Epublibre, German25, 2017, p. 105, 106

programa de televisión, un antiguo alumno suyo convertido en estrella de cine agradece públicamente su antiguo profesor «gay». Evidentemente, el profesor queda consternado por esa declaración. Los padres, alumnos y amigos lo miran ahora con sospecha. Decide por lo tanto casarse rápidamente con su novia para cortar los rumores de raíz. Pero esto es sin contar con ese periodista que lo persigue por todas partes con su cámara, animándole a que haga su «*coming out*». El día de la boda, en plena ceremonia ante el altar, en el momento de dar el «sí» a su novia, renuncia finalmente y declara a media voz y resignado: «Soy gay». Los asistentes están estupefactos y la novia sufre una crisis nerviosa. La ceremonia religiosa queda interrumpida (otra obsesión judía). La escena final es otro gran momento del cine cosmopolita: en la universidad, durante la ceremonia de entrega de diplomas, alumnos y padres se enteran de que el profesor ha sido despedido. Entonces, se levantan todos uno por uno para declarar que ellos también son «gais». ¡Todo el mundo es gay! La película es de Frank Oz, un judío.

Gotas de agua sobre piedras calientes (Francia, 1999) cuenta la historia de Leopoldo, un corredor de seguros de cincuenta años que seduce Franz, un joven de 19 años. Aparece luego Anna, la novia de Franz, y Vera, la antigua amante de Leopoldo, transexual por amor. La película es de François Ozon (1999) y basada en la obra de teatro de Rainer-Werner Fassbinder. En *Ocho mujeres* (2001), el «buen católico» François Ozon muestra el adulterio, la homosexualidad, el incesto, la hipocresía y el cambio social. Dicen que es una película «genial».

Primer verano (*Presque rien*, Francia, 1999) es «una película sobre el amor que intenta banalizar la homosexualidad masculina mostrando escenas muy crudas», decía el *Guide des films* de Jean Tulard. La película es del director Sebastian Lifshitz. En la misma línea, podemos citar *Party boys* de Dirk Shafer (EEUU, 2002), *El hombre de su vida* (*L'Homme de sa vie*, Francia 2006) de Zabou Breitman (Francia, 2006).

La tentación de Jessica (EEUU, 2001) es otro ejemplo: Jessica Stein es una periodista de Nueva York que lo tiene todo. Es hermosa, sensible e inteligente, pero le pesa la soltería. Tras una serie de citas penosas, Jessica se fija en un anuncio que despierta su curiosidad. A pesar de que éste figure en la sección «mujeres buscan mujeres» decide contestar. Así es como conoce en un bar a la atractiva Helen Cooper. ¿Y si resultara que el hombre de su vida fuese una mujer? La película es de Charles Herman-Wurmfeld. La homosexualidad femenina también es promovida en *Todos los papás no hacen pipí de pie*, una película de Dominique Baron (Francia, 1998): Simón no es un niño como los demás. Tiene dos mamás, Dan y Zoé, que lo concibieron por inseminación artificial.

Recordemos también esta película de 1998, del director Jean-Jacques Zilbermann, que trata de la homosexualidad dentro de la comunidad judía: *El Hombre es una mujer como cualquier otra (L'Homme est une femme comme les autres)*. El título corresponde indudablemente a una proyección neurótica sobre el resto del mundo, pues la homosexualidad es probablemente mucho más frecuente de lo que se cree en el pueblo judío. El presentador de televisión Stephane Bern declaraba de forma sorprendente en *Libération*, en mayo del 2000, que «las madres judías hacían excelentes homosexuales». La feminización de las sociedades occidentales y el auge de la homosexualidad no son fortuitos, sino más bien las consecuencias de un poder mediático adquirido por un grupo importante e influyente de intelectuales y periodistas judíos, que pretenden cumplir su misión de «pueblo sacerdote». No se trata por lo tanto solo de una acción política consciente, que pretende destruir el mundo europeo, basada en un delirio profético propio del judaísmo, sino, además, de la expresión de una neurosis muy característica.

En la película *Una casa de locos (L'Auberge espagnole*, Francia, 2002), el director decidió deliberadamente que Cecile de France interpretara el papel de una lesbiana con la cabeza bien amueblada y hasta intelectualmente superior al resto. Otro ejemplo más es la teleserie del director judío François Luciani, *Los Camaradas* (2006), que narra la historia de un grupo de amigos después de la «Liberación», todos comunistas y afiliados al Partido. Todo iba bien, hasta que un día la directiva del Partido descubre la homosexualidad de uno de los «camaradas». François Luciani pretende denunciar la intolerancia que existe dentro del partido estaliniano a las órdenes de la URSS que se ha vuelto «reaccionaria» después de la eliminación de los elementos «cosmopolitas».

American Beauty (EEUU, 1999) es una película entretenida, pero excepcional por su grado de perversión: En una perfecta urbanización de clase media de una ciudad estadounidense, una pareja está en crisis. La mujer engaña el marido con un promotor inmobiliario, mientras que él está enamorado de una amiga de su hija, de apenas quince años. Su hija que le odia se encapricha del hijo del nuevo vecino, un chico un poco extraño que se pasa el día grabándolo todo con su cámara. Su padre es un militar de extrema derecha que le golpea regularmente con brutalidad. Cuando llega a sospechar que su hijo se ha convertido en el camello y amante del vecino, su sangre se pone a hervir. Su desesperación va a desvelar... ¡su homosexualidad latente! De nuevo aquí, la homosexualidad es presentada con benevolencia con la breve aparición de una pareja del vecindario que parecen ser los únicos realmente felices del barrio. Apología del adulterio, la droga, la homosexualidad, ambigüedad pedófila e incestuosa, denunciación de la «extrema derecha»: nos enfrentamos a una película totalmente judía. Sam Mendes era el director, y naturalmente, su película ganó cinco Oscars en Hollywood. «Irónico, provocador, incómodo» se podía leer por todas partes.

Lejos del cielo (EEUU, 2002) es también muy característica de su género: En una urbanización burguesa de los Estados Unidos de los años 50, una mujer descubre parte del «pasado oscuro» de su marido. Una noche, éste llama a casa para decirle que se quedará a trabajar hasta tarde en su oficina. Su esposa decide entonces darle una sorpresa trayéndole su cena al trabajo. Llegada al decimocuarto piso del edificio vaciado de sus empleados, irrumpe en el despacho y descubre con estupor su marido besando apasionadamente a.... ¡otro hombre! Afortunadamente, la hermosa estadounidense encontrará el consuelo con su jardinero: un negro grande y fortachón que se ocupará de ella. Homosexualidad para el hombre blanco, y mestizaje para la mujer blanca: lo que se ve aquí no es tanto la ambigüedad sexual del judaísmo, como el odio característico del judío hacia la raza blanca. La película de Todd Haynes fue naturalmente recompensada con cuatro nominaciones a los Oscars: «un diamante puro», según *Les Inrockuptibles* (Serge Kaganski); «Conmovedor, una obra maestra», para la revista *Zurban*.

En *My beautifull laundrette* (RU, 1990), el director Stephen Frears plasmaba así su odio de la raza blanca: Omar, un joven pakistaní, es encargado por su tío de reflotar una lavandería automática destartalada de un barrio pobre de Londres. Como es muy dinámico, consigue renovarla y hacer funcionar de nuevo el negocio. Contrata a un viejo amigo, un pobre macarra homosexual inglés que se convertirá en su amante. La pandilla de amigos de éste se rebela contra el hecho de que uno de los suyos trabaje para los «Pakis». Evidentemente, son muy racistas y muy vagos. Afortunadamente, los pakistanís están ahí para hacer funcionar la economía y preñar a las inglesas, como se puede ver en la película. Apología del mestizaje y de la homosexualidad, denuncia del racismo: la película recibió el Cesar a la mejor película extranjera, a pesar de ser totalmente soporífica.

Si retrocedemos un poco en el tiempo, hallamos una "perla" de Serge Gainsbourg: *Je t'aime moi non plus* (Francia, 1975), acerca de «los amores sodomitas de una criada de pechos planos y un chófer homosexual.» En los años sesenta, los directores judíos ya intentaban descargar sus taras y neurosis obsesivas sobre el público goy. En *La Calumnia* (EEUU, 1962), William Wyler muestra dos amigas que dirigen un instituto para chicas jóvenes y que son acusadas de mantener relaciones sexuales. El rumor se amplifica y los padres retiran sus hijas del instituto. «Un tema atrevido para la época», escribía Jean Tulard en su *Guía de películas*. Wyler denunciaba efectivamente el puritanismo y se erigía en apóstol de la «liberación» de las costumbres. En la misma línea, *Un sabor a miel* (RU, 1961) cuenta la relación de dos marginados: una adolescente embarazada de un lío de una noche con un negro, y un homosexual. El director es Tony Richardson. En *Tempestad sobre Washington* (EEUU, 1961), Otto Preminger intentaba a su vez sensibilizarnos acerca de la homosexualidad y se atrevía a mostrar bares de homosexuales. En el entorno del presidente estadounidense, un asesor al que amenazan con desvelar su homosexualidad es víctima de la intolerancia y acaba suicidándose[594].

En una película documental sobre el tema de cien años de homosexualidad en Hollywood, *The Celluloid Closet* (1996), Rob Epstein y Jeffrey Friedman recordaban los innumerables recodos y rodeos que daban los directores para saltarse la censura del puritanismo heterosexual[595].

La bisexualidad, concepto aparecido con Freud y vulgarizado por los demás psicoanalistas judíos, aparece naturalmente en el cine cosmopolita. En *Together alone* (EEUU, 1991) por ejemplo: «Bryan es rubio, Brian es moreno. Acaban de hacer el amor sin preservativo en tiempos del sida; ¿puede esta marca de confianza resistir a la primera mentira? Pero Bryan se siente aún más solo cuando, antes de marcharse, su compañero le anuncia que es bisexual, casado y padre de familia.» La película es de P.J. Castellanta.

En *La Confusión de los géneros* (Francia, 2000), el director Ilan Duran Cohen cuenta la vida de Alain, abogado de cuarenta años, cuyos deseos

---

[594] Otto Preminger, después de una larga carrera, «no hizo gala públicamente de su compromiso pro-judío y pro-israelí hasta que la coyuntura lo permitiera, es decir a partir de los años 60 (*Exodus*, 1960). Jerry Lewis actuó de la misma manera con *El Profesor chiflado* en 1963.» (Jean-Luc Doin, *Dictionnaire de la censure au cinéma*, Presse Universitaire de France, 1998, p.83) Catorce años después de *Exodus*, Preminger reincidía con *Rosebud* y tomaba partido por el Ejército de Liberación de Palestina.

[595] Jean-Luc Doin, *Dictionnaire de la censure au cinéma*, PUF, 1998

son confusos. Oscila entre la seguridad de las relaciones estables y el deseo embriagante de los ligues. ¿Qué debe hacer? ¿Casarse con su amor Laurence, abogada ella también? ¿Vivir con Christophe, un chico joven? ¿O dejarse llevar por sus fantasías con Marc, un preso que defiende? A no ser que ceda a la tentación de Babette, la novia de éste.

A pesar de que el psicoanálisis esté ampliamente desacreditado en casi todo el mundo, sus últimos adeptos en Francia todavía tienen su entrada en el sistema mediático. El premio Interralié del 2006 fue otorgado al libro de Michel Schneider sobre Marilyn Monroe, *Marilyn, últimas sesiones*, una obra muy reveladora de esa tendencia de fondo que tienen los judíos de proyectar su propia neurosis hacia lo «universal». *Le Nouvel Observateur* del 14 de septiembre del 2006 publicaba un resumen del libro: «¿Se ha suicidado? Probable. ¿Ha sido asesinada? No se descarta.» El psiquiatra de Marilyn, Ralph Greenson, «cuyo verdadero nombre era Romeo Greeschpoon, el psiquiatra más famoso del mundo», como lo escribía Philippe Sollers, era el único hombre que podía ayudar a la estrella del cine. Greenson «identifica el temor enfermizo de su paciente hacia la homosexualidad, sin quizás percatarse de su frigidez, y se entrega totalmente a un intento de rescate muy rentable. Schneider señala con agudeza que en vez de llevar a Marilyn por el tradicional camino padre-vida-amor-deseo, la hunde en su angustia madre-homosexualidad-excremento-muerte.»

Veamos también la obsesión por los travestis y los transexuales en las películas de los directores cosmopolitas. Por ejemplo, en *Torch Song Trilogy* (EEUU, 1989), Harvey Fierstein, guionista de la película, interpretaba además el papel del personaje principal: un homosexual que canta en un club de travestis. Artista travésti, abiertamente gay y judío, Arnold vive intensamente, entre su ligue con Ed que lo dejara por una mujer, su pasión amorosa hacia el joven Alan, su compromiso con David, su hijo adoptivo, y sus relaciones tormentosas con su madre judía.

Tootsie es una película de Sidney Pollack (EEUU, 1983): Dorsey es un actor exigente, pero en el paro. Para conseguir un papel se traviste de mujer y pasa a ser Tootsie. Su disfraz le va a permitir tener un papel en una serie de televisión y tener muchos fans. Pero pronto se ve en un dilema: ¿cómo decirle a su colega, que ha hecho de él su confidente, que en realidad es un travesti y que está enamorado de ella?

Todo sobre mi madre (España, 1999) es una película de Pedro Almodóvar: Manuela, enfermera, vive sola con su hijo Esteban de 17 años. Este muere trágicamente atropellado por un coche. Manuela

(Cecilia Roth) viaja entonces a Barcelona en busca del padre de su hijo. Su búsqueda le lleva a conocer Agrado, un transexual, Huma, una actriz de teatro, Rosa, una joven que trabaja para una asociación caritativa católica. Esta queda preñada por Lola, el padre de Estaban, el cual resulta ser un travesti, y de paso le transmite el sida. Almodóvar se regodea también mostrándonos una España muy multirracial, lo cual es a su vez muy sintomático. La película, producida por Michel Ruben, fue presentada en DVD en Francia por Claude Berri (Langman). Almodóvar fue naturalmente recompensado en el festival de Cannes de 1999 con el premio a la mejor puesta en escena. «Dedico esta recompensa a la democracia española. He conocido el integrismo religioso, la brutalidad policial y el odio a lo diferente», explicaba en la tribuna. En *Tacones lejanos* (1991), Almodóvar ya mostraba una escena de violación por un travesti. Quizás sea en esa película donde se ve un personaje eyacular sobre un crucifijo.

Chouchou (2003) es una película de Merzak Allouache, director «francés» nacido en Argelia: Chouchou es un joven magrebí que desembarca clandestinamente en París para reunirse con su sobrino. Encuentra un trabajo: agente de mantenimiento en el consultorio de una psicoanalista, además de recibir sus clientes. Mientras tanto, su sobrino se ha convertido en "Vanessa", cantante romántica en un cabaré, y Chouchou decide travestirse también en sus horas libres. La película salió de la imaginación de su guionista, Gad Elmaleh, también personaje principal de la misma. En *Señora Doubtfire, papá de por vida* (EEUU, 1993), Chris Columbus narra la historia de una pareja divorciada. El marido que quiere volver a ver a sus hijos se traviste en nana y es contratado por su expareja. El guion es de Randi Mayem Singer.

La transexualidad es el tema principal de *Thelma*, una película de Pierre-Alain Meier (Francia, 2002): Vincent, es un taxista desilusionado de Lausana. Durante una noche, se topa en el bosque con la hermosa Thelma en medio de una disputa con un hombre. Ella sube en su taxi y le propone, a cambio de dinero, de ayudarla a vengarse de un antiguo amante. Vicente no sabe que Thelma era antiguamente un hombre llamado Luis. *Mi vida en Rosa*, de Alain Berliner (Francia, 1997), es la evocación de la diferencia a través de la historia de Ludovic, un niño persuadido de ser una niña.

Ya en 1959, en *Con faldas y a lo loco* (*Some like it hot*, EEUU), el talentoso Billy Wilder contaba una historia de travestis en una comedia hilarante: Dos músicos de jazz en el paro, envueltos involuntariamente en un arreglo de cuentas entre gánsteres, se transforman en músicas para huir. Viajan a Florida con una orquesta femenina, y se enamoran de una encantadora criatura (Marilyn), la cual desea casarse con un millonario.

Evidentemente, no todas las películas sobre la homosexualidad, los travestis y los transexuales son dirigidas por judíos. *Tenue de soirée* (Francia, 1986), por ejemplo, fue dirigida por Bertrand Blier. No es judío, pero quizás estuviera bajo la influencia de su esposa (Anouk Grinberg). *Las aventuras de Priscilla, reina del desierto* (Australia, 1994) cuenta la historia de tres «locas» de cabaré de Sídney, dos travestis y un «trans», que deciden hacer una gira en el centro del país en un viejo autobús que bautizan Priscilla. Naturalmente, esta película de Stephan Elliott recibió el Premio del público en Cannes en 1994. Jim Sharman, el director de la mítica cinta *The Rocky Horror Picture Show* (EEUU, 1975), un bodrio que no tiene más sentido que poner en escena un transexual como personaje principal, tampoco es judío. Pero los tres productores Michael White, John Goldstone y Lou Adler sin duda lo son. Ciertamente, existe una especie de simbiosis, una convergencia de intereses entre estos dos lobbys predominantes en todos los sistemas mediáticos de las democracias occidentales.

Cabe destacar también, como anécdota, que el concurso de Eurovisión había sido ganado en 1998 por una cantante pionera israelí, llamada «Llady Dana international». Esta chica, se llamaba antiguamente Yaron Cohen, y era una transexual. Se puede mencionar a su vez a Steven Cohen, artista surafricano, «blanco, judío, homosexual y travesti» cuyos espectáculos de danza contemporánea giran en torno al concepto de travestismo.

La sexóloga Elisabeth Badinter, esposa del antiguo ministro socialista de la justicia y riquísima heredera del grupo Publicis, reflejaba muy bien la neurosis judía cuando decía que el sexo de un individuo era más el producto de su educación que un atributo natural. Aparecía así toda la ambigüedad histórica consustancial al judaísmo cuando escribía en 1986 en su libro titulado *Uno es el otro*: «No es debido a alguna fuerza innata que el bebé sabrá que es un varón y que será masculino. Los padres se lo enseñan y podrían perfectamente enseñarle otra cosa. Desde el momento en que saben que tienen un niño, inician un proceso que, en función de lo que consideran ser la masculinidad, les hará estimular ciertos comportamientos y evitar otros. Elección del nombre, estilo de ropa, forma de llevar el niño, tipo de juegos, etc., constituyen la mayor parte de la formación del niño para el desarrollo de su identidad de género.» Elisabeth Badinter proseguía: «En el caso de un niño transexual, la madre y el niño permanecen atados el uno al otro: la madre vive con él en una simbiosis tan estrecha que lo trata como si fuera una parte de su cuerpo y él se siente como tal. Las madres de transexuales tienen en común el hecho de sentirse totalmente unidas al niño, el cual vive permanente en contacto corporal con ella. El niño tiene acceso a su desnudez y a su intimidad. Duerme en su cama como si no existiera límite entre sus cuerpos. Ese contacto satisface una necesidad de la madre del cual ella obtiene un gran placer y que nunca es saciado[596].»

Naturalmente, Elisabeth Badinter omitía informarnos de que, al igual que Freud, sacaba sus conocimientos del estudio del judaísmo y del comportamiento de la madre judía, la cual se imagina probablemente haber dado a luz el Mesías tan esperado.

El doctor Georges Valensin señalaba que el fenómeno transexual había sido inaugurado por un influyente sexólogo judío en la Alemania de entreguerras, Magnus Hirschfeld: «Realizó en Alemania unas 10 000 entrevistas de homosexuales, de un valor superior a las de Kinsey. En los años 1920, fundó el Instituto de sexología de Berlín, donde se realizaron las primeras transformaciones quirúrgicas de sexo y las reuniones de información homosexual. Hirshfeld iba a crear escuela; estaba rodeado de un equipo de correligionarios. Comenzó la rehabilitación de los homosexuales y fue el primero en usar el término "tercer sexo" para designarlos[597].» Su instituto fue cerrado en cuanto Hitler llegó al poder y sus obras sirvieron para las famosas quema de libros.

No es sorprendente ver como la industria pornográfica está ampliamente dominada por productores judíos. Es de notoriedad pública que la comunidad judía ejerce casi un monopolio sobre esta industria desde su creación. Georges Valensin aportaba al respecto datos históricos interesantes: «En Suecia, Ingmar Bergman, un adepto de la introversión y obsesionado con la sexualidad, es israelita». Efectivamente, *El Silencio* (Suecia, 1963) había sido censurada por mostrar una escena de masturbación. Y añadía: «El cine alemán antes de los nazis había tenido un auge sorprendente gracias a los Judíos.

---

[596] Elisabeth Badinter, *L'un est l'autre*, Éd. Odile Jacob, 1986, p. 292, 293

[597] Georges Valensin, *La Vie sexuelle juive*, Éditions philosophiques, 1981, p. 170

Sternberg dirigió *El Ángel azul*, cuyo erotismo era demoledor. Fritz lang fue el autor de *M, el vampiro de Düsseldorf*: la historia de un criminal sexual y pedófilo interpretado por su correligionario Peter Lorre que trasladaba a la pantalla una ansiedad judaica innata... El cine pornográfico también tuvo en Francia sus israelitas. Bernard Nathan, con su *Hermana Vaselina*, inauguró ese tipo de cine para el público en general; hoy en día, su representante más destacado es José Benazeraff, productor de cuarenta películas porno en quince años[598].» El doctor Valensin continuaba y no dudaba en citar otros autores: «Ya a mediados del siglo pasado, un escritor alemán aseguraba que, en Hamburgo, "los grabados y los libros más obscenos eran vendidos por los Judíos"; como vendedores ambulantes, les era fácil proponerlos entre dos almanaques románticos o incluso entre imágenes piadosas[599].» Sabemos también que, en 1886, Edouard Drumont volvía a lanzar la misma acusación en *La Francia judía*. Georges Valensin citaba hasta autores y publicaciones antisemitas: «En 1934, el cardenal primado de Polonia, solicitado para que protestara contra las persecuciones raciales hitlerianas, respondía que solo intervendría cuando los judíos dejaran de propagar el comunismo y las imagenes pornográficas. En Berlín, en 1921, el periodista Hugo Bettauer editaba un semanal especializado en los relatos libertinos; un estudiante nacionalista lo mato porque veía en él un Judío corruptor de la juventud[600].»

En los años 1930, los goyim más conscientes ya se preocupaban de la extraordinaria agresividad del cine judío. En Estados Unidos, *La Legión de la Decencia* exigió el establecimiento de un verdadero «código del pudor» para vigilar los contenidos de las ficciones grabadas y verificar que los «valores americanos» fuesen respetados. Parte de la jerarquía católica participaba en esta campaña. En 1933, el arzobispo de Cincinnati (Ohio), Monseñor John McNicholas, declaraba: «Me uno a todos aquellos que protestan contra esas imágenes que representan una grave amenaza para la vida familiar, para la nación y para la religión.» En la primavera de 1934, el cardenal de Filadelfia, Monseñor Denis Dougherty, pedía a todos los católicos de Estados Unidos boicotear las producciones hollywoodienses «dominadas por hombres de negocios

---

[598] Georges Valensin, *La Vie sexuelle juive*, Éditions philosophiques, 1981, p. 164

[599] J. Gross, Hoffinger, *Le sort des femmes*, Leipzig, 1857

[600] H. Andics, *Histoire de l'antisémitisme*, Éd. Albin Michel, 1967, p. 213. en Georges Valensin, *La vie sexuelle juive*, p. 168

judíos» y unos 11 millones de fieles respondieron a su llamamiento[601]. Los resultados del boicot no se hicieron esperar: las salas se vaciaron y los beneficios de las películas se derrumbaron. El código Hays, del presidente William Hays que dictaba las reglas estrictas de decencia, fue aplicado en 1934. Las producciones debían someterse a la censura de la Comisión del Código de la producción, presidida por Joseph Breen, un católico que ejerció durante veinte años cierto poder sobre las normas morales y políticas de Hollywood y cuya política fue continuada por la de McCarthy en los años cincuenta.

Cincuenta años más tarde, casi todos los diques han saltado por los aires bajo la presión conjunta de la alta finanza cosmopolita y los movimientos libertarios, cuyos militantes creen ser «revolucionarios», pero que en realidad no hacen más que repetir como papagayos las consignas cosmopolitas de sus dirigentes y de sus doctrinarios. En el 2005, la reacción católica, ante la ola de inmundicias televisivas y cinematográficas, se expresaba por la boca de William Donohue, presidente de la Liga de católicos estadounidenses. Cuando se estrenó la película de Mel Gibson sobre *La Pasión de Cristo*, tan criticada por los medios oficiales, no dudó en declarar ante las cámaras de televisión: «Hollywood está controlado por judíos seculares que odian el cristianismo. No es un secreto y no tengo miedo decirlo. Es por eso por lo que aborrecen esta película, porque habla de Jesús Cristo.» Y añadía: «Yo amo a la familia, mientras que Hollywood ama el sexo anal[602].»

Esto ha estado sucediendo desde tiempos antiguos, si nos atenemos a algunos testimonios históricos. En la España del siglo XV, por ejemplo, el franciscano Alonso de Espina publicaba en 1487 su *Fortalitium fidei contra Judeos* en el que mencionaba esta particularidad junto a las demás quejas contra los judíos: «Espíritu de traición, crímenes rituales, médicos envenenadores, destrucción de los cristianos con la práctica indignante de la usura, Judíos falsarios y sodomitas, etc.» El *Libro del Alboraique*, publicado en 1488 por un autor anónimo «retomaba a lo largo de una decena de páginas las acusaciones populares dirigidas esta vez tanto a nuevos-Cristianos como a Judíos: embusteros, vanidosos, cobardes, blasfemadores, sacrílegos y sodomitas.»

---

[601] Léase Thomas Dougherty, *Pré-code Hollywood: Sex, Immorality and Insurrection in american Cinema*, New York, Columbia University Press, 2000. Y también: *Courrier international*, 3 février 2000.

[602] *Faits-et-Documents* du 15 janvier 2005

De nuevo, en 1623, Vicente Acosta, un judío converso portugués, publicaba un libro de 428 páginas en contra de sus antiguos congéneres. Su obra fue inmediatamente traducida al español bajo el título de *Discurso contra los Judíos*. Los judíos eran descritos como «codiciosos, rebeldes y mentirosos por naturaleza... Sería imposible enumerar todos sus vicios: la envidia, el orgullo, sus pretensiones nobiliarias, su lujo ostentoso, que despliegan a diario en Portugal y todavía más en Madrid, así como su insolencia y sus "*desafueros*". La sodomía (a la que dedica un capítulo aparte) proviene de su lascivia natural y la ociosidad en la que se complacen... De hecho, ¡los judíos de África del Norte sodomizan regularmente sus mujeres y sus hijos[603]!» Daniel Tollet, que publicó el libro en el que recogemos estos testimonios, hacía como si no tomara en serio estas acusaciones grotescas. Pero hemos visto, en *Psicoanálisis del judaísmo*, que esas prácticas eran efectivamente alentadas por el Talmud. Se dice que la judeidad se transmite por la madre, pero a veces uno tiene la impresión de que más bien se transmite por el c....En fin, lo habéis entendido.

Podemos citar otra vez en este capítulo el testimonio de «Madame» Xaviera Hollander, en un episodio de su agitada vida. La vemos esta vez de vacaciones en casa de su hermanastra en África del Sur: «Un día, mientras descansaba cerca de la piscina, y pensaba en que me volvería loca si no satisfacía mis apetitos sexuales, me di cuenta de que el gran pastor alemán estaba echado junto a mí, y muy nervioso. Este perro me había confundido bastante los primeros cinco días después de mi llegada a la casa, siguiéndome a todos lados y olfateando mis piernas. Aparentemente su olfato lo excitaba sexualmente, y yo había llegado a un momento en que no podía ser muy exigente, así que decidí que -grotesco, o no- mi primer amante sudafricano sería él... comencé a frotar su pene, que salió de su piel, rojo y reluciente, y cuya vista realmente me emocionó[604]... » No seguiremos más adelante con esta interesante experiencia, pero sepa el lector que las caricias bastaron para apaciguar la excitación de Xaviera.

Las dudosas costumbres de los judíos ya habían provocado los sarcasmos de Voltaire, el cual escribía en el apartado «Judíos» de su

---

[603] Daniel Tollet, *Les Textes judéophobes et judéophiles dans l'Europe chrétienne à l'époque moderne*, Presses universitaires de France, 2000, p. 30, 34, 39

[604] Xaviera Hollander, *La Alegre Madame*, 1972, Editorial Grijalbo, México DF, p. 37, 38

Diccionario filosófico: «La ley judía prohíbe que las mujeres se apareen con caballos y asnos por tanto, para imponer esa prohibición era preciso que las mujeres judías se hubieran dedicado a semejantes tejemanejes... Se prohíbe a los hombres ofrecer el esperma a Moloch, y para que no crean que es una metáfora, la ley repite que se refiere al semen del varón». Los judíos aseguran que no es cierto, pero en ese caso «Díganme señores, ¿por qué sois el único pueblo de la tierra cuya ley haya impuesto tal prohibición? ¿Se habría atrevido un legislador a promulgar esta ley extraña si el delito no fuera común[605]?»

El *New York Times Magazine* del 25 de marzo del 2001 escribía un artículo sobre un tal Tobias Schneebaum, el cual también había querido «rebasar todas las fronteras», y entregarse a nuevas «experiencias liberadoras», lejos de las normas rígidas de esta sociedad cristiana. En 1973, este homosexual había hecho su primer viaje a la jungla de Nueva Guinea. Allí pasaría varios años en compañía de sus nuevos amigos de la tribu Arakmbut. Deseaba, según nos informa el diario, «huir de la opresión de la civilización occidental y transgredir uno de los últimos tabúes: el canibalismo.» Esto es un ejemplo extremo de lo que puede generar la neurosis judía.

El feminismo

Elisabeth Badinter es una de las grandes figuras del feminismo en Francia. En el *Uno es el otro*, publicado en 1986, constataba con satisfacción la desaparición del modelo familiar patriarcal sobre el que se fundó la civilización cristiana: «El poder paterno y marital está en vía de desaparición. El poder ideológico, social y político del hombre está seriamente desgastado... En la mayoría de las democracias occidentales, el sistema patriarcal ha recibido el golpe de gracia durante estas dos últimas décadas... El siglo XX ha marcado el fin de los valores viriles en Occidente.»

Y evidentemente, no habrá nada que lamentar: «Eran valores viriles arcaicos», escribía Badinter, equiparando «virilidad» con los valores guerreros de Occidente y especialmente con la Segunda Guerra

---

[605] Voltaire, *Diccionario filosófico*, Librodot PDF, p. 613 y en francés en voltaire-integral.com/19/juifs.htm (versión no expurgada)

Mundial: «la virilidad ha mostrado su cara más odiosa, es decir la más asesina[606].»

Los movimientos feministas en boga en los países occidentales a finales de los años sesenta deben ser considerados en el contexto de la descolonización y de la liberación de los pueblos del tercer-mundo. Las feministas decían que «eran explotadas igual que los colonizados de antaño lo fueron por el hombre blanco». En la mente de esas feministas, la mayoría de ellas mujeres del pueblo hebreo, el hombre blanco era efectivamente la personificación del mal. «En EEUU, comparaban su condición a la de la comunidad negra. Allí, bajo la dirección de Betty Friedan o en Francia... las militantes feministas hicieron una lista de las explotaciones de las que eran víctimas: sexual, doméstica, económica, social y política.» En una nota en pie de página, Badinter señalaba que Betty Friedan había fundado en Estados Unidos el primer gran movimiento feminista: NOW (National Organisation of Women). En Francia, Anne Tristan creó en mayo del 68 «Femenino-Masculino-Futuro[607].» En los años 1970, la prensa empezaría a hablar del Movimiento de Liberación de las Mujeres, el cual al principio no era más que una nebulosa de pequeñas formaciones efímeras.

---

[606] Elisabeth Badinter, *L'un est l'autre*, Éd. Odile Jacob, 1986, p. 214-217. Elisabeth Badinter, igual que William Reich (cf. *Las Esperanzas planetarias*, p. 73, 74) constataba que la política soviética en esa materia, tan "avanzada" al principio, había favorecido después la familia tradicional: «A pesar de que la joven Unión Soviética había votado leyes para liberar la mujer y retirar a los hombres todas las prerrogativas sobre los miembros de su familia, el experimento fracasó. La sociedad rusa experimentó una contrarrevolución sexual que la hizo parecerse cada vez más a las de los demás países europeos. Bajo Stalin, se defendió la familia tradicional con el mismo celo que en la Alemania nazi. Todas las leyes liberadoras de Lenin fueron abandonadas a favor de disposiciones represivas.» Elisabeth Badinter escribía en una nota en pie de página: «Desde 1932, en el congreso de Kiev, el aborto fue denigrado. Se hablaba de preservar la raza. En 1944, el aborto fue abolido... En 1936, una nueva ley del divorcio lo penalizaba con multas y en 1944 se aprobó una ley aún más severa. La ilegitimidad fue de nuevo penalizada y estigmatizada en la madre y los hijos. El padre ya no era responsable. Las leyes de 1936 y 1946 daban ventajas a las madres de seis hijos, etc.» (p. 213, 214).

[607] Elisabeth Badinter, *L'un est l'autre*, Éd. Odile Jacob, 1986, p. 217, 218. El verdadero nombre de Anne Tristan, una militante antifascista histórica, es Anne Zelansky.

A partir de los años 1970, las feministas hicieron el elogio de la soledad. «Inspirándose en Virginia Woolf, reclamaban el derecho de poseer "un cuarto para ellas", incluso "una cama para ellas", o un lugar donde vivir libres... En aquella época, muchas feministas deciden vivir solas... En el "Programa común de las mujeres", Gisele Halimi sugería en 1978 que la supresión de la familia patriarcal necesitaba quizás la supresión de la convivencia de la pareja durante una generación.» Algunos, como Jerry Rubin, antiguo cabecilla contestario estadounidense, fueron hasta defender el renunciamiento al amor para, «amarme a mí mismo lo suficiente y no necesitar a nadie para hacerme feliz.» Esas continuas campañas de prensa, repetidas por todo el sistema mediático, han evidentemente tenido consecuencias: «El número de hogares de una sola persona ha aumentado de forma fulminante en estos treinta años[608].»

Esas militantes judías desempeñaron un papel de primer orden en la aprobación de las leyes que legalizaron el aborto. En Estados Unidos, «la pionera del Birth Control» fue Margaret Sanger. Su ley fue aprobada en 1973. En Alemania del Oeste se aprobó en 1974 y en Francia en 1975 bajo el impulso de Simone Veil. «La contracepción femenina daba un golpe mortal a la familia patriarcal dejando el dominio de la procreación a la otra parte... La relación de fuerzas se ha completamente invertido en detrimento del padre, desposeído así de un poder esencial.» Por otra parte, si la fidelidad de la esposa escapaba de la vigilancia del marido, los hombres tenían menos que temer de los bastardos. Esta revolución, junto a la pérdida de referencias de los roles sexuales tradicionales debida a la voluntad femenina de compartir el poder económico con los hombres debilitaba el sistema patriarcal. Elisabeth Badinter se felicitaba de la explosión de la familia tradicional: «Hasta hace unos decenios, el matrimonio era sinónimo de seguridad, respetabilidad y fecundidad. Hoy en día, ha perdido estas tres características esenciales... La considerable pérdida de influencia de la religión ha permitido el desarrollo de dos nuevas costumbres que no se conocían en tiempos pretéritos: el divorcio y las uniones de hecho[609].» Recordemos aquí que el precursor de la ley del divorcio en Francia en 1882 fue otro israelita llamado Alfred Naquet.

---

[608] Elisabeth Badinter, *L'un est l'autre*, Éd. Odile Jacob, 1986, p. 319-321, 333

[609] Elisabeth Badinter, *L'un est l'autre*, Éd. Odile Jacob, 1986, p. 230, 231. Sobre la ley del divorcio: leer *Las Esperanzas planetarias*, p. 79

Las consecuencias de esta revolución cultural sobre la natalidad europea no tardaron en manifestarse, y todavía más con el descenso de nacimientos favorecido por la invención de la píldora abortiva RU 486. Esta píldora abortiva, ideada y producida por el profesor Etienne Beaulieu, generó miles de millones al monopolio Roussel-Uclaf y a su «genial» inventor. ¿Una coincidencia?: el profesor "Beaulieu" también era un israelita: «Nacido en Estrasburgo, el 12 de diciembre de 1926, es el hijo de Leonce Arrodi Blum, nacido en Alsacia, y de su esposa Therese Lion, nacida en Caen. Leonce Blum era el hijo del rabino Felix Blum. Después del Frente Popular, el apellido Blum era difícil de llevar, por lo que los Blum solicitaron el cambio de apellido, lo cual les fue concedido por decreto en 1947. Desde entonces se apellidaron Beaulieu[610].»

El doctor Georges Valensin informaba acerca de estas prácticas abortivas apuntando este testimonio del periodo de entreguerras: «Se acusaba a los médicos israelitas de inmoralidad debido a que se prestaban fácilmente para la limitación de nacimientos. Según la *Libre Parole* del 1 de diciembre de 1935, la ablación de ovarios para esterilizar sus clientas era algo corriente[611].»

Tras Sigmund Freud, los freudo-marxistas de la Escuela de Fráncfort y los batallones de feministas pretendían también banalizar la homosexualidad defendiendo la idea de la naturaleza bisexual de todos los seres humanos. Esto era lo que escribía Elisabeth Badinter en un capítulo titulado «el advenimiento del andrógino»: «En realidad, somos todos andróginos dado que los humanos son bisexuados, en varios aspectos y en distintos grados. Masculino y femenino se entrecruzan en cada uno de nosotros.» La educación tradicional que hasta ahora tenía como función fabricar «hombres» y «mujeres», debe en adelante, según ella, dejar sitio a nuevas normas: «A la educación le correspondía reprimir las ambigüedades y enseñar a rechazar la otra parte de sí mismo. Un hombre "viril", una mujer "femenina" ... La norma impuesta era el contraste y la oposición.» Existe sin embargo «todo un abanico de posibles intermedios entre los dos tipos ideales. En realidad, el adiestramiento consigue más o menos su objetivo, y el adulto conserva siempre dentro de él una parte indestructible del Otro. El modelo de semejanza es propicio para la integración de nuestra naturaleza

---

[610] Henry Coston, *Les Financiers qui mènent le monde,* Édition de 1989, p. 520

[611] Georges Valensin, *La Vie sexuelle juive,* Éditions philosophiques, 1981, p. 145

andrógina.» Y añadía: «Actualmente, es ampliamente aceptado que la realización personal del individuo pasa por el reconocimiento de su bisexualidad[612].» Evidentemente, la forma impersonal "es ampliamente aceptado" se refería sobre todo al mundillo de intelectuales judíos que analizan sus propios casos personales.

Por lo tanto, no deben existir las diferencias entre los hombres y las mujeres, o lo menos posible. «Ahora que las referencias sociales se desvanecen, que se impone la plasticidad de los roles sexuales, y que las mujeres pueden elegir no ser madres, las diferencias específicas entre el Uno y el Otro se tornan cada vez más difícil de percibir... A parte de la irreductible diferencia cromosómica, nos vemos reducidos a unas distinciones de más y de menos. Ciertamente hay más hormonas masculinas en el Uno y femeninas en el Otro, pero los dos sexos producen hormonas masculinas y femeninas. Los hombres tienen una mayor fuerza muscular y más agresividad que las mujeres, pero esas diferencias varían mucho entre individuos.» Hay por lo tanto en realidad «varios tipos intermediarios entre los tipos definidos como femenino y masculino.», escribía Badinter que citaba para apoyar su tesis el profesor Etienne Beaulieu, el cual también defendía que existía «una gran similitud inicial y una cierta plasticidad en la diferenciación de los dos sexos», y «que no hay límites infranqueables entre lo masculino y lo femenino[613].»

Otro sociólogo puntero, James Levine, «que estudia la nueva paternidad en Estados Unidos» apoyaba estos puntos de vista y constataba «la progresiva desaparición de la frontera entre maternidad y paternidad» apuntando que, en los casos de divorcio, «el porcentaje de padres que consiguen la custodia de sus hijos no para de crecer a lo largo del último decenio.» Las feministas han puesto fin a la «división sexual del trabajo».

Elisabeth Badinter citaba además el sociólogo Edgar Morin, el cual consideraba «la feminización de los hombres y la virilización de las mujeres» como una «progreso en el camino hacia la humanización». Y este añadía en *El Paradigma perdido* (p.87): «No cabe duda, en nuestra

---

[612] Elisabeth Badinter, *L'un est l'autre*, Éd. Odile Jacob, 1986, p. 269

[613] Elisabeth Badinter, *L'un est l'autre*, Éd. Odile Jacob, 1986, p. 249

opinión, que el hombre se humaniza desarrollando su feminidad genética y cultural[614].»

«Lo ideal es dar a luz a un ser humano unisexuado», continuaba Elisabeth Badinter. «Al tomar por fin consciencia de la bisexualidad física y psíquica, durante mucho tiempo negada, podemos reducir la alteridad de los dos sexos al mínimo. De momento, la única diferencia que subsiste, como roca intangible, es el hecho de que son las mujeres las que llevan los hijos de los hombres y no la inversa... Al distanciarse de la maternidad, las mujeres dan implícitamente un paso hacia sus compañeros.» Pero esta última diferencia va a desaparecer, y pronto, quizás, los hombres «podrán tener un hijo sin madre, de forma similar a como ciertas mujeres hacen hijos sin padre.» Elisabeth Badinter ponía sobre la mesa «la posibilidad del hombre embarazado»: ¿Delirio? ¿Ciencia-ficción? «Quizás no lo sea. Los dos principales responsables del primer bebé probeta francés ya han puesto en duda su imposibilidad.» En abril de 1985, contestando a una pregunta de una revista femenina: «¿El hombre embarazado es realmente factible?, el profesor René Frydman había respondido: «Hace dos años, no lo hubiera creído. Pero ahora, francamente, ya no lo sé.» Unos meses más tarde, en otra revista, Frydman era «claramente más afirmativo»: «Técnicamente, es posible... el mito del embarazo masculino puede convertirse un día en realidad.» (*Actuel*, febrero de 1986)

Eso pondría fin a las diferencias de sexos y por lo tanto también a las «discriminaciones». «La humanidad bisexual acerca los sexos hasta su máxima similitud posible. De esta manera, permite la expresión de todas las diferencias personales. Ya no está dividida en dos grupos heterogéneos, sino constituida por una multiplicidad de individualidades que se parecen y se distinguen a la vez a través de infinitos matices[615].»

Reconocemos aquí el fanatismo igualitario del judaísmo: siempre la misma obsesión por nivelar las diferencias entre los seres humanos. Las feministas afirman que no existen diferencias entre los sexos, como antaño, los marxistas prometían que las clases sociales serían abolidas, e igual que hoy en día, los demócratas nos vaticinan un mundo sin fronteras que reunirá y englobará la humanidad mestiza. El objetivo siempre es disolver las identidades, sean sexuales, sociales, o

---

[614] Elisabeth Badinter, *L'un est l'autre*, Éd. Odile Jacob, 1986, p. 257, 288

[615] Elisabeth Badinter, *L'un est l'autre*, Éd. Odile Jacob, 1986, p. 244, 303

nacionales, y después coagular las partículas atomizadas con el fin de unificar el mundo y propiciar el advenimiento de una "paz" definitiva, que será la paz de Israel, la *pax judaica*: disolver y coagular.

Uno de los grandes pensadores judíos del siglo XX, Martin Buber, ateo y sionista austríaco de la primera hora, expresó muy bien esta tensión permanente del judaísmo hacia la unidad: «Es esa tensión del judío hacia la unidad lo que hace del judaísmo un fenómeno de la humanidad, y la cuestión judía una cuestión humana... La aspiración por la unidad está en todas partes. Hacia la unidad dentro del individuo. Hacia la unidad entre los miembros divididos del pueblo y entre las naciones. Hacia la unidad del hombre y de todas las cosas vivientes, hacia la unidad de Dios y del mundo... Es esa tensión hacia la unidad, la que está en el origen de la creatividad del judío. En su esfuerzo por acceder a la unidad a partir de la división del yo, concibió la idea de Dios Uno. Del esfuerzo para hacer emerger la unidad a partir de la división de la comunidad, concibió la idea de justicia universal. Del esfuerzo de la unidad a partir de la división de todo lo que vive, concibió la idea de amor universal. Del esfuerzo hacia la unidad a partir de la división del mundo, concibió el ideal mesiánico, que, en una época más tardía, de nuevo con la participación de los judíos, ... llamó socialismo[616].»

Pero esta «tensión hacia la unidad» de la que hablaba Martin Buber se traduce sobre todo por una destructividad contra el resto de la humanidad, siendo innegable que la «creatividad del judío» actúa como un poderoso disolvente de las tradiciones de los pueblos en medio de los cuales se ha instalado. Algunos podrían ver en esa definición del judaísmo una cierta «tensión» hacia el totalitarismo. Otros, incluso, verán en ella la marca del diablo: Disolver y coagular es el lema tatuado en el brazo de Satanás: «*Solve et coagula*».

Elisabeth Badinter admitía que la sociedad ideal unisexuada en la que quería arrastrarnos era una innovación en la historia de la humanidad. La «nueva reflexión sobre los sexos es aún más difícil y arriesgada por el hecho de que no tiene ningún modelo preexistente sobre el que basarse[617].» Hablando claro, estos militantes israelitas no saben muy bien donde nos llevan. Pero lo importante, manifiestamente, es oponerse al estado natural de las cosas: «El control de la naturaleza recula y, con ello, la diferencia que separa a los sexos... La igualdad está

---

[616] Martin Buber, *Judaísme*, Édition Verdier, 1982, p. 34-37

[617] Elisabeth Badinter, *L'un est l'autre*, Éd. Odile Jacob, 1986, p. 249

en vías de realización, genera la semejanza que pone fin a la guerra... El siglo XX ha inaugurado en nuestra parte del mundo algo que se asemeja a una nueva era», escribía Badinter, desechando las objeciones: Los moralistas «no verán en este cambio, tan contrario al orden natural, más que una manifestación de decadencia análoga a tantas otras que ha conocido la historia[618].»

Estas declaraciones se podrían comparar con las del novelista Albert Cohen, en un pasaje de *Bella del Señor*. Al final del libro, Cohen imitaba la corriente de conciencia de James Joyce*, plasmando sobre varias páginas una reveladora verborrea mesiánica-mundana: «Israel es el pueblo de antinaturaleza portador de una loca esperanza que lo natural aborrece las más nobles porciones de la humanidad son de alma judía y se mantienen firmes en su roca que es la Biblia oh judíos míos a quienes en silencio hablo conoced a vuestro pueblo veneradlo por haber querido el cisma y la separación por haber emprendido la lucha contra la naturaleza y sus leyes[619].»

«El hecho de sacar cada vez más a la luz nuestra naturaleza bisexual acaba por desorientarnos», reconocía Elisabeth Badinter. «El nuevo modelo que se está construyendo ante nuestros ojos es angustiante. Actores de una revolución que apenas acaba de esbozarse, hemos perdido nuestras antiguas referencias sin estar seguros de las nuevas... Nos ha tomado por sorpresa este formidable cambio de civilización que hemos provocado... Queremos romper con la antigua civilización, pero a la vez tememos la nueva[620].»

Y debemos reconocer que, hasta ahora, esta revolución civilizatoria no ha favorecido la realización o plenitud de los hombres occidentales: «Los años que acaban de pasar parecen indicar que solo una minoría de hombres reacciona positivamente al nuevo modelo. Por regla general - en este primer estadio de una evolución que acaba de empezar-, manifiestan de distintas formas que no quieren ser los gemelos de las

---

[618] Elisabeth Badinter, *L'un est l'autre*, Éd. Odile Jacob, 1986, p. 245, 250

* Ininterrumpido flujo sin puntuación ni diferenciaciones tipográficas en el que afloran los pensamientos y las impresiones del personaje. (Del famoso soliloquio de Molly Blum en el *Ulises* de Joyce)

[619] Albert Cohen, *Bella del Señor*, Editorial Anagrama, Barcelona, 1992, p. 562, 563

[620] Elisabeth Badinter, *L'un est l'autre*, Éd. Odile Jacob, 1986, p. 249, 247

mujeres... Al no sentirse suficientemente anclados en su propia identidad sexual, los hombres temen que la realización de tareas tradicionalmente femeninas despierte en ellos pulsiones homosexuales[621].» Elisabeth Badinter se apoyaba aquí en otro sexólogo: Según R. Stoller, en efecto, la masculinidad no está presente al nacer: «Al estar el sentimiento de ser varón menos anclado en los hombres, la homosexualidad es sentida como una amenaza mortal para su identidad.»

Ante esta «amenaza mortal», los varones occidentales casi no reaccionan: «Puede sorprender el silencio de los hombres desde el inicio de esta mutación extraordinaria que empezó hace veinte años. Ni libros, ni películas, ni reflexiones profundas sobre su nueva condición. Permanecen mudos, como tetanizados por una evolución que no controlan... No constatamos ninguna toma de consciencia masculina colectiva acerca de las nuevas relaciones entre los sexos. Lo niegan, lo soportan o regresan en silencio. El silencio de la mitad de la humanidad nunca es buen presagio.» Su respuesta «dependerá seguramente de la manera en cómo solucionarán sus problemas de identidad. ¿Serán capaces de cohabitar mejor con su feminidad interior o, al contrario, estarán más angustiados en cuanto a su confianza en sí mismo y su virilidad[622]?» Elisabeth Badinter concluía su libro con esta frase: «¿El final del hombre? No, un nuevo hombre.» Esto mismo ya era la ambición de los bolcheviques.

En la contraportada del libro de Badinter, Rachel Assouline, de la revista *L'Événement du jeudi*, reseñaba así el libro: «Las ideas preconcebidas más arraigadas sobre las relaciones entre hombres y mujeres explotan por los aires. Si el talento de un ensayista se mide por el regocijo y la comezón intelectual que provoca, entonces Elisabeth Badinter es especialmente buena.» De nuevo constatamos la inclinación típica de los intelectuales judíos en provocar «comezón o picores[623]», su necesidad morbosa de provocar a los goyim. Son los que luego se extrañan de ser «perseguidos». Como lo escribía Vicente Acosta en 1623, en su *Discurso contra los judíos*: «Son avaros, maliciosos, envidiosos, asesinos, pérfidos, odiados por Dios y por los hombres,

---

[621] Elisabeth Badinter, *L'un est l'autre*, Éd. Odile Jacob, 1986, p. 280, 282

[622] Elisabeth Badinter, *L'un est l'autre*, Éd. Odile Jacob, 1986, p. 341

[623] Sobre el «comezón o picores»: leer *Psychanalyse du judaïsme*, p. 69

inventores de toda clase de males, rebeldes, sin Fe, sin amor, sin verdad... enemigos mortales del género humano[624].»

El incesto

La cuestión del incesto es lancinante en la producción literaria y cinematográfica del judaísmo. En *Psicoanálisis del judaísmo*, vimos como la Tora ofrece numerosos ejemplos de relaciones incestuosas. Por supuesto, el incesto está terminantemente proscrito por el judaísmo, tal como lo estipula la Tora (Levítico, 18), y el Talmud de Babilonia (Yebamot, 2a). Es lo que trataba de explicarnos Gérard Haddad, en su libro titulado *Las Fuentes talmúdicas del psicoanálisis*[625], con cierta ambigüedad, por cierto. Pues todo es ambiguo en el judaísmo, y es innegable que los judíos saben arreglárselas con los textos bíblicos. En su libro sobre *El Mesianismo judío*, Gershom Scholem, uno de los mayores especialistas de la Cábala, explicaba que los judíos jasídicos sabían ellos también interpretar la ley a su manera, y recordaba que los judíos pertenecientes a la secta herética de los sabateos habían adoptado una norma de conducta que permitía infringir sistemáticamente todas las prohibiciones de la Tora, especialmente la del incesto que habían declarado abrogada[626]. Lo que da pie a una interpretación equívoca en los judíos talmúdicos es interpretado de una manera más clara por los judíos jasídicos, y de manera perfectamente explícita por los judíos sabateos. Sobre este tema nos referiremos a nuestro anterior libro, *Psicoanálisis del judaísmo*.

El investigador estadounidense de origen judío David Bakan llegó a aportar la confirmación de que esas prácticas eran corrientes en las comunidades judías. En su libro titulado *Freud y la tradición mística judía*, se interrogaba acerca «del papel del incesto en la historia judía» para intentar comprender las «repetidas referencias que hace Freud al respecto». «Debido a su endogamia, el problema del incesto se daba de forma característica en las comunidades judías, por lo que el papel del misticismo judío (es decir el jasidismo) consistía en parte en

---

[624] Daniel Tollet, *Les Textes judéophobes et judéophiles dans l'Europe chrétienne à l'époque moderne*, Presses universitaires de France, 2000, p. 45

[625] Gérard Haddad, *Les Sources talmudiques de la psychanalyse*, Desclée de Brouwer, 1981, Poche, 1996

[626] Gershom Scholem, *Le Mesianisme juif*, 1971, Éd. Calmann-Levy, 1974, p. 135-137

proporcionar los medios para asumir los intensos sentimientos de culpabilidad derivados de los deseos incestuosos.» Los judíos, efectivamente, sobre todo en Europa oriental, vivían normalmente en pequeñas comunidades, «de tal manera que la elección de una pareja era extremadamente limitada», y naturalmente estaba prohibido casarse con un o una goy. El arreglo tradicional de los matrimonios por parte de los mayores de la comunidad judía se debía en parte a «que los mayores conocían la información esencial acerca de los grados de parentesco.»

Sabemos, además, que los judíos sefarditas y asquenazíes casaban sus hijos muy jóvenes, con 12 o 13 años [627]. «La costumbre de los matrimonios precoces se justificaba quizás, no solamente por el realismo aplicado generalmente a los impulsos sexuales que existían en los judíos, sino también en la necesidad de paliar las tendencias incestuosas.» David Bakan concluía así: «Las tentaciones incestuosas son quizás, como Freud lo indica, universalmente extendidas, pero eran especialmente marcadas en los judíos, lo cual suscitaba la elaboración de intensas contramedidas y, consecuentemente, un excesivo sentimiento de culpabilidad[628].»

Las costumbres de los judíos son sin duda bastante alejadas de las costumbres europeas. Vimos, en *Psicoanálisis del judaísmo,* que el Talmud era bastante explícito sobre el tema. La lectura de esos textos es fastidiosa, por lo que simplemente mencionaremos dos pasajes ejemplares y asombrosos del tratado Sanedrín 55a-55b (Talmud de Babilonia): «En todos los delitos de incesto [cometido por el niño], el adulto pasivo no incurre en culpa a menos que la otra parte tenga al menos nueve años y un día. De ahí que el Baraitha apoye la afirmación de Rab de que nueve años y un día es la edad mínima de la pareja pasiva para que el adulto sea responsable.» (Sanhedrin, 55a, nota 1). «Una niña de tres años y un día de edad, cuyo padre arregló su compromiso [matrimonial], está comprometida con el coito, ya que el estatus legal del coito con ella es el de un coito completo. En el caso de que el marido sin hijos de una niña de tres años y un día de edad muera, si su hermano mantiene relaciones sexuales con ella, entonces la adquiere como su esposa.» (Sanedrín, 55b).

La cuestión del incesto es sin embargo bastante poco aludida en la producción literaria del judaísmo. Sabemos que el pueblo judío ama

---

[627] Cf. *Psychanalyse du judaísme*, p. 350

[628] David Bakan, *Freud et la tradition mystique juive*, 1963, Payot, 2001

mantener vivo el misterio y el secreto, y el incesto, es precisamente, uno de los secretos sino "EL" secreto del judaísmo. Aparece sin embargo soterradamente aquí y allá, de forma anecdótica, bajo la pluma de algunos novelistas. En el estudio dedicado a Romain Gary que ya vimos, los *Cahiers de l'Herne* nos informaba que su obra reflejaba en muchos sentidos la neurosis del judaísmo: «Las fantasías incestuosas se despliegan en toda su ambivalencia. Con las jóvenes mujeres que conoce, Momo [el héroe de una de sus novelas], duda entre el ligue amoroso y la búsqueda materna. Bajo el pretexto de un amor universal, Jean se acuesta con una mujer que podría perfectamente ser su madre.» La ambigüedad sexual está naturalmente presente: «La diferencia de los sexos se vuelve incierta: Lola, nacida hombre, ha elegido la identidad femenina y ya no se sabe si Rosa, envejecida, es aún una mujer[629].» (*La Vida por delante*).

Vean ahora lo que escribía Elie Wiesel, en *Celebración talmúdica*, cuando tomaba un ejemplo al azar para explicar el Talmud: «A veces la frase talmúdica arrastra con ella otras diez, a veces unas cuantas líneas bastan para contar una historia. ¿Un ejemplo? Una mujer quería consultar Rabbi Eliezer acerca de un grave problema, pero este se negó a ayudarla. Se dirigió entonces a Rabbi Yeoshua, el cual se mostró más benévolo. ¿Cuál era el problema? He aquí:" *B'ni hakatan mibni hagadol*, mi hijo menor tiene por padre mi hijo mayor". Sobre esta mujer incestuosa aquejada por el remordimiento y el deseo de confesarse, ¿no hubiese Dostoyevski sido capaz de escribir seiscientas páginas[630]?»

Elie Wiesel citaba en su libro el caso de Rabbi Elisha, el cual vivió en el siglo II, en tiempos de Adriano y de la guerra en Judea. Wiesel nos decía que fue el «símbolo de la abjuración y de la traición... Tenía los bolsillos llenos de panfletos antijudíos... Peor aún: empezó a militar en favor de la asimilación forzosa... Simpatizó con el ocupante, se volvió un colaborador y finalmente cómplice del ejército romano.» Ese rabbi Elisha «era Akher- representaba las fuerzas oscuras de los judíos, las fuerzas del Mal del hombre... Se le llamaba primero Rabbi Elisha, después Elish ben Abouya, luego ben Abouya, y al final Akher.» ¿Cuál podía ser el origen de esa inaceptable disidencia? «La primera hipótesis apunta a la culpabilidad- por supuesto- de... su madre. Las madres

---

[629] *Emil Ajar, Romain Gary*, Les Cahiers de l'Herne, 2005

[630] Elie Wiesel, *Célébration talmudique*, Éd. Seuil, 1991, p. 12

judías son siempre culpables de lo que les ocurre a sus queridos hijos.» Y Wiesel añadía elípticamente: «Como buen judío, amaba a su madre- un poco demasiado[631].»

Sabemos que Jacques Attali también evocó la cuestión subrepticiamente en 1994, en un pasaje de su novela titulada *Vendrá* (*Il viendra*). En su primera novela, en 1989, también había hecho una alusión a ello. *La Vida eterna* es una novela más o menos incomprensible, y en todo caso terriblemente aburrida, lo cual no impidió que el autor ganara el Gran Premio de la Novela de la Sociedad de la gente de Letras (*Grand Prix du Roman de la Société des gens de Lettres*). Se trata de un libro para iniciados. El autor se expresaba con elipsis para que solo los judíos pudieran comprender de qué iba toda la historia. Esto es lo que se puede leer en la portada: «Allá, sobre una isla desierta- o allí arriba, sobre un estrella lejana cualquiera-, un pueblo aislado de todo por alguna gran catástrofe repite la historia de los hombres desde sus orígenes, incluido la persecución, el exilio y la masacre de una minoría sobresaliente por sus tradiciones, sus poderes mágicos y la vida eterna que se le supone... Memoria y profecía se confunden, y ese "testimonio de ultratumba" empieza a parecerse y confundirse con las más viejas historias que la humanidad haya vivido, recordando la desmesura bárbara de los peores genocidios y las esperanzas más locas de los hacedores de eternidad.» Y «la humanidad» en cuestión, lo habéis comprendido claro, se parece extrañamente a un pequeño pueblo bien conocido.

El libro empezaba bastante bien, prometiendo algunas perlas como esta para el investigador: «En ese pequeño cantón del Universo sobrevivía en penitencia diecisiete millones de hombres y mujeres prisioneros de sus enigmas, avergonzados de sus triunfos, apesadumbrados por su olvido, aterrorizados por sus esperanzas, ebrios de su soledad.» (p. 15). Difícilmente se puede resumir en menos palabras toda la histeria del judaísmo.

Por desgracia, el resto del libro es un galimatías sin pies ni cabeza, en el que Jacques Attali intentaba machaconamente hacer comprender a sus congéneres que se refería efectivamente a ellos, únicamente a ellos y a nadie más que a ellos. Hallamos algunas alusiones un poco más explícitas: Por ejemplo, explicaba que «los "Siv" se convirtieron en profesores de renombre, en banqueros prudentes, en altos funcionarios

---

[631] Elie Wiesel, *Célébration talmudique*, Éd. Seuil, 1991, p. 182-191

eficaces y reconocidos.» (p. 63). Attali acababa declarando al final de su libro que los judíos eran definitivamente la única «humanidad» que valiese la pena: «Ahora os toca a vosotros, todo depende de vosotros. Confío en vosotros. Os lo ruego, protéjanse: sois la última llamarada de la Humanidad[632].»

Pero en esta historia absurda, también era cuestión de un «Gran Libro del Secreto», de un «Gran Orador». La heroína se llamaba Golischa: «De su padre nada sabía: ni su nombre, ni su rostro, ni su historia. Había oído decir a algunos oficiales de la Guardia que había sido un aventurero, fallecido antes de su nacimiento en una emboscada... Un día, hasta oyó uno de sus servidores asegurar en círculos restringidos que su abuelo era también su padre, lo cual explicaba la postración de la madre y la reclusión de la hija[633].» En pocas palabras, su abuelo se había acostado con su propia hija.

Completemos este capítulo sobre el incesto con el análisis de la producción cinematográfica, aunque resulte muy probablemente incompleto. Efectivamente, para ello deberíamos volver a ver todas las películas de los directores judíos, pero esta vez con la visión más aguda que nos proporcionan estos nuevos conocimientos acerca del universo mental tan particular de los intelectuales judíos.

Hace años, cuando vimos la película *Chinatown* de Roman Polanski (1974) por primera vez, no detectamos nada específicamente judío, por la sencilla razón de que no le prestábamos atención. Recordemos brevemente la historia: En Los Ángeles, en los años treinta, la sequía obliga los pequeños granjeros a vender sus tierras. Estas son compradas a precio de saldo por grandes terratenientes con la complicidad de la municipalidad que detrae el agua valiosa por las noches. Jack Nicholson, detective privado, investiga este caso, lo cual no es del agrado de todo el mundo. Recibe entonces un fuerte aviso y un buen corte en la nariz. Con la venda puesta, le preguntan: ¿Duele?" ¡Solo cuando respiro!". Al final de la película, la hermosa Faye Dunaway, abofeteada por Nicholson, desvela por fin quien es esa joven chica que oculta a la vista de todos: se trata a la vez de su hija y de su hermana. Tuvo una hija con el monstruo de su padre, el gran terrateniente. En esta película, Roman Polansky ha proyectado típicamente sobre los goyim un problema que

---

[632] Jacques Attali, *La Vie éternelle*, Éd. Fayard, 1989, p. 241

[633] Jacques Attali, *La Vie éternelle*, Éd. Fayard, 1989, p. 16

atormenta la comunidad judía. Es de notoriedad pública que Polanski sigue en busca y captura por parte de la justicia estadounidense por un caso de pedofilia.

Veamos la película del famoso director Joseph Mankiewicz, *De repente en el verano* (*Suddenly, Last Summer,* 1960): Una rica estadounidense (Katherine Hepburn) traumatizada por la muerte de su hijo, recurre a los servicios de un famoso médico para practicarle una lobotomía a su sobrina (Elizabeth Taylor), internada en un hospital psiquiátrico y a la que reprocha haberla separado de su «querido hijo». La relación incestuosa -aquí, entre madre e hijo- está fuertemente sugerida. Aquí también, el director ha proyectado de forma típica sus obsesiones sobre una familia cristiana. Destaquemos que el único personaje cuerdo de la historia es el "gran cirujano llamado Cukrowicz", pero Joseph Mankiewicz lo encarnó en un ario bien apuesto (Montgomery Clift) para despistar al espectador.

La película de Louis Malle, *El soplo al corazón* (1971) trataba también del incesto. Esto nos hace pensar que Louis malle, a tenor del resto de su producción, cuando menos "comprometida", es de origen judío. La historia es la de una familia burguesa de Dijon durante el año 1954, que marca el final de la guerra de Indochina. El padre es un ginecólogo muy atareado; Clara, la madre, se ocupa de su hijo Laurent, el benjamín, que sufre de una enfermedad cardíaca. Lo acompaña en una cura, y su complicidad desemboca en una relación incestuosa. Louis Malle "fustiga una sociedad encorsetada", aplaude la crítica... Esto decía el izquierdista Jean-Luc Doin, en su libro *Películas de escándalo*, con respecto a Louis Malle: «Irrita los biempensantes describiendo un incesto madre-hijo sobre un fondo de Jazz en *El Soplo al corazón* (1971) y el amorío ardiente entre un diputado británico y la novia de su hijo en *Herida* (*Fatale,* 1992)[634].»

En 1997, el director cosmopolita Milos Forman presentaba *Larry Flint*, una película sobre la vida escandalosa del magnate de la prensa pornográfica convertido en el abanderado de EEUU contra el orden moral. Su reciente redifusión nos ha permitido constatar que la cuestión

---

[634] Jean-Luc Doin, *Films à scandale*, Éditions du Chêne, 2001, p. 38. En un libro de diálogos con Louis Malle, publicado en 1993, nos enteramos de que el director es originario del norte de Francia. Su padre era el director de una fábrica azucarera perteneciente a la familia Beghin. Françoise, su madre, era una señorita Beghin. (Philip French, *Conversation avec Louis Malle*, Denoël, 1993, p. 207).

del incesto está también presente. Vemos ese "papa" de la pornografía -representado con los rasgos de un goy- llevado ante la justicia por el representante del "orden moral" por haber caricaturado a este en un periódico teniendo sexo con su propia madre en el baño. Nuevamente, se verifica la proyección acusatoria. En Francia, las asociaciones católicas habían conseguido hacer que retiraran el cartel de la película, que representaba un hombre crucificado sobre la entrepierna de una mujer.

En *Salir del armario* (Francia, 2001), Francis Veber narraba la historia de un contable monótono y sin personalidad que iba a ser despedido. Siguiendo los consejos de su vecino, un viejo homosexual, decide hacerse pasar por un homosexual para intentar mantener su empleo. A su alrededor, las miradas de los demás cambian y todo le sale bien. Al parecer, el director Francis Veber «denuncia el reino de lo políticamente correcto». La película banalizaba la homosexualidad y presentaba las personas todavía un poco reticentes como unos imbéciles intolerantes y brutales, que ocultaban probablemente una «homosexualidad reprimida». En el minuto 47 de la película, un diálogo entre dos empleados abordaba el tema del incesto, acerca de una película estrenada la víspera en televisión: la historia de una chica enamorada de un hombre que descubría finalmente que era su padre. Los cineastas judíos introducen a menudo estos guiños de ojos en sus películas que solo los iniciados perciben.

Charlotte for Ever de Serge Gainsbourg (1986) contaba las relaciones turbias entre un padre etílico, Stan, y su hija de quince años. Esta atracción hacia los jóvenes se veía también por ejemplo en *Lolita*, una película de Stanley Kubrick de 1962, basada en la novela de Vladimir Nabokov: Humbert, profesor de literatura divorciado y atractivo, alquila una habitación en la casa de Charlotte, una viuda culta. Esta intenta seducirlo, pero el profesor se siente atraído por la hija adolescente de esta, Lolita. Acaba casándose con la madre para poder quedarse cerca de la hija. Al morir Charlotte, Humbert llevará Lolita de vuelta por los Estados Unidos en un viaje lamentable que levantará las sospechas a su alrededor.

El tema era también abordado en *Baby Doll*, de Elia Kazan (1957): En un lugar recóndito de Estados Unidos, Archie, un tipo que anda un poco perdido desde la quiebra de su empresa, está casado con una chica sexy que ha decidido esperar sus veinte años para consumar el matrimonio. Sin embargo, no podrá impedir que un rival seduzca su linda mujer inmadura.

Evidentemente, no todos los cineastas que han tratado el incesto son judíos, aunque se pueda dudar de sus orígenes, ya que la judeidad se suele vivir en secreto. En *La Luna* (1979), el cineasta de izquierda Bernardo Bertolucci narraba la historia de Caterina. Esta famosa cantante de ópera abandona definitivamente Estados Unidos al fallecer su marido. Se instala en Italia con su hijo Joe. Cuando descubre horrorizada que Joe se droga, comprende que fue demasiada negligente y decide ocuparse de él.

El muy provocador y anticlerical cineasta mexicano (ex español) Luis Buñuel dirigió en 1961 la película *Viridiana*: el final de la película sugería una escena de incesto entre una joven mujer y su primo. Pero la censura obligó al cineasta a andarse con rodeos. Esto escribía Jean-Luc Doin en su *Diccionario de la censura en el cine:*" En una primera versión, Buñuel mostraba la heroína llamando a la puerta de su primo. La puerta se abría, ella entraba, y la puerta se cerraba. Como la censura rechazó ese epílogo con aires de incesto, Buñuel mostró Viridiana juntándose con su primo y amante en una partida de naipes. El primo decía a modo de conclusión:" Sabía que acabarías por jugar con nosotros". Un final insidioso ya que sugiere un *ménage à trois*.[635]."

La película *Festen* fue dirigida por el danés Thomas Vintergerg (1998): En una familia muy respetable, todo el mundo está convidado para celebrar los sesenta años del cabeza de familia. Pero rápidamente se desvelarán terribles secretos: el padre abusó sexualmente de su hija y de su hijo durante años.

El incesto era evocado en *Sitcom*, una película de François Ozon que muestra una familia francesa muy tranquila hasta el día en que el padre tiene la extraña idea de comprar una rata y ofrecerla a sus hijos. A partir de ese momento todo se desbarata: el hijo descubre que es homosexual y empieza a revolcarse con el marido de la criada, un negro; la hija se vuelve sádica e intenta suicidarse; la madre tiene deseos incestuosos con su hijo, mientras que el marido permanece impasible, como ido y ausente. En una escena bastante sintomática, el hombre se convierte en una rata gigante y agrede a su esposa en el dormitorio. Finalmente, es matado a cuchillazos por su hija. La última escena de la película es la siguiente: la madre, el hijo y la hija meditan sobre su tumba. Reflejado en un espejo, aparece sobre la lápida el crucifijo al revés, de forma

---

[635] Jean-Luc Doin, *Dictionnaire de la censure au cinéma*, Presse Universitaire de France, 1998, p. 307

satánica. Y de nuevo comprobamos las convergencias entre la homosexualidad militante y las obsesiones del judaísmo. La película es «mordaz, hilarante y totalmente iconoclasta» según *Le Parisien* (15 de julio del 2006). Es cierto que cuando se trata de mancillar los valores familiares, arrastrar por el fango el catolicismo y escupir sobre los valores de la civilización europea, siempre sale un periodista cosmopolita para calificarlo de "genial", "perturbador", "irritante", hasta que los "biempensantes" intentan sacudirse esos odiosos parásitos.

Debemos mencionar también en este capítulo a Jonathan Litell, ganador del premio Goncourt en el 2006 con su novela *Las Benévolas*. El autor describía el sufrimiento de los judíos durante la Segunda Guerra mundial a través de un personaje un poco especial: un oficial SS, homosexual, pedófilo, y que habría mantenido relaciones sexuales con su hermana gemela. Como vemos, otra vez, la homosexualidad y el incesto están muy presentes en el judaísmo. Pero aquí, como en todo lo demás, los intelectuales judíos proyectan su neurosis sobre los demás, sobre «toda la humanidad». Nos parece bastante evidente que, al encarnarse en el personaje de un oficial SS, este Jonathan Littell no ha hecho más que proyectar sobre los nazis su trastorno de identidad y el odio que profesa inconscientemente a su propio pueblo. Por otra parte, las *Benévolas* son criaturas mitológicas salidas del infierno «que se ensañan contra Orestes después de que este matara a su madre». Ya vimos lo que escribía Xaviera Hollander: los judíos estadounidenses «... son mis clientes más extravagantes y depravados. Muchos de ellos parecen estar atravesando por el sicoanálisis con problemas que surgieron por tener una madre demasiado dominante o una esposa que es una princesa judía-americana que trata de dominarlos... Muchos de los médicos judíos que vienen a mi casa, son extravagantes, y usualmente desean ser esclavos.» (*La Alegre Madame*, p. 181). Esta es la razón por la que Jonathan Litell, que desea inconscientemente matar a su madre y a todo el pueblo judío, se ha encarnado en un SS sádico y ha elegido *Las Benévolas* como título de su novela. Todas esas tonterías y tergiversaciones no impedirán que se convierta en un «príncipe de la literatura». Se dice que más de 200 000 judíos ya han comprado su libro...

En la misma línea, podríamos ver también la película de Woody Allen, *Desmontado Harry* (EEUU, 1997). El director encarna el papel de un escritor judío angustiado que se siente mal consigo mismo. Le pide a una prostituta que lo ate en una cama, le haga daño azotándolo, antes de acabar con una felación: ¡otra «benévola!»

Elisabeth Badinter dejó un pasaje bastante explícito sobre el tema del incesto cuando analizaba la evolución de nuestras sociedades europeas sometidas a los delirios del judaísmo cultural. Intentaba de manera confusa justificar el incesto, fingiendo ver en él una evolución natural de la sociedad, para finalmente presentar su práctica como una liberación: «Percibimos cada vez menos el amplio sistema de intercambio social que daba su carácter positivo a la ley de exogamia, es decir a la prohibición del incesto. Como las mujeres ya no tienen valor de cambio ni valor de paz, la necesaria prohibición del incesto pierde una de sus más importantes justificaciones. Después de las explicaciones biológicas de la prohibición del incesto -sabemos hoy en día que las uniones endogámicas no son más nefastas que las otras-, ahora también decae la ventaja social de las uniones necesarias. Pero a la humanidad no se le agotan los argumentos para evitar aquello que aborrece: se justifica de otro modo el mantenimiento del tabú. El discurso ya no es el de la biología, o de la antropología, sino el del psicoanálisis. La locura es hoy en día la última barrera contra el incesto. Las relaciones sexuales entre hermanos y hermanas, y sobre todo entre padres e hijos son declaradas patológicas y causantes de la infelicidad. Pero, por primera vez, algunos se atreven a reivindicar a cara descubierta el derecho al incesto y otros se afanan en desdramatizarlo. Así es como Wardell Pomeroy... afirma tranquilamente que "ha llegado el momento de reconocer que el incesto no es necesariamente una perversión o una forma de enfermedad mental, y que incluso a veces puede ser benéfico".» Elisabeth Badinter añadía: «Las prohibiciones pesan cada vez menos y, al ser las tentaciones de desafiarlas cada vez más grandes, estas quizás hagan caer en desuso el tabú universal del incesto[636].»

En su libro sobre el antisemitismo, teníamos a Stéphane Zagdanski avisándonos de que debíamos «descifrar» sus palabras y restablecer el sentido de sus frases. A propósito de los «antisemitas», escribía: «Para descifrar: se dejan llevar egoístamente por los oscuros placeres del incesto a los que nos han vetado el acceso. Hay que comprender que el antisemita está muy preocupado por el incesto, lo cual es lógico, ya que sufre de una deficiencia de sus límites[637].»

El doctor Georges Valensin recordaba que el psicoanálisis, que lo lleva todo al terreno de la sexualidad, había salido del cerebro de un judío, el

---

[636] Elisabeth Badinter, *L'un est l'autre*, Éd. Odile Jacob, 1986, p. 239

[637] Stéphane Zagdanski, *De l'Antisémitisme*, Climats, 1995, 2006, p. 206. Cf: *Psychanalyse du judaísme*, p. 357

de Sigmund Freud: «Dotado de un espíritu talmúdico, con su necesidad de profundizar y de discutir, descubría el sexo por todas partes. El psicoanálisis fue un asunto judío[638].» Efectivamente, Freud, que estaba impregnado de judaísmo, se había criado en una familia creyente de Moravia. «Había probablemente leído el Zohar, según el cual "todo el meollo, toda la savia y fuerza de la vida provienen de los órganos genitales".»

En Viena, donde vivía, los judíos «eran extremadamente numerosos, sobre todo en la clase media e intelectual»: aquella donde reclutaba su clientela. George Valensin escribía: «Su propio origen judío debía alejar buena parte de los pacientes cristianos, menos neuróticos que los hijos de Israel, perpetuamente inquietos... Muchos clientes circuncidados podían dar cuenta de la importancia desorbitada dada al complejo de castración por parte del padre del psicoanálisis: La envidia del pene, otro descubrimiento freudiano, podía explicarse por la extrema predilección que tenían los niños en las familias judías; las niñas debían lamentarse profundamente de no ser un varón.»

Respecto al incesto, el doctor Valensin decía con un suave eufemismo: «El complejo de Edipo, el amor por el progenitor de sexo opuesto se producía más intensamente en la familia judía, al vivir ésta más encerrada en sí misma.» Así es, efectivamente: «encerrada en sí misma». Podemos, por lo tanto, concluir junto a Georges Valensin: «Freud ha generalizado las inhibiciones, probablemente mucho más frecuentes en los judíos refrenados por su moral... A través del psicoanálisis, la cristiandad iba a impregnarse todavía más de judaísmo[639].»

Es cierto que el psicoanalista había sustituido el cura para cuidar de las almas, pero con la diferencia de que uno lo hacía gratis mientras que el otro exigía ser pagado. Es gracioso constatar como ese «pueblo

---

[638] El doctor Valensin mencionaba lo que habíamos analizado en *Psicoanálisis del judaísmo* sobre los orígenes judíos de la inspiración de Sigmund Freud: «Dio un nuevo impulso al estudio de los sueños; ya existían 24 intérpretes profesionales de los sueños en Jerusalén según el Talmud, el cual está lleno de historias de sueños con un sentido divinatorio.» (Encyclopedia judaïca, vol. XIII, art. *Les rêves*). «En Marrakech, un viajero observaba sorprendido que en el barrio judío los sueños eran un tema constante de conversación.» (J. Benech, *Essai d'explication d'un mellah*, Marrakech, 1936, p. 114). La interpretación de los sueños era una práctica corriente en Babilonia y en Sumeria.

[639] Georges Valensin, *La Vie sexuelle juive*, Éditions philosophiques, 1981, p. 171, 172

enfermo[640]» constituye la mayor parte de los batallones de aquellos que pretenden curar la humanidad. Pero esto no es más que una de las muchas «paradojas» del judaísmo. La verdad es que todos esos psicoanalistas judíos no ejercen su profesión tanto para curar sus pacientes como para tratar de curarse a sí mismos a través de ellos. No es casualidad que Freud haya construido su carrera en base al análisis de la patología histérica, dado que, por una parte, él mismo se sentía directamente afectado, y que, por otra, podía constatar que el mal estaba ampliamente extendido en la comunidad judía, por la sencilla razón de que el incesto, que es la causa que lo produce, parece ser mucho más común en ella que en el resto de la sociedad. Con su teoría del complejo de Edipo, Freud solo había proyectado una especificidad judía sobre toda la humanidad, pues en realidad, el famoso "complejo de Edipo" es sobre todo el "complejo de Israel", el de una madre que se acuesta con su propio hijo. Cuando afirmaba que las neurosis tenían su origen en la represión de los impulsos sexuales por la moral cristiana, en realidad proyectaba su propia neurosis y la neurosis del judaísmo sobre una civilización que odiaba de forma consciente. De hecho, él mismo nos había avisado al desembarcar en Estados Unidos: «¡No saben que les traemos la peste!»

La angustia judía

La neurosis judía se traduce, en el plano religioso, por un proyecto megalómano con pretensiones universales. Se trata de obrar para la unificación de la tierra, la desaparición de las razas, de las religiones y de las naciones, en un gran mestizaje planetario, que desemboque en un mundo de «Paz», preludio de la llegada del Mesías. En el plano individual, esta neurosis presenta a veces una cara que puede inspirar compasión cuando es expresada con sinceridad. El famoso novelista estadounidense Philp Roth dejó un testimonio al respecto, en *El mal de Portnoy*, una novela publicada en 1967. En ese libro, del que se vendieron en todo el mundo cinco millones de ejemplares[641], el autor

---

[640] Jacques Attali mencionaba en esos términos la expulsión de los judíos de Egipto: «Según la tradición, esta partida tiene lugar en -1212. Los textos egipcios de la época mencionan además la expulsión de un pueblo enfermo, o de un pueblo con un rey leproso, y una sublevación de esclavos extranjeros.» (*Los Judíos, el mundo y el dinero*, Fondo de cultura económica de Argentina, Buenos Aires, 2005, p. 29).

[641] Debemos entender que tuvo un gran éxito dentro de la comunidad judía.

aparece verdaderamente como un maníaco sexual. Las primeras páginas explican al lector la naturaleza del «mal de Portnoy»: «Trastorno en que los impulsos altruistas y morales se experimentan con mucha intensidad, pero se hallan en perpetua guerra con el deseo sexual más extremado y, en ocasiones, perverso. Al respecto dice Spielvogel:Abundan los actos de exhibicionismo, voyerismo, fetichismo y autoerotismo, así como el coito oral... Spielvogel considera que estos síntomas pueden remontarse a los vínculos que hayan prevalecido en la relación madre-hijo.» En este caso, naturalmente lo habéis adivinado, se trata de una madre judía.

Philip Roth, obviamente estaba profundamente afectado por ello: «Doctor Spielvogel, ésta es mi vida; y resulta que toda ella pasa en un chiste de judíos. Soy hijo de un chiste de judíos, ¡pero sin ser ningún chiste! Por favor, ¿quién nos ha dejado así de tullidos? ¿Quién nos hizo tan morbosos y tan histéricos y tan débiles? ... Doctor, ¿qué nombre le daría usted a esta enfermedad que padezco? ¿Es eso el sufrimiento judío de que tanto he oído hablar?... Doctor, no lo soporto más, no soporto vivir tan aterrorizado por nada. ¡Otórgueme la bendición de la virilidad! ¡Hágame valiente! ¡Hágame fuerte! ¡Hágame completo! Estoy harto de ser un muchacho judío la mar de simpático, de darles gusto a mis padres en público, mientras en privado me tiro del *putz**. ¡Ya está bien[642]!»

La familia Roth se enteró un día de que un chico de quince años llamado Ronald Nimkin, un chaval del barrio se había ahorcado en la sala de baño. En el edificio, las mujeres comentaban el hecho: «¡No se podría encontrar un muchacho más enamorado de su madre que Ronald!». Y Philip Roth indignado exclamaba: «Se lo juro, no me lo invento, no es un recuerdo manipulado, son exactamente las palabras que esas mujeres utilizan... Mi propia madre... me recibe con la siguiente salutación telefónica:" Bueno, ¿cómo está mi amor?" Me llama su amor con el marido escuchando... Y jamás se le pasa por la cabeza que, si yo soy su amor, ¿quién es él, el *schmegeggy** con quién vive?» Las madres judías, «enamoradas» de sus hijos, imaginan probablemente haber dado a luz el tan esperado Mesías de Israel. Philip Roth añadía: «¿Qué les pasaba a estos padres judíos?,¿qué eran capaces de hacernos creer a los judiitos jóvenes, por un lado, que éramos unos príncipes, únicos en el mundo, como los unicornios, genios, más brillantes que nadie nunca y más

---

* Pene

[642] Philip Roth, *El mal de Portnoy*, Seix Barral, Barcelona, 2007, Debolsillo, Mondadori, 2008, p. 35

guapos que ningún otro niño de la historia?... Redentores, pura perfección⁶⁴³...»

Esto podría explicar en parte porque tantos periodistas tienen la costumbre de ensalzar sus congéneres de la manera más indecente, calificando sus obras de «geniales», «incomparables», «espléndidas», etc. El novelista daba rienda suelta a su rencor contra sus padres: «Porque estoy hasta las narices de que si goyische patatín y goyische patatán. Si es malo, es goyim, si es bueno, es judío. ¿No os dais cuenta, mis queridos progenitores, …, de que semejante modo de pensar resulta un tanto bárbaro, de que en realidad lo único que hacéis es poner de manifiesto vuestro miedo? La primera diferencia que aprendí de vosotros, estoy seguro, no fue entre la noche y el día, ni entre el frío y el calor, sino entre lo goyische y lo judío... pedazo de *schmuck***, estrechos de mente- ¡qué odio me suscita esa estrecha mentalidad judía que tenéis⁶⁴⁴!»

La novela de Philip Roth está naturalmente sobrecargada de escenas pornográficas. Al final del libro, su héroe viaja a Israel, con la esperanza de que su neurosis obsesiva por fin se calme. En una playa de Tel-Aviv, comparte con nosotros su asombro: «Salgo de la habitación y voy a chapotear en el mar con los judíos felices. Me baño en la zona donde más se agolpa la gente. ¡Estoy jugueteando en un mar lleno de judíos!¡Judíos retozones, que van dando saltitos por ahí!¡Sus judías extremidades se desplazan por el agua, no menos judía!¡Los niños judíos se están riendo como si fueran los amos del lugar! ... ¡El caso es que sí, que este sitio les pertenece!¡Y el socorrista, otro judío! Playa arriba, playa abajo, hasta donde me alcanza la vista. Todos judíos, y más que van derramándose como de una cornucopia, en la hermosa mañana. Me tiendo en la playa, cierro los ojos. De lo alto me llega un ruido de motor: nada que temer, es un avión judío. Debajo de mí, la arena está caliente, y es judía. Le compro un helado judío a un heladero no menos

---

⁶⁴³ Philip Roth, *El mal de Portnoy*, Seix Barral, Barcelona, 2007, Debolsillo, Mondadori, 2008, p. 94, 116

* Cornudo

⁶⁴⁴ Philip Roth, *El mal de Portnoy*, Seix Barral, Barcelona, 2007, Debolsillo, Mondadori, 2008, p. 72, 73

** Estúpido

judío." Qué cosas", me digo:" ¡un país judío!" ... Alex en el País de las Maravillas[645].»

Todo va bien, pero desgraciadamente su neurosis judía parece perseguirle hasta el final. Mientras está con una joven teniente del ejército israelí en su habitación de hotel descubre que es impotente: ¡impotente en Israel[646]! Finalmente, todas esas desgracias le llevan a considerar su desdichada condición de judío: «Nosotros, los judíos psiconeuróticos caídos... »

En *El Mundo moderno y la cuestión judía*, publicado en el 2006, el sociólogo planetario Edgar Morin también proyecta sus taras sobre los demás, después de haber experimentado algunos sinsabores con su propia comunidad por sus declaraciones acerca de la política israelí. Finge descubrir que la «psicopatología judía» es un fenómeno reciente: «Después de la psicopatología antisemita obsesionada con el judío omnipresente y amenazante, ha aparecido una psicopatología judía obsesiva que detecta el antisemitismo omnipresente y amenazante[647].»

Pero sabemos perfectamente que esta angustia judía, que tiene a menudo la apariencia de una pura paranoia, está desde tiempos antiguos profundamente arraigada en el alma judía; y el antisemitismo, que los judíos se complacen en exagerar desmesuradamente, poco tiene que ver con ello. Escuchemos el escritor Georges Perec: «Ser judío no está ligado a una creencia, a una religión, a una práctica, a una cultura, a un folclore, a una historia, a un destino, a una lengua. Más bien sería una ausencia, una pregunta, una vacilación, una inquietud: una certeza inquietante detrás de la cual se perfila otra certeza, abstracta, pesada, insoportable: la de haber sido designado como judío, y por ello víctima[648].»

Hace tres años, antes de la publicación del primer volumen de este estudio sobre el judaísmo, habíamos descartado este testimonio, pensando que se trataba de otra manifestación de la "perfidia" de los judíos, siempre dispuestos a hacer jeremiadas para engañar a los goyim. Pensamos ahora que es imposible comprender el alma judía si no se

---

[645] Philip Roth, *El mal de Portnoy*, Seix Barral, Barcelona, 2007, Debolsillo, Mondadori, 2008, p. 253, 254

[646] "¡No pude mantener la erección en la Tierra Prometida!"

[647] Edgar Morin, *Le Monde moderne et la question juive*, Éd. Seuil, 2006, p.152

[648] Georges Perec, *Je suis né*, Éd. Seuil, 1990, p. 99

tiene en cuenta esta angustia existencial que socava la mayoría de los judíos, por lo menos los intelectuales. Escuchemos también Georges Friedmann, que escribía en 1965: «La inquietud judía es un hecho psicológico, ético, social... La gama se extiende, a partir de manifestaciones débiles, intermitentes, hasta las formas típicas de la ansiedad, la angustia y la neurosis[649].»

En el 2002, un tal Joseph Bialot publicaba un libro de recuerdos. Para aquella ocasión, el diario *Le Monde* le dedicaba generosamente una plana entera. El autor, nacido en 1923 en Varsovia, se había instalado en París con su familia, en el barrio popular de Belleville. Naturalmente, él también había vivido la experiencia de los campos de la muerte. «Los judíos de Europa occidental, estaban perfectamente integrados, no estaban en absoluto preparados para el horror.» Como otros cientos de miles, pudo regresar vivo para contarlo. Pero Joseph Bialot lo decía francamente: el traumatismo que tenía no se debía tanto a esa experiencia concentracionaria como a la educación recibida: «Yo, tenía sobre todo que curarme de una neurosis familiar debida a la "sobreprotección".» Efectivamente, este miembro del Partido comunista iba a un psicoanalista desde hacía nueve años.

«Quizás haya dos maneras de tratar la neurosis judía, el psicoanálisis y el sionismo.» Era lo que declaraba en *Radio J* en 2006 Michael Bar-Zvi, el autor de una *Filosofía de la nación judía*.

Jacques Kupfer, que fue dirigente del Betar en Francia en los años 1980, aportaba un testimonio que corroboraba esa idea. En 1979, este judío de origen ruso-polaco tenía treinta años y estaba decidido en convencer, mediante conferencias y reuniones, a los judíos franceses de instalarse en Israel, hacer su *"alyah"* como dicen. Se define como judío, exclusivamente judío: «Yo solo soy judío, para nada francés... A mí me importa un pepino Francia... Si no fuera por mi padre, hace tiempo que ya estaría en Israel... No es por voluntad propia que me quedo en Francia: no quiero abandonar mis padres que son muy mayores para rehacer otra vez su vida.» Para él, los judíos de todo el mundo están destinados a vivir en Israel. Y a la pregunta del periodista: «¿Cómo explica que muy pocos judíos franceses se marchen a Israel?», respondía: «¡Porque están enfermos! Lo digo sin maldad, pues yo también tengo restos de esa enfermedad. Dos mil años de gueto, os lo repito: es una enfermedad que hace que sea muy difícil poder

---

[649] Georges Friedmann, *Fin du peuple juif?* Éd. Gallimard, 1965, p. 341

trasplantarse.» E insistía en ese punto: «El pueblo judío está enfermo de dos mil años de *gola*[650].»

El historiador Henri Minczeles, que estudiaba el desarrollo de las ideas sionistas en las comunidades de Rusia a principios del siglo XX, también planteaba la cuestión. En aquella época, Leo Pinsker había publicado un libro titulado *Auto-emancipación*, que presentaba «un intento de solución del problema judío mediante el territorialismo.» El libro fue el preludio a la constitución del grupo Am Olam (El Pueblo eterno), que influenció el movimiento sionista en sus inicios: «Precursor del sionismo, Pinsker caracterizaba el pueblo judío como una comunidad de gente enferma. Para remediar esta situación anómala, casi desesperada, había que buscar espacios vírgenes de habitantes, dondequiera que fuese[651].»

El escritor Romain Gary también evidenció en una de sus novelas esta neurosis tan específica del judaísmo: «Encarnado por un personaje ingresado en una clínica psiquiátrica debido a "auténticos trastornos de personalidad", *Pseudo* explora de manera privilegiada las fronteras fluctuantes que separan la razón y la locura... El propio Momo experimenta puntualmente crisis de violencia que lo desbordan:" Es como si tuviera un habitante dentro de mí[652].»

El dosier del *Nouvel Observateur* del 26 de febrero del 2004, dedicado a la publicación de una biografía de Myriam Anissimov titulada *Romain Gary, el cameleón*, revelaba otra faceta del personaje: «Gary ha mentido muchas veces, sin sonrojarse, elevando la disimulación al rango de los derechos del hombre.» Contaba, por ejemplo, que era el «hijo de Ivan Mosjoukine, un digno y bello actor famoso en la Rusia de los años 1930.» El periodista contestaba a esto: «Myriam Anissimov es tajante: imposible. Mina Kacew, la madre de Romain jamás puso los pies en el teatro donde el escritor afirma que se amaron.» Más tarde, en *La Promesa del alba*, Gary haría de Mina una diseñadora de renombre de París. «Su madre era en realidad una humilde sombrerera que trabajaba

---

[650] André Harris et Alain de Sédouy, *Juifs et Français*, Grasset, 1979, Poche, 1980, p. 328-344. "*Gola*": Exilio.

[651] Henri Minczeles, *Histoire générale du Bund*, 1995, Denoël, 1999, p. 26

[652] *La Vie devant soi*, p. 56 *in Emil Ajar, Romain Gary*, Les Cahiers de l'Herne, 2005

con dificultad en los suburbios mugrientos de Wilno, en Polonia. El trabajo de los biógrafos es despiadado», añadía el periodista, el cual escribía, además: «la mentira era para él una cortesía, una tarjeta de visita.» Tampoco fueron mencionados los hechos de armas de este «héroe de la Francia libre» ...

Al igual que Romain Gary, Elie Wiesél también tenía un "habitante" dentro de él -un *"dibbouk"*-, tal como lo confesaba en su última novela titulada *Un loco deseo de bailar*, publicada en el 2006: su héroe, que «sufre de una locura debido al exceso de memoria» se confesaba a un psicoanalista: «Como el dibbouk, me refugio en mi locura como en una cama caliente en una noche de invierno. Si, así es. Es un dibbouk que me persigue, que vive dentro de mí. Él que ocupa mi lugar. Él que usurpa mi identidad y me impone su destino... ¿De dónde viene mi gran desasosiego, esos cambios, esas repentinas metamorfosis, sin explicaciones ni ritos de pasaje, ese estar de capa caída cercano al embrutecimiento, esa vacilación del ser que caracteriza mi malestar?» Wiesel se preguntaba con angustia, a través de su personaje: «¿Soy paranoico, esquizofrénico, histérico, neurótico[653]?»

Y al igual que Romain Gary, Elie Wiesel también era propenso a la fabulación. Conocemos la lamentable tendencia de numerosos intelectuales judíos a tergiversar la realidad y a decir tonterías. En *Psicoanálisis del judaísmo*, nos detuvimos largamente sobre los testimonios de Elie Wiesel, de Samuel Pisar o de Marek Halter. Citemos aquí al historiador Pierre Vidal-Naquet, el cual declaró un día acerca de Elie Wiesel: «El rabino Kahane, ese extremista judío... es menos peligroso que un hombre como Elie Wiesel que no dice más que sandeces... Basta leer *La Noche* para darse cuenta de que algunas de sus descripciones no son exactas y que acaba transformándose en un vendedor de holocausto... Pues él también le falta a la verdad, una falta inmensa a la verdad histórica[654].»

Pero otros escritores judíos, más sensatos, también se dejaron engañar por la imaginación de esos fabuladores. Así, en el prefacio de un libro sobre el drama de la Segunda Guerra mundial, Arthur Koestler repetía ingenuamente algunas patrañas que hoy en día ya nadie cree: «Cientos de libros fueron dedicados a la preservación y limpieza de la raza de los amos, mientras que al mismo tiempo se fundía y transformaba

---

[653] Elie Wiesel, *Un Désir fou de danser*, Éd. Seuil, 2006, p. 29, 13

[654] Pierre Vidal-Naquet in *Zéro*, abril de 1987, p. 57.

cadáveres en jabón⁶⁵⁵.» Incluso en abril del 2003, podíamos leer Frederic Stroussi escribir con seriedad en *Israël Magazine*: «El SS Letton Cukurs tenía el pasatiempo de lanzar bebés judíos en el aire y dispararles en la cabeza, como con el tiro al platillo.» Los lectores de *Psicoanálisis del judaísmo* sabrán que la fabulación es uno de los síntomas de la patología histérica. Pero es cierto que, en estos temas, los autores suelen tener la desafortunada costumbre de copiarse entre sí.

Romain Gary era también un «gran depresivo», según el *Nouvel Observateur* del 26 de febrero del 2004 y en el que leemos: «Atormentado, disimulando detrás de unos modales toscos y una ironía llena de fantasía su gran bondad, emotivo hasta el punto de quedar postrado durante horas sin decir una palabra, enfermizamente desordenado», tenía evidentemente pulsiones suicidas. En sus cartas a René Agid, en 1955, escribía: «Un botón faltante, un zapato muy pequeño, una llave perdida y veo irremediablemente la paz del suicidio como la única solución.» La idea del suicidio era efectivamente recurrente en sus libros. Al final de una de sus novelas, su héroe llamado Tulipe se suicidaba «en máxima protesta» contra «el pequeño pueblo de al lado, donde los campesinos eran felices a pesar de estar viviendo junto a un campo de concentración⁶⁵⁶.» Típicamente, el intelectual judío intenta culpabilizar a los goyim haciéndolos responsables de todos sus males. El mundo entero es culpable de complacencia con los nazis. La imagen está presente en muchos intelectuales judíos. Véase una vez más Elie Wiesel: «¿Qué podemos decir de la muerte de un millón de niños judíos en un mundo indiferente y complaciente⁶⁵⁷?»

Recordemos que la actriz Jean Seberg, la hermosa pequeña vendedora del *Herald Tribune* en *Al filo de la escapada*, de Jean-Luc Godard (1960), pareja de Romain Gary, había seguido el escritor en su delirio político y financiaba los activistas Black Panther Party. Acabaría hundiéndose en la locura y suicidándose en 1979. La patología histérica, que caracteriza tan bien el judaísmo, es efectivamente extremadamente contagiosa. Gary se suicidaría el 2 de diciembre de 1980. «Es innegable, que, a través de mi madre, tengo la sensibilidad judía. Esto se percibe

---

⁶⁵⁵ Fred Uhlman, *L'ami retrouvé*, 1971, Éd. Gallimard, 1978, Folio, 1983, p. 11

⁶⁵⁶ *Emil Ajar, Romain Gary*, Cahiers de l'Herne, 2005, p. 78-80

⁶⁵⁷ Elie Wiesel, *Célébration talmudique*, Éd. Seuil, 1991, p. 210. Léanse los capítulos sobre la «culpabilización» en nuestros libros anteriores.

en mis libros y cuando los releo, yo mismo la siento[658].» Eso mismo pensábamos.

Aunque no existan ningunas estadísticas al respecto, podemos atrevernos a decir sin temor a equivocarnos que los suicidios son muy frecuentes en el judaísmo. El célebre escritor Stefan Zweig, uno de los escasos escritores judíos con talento para la escritura, había huido de Austria en los años treinta y se había suicidado en Brasil en 1942, desolado por las victorias de los enemigos de su pueblo en Europa. Pero si miramos más detalladamente, nos damos cuenta de que sus instintos suicidas ya estaban profundamente soterrados en él desde el principio. Al igual que los otros judíos, este «ciudadano del mundo» sentía una fuerte ruptura identitaria. Aunque Zweig no ocultaba su judeidad, también declaraba, al igual que sus congéneres, ser un judío «integrado». La obsesión identitaria, elemento constituyente de la neurosis judía, aparecía por ejemplo en *La piedad peligrosa,* novela en la que un respetable castellano húngaro resultaba en realidad ser un judío que se esforzaba por todos los medios en ocultar su pasado. Esta historia, escribía Jacques Le Rider en la revista literaria *Europe* de junio de 1995, «es un testimonio conmovedor de una profunda crisis interior y también un síntoma de una regresión casi patológica.» (p. 42).

En su novela inconclusa titulada *Clarissa,* Stefan Zweig hacía el retrato de un neurólogo judío llamado Silberstein que se parecía en todos los aspectos al autor. Silberstein llegaba a confesar: «En realidad, soy el nerviosismo hecho hombre. Se lo debo a mi ascendencia judía. Desde mi infancia, este fue creciendo hasta la morbilidad.» (p. 49). En un relato de juventud de 1901 titulado *En la nieve,* Stefan Zweig ya dejaba vislumbrar una tendencia casi mórbida y una resignación suicida: En ese relato, una comunidad judía de un pueblo alemán cercano a la frontera polaca huía ante la llegada de una banda de flagelantes hostiles a los judíos. La caravana huyente de judíos se veía sorprendida de noche por una tormenta de nieve. De repente, todos sucumbían ante la tentación de refugiarse en una muerte colectiva, dejándose morir de frío.

La revista *Europe* de junio de 1995, dedicada a Stefan Zweig, presentaba un artículo de Monique Bacelli que hacía el mismo análisis acerca de la última novela de Stefan Zweig escrita en 1940, y titulada *Novela de Ajedrez*: Zweig, escribía la periodista, «naufraga en un

---

[658] *Emil Ajar, Romain Gary*, Les Cahiers de l'Herne, 2005. Entrevista publicada en el mensual judío *L'Arche* del 26 de abril de 1970, p. 40-45

desdoblamiento neurótico». De hecho, el autor escribía en la novela: «... no disponía de nada más que de aquel insensato juego contra mí mismo, mi cólera, mi afán de venganza, se abalanzaron fanáticamente sobre él. Algo en mi interior clamaba justicia, y dentro de mí no disponía de nadie para pelearme excepto de mi otro yo.» El tema de la venganza es recurrente en el judaísmo, pero aquí notaremos sobre todo que las tendencias suicidas de Stefan Zweig no dependían solamente de los acontecimientos políticos de su época, sino que también eran constitutivas de su personalidad.

Como todos los demás intelectuales judíos, Zweig estaba atormentado por el universalismo del judaísmo. Se oponía al proyecto de los sionistas de regresar a Israel y escribía: «Siempre hubo dos partidos dentro de la comunidad judía, el que cree que la salvación está en el templo, y el que cree, que al ser éste destruido durante el sitio de Jerusalén, el mundo entero se convertiría en el templo. Creo que "judío" y "humano" deben seguir siendo idénticos, y me parece un gran peligro moral cualquier arrogancia tendente a aislar la comunidad judía.» Esta idea que asimila «judío» y «humanidad» corresponde perfectamente a las palabras de Elie Wiesel y los demás intelectuales judíos.

Gran admirador de Freud, Zweig enviaba sistemáticamente sus libros al maestro del psicoanálisis. En 1926, presentó a Freud varias novelas cortas que se publicarían más adelante, el cual mostró gran interés por comentarlas: «*Veinticuatro horas en la vida de una mujer*, cuya heroína se entrega a un joven barón para intentar salvarlo de su pasión suicida por el juego, transpone, según él, los problemas de una madre que introduce su hijo en las relaciones sexuales para salvarlo de los peligros del onanismo: el juego no sería más que un substituto de la masturbación y los "impulsos femeninos" descritos serían característicos de la "fijación libidinosa" de todas las madres sobre sus hijos. En cuanto a *La destrucción de un corazón*, esta giraría en torno a los celos de un padre que descubre la sexualidad de su hija adolescente, mientras que originalmente esta era su propiedad» (p. 33). Curiosamente, escribía Lionel Richard (*Europe*), Zweig no opuso ninguna reserva a esas interpretaciones de Freud bajo el prisma exclusivo de la sexualidad... En la carta de agradecimiento que le remitía a Freud el 8 de septiembre de 1926, se limitaba a expresarle nuevamente su admiración.

Una vez más, vemos como los intelectuales judíos están obsesionados por las pulsiones incestuosas. Es un hecho que la tasa de suicidios de los psiquiatras y demás psicólogos es la más alta de todas las profesiones del sector médico. Ciertamente, no fue el nazismo lo que mató Stefan Zweig, sino más bien el judaísmo que lo llevó al suicidio.

Contemporáneo y compatriota de Stefan Zweig, el novelista Arthur Schnitzler también había sufrido el suicidio de su hija. «Schnitzler era un pesimista, un escéptico, un atormentado que sufrió la censura, el antisemitismo, y dramas que destrozaron su vida. Su hija Lili se suicidó en Venecia en 1928. Tenía diecinueve años.» En su novela *Der Weg ins Freie*, el personaje principal Georg von Wergenthin es un aristócrata dividido, un «dandi completamente roto por dentro, símbolo del caos y del final de una sociedad.» Regine Robin escribía, además: «Fantasías de fragmentación también en Kafka cuyos híbridos y dobles son las figuras emblemáticas. Por doquier una identidad inencontrable, idas y venidas incómodas, puntos de fijación nostálgicos, conversiones y reconversiones, puntos de anclaje en una judeidad a menudo fantasmagórica. Eterna oscilación entre el mesianismo socialista universalista y el mesianismo judío nacionalista de la diáspora o sionista.» He aquí también Jiri Langer de Praga, amigo de Kafka, «en rebeldía contra la nada del judaísmo (*Nichts von Judentum*) de su familia burguesa asimilada[659].»

Ya pudimos comprobar en nuestros anteriores libros lo frecuente que eran los suicidios en torno a la persona de Elie Wiesel, relatados en los dos volúmenes de su biografía. En su *Testamento de un poeta judío asesinado*, evocaba el suicidio de un tal Bernard Hauptmannn, tras la victoria electoral de los nazis en 1932. De nuevo, podríamos pensar que la angustia ante la amplitud de la resistencia al judaísmo condujo a ese jefe comunista al suicidio. Pero finalmente Elie Wiesel tenía que reconocerlo: «Traub afirmaba que Bernard se sentía atraído por la idea del suicidio desde hacía tiempo.» Todo el egocentrismo del judaísmo se verifica en la siguiente frase: «Inge, al contrario, sostenía que el gesto de Hauptmann iba dirigido hacia la humanidad, y no a su propia persona. Se había matado porque, según él, acabábamos de asistir a la decadencia, a la muerte de la especie humana[660].»

El declive del judaísmo es la muerte de la especie humana. Manes Sperber lo decía muy bien: «El genocidio perpetrado contra los judíos

---

[659] CinémAction, *Cinéma et judéité*, Annie Goldmann (dir.), Cerf, 1986, p. 10

[660] Elie Wiesel, *Le Testament d'un poète juif assasiné*, 1980, Points Seuil, 1995, p. 135

fue un crimen contra la especie humana⁶⁶¹.» Se puede constatar aquí, una vez más, como los judíos solo razonan según sus propias normas e identidad, y como parecen encerrados, aislados, incapaces de comprender que se pueda ver el mundo sin que sea a través del judaísmo. Además, siempre sienten la necesidad de proyectar en un plano universal un problema que les atañe en particular. Así, cuando en el 2003 parecía que Irak y Saddam Hussein amenazaba Israel, Elie Wiesel saltaba a la palestra para declarar que toda la humanidad estaba amenazada. Los mismos discursos resuenan hoy en día cuando las comunidades judías de todo el mundo preparan, a través de los medios de comunicación occidentales, la guerra contra Irán. En *Celebración bíblica*, Wiesel escribía: «Trabajando para su pueblo, el Judío ayuda a la humanidad⁶⁶².»

La neurosis judía puede ser traducida en el cine por una creación compensatoria. El pequeño judío perseguido, el "*schlémiel*" inteligente pero desgraciado, al que golpean al salir de clase, ha imaginado personajes capaces de transformarse en seres dotados de poderes extraordinarios. Así es como nacieron los superhéroes. Esto escribía Robert L. Liebmam al respecto: «La idea de que la judeidad es una condición completamente desventajosa, y de la cual es natural querer huir, está en el corazón de la invención de Superman. Superman, es la criatura, a principios de los años 30, de dos jóvenes judíos de Cleveland, [Jerome Siegel y Joseph Shuster], que no consideraban de forma consciente que su judeidad tuviera un papel en el proceso creativo; las historias del ciclo de "Superman" no contienen ninguna referencia explícita a la judeidad, pero el tema schlémiel-superhombre está ligado a las tradiciones religiosas y culturales judías. El dualismo Clark Kent-Superman que está en el centro de la fantástica historia... corresponde a un imaginario típicamente judío; que el hombre de acero haya sido imaginado por dos judíos no es fruto de la casualidad o una coincidencia.» Comparado con Kafka, que transformaba un joven en un insecto, Superman es incontestablemente un progreso.

La famosa leyenda del Golem se encuadra en el mismo universo mental del judaísmo. En la versión de Péretz, reeditada numerosas veces, los judíos de Praga del siglo XVI estaban amenazados de una destrucción

---

⁶⁶¹ Manès Sperber, *Être Juif*, Éd. Odile Jacob, 1994, p. 81

⁶⁶² Elie Wiesel, *Célébration biblique*, Éditions du Seuil, 1975, p. 142

segura e inminente. Su rabino moldeaba entonces una figura de arcilla a la cual daba vida soplándole en las narinas y murmurándole al oído "El Nombre". Este se transformaba en un Vengador, invulnerable e invencible que masacraba los "goyim" y detenía los pogromos, salvando así los judíos supervivientes.

En *El Dictador*, de Charlie Chaplin, «el Judío se apodera transformándose en su enemigo no-judío, ocupando su lugar...; también en Superman, el hombrecito se da poderes deshaciéndose de su judeidad y adoptando características no-judías.» Y Robert Liebman añadía: «Estoy convencido de que los sueños de los no-judíos deben ser muy diferentes de los de los judíos.»

El análisis de la película de Jerry Lewis, *El Profesor chiflado* (1963), revela el mismo proceso proyectivo. Es la historia de un hombrecito insignificante que descubre la fórmula de una poción mágica para transformarse en superhombre y seducir la mujer de la que está enamorado. «Julius Kelp es la quintaesencia del *schlémiel*», escribía Liebman. Es miope, humilde y torpe. Buddy Love, en cambio, no solo es guapo, eficaz y seguro de sí mismo, es además extraordinariamente talentoso y atlético; en resumen, tiene características sobrehumanas. «Ni el origen étnico, ni la religión del personaje son mencionadas, pero parece bien claro que Jerry Lewis (nacido Joseph Levitch) se inspira en los estereotipos judíos. Su nombre y su profesión dicen a las claras que Julius Kelp ha sido el típico buen estudiante judío de las novelas y el cine.; Buddy Love, más sensual que cerebral, bebedor, mujeriego y peleón, es la imagen mítica que tiene del "goy" un joven judío introvertido: un bruto de sangre bien caliente cuya vida es una fiesta sensual ininterrumpida. Las preocupaciones y fantasías que Lewis da a su personaje son las mismas que Philip Roth, en *El Mal de Portnoy*, dirá años más tarde que son típicamente judías. Su Portnoy... es un don juan empedernido que en su juventud se creía desfavorecido con las mujeres por culpa de su judeidad[663].»

Naturalmente, en esa competencia entre el tímido y el "galán", la joven mujer preferirá el *schlémiel*, el pequeño judío tímido. En *Sueños de un*

---

[663] CinémAction, *Cinéma et judéité*, Annie Goldmann (sous la dir.), Cerf, 1986, p. 115-121. En las otras películas de Jerry Lewis, los personajes multiplican sus identidades (*The Family jewels*, 1965; *Three on a Couch*, 1966; *The Big Mouth*, 1967).

seductor (1972), Woody Allen enseñaba a los judíos que debían ser ellos mismos. En *Annie Hall* (1977), ser judío era incluso una ventaja sexual.

El estudio de la producción cultural del judaísmo muestra también que los judíos parecen sufrir profundamente de la falta de amor por parte del resto de la humanidad, que no parece comprender la misión del "pueblo elegido". Los directores judíos compensan así este sufrimiento, imaginando el judío por fin reconocido por lo que es: un ser genial, definitivamente genial, que merece ser aclamado y aplaudido rotundamente.

Esta imagen se veía al final de la película *El último metro* (1980), de François "Trufffaut" (Levy): Lucas Steiner, un director de teatro que se vio obligado a ocultarse en un sótano durante toda la guerra, y que por fin se revela ante su público en el momento de la "Liberación". Después de una representación, se sube al escenario con los actores y es aplaudido frenéticamente por los goyim fervorosos que reconocen su genio. Encontramos esta imagen al final de la película de Woody Allen, *Desmontando Harry* (EEUU, 1997): el héroe de la película, un novelista, es aplaudido largamente por todos sus personajes. El pequeño judío es recibido en medio de sus personajes con un «*standing ovation*». En *Rollerball* de Norman Jewison (EEUU, 1975), la acción tiene lugar en 2018; en esa fecha, las naciones han sido abolidas, y los hombres políticos han sido sustituidos por tecnócratas. Una civilización del ocio se ha desarrollado, con un juego que apasiona el planeta. Jonathan (James Caan) es el más popular de todos esos nuevos héroes. La muchedumbre entona su nombre sin parar. Veamos la película *Barton Fink*, de los hermanos Coen (EEUU, 1991): Al principio de la película, el jóven autor de teatro es aplaudido frenéticamente por el público: es el inicio de una gran carrera en Hollywood. Esta imagen se ve también de forma curiosa en una pequeña novela de Jacques Lanzmann, titulada *El Septimo Cielo*: Un tal Moisés tiene el descaro de bautizar su caballo purasangre «Viva los Judíos» para que la multitud lo aclame con fervor[664]. Esta necesidad de ser amados y reconocidos es evocada en la película de Woody Allen, *Zelig* (1983): «Una de las últimas películas de Woody Allen, escribía Dominique Cohen, narra la historia de Zelig, un hombre camaleón siempre deseoso de parecerse al Otro, para ser

---

[664] Jacques Lanzmann, *Le Septième Ciel*, J. C: Lattès, Poche, p. 17

amado. Llegando para ello hasta enrolarse en las SS cuando el nazismo gana la adhesión de la mayoría[665].»

Los judíos, como vemos, necesitan mucho amor. El novelista Philip Roth imaginaba en *Operación Shylock* que los judíos abandonarían un día Israel y serían de nuevo acogidos en los países de Europa central donde vivían antaño. Este es un pasaje de su libro totalmente sintomático de las torturas del alma judía, sedienta de ser por fin amada y reconocida: «¿Sabe lo que va a ocurrir en la estación de ferrocarril de Varsovia, cuando llegue el primer tren cargado de judíos? Acudirá una muchedumbre a recibirlos. Habrá júbilo. Habrá lágrimas. Gritarán: "¡Nuestros judíos vuelven a casa! ¡Nuestros judíos vuelven a casa!". El espectáculo será televisado en directo al mundo entero. Y qué día histórico para Europa, para el judaísmo, para toda la humanidad... Un día histórico para la memoria humana, para la justicia humana y también para la expiación. La conciencia de Europa sólo empezará a recuperar su blancura en esas estaciones de ferrocarril, cuando en ellas lloren y canten y expresen su júbilo las multitudes, cuando en ellas caigan los cristianos de hinojos, en oración, a los pies de sus hermanos judíos[666]... »

Mirando lo bien, hay en ellos sobre todo la necesidad de culpabilizar a los goyim para ponerlos de rodillas, a los pies de los judíos. El famoso escritor yiddish Sholem-Aleijem nos ha legado sus esperanzas para Israel. Nacido en Rusia en 1859, fue el maestro de la literatura yiddish, una lengua que hasta entonces había sido desdeñada por los eruditos. En *Las aventuras de Menahem-Mendl*, publicado en 1913 escribía: «La guerra que estallará -hablo de la Grande- no se desarrollará ni en los mares ni en la tierra sino en los aires... Su gran ventaja es que no durará. Cuando aparezca la primera fisura, señal de debilitamiento, se elevará un alarido que estremecerá el mundo entero -y en ese momento, tendrá que haber paz, concordia, felicidad universal- y entonces, también llegará nuestro tiempo hermanos, hijos de Israel. Serán los otros los que se pongan de nuestra parte. Los enemigos se convertirán en buenos amigos. Ya no se nos insultará. Los polacos pasarán desapercibidos con su boicot. Sentirán una gran vergüenza al confesar que nos boicotearon en el pasado. Y serán incontables los que se avergüencen y se

---

[665] CinémAction, *Cinéma et judéité*, Annie Goldmann (dir.), Cerf, 1986, p. 51

[666] Philip Roth, *Operación Shylock*, Debolsillo, Editorial Mondadori, 2005 Barcelona, p. 49

arrepienten de haber hecho correr nuestra sangre. Pero todo eso llegará en su día, un día[667]... »

A los judíos les cuesta a menudo comprender porque la humanidad los rechaza, cosa que les duele especialmente máxime cuando están íntimamente convencidos de ser los representantes de lo Bueno sobre la tierra, del Bien, de lo Bello y de la moral universal. René Neher, un antiguo resistente, expresaba así «esta voluntad de hacer respetar la moralidad en el mundo. Sigue siendo nuestra razón de ser... El antisemitismo, que apareció por motivos esencialmente religiosos, acabará por desaparecer. Un día, los pueblos reconocerán que no le deseamos el mal a nadie[668].»

El famoso "cazador de nazis" Simón Wiesenthal, fallecido en Viena en el 2006 con 96 años, había contribuido también a hacer respetar la moralidad en el mundo. Con su incansable búsqueda después de la Segunda Guerra mundial, permitió la detención de cerca de 1100 "criminales", a veces nonagenarios, que fueron todos llevados ante la justicia y condenados. Su mayor hazaña fue haber desemboscado Adolf Eichmann, el cerebro director de la "solución final". Simón Wiesenthal empezó esa larga caza «en cuanto salió del campo de exterminio de Mauthausen». Pero hay que recordar que había estado en otros cinco campos de exterminio, de los cuales había salido milagrosamente vivo, al igual que otros cientos de miles de supervivientes. Su sed de venganza lo motivó hasta el final de sus días, pero eso sí, siempre desmintió los rumores sobre los «comandos Wiesenthal» que habrían descubierto y liquidado a nazis ocultos. Este gran hombre recibió naturalmente innumerables premios por su acción. Moshe Katzav, el presidente israelí, declaró con motivo de su fallecimiento: «Representaba la moral de la humanidad, representaba el mundo libre y democrático.»

La exigencia moral de los judíos es tal que la Humanidad no está siempre capacitada para comprender las lecciones del pueblo judío. A veces, para hacerse comprender mejor, estos suelen usar otros argumentos en los que sentimos apuntar cierta amenaza: «Se amara a los Judíos, escribía Albert Caraco, no cuando se tenga que soportarlos, sino temerlos.» (p. 177). «Odiados mientras son despreciados, serán amados cuando sean formidables, pues así deben tornarse para liberar

---

[667] Cholem-Aleikhem, *La Peste soit de l'Amérique*, 1913, Liana Levi, 1992, p. 195

[668] Serge Moati, *La Haine antisémite*, Flammarion, 1991, p. 165

los pueblos del odio.» (p. 180). «Se les perdonará cuando sean triunfantes, pues así se convertirán en los santos que fueron. Sin el poder, no tendrán la Gracia[669].»

La demencia

La neurosis judía puede también manifestarse de forma aún más extática. Especialmente en la corriente jasídica, donde esta neurosis se exterioriza sin complejo durante las ceremonias religiosas. Creada en el siglo XVIII por Baal Shem Tov ("Besht"), esta corriente tuvo después una gran influencia en el judaísmo asquenazí. El escritor inglés Israel Zangwill nos informaba, en *Los Soñadores del gueto*, que el abuelo de Besht era un shab -un sabateo- o sea un judío herético adepto de la famosa secta de Shabtai Tzvi.

El Besht había nacido en 1700 (5459) en Ukop, en Bucovina, en el norte de la Rumanía actual. Con 42 años empezó a recorrer Podolia y Valaquia predicando sus enseñanzas. Los cabalistas interpretan así su fecha de nacimiento: «Las propiedades de los números son maravillosas, en la medida en que el cinco, que es el símbolo del pentágono, es la clave de todo. Resulta pues que hallamos el cinco restando los dos primeros de los dos últimos y, mientras que el primero multiplicado por el tercero es igual al cuadrado de cinco, del mismo modo, el segundo multiplicado por el cuarto da el cuadrado de seis, e igualmente, el primero sumado al tercero es igual a diez que es el número de los mandamientos, y el segundo sumado al cuarto es igual a trece que es el número de los principios de fe. Incluso los cristianos, que llaman ese año 1700, indican que marca el comienzo de una nueva era[670].»

Pronto los adeptos del Besht dieron de que hablar en toda la región. Así los describía Israel Zangwill: «Los tomaban por una panda de libertinos, de bailadores fanáticos. A decir verdad, una ceremonia en la ciudad a la que conseguí asistir enfrío considerablemente mis esperanzas. Los fieles gritaban, se golpeaban el pecho, se tiraban de los rizos, saltaban chillando como salvajes, incluso les salía espuma por la boca. No

---

[669] Albert Caraco, *Apologie d'Israël*, 1957, L'Âge d'homme, 2004, p. 187

[670] Israel Zangwill, *Rêveurs du ghetto*, tome II, 1898, Éd. Complexe, 2000, p. 21

conseguía ver qué idea sublime se escondía detrás de aquellas locuras⁶⁷¹.»

Después de la muerte del Besht, en 1760, sus discípulos siguieron predicando sus enseñanzas y consiguieron aglutinar la mayoría de los judíos de Europa central. En *Celebraciones jasídicas*, Elie Wiesel rendía homenaje a los grandes Tzadikim⁶⁷² del movimiento jasídico, como el gran Maguid de Mezeritch, fallecido en 1772: «Como todos los maestros jasídicos, vivió toda su vida esperando la llegada del Mesías». Y el Rabbi Levi-Yitzhk de Berditchev, fallecido en 1809: «Rezaba con tal abandono de sí mismo que los fieles, asustados, se apartaban instintivamente. Gesticulaba, aullaba, bailaba, saltaba de un lado para otro, empujando y derribando a todos. Nadie existía para él... Más que nada en el mundo, creía en la venida del Mesías. Cuando redactaban el contrato de boda de su hijo, el escriba anotó que la boda se celebraría a tal fecha en Berditchev. Levi-Yitzhak lo rompió furioso: "¿Berditchev? ¿Por qué Berditchev?¡Escribe! La boda se celebrará a esta fecha en Jerusalén, salvo que el Mesías no haya llegado todavía; en ese caso, la ceremonia se celebrará en Berditchev⁶⁷³".»

Rabbi Nahman de Bratzlav, fallecido en 1810, era otro "fenómeno". Como la mayoría de los judíos, lo habían casado muy joven, con trece años: «Nunca es él mismo, pero siempre es él mismo; parece un desdoblamiento del ser: el santo se comporta a veces como un comediante.» Un poco como Elie Wiesel, en definitiva. «En la adolescencia descubrió su cuerpo y tuvo que combatir sus deseos... "Para mí, un hombre o una mujer es lo mismo. Reacciono igual ante los dos".» Rabbi Nahman llevaba una «vida intensa, con "caídas y ascensiones vertiginosas", acompañado de ayunos e insomnios. Sufría en silencio-" apretaba tanto los dientes que podía triturar un trozo de madera", a veces "chillaba y aullaba a media voz". Tuvo una vida desequilibrada, salpicada de destellos y de visiones dolorosas y

---

[671] Israel Zangwill, *Rêveurs du ghetto*, tome II, 1898, Éd. Complexe, 2000, p. 39

[672] El Tzadik es el Justo en hebreo. Es el opuesto de Rasha, que significa impío. «Aquel que abandona la comunidad es un Rasha.» (Elie Wiesel, *Célébration biblique*, Éditions du Seuil, 1975). También se llama «Tzadik», o rebbe, al jefe de una comunidad jasídica.

[673] Elie Wiesel, *Célébration hassidique*, Éd. Seuil, 1972, op. Cit., p, 94, 112, 113

exaltantes... Temperamento inestable, hipersensible, inteligencia viva y precoz, sentía y recibía la vida como una herida.»

Elie Wiesel nos presentaba a continuación el Rabbi Menahem-Mendl de Kotzk, fallecido en 1859: «En Kotzk, no se habla; se grita o se calla. Se pasan el tiempo combatiendo el deseo, intentando frustrarlo; se hace lo contrario de lo que se tiene ganas de hacer. Comen cuando no tienen hambre, se privan de agua cuando tienen sed. Rezan más tarde, o más pronto que de costumbre: El Rabbi dice: «"Cuando uno tiene ganas de gritar y no grita, entonces es cuando se grita de verdad[674]".»

Un pasaje del libro nos esclarecía acerca de las incontables contradicciones y paradojas con las que tropezamos a lo largo de la lectura de la casi totalidad de los autores judíos: «El jasidismo no teme las contradicciones: la vida está llena de ellas, solo la muerte las anula... ambigüedades, confusión de lugares y de fechas, paradojas y controversias abundan en la leyenda de Baal-Shem.» Respecto a la fabulación tan frecuente en los autores judíos, Elie Wiesel escribía: «Lo real y lo imaginario, tanto el uno como el otro son parte de la historia: uno es la corteza, el otra la savia[675].»

En el *Testamento de un poeta judío asesinado*, Wiesel hacía decir a su héroe, Paltiel Kossover: «Desde que era niño, me sentía atraído por los locos tanto como ellos por mí. Maimónides tiene razón: un mundo sin locos no subsistiría[676].» Efectivamente, en otro de sus libros, *Un loco deseo de bailar*, Wiesel repetía lo que Maimónides había sentenciado en su tiempo: «El mundo será salvado por los locos[677].» Recordemos que Moisés ben Maimón, Maimónides, autor de dos libros fundamentales en el siglo XII, la *Guía de los Perplejos* y el *Mishné Torá*, es la personalidad más influyente de todo el judaísmo post talmúdico.

Alexandre Minkowski había dejado en su libro, *El Mandarín descalzo*, un testimonio que corroboraba estas inclinaciones. Sus padres ejercían la psiquiatría. Su padre, hijo de un banquero de Varsovia cuyos antepasados fueron rabinos, había conseguido «hacerse un nombre

---

[674] Elie Wiesel, *Célébration hassidique*, Éd. Seuil, 1972, op. Cit., p. 182-184, 250

[675] Elie Wiesel, *Célébration hassidique*, Éd. Seuil, 1972, op. Cit., p. 22, 23

[676] Elie Wiesel, *Le Testament d'un poète juif assasiné*, 1980, Points Seuil, 1995, p. 148

[677] Elie Wiesel, *Un Désir fou de danser*, Éd. Seuil, 2006, p. 14

notable dentro de la psiquiatría francesa... Bergson fue su maestro y un amigo considerado.» Su madre era asistente en un hospital psiquiátrico del cantón de Zúrich. Alexandre Minkowski nos explicaba lo siguiente: «Mi padre recibía en un cuarto contiguo a enfermos mentales alterados.» Su madre, un poco preocupada, «decía, sin embargo: "Amamos los enfermos mentales[678]."»

Todo esto puede explicar por qué un cineasta como Milos Forman, en *Alguien voló sobre el nido del cuco* (1975), intentaba hacernos creer que los alienados no eran en realidad tan locos como parecía, y que eran sobre todo víctimas de una sociedad opresiva. Aquel era el objetivo de la escuela anti psiquiátrica, que tuvo sus horas de gloria en los años 70 con David Cooper, Aaron Esterson y Ronald D. Laing: no hay enfermos mentales; es la sociedad la que los genera. De nuevo esa incapacidad de salir de sí mismo y la misma necesidad de proyectar en un plano universal un problema muy particular. Pero quizás un día la perseverancia de Israel tenga éxito, y como vaticinaba Israel Zangwill: «Llegará un día en que Dios enderezará a los retorcidos[679].»

«Retorcido» es sin duda el epíteto que mejor conviene para calificar cierta producción artística. Basta con observar los cuadros de las galerías de arte, o las esculturas en las plazas y rotondas de nuestras ciudades, para darse cuenta del trastorno neurótico. Pero es cierto que «la belleza -la belleza física, exterior, material- no es muy preciada en los círculos talmúdicos», tal como lo admitía Elie Wiesel. El elogio de la fealdad física se veía por ejemplo en este Rabbi Yeoshoua: «No tenía un físico agraciado. Los textos reparaban en ese rasgo ilustrándolo con una anécdota. Viéndolo un día, una princesa romana quedó impresionada por su falta de gracia y le hizo la pregunta siguiente:" ¿Cómo puede tanta sabiduría encontrar su lugar en un cuerpo tan feo? Este contestó: ¿Dónde guarda su padre su mejor vino? ¿En jarras de oro o en ánforas de barro? El vino se estropea en el oro o en la plata, pero su sabor se conservará mejor en un simple cántaro, incluso si es feo." Una respuesta lógica, pero la princesa insistió:" Conozco muchas personas que poseen sabiduría y belleza a la vez." Rabbi Yeosshoua

---

[678] Alexandre Minkowski, *Le Mandarin aux pieds nus*, 1975, Points Seuil, 1977, p. 19, 20, 13

[679] Israel Zangwill, *Rêveurs du ghetto*, tome II, 1898, Éd. Complexe, 2000, p. 255

mantuvo la calma: "Es cierto. Pero serían probablemente más sabias si fueran menos bellas"[680].»

Sigmund Freud, que venía de una familia de judíos jasídicos, no le había quedado más remedio que reconocerlo: «La harmonía entra la cultura de las actividades espirituales y las de las actividades físicas, tal como la alcanzó el pueblo griego, le fue negada a los Judíos[681].»

Esta neurosis, que se expresa en la literatura y en el cine a través de la depravación sexual, puede además manifestarse a través de las formas de violencia más sanguinarias y enloquecidas como en el cine de género «gore». La película *Hostel* (EEUU, 2005), por tomar solo este ejemplo, narra la historia de dos estudiantes estadounidenses de vacaciones por Europa. Con un joven islandés que conocen en Amsterdam, deciden viajar a Eslovaquia, un país lleno de hermosas chicas promiscuas que les han descrito como el paraíso del libertinaje. Llegan en tren a la estación de una pequeña ciudad eslovaca prometedora, según les contaron, y son inmediatamente seducidos por unas jóvenes bellezas. Pero en realidad acaban de caer en una trampa, y pronto van a vivir una auténtica pesadilla. Uno por uno, van a ser secuestrados por un grupo de hombres sádicos y sufrir las peores torturas. En medio del campo, una fábrica en desuso y abandonada ha sido transformada en un inmenso matadero de carne humana. Se tortura en todas las plantas y de todas las formas: con tijeras, con tenazas, con motosierras. Maníacos mentales occidentales pagan fortunas para darse ese placer, y esos horribles eslovacos les dan lo que quieren. Afortunadamente, el último estudiante estadounidense consigue escapar, aunque amputado de algunos dedos. Su torturador ha resbalado en un charco de sangre y la motosierra le ha caído encima justo cuando iba a despedazar nuestro héroe. Este consigue huir de esa fábrica de la muerte en compañía de una joven japonesa desfigurada con una soldadora y que sujeta un ojo en las manos. La persecución en coche por las pequeñas calles estrechas de la ciudad acaba mal para los perseguidores eslovacos: atascados en una vía sin salida, son atacados y apedreados hasta la muerte por valientes niños gitanos. Obviamente, al director Eli Roth no le caen muy bien los eslovacos; quizás un mal recuerdo... Al estrenarse la película

---

[680] Elie Wiesel, *Célébration talmudique*, Éd. Seuil, 1991, p. 274, 95.

[681] Sigmund Freud, *L'Homme Moïse et la religion monothéiste*, 1939, Gallimard, 1986, p. 215

estos le dejaron claro que era recíproco. Notemos que la película fue producida por uno de sus amigos: Quentin Tarentino. La escena final concluye con el asesinato en una estación alemana de uno de los verdugos, degollado por nuestro héroe sobre la taza de un váter. Suelen aparecer tazas de váter en este tipo de películas...

Recordemos que el inventor del cine «gore» fue un tal Herschell Gordon Lewis, que se hizo famoso revolucionando el género de horror con *Blood Feast*, estrenada en 1963. El hombre fue posteriormente arrestado por estafa en un turbio asunto con una agencia de alquiler de coches. Su condena puso punto final a su carrera en el «cine vomitivo».

La neurosis judía consigue a través del cine y de la literatura expresarse cada vez más libremente. Efectivamente, es evidente que los judíos sienten la necesidad mórbida de comunicar su malestar al resto de la humanidad. En *El gran temor de los biempensantes*, publicado en 1931, Georges Bernanos, que denunciaba el fanatismo judío durante el caso Dreyfus, ya había percibido esta agitación constante y machacona: «Está claro, que, a la larga, la agitación frenética y convulsiva del mundillo judío acabaría poniendo al borde de un ataque de nervios a un pueblo ya contagiado por esta neurosis oriental.» Y Bernanos añadía, quizás sin darse cuenta de la exactitud del diagnóstico: «Así es como triunfa sobre el mejor hombre una mujer histérica[682].»

En su insufrible *Apología de Israel*, Albert Caraco confirmaba que algunos judíos eran conscientes de esta agitación continua y permanente: «Sangriento, víctima o dominador, verdugo, nunca en paz con este mundo» (p.137), «Han venido para que el mundo cambie y que sus pueblos vivan estremecidos, lejos del descanso donde el Eterno no quiere permanecer, y sus excesos nadie en la tierra los reprime... El descanso huye de ellos cuando lo alcanzan. Apenas los muros no los contienen, ¿no parece que el universo borbotea?» (p. 65). Caraco podría haber dicho: «que el universo runrunea», tal como lo escribía el novelista Albert Cohen para describir los judíos de las islas jónicas: «Todos los judíos, aterciopelados o harapientos, runruneantes y gesticulantes se lanzaban a los cuatro puntos cardinales... Y la isla entera era un zumbido... una gran sala runruneante. Rogaban a Dios, le rogaban que tuviese la bondad de ayudar a su querido pueblecillo[683].»

---

[682] Georges Bernanos, *La grande peur des bien-pensants, Edouard Drumont*, 1931, Grasset, Poche, 1969, p. 323

[683] Albert Cohen, *Comeclavos*, Anagrama, 1989, Barcelona, p. 15, 36

El joven escritor austríaco Otto Weininger también hizo una comparación parecida: «El símbolo de la judeidad es la mosca: hay muchas analogías: el azúcar, la ubicuidad, el zumbido, la invasión y la falsa pretensión de fidelidad en los ojos[684]».

Este runrún, acompañado de los picores que ya mencionamos anteriormente, nos recuerda las palabras de Daniel Cohn-Bendit, Georges Steiner y Emmanuel Lévinas cuando reconocían genuinamente que los judíos estaban ahí para molestar a los demás, para impedirles vivir tranquilamente[685]. Es el mismo zumbido y ajetreo incesante al rededor del planeta tierra de cierta clase dominante, como por ejemplo Hannah, la heroína de una novela de Paul-Loup Sulitzer que no es otra que Helena Rubinstein. Al final del libro, Hannah consiguió fundar su imperio en la industria cosmética: «Tengo que estar en Nueva York hacia el 15 de febrero. Pero antes, volveré a pasar por Roma y Milán que van a abrir, luego iré a Madrid y a Lisboa por el mismo motivo. Y después Berlín, París y Londres. América inmediatamente después[686].»

También nos tiene algo que decir al respecto el muy influyente Jacques Attali. Recordemos que esta eminencia gris del presidente François Mitterand, y también de otros posteriores, teorizó el proyecto político del judaísmo, pero secularizándolo para que el público en general se adhiere más fácilmente a él. En todos sus libros, Attali describe con delectación el «mundo nómada» que él y sus congéneres nos preparan, y en el cual los «hypernómadas» formarán, según él, la nueva clase dirigente del planeta. Su último libro, publicado en 2006 y titulado de forma muy significativa *Breve historia del futuro* -siguiendo la gran tradición del profetismo judío- contiene un pasaje que nos presenta con más detalles estos «hipernómadas»: «Hipocondríacos, paranoides y megalómanos, narcisistas y egocéntricos, todo a la vez, los hipernómadas... inventarán así lo mejor y lo peor de una sociedad planetaria volátil, despreocupada, egoísta y precaria. Árbitros de las

---

[684] Otto Weininger, *Sexe et caractère*, L'Age d'homme, 1975, p. 140. Como curiosidad, la mosca simboliza Belcebú, «el señor de las moscas». En la película *La mosca* (1986) de David Cronenberg, Jeff Goldblum fusiona con una mosca.

[685] Especie de síndrome de la mosca cojonera. Cf. *Psychanalyse du judaísme*, p. 69

[686] Paul-Loup Sulitzer, *Hannah*, Stock, 1985, Poche, 1987, p. 617

elegancias y dueños de las riquezas y de los medios de comunicación, no profesarán lealtad alguna, ni nacional, ni política, ni cultural[687].»

La «misión» del pueblo judío parece tener su conclusión en ese mundo por fin unificado, en el cual los judíos serán reconocidos por todos como la clase dirigente. Albert Caraco expresó con fuerza su fe en la misión del pueblo judío y en la victoria final: «Marchan más furiosos de siglo en siglo, más amenazados y triunfantes entre las hogueras y las tumbas, teniendo cien pueblos sobre los brazos y la victoria por asilo.» Y Caraco proseguía, siempre con su estilo inimitable: «Quién te perdonaría, Oh Judío, tener razón contra todo el mundo... Delante de ti los mejores son a veces criminales. Falseas todas las medidas y el universo gime bajo el peso de su deuda. Los locos que te desprecian son los mismos que se rifan las trizas de tu leyenda[688].»

Los locos, evidentemente, son todos los hombres que no comprenden la grandeza de la misión de los judíos: «Un billón de humanos no soporta estar equivocado ante un puñado de Hebreos.» (p. 271). «El Templo será levantado otra vez», aseguraba Caraco, y aquellos que no quieran los judíos serán «expulsados a los abismos», entonces «la herida se cerrará.» (p. 254). Y «cuando el Templo será levantado, se inmolará de nuevo.» (p. 231).

Tales certezas no vienen sin cierta dosis de locura, tal como el propio Albert Caraco lo reconocía: «Comunican a la especie una demencia voraz... Siembran la división, el fanatismo surge sobre sus pasos... La confusión los eleva y el orden los derriba... Ninguna certeza los calma y ningún temperamento los apacigua... Su rabia sirve los designios del Eterno y su locura agrada a Dios... Cierran los caminos del porvenir y su demencia vela por el mundo.» Y finalmente: «Que no cejen en su locura y que la agoten toda hasta el final[689].»

La fe en la victoria final es claramente inquebrantable, y todas las penas que se les podría infligir solo servirían para reforzar sus convicciones. Recordemos otra vez lo que escribía Manes Sperber: «Dios era justo, pues condenaba a sus enemigos a transformarse en asesinos, y a ellos

---

[687] Jacques Attali, *Breve historia del futuro*, Ediciones Paidós Ibérica, 2007, Barcelona, p. 176, 177

[688] Albert Caraco, *Apologie d'Israël*, 1957, L'Âge d'homme, 2004, p. 256

[689] Albert Caraco, *Apologie d'Israël*, 1957, L'Âge d'homme, 2004, p. 143, 144, 153, 226, 26, 145.

[los judíos] les concedía la gracia de ser las víctimas, que al morir santificarían el Todopoderoso. Desde Juan Crisóstomo hasta el último mujik pogromista, los perseguidores no sospechaban hasta qué punto su triunfo momentáneo reforzaba la convicción de los perseguidos de ser el pueblo elegido[690].»

Como decía Rabbi Akiba, que vivió en la época del emperador Adriano: «todos los judíos son unos príncipes», por lo tanto es justo que el mundo les pertenezca. Es lo que decía también Rabbi Shimon bar Yohai, al cual se atribuye a veces el Zohar, el libro de la Cábala, y que vivió durante el reinado de Marco Aurelio. En *Celebración talmúdica*, Elie Wiesel refería estas palabras: «Lo que dice de los paganos - ¿o de los Gentiles? - suena hoy en día desagradable. "Solo los Judíos son humanos". Peor aún:" El mejor de los paganos, hay que aplastarle la cabeza como a una serpiente". Respecto a los Judíos, no para de ensalzar sus méritos. "Dios les ofreció tres regalos: la Torá, el país de Israel y el mundo venidero; y los tres, solo se pueden adquirir con sufrimiento".» Y como sabemos, el sufrimiento de los judíos es extremadamente doloroso. A propósito de Rabbi Hillel y Rabbi Shammai, los dos primeros maestros del Talmud que vivieron en la época de la conquista romana, Elie Wiesel escribía lo siguiente: «Amo su pasión extrema para con la verdad, amo su verdad hasta en la violencia. ¿Fanáticos? Sí, lo son. Pero, aunque todo en mi se opone al fanatismo, el suyo no me disgusta del todo[691].»

Dos mil años más tarde, el filósofo Bernard-Henri Levy expresaba su fascinación hacia la perseverancia y obstinación del judaísmo a través de los siglos en su libro de 1979 titulado *El Testamento de Dios*. Escuchémoslo extasiarse ante el misterio del destino del pueblo judío: «Una insumisión sin edad, literalmente inmemorial, que afirma constantemente desde hace dos mil años la más larga, terca y tenaz negación que las crónicas humanas hayan registrado hasta día de hoy. Un caso absolutamente único, de rebeldía ante cualquier lógica, olvido, o genocidio, de empecinamiento en decir no, en desmentir el veredicto de los hechos, en desafiar la máquina de los siglos en su procesión de reprimendas y de fatalidades asesinas.»

Pero esta obcecación del pueblo judío se asemeja sobre todo a la mosca que no cesa de chocar con el cristal cuando la ventana está abierta. Esta «experiencia tan singular, tan increíble» exaltaba a Bernard-Henri Levy:

---

[690] Manès Sperber, *Être Juif*, Éd. Odile Jacob, 1994, p. 60

[691] Elie Wiesel, *Célébration talmudique*, Seuil, 1991, p. 154, 237, 37

«Hablo del pueblo judío, evidentemente. De ese pueblo indomable cuya perseverancia para ser sigue siendo uno de los más profundos enigmas para la consciencia contemporánea... Afirmo ahora, sin ambigüedad, que me identifico con esta comunidad. Elijo llevar y defender sus colores con ardor y orgullo[692].»

El influyente director de prensa Jean Daniel no decía otra cosa: «El misterio judío es un fenómeno conmovedor que puede plantear cuestiones místicas y llevar a algunos a creer en la elección de un pueblo[693].» Se oye aquí el eco del filósofo André Glucksmann: «... Dos milenios siendo una pregunta viviente para su entorno. Dos milenios de inocencia, sin tener nada que ver con nada[694].» Transcribiremos aquí el diagnóstico médico que expusimos en *Psicoanálisis del judaísmo*: «Sea cual sea el lugar y la época, los síntomas traducen siempre el deseo permanente del histérico de constituir un enigma para la lógica científica y de ofrecer su cuerpo a la mirada escrutadora y sabedora del médico.»

Es verdaderamente excepcional leer, bajo la pluma de un intelectual judío, un análisis algo racional. El que pudimos descubrir en la revista *Israël Magazine* de abril del 2003 es demasiado poco común como para no ser mencionado. El doctor Itzhak Attia, "director de seminarios francófonos de la Escuela Internacional para el Estudio del Holocausto del Instituto Yad Vashem", demostraba en su análisis del fenómeno antisemita una agudeza excepcional. Mientras que la mayoría de los pensadores judíos analizan el antisemitismo como una "enfermedad", proyectando típicamente sus propias taras sobre sus enemigos, Itzhak Attia parecía, al contrario, identificar la especificidad del pueblo judío: «¿Qué es lo que en mí provoca tanto miedo y odio en los no-judíos?» se preguntaba, antes de escribir más adelante: «El antisemitismo que sigue nuestros pasos desde el principio de nuestra existencia... no es ni una enfermedad que aguarda una posible cura, ni un azote que tenemos que soportar irremediablemente, sino el espejo deformante de nuestra identidad, la identidad específica del pueblo de Israel». ¡A buena hora!

---

[692] Bernard-Henri Levy, *Le Testament de Dieu*, Grasset, 1979, p. 8, 9

[693] Jean Daniel, *La Blessure*, Grasset, 1992, p. 259

[694] André Glucksmann, *Le Discours de la haine*, Plon, 2004, p. 73, 86, 88

Sin embargo, Itzhak Attia parecía asustarse de su propia audacia y retomaba en seguida el discurso mesiánico del judaísmo que establece con toda seguridad que el Mesías pronto llegará, que los judíos serán liberados de todas sus tribulaciones, y que «la paz universal reinara sobre la aldea global posmoderna donde vive toda la humanidad».

El judaísmo es una eterna huida hacia delante. Itzhak Attia lo expresaba con palabras muy explícitas, con una claridad poco usual en los intelectuales judíos, probablemente porque lo hacía en una revista reservada a la comunidad judía: «A pesar de que la razón nos grita con todas sus fuerzas la absurdidad de esta confrontación, entre un pequeño pueblo insignificante como Israel y el resto de la humanidad... por muy absurdo, incoherente y monstruoso que pueda parecer, estamos efectivamente comprometidos en un combate íntimo entre Israel y las Naciones, que solo puede ser genocida y total, pues de él depende nuestras identidades respectivas.» Lo han leído bien: entre el pueblo judío y el resto de la humanidad, el combate solo puede ser «genocida y total». Y efectivamente, es lo que ya habíamos comprendido. El judaísmo es una máquina de guerra contra el resto de la humanidad. Los judíos despiertan inevitablemente el odio que resulta ser tan antiguo como el propio judaísmo.

Sin embargo, dentro de su locura, alguna vez sucede que algunos judíos toman consciencia de que los hijos de Israel han podido cometer algunos errores. Así, Theo Klein, antiguo presidente del Crif, reconocía públicamente: «Los judíos han aportado una contribución considerable al desarrollo del mundo; seguramente hayan participado también a algunos errores[695]... » El hombre no dijo mucho más, pero seguramente pensaba en las atrocidades cometidas por sus congéneres en la Rusia bolchevique, que representa la mayor masacre de la historia de la humanidad, después de la tragedia maoísta. Hubiera podido mencionar también la responsabilidad abrumadora de los comerciantes judíos en la trata de esclavos negros y europeos, o el papel de eminentes judíos en el desencadenamiento de la Segunda Guerra mundial. Pero como bien decía Albert Caraco en su indispensable *Apología de Israel*: «El mundo, antes reducido a cenizas que los Judíos rechazados.» (p. 77).

Pero hay por lo menos un día de sabiduría en el judaísmo: es el día de Yom Kipur. En *Un paseante en Nueva York*, publicado en 1951, Alfred Kazin, crítico literario muy conocido en Estados Unidos, daba algunas

---

[695] Théo Klein, *Dieu n'était pas au rendez-vous*, Bayard, 2003, p. 102

informaciones sobre los ritos de ese pueblo amante del secretismo. El día de Kipur, día de ayuno y de rezos, los judíos van a la sinagoga: «Había envuelto mi brazo con las correas negras de la filacteria; la até sobre mi frente.» En el momento en que los fieles agachan la cabeza, cada hombre «se golpea el pecho en signo de amargura y arrepentimiento por cada pecado cometido durante el año». Es en ese instante que los judíos empiezan en coro una «larga letanía»: «En verdad, lo confesamos, hemos pecado. Hemos infringido la ley. Hemos actuado traidoramente. Hemos robado. Hemos calumniado. Hemos cometido injusticias. Y hemos actuado cruelmente. Hemos sido presuntuosos. Hemos sido violentos. Hemos dicho lo que era falso. Hemos aconsejado el mal. Hemos proferido mentiras. Hemos despreciado. Nos hemos rebelado. Hemos blasfemado. Hemos actuado con perversidad. Hemos transgredido la ley[696].»

Pero el judaísmo no es únicamente una religión, pues, como sabemos, muchos judíos son ateos o agnósticos, y no por ello se consideran menos judíos. De hecho, tampoco es una raza, aunque una mirada experta puede reconocer el «tipo judío», esto es una fisionomía característica fruto de siglos de endogamia. Los judíos, efectivamente, evitaron durante siglos las relaciones con el mundo de los no-judíos, y era impensable casarse fuera de la comunidad: "el pueblo elegido" de Dios tenía que preservar su sangre de cualquier impureza del exterior.

Sin embargo, hoy en día existen los matrimonios mixtos, contribuyendo a renovar la sangre de Israel. Lo importante, en esos matrimonios mixtos, es que la madre sea judía, dado que los rabinos ortodoxos reconocen como judío aquel nacido de una madre judía. Pero a veces, un padre o incluso un abuelo judío es suficiente para identificarse totalmente con el judaísmo. La judeidad es por lo tanto un sentimiento de pertenencia a un pueblo, una memoria común a la que uno está conectado. También es la adhesión a un proyecto político calcado sobre la esperanza mesiánica de una religión tribal, cuyo objetivo es instaurar sobre la tierra una «paz» perpetua sobre las ruinas de los pueblos y las naciones.

Sin embargo, llegados a este punto, aún no se comprende del todo la aparición del psicoanálisis. Un escritor de segunda fila, Michel Herszlikowicz, es, que sepamos, uno de los pocos intelectuales judíos

---

[696] Alfred kazin, *Retour à Brooklyn*, Éditions Seghers, 1965, p. 135

en haberse atrevido a acercarse al precipicio. En su *Filosofía del antisemitismo*, escribía furtivamente, como asustado por su propia audacia él también: «El psicoanálisis deja atrás el antisemitismo cuando investiga el origen no-judío del pueblo judío[697].»

Stephane Zagdanski también expresó esta idea, pero invirtiendo la fórmula: «En este libro aporto una interpretación del porqué del antisemitismo milenario. Trazo la genealogía de ese odio incubado durante siglos bajo la forma de una profunda neurosis religiosa, gangrenado de erupciones violentamente sintomáticas[698].»

Efectivamente, el judaísmo es esencialmente una neurosis, una enfermedad del espíritu; una enfermedad perfectamente identificada que halla su origen en el incesto. Esta patología, que estaba en el corazón de los trabajos de Sigmund Freud, correspondía exactamente a lo que el padre del psicoanálisis podía observar y constatar a su alrededor, en su propia comunidad. En realidad, es el judaísmo en su totalidad, la «misión» judía con pretensiones universales en sus diversas expresiones políticas, intelectuales y artísticas, lo que parece ser una manifestación de la histeria. El egocentrismo, la paranoia, la angustia, la introspección, la manipulación, la plasticidad identitaria, la "misión", la amnesia selectiva o la fabulación: todo, en el judaísmo, se corresponde punto por punto con los síntomas de la histeria. Es lo que demostramos en nuestro anterior libro.

A principios del siglo XX, el famoso periodista judío vienés Karl Kraus también se había acercado al abismo. El hombre valoraba muy poco Freud: «El psicoanálisis es esa enfermedad mental de la que pretende ser la cura[699].» La verdad es que el judaísmo es esa enfermedad mental que el psicoanálisis aseguró poder curar. Y la espera febril del mesías no es más que otro síntoma: corresponde al típico embarazo imaginario de la mujer histérica. Pues para los propios judíos, la comunidad judía es una mujer, la esposa de Dios, la que debe "engendrar" y dar a luz un Mesías. Es lo que escribía Manes Sperber, respecto al *Cantar de los Cantares*: «Ese texto, lo leemos como un fragmento de la historia de amor entre Dios y el pueblo judío. La mujer era el pueblo, que había

---

[697] Michel Herszlikowicz, *Philosophie de l'antisémitisme*, Presse Universitaire de France, 1985, p. 154

[698] Stéphane Zagdanski, *De l'Antisémitisme*, Climats, 1995, 2006, p. 20, 11

[699] Françoise Giroud, *Alma Mahler*, Robert Laffont, 1988, P. Pocket 1989, p. 65

cometido un pecado contra Dios al no haberle abierto la puerta a tiempo. Ahora Dios se había ido, había negado temporalmente su Gracia a la mujer. Y el pueblo busca de nuevo Dios entre los extranjeros en la noche[700].»

La cuestión es ahora saber si la agresividad del judaísmo puede ser neutralizada, con el fin de librar la humanidad de males que podrían resultar peores que el marxismo, el psicoanálisis y la ideología mundialista juntos. Primero es necesario reconocer que, después de siglos de incomprensión mutua, el antisemitismo cristiano, musulmán e hitleriano han fracasado en resolver la "cuestión judía". El hecho es que los judíos se alimentan del odio que suscitan en todas partes y en todos los pueblos del mundo. Ese odio, debemos comprenderlo, es indispensable a su supervivencia genética y espiritual, pues permite a la comunidad cerrar filas y atravesar los siglos, cuando otras civilizaciones han desaparecido definitivamente.

Por su parte, los rabinos hacen todo lo que pueden para asegurar a los judíos que su judeidad está inscrita en sus genes, que incluso un judío renegado sigue siendo un judío, y que por consiguiente es perfectamente inútil intentar salir de la prisión comunitaria. Pretender que un judío solo puede permanecer judío, es trabajar para consolidar los muros de esa prisión. Se debe, al contrario, hacer todo lo posible para acoger esos enfermos entre nosotros. Hay que amar a los judíos, y amarlos sinceramente con el fin de liberarlos de la prisión en la que están encerrados. Únicamente así, podremos liberarnos de su control y a la vez liberarlos del mal que habita en ellos y que amenaza toda la humanidad.

Esta evidencia puede ser ilustrada por la imagen asombrosa de un juicio de un asesino en serie en Estados Unidos que había sido retransmitido en directo por televisión. El hombre, que había asesinado a una treintena de jóvenes mujeres, comparecía ante el tribunal, vestido del uniforme naranja de los prisioneros peligrosos. La sala de audiencia estaba a rebosar, con todos los padres de las víctimas que habían acudido para testificar. Se vio entonces un joven asiático, loco de rabia, que intentaba acercarse al monstruo profiriendo amenazas terribles, el rostro desencajado por el odio. Podemos imaginarnos su hermana o su esposa asesinadas, y su reacción era sin duda legítima. Pero por muy fuerte que

---

[700] Manès Sperber, *Être Juif*, Odile Jacob, 1994, p. 37

fuera su odio, sus violentos estallidos de voz no parecían impresionar el psicópata que permanecía perfectamente impasible. Ni un estremecimiento, ni una sola emoción apareció sobre su rostro. En medio del griterío, una mujer consiguió hacerse escuchar; una mujer cuya hija había seguramente padecido las peores atrocidades. Su palabra retuvo la atención de toda la sala, y se hizo el silencio: claro que no, no odiaba ese hombre; al contrario. Había que intentar comprender el sufrimiento que lo había llevado a cometer todos esos crímenes. Hay algo bueno en todos los hombres, aunque sea un asesino, aseguró con convicción... Esta señora mayor se expresó con tal dignidad y fe que el prisionero rompió a llorar. La cámara se acercó entonces a su rostro, y sus ojos bañaban en lágrimas.

París, junio del 2007.

Otros títulos

Omnia Veritas Ltd presenta:

Nunca en la historia de la humanidad se había producido una circunstancia como la que estudiaremos...

por VICTORIA FORNER

CRIMINALES de PENSAMIENTO
la verdad no es defensa

Un hecho histórico se ha convertido en dogma de fe

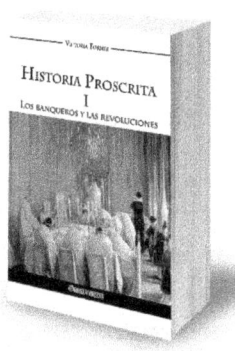

Omnia Veritas Ltd presenta:

HISTORIA PROSCRITA
I
LOS BANQUEROS Y LAS REVOLUCIONES

POR

VICTORIA FORNER

Los procesos revolucionarios necesitan agentes, organización y, sobre todo, financiación, dinero.

LAS COSAS NO SON A VECES LO QUE APARENTAN...

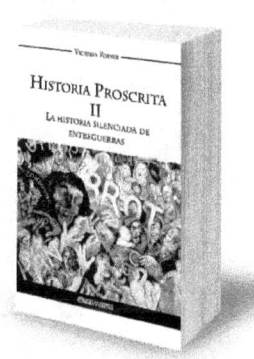

Omnia Veritas Ltd presenta:

HISTORIA PROSCRITA
II
LA HISTORIA SILENCIADA DE ENTREGUERRAS

POR

VICTORIA FORNER

"El verdadero crimen es acabar una guerra con el fin de hacer inevitable la próxima."

EL TRATADO DE VERSALLES FUE "UN DICTADO DE ODIO Y DE LATROCINIO"

OMNIA VERITAS

Omnia Veritas Ltd presenta:

HISTORIA PROSCRITA III
LA II GUERRA MUNDIAL Y LA POSGUERRA

POR

VICTORIA FORNER

Distintas fuerzas trabajaban para la guerra en los países europeos

MUCHOS AGENTES SERVÍAN INTERESES DE UN PARTIDO BELICISTA TRANSNACIONAL

OMNIA VERITAS

Omnia Veritas Ltd presenta:

HISTORIA PROSCRITA IV
HOLOCAUSTO JUDÍO, NUEVO DOGMA DE FE PARA LA HUMANIDAD

POR

VICTORIA FORNER

Nunca en la historia de la humanidad se había producido una circunstancia como la que estudiaremos...

UN HECHO HISTÓRICO SE HA CONVERTIDO EN DOGMA DE FE

OMNIA VERITAS

Omnia Veritas Ltd presenta:

EL ASCENSO Y LA CAÍDA DEL IMPERIO SOVIÉTICO

BAJO EL SIGNO DEL ESCORPIÓN

POR JÜRI LINA

La verdad sobre la Revolución Bolchevique

EL FANATISMO JUDÍO

Omnia Veritas Ltd presenta:

Complot contra la Iglesia

de MAURICE PINAY

La profecía de un reinado Dios en la Tierra, la interpretaron los judíos como la promesa de un reino y dominio mundial de Israel

La autenticidad de estos documentos judiciales queda fuera de duda...

Omnia Veritas Ltd presenta:

EUROPEA Y LA IDEA DE NACIÓN
seguido de
HISTORIA COMO SISTEMA
por
JOSÉ ORTEGA Y GASSET

Pero la nación europea llegó a ser "nación" porque añadiera formas de vida que pretenden representar una "manera de ser hombre"

Un programa de vida hacia el futuro

Omnia Veritas Ltd presente:

LA GUERRA OCULTA
de
Emmanuel Malynski

En esencia, **La Guerra Oculta** es una metafísica de la historia, es la concepción de la perenne **lucha entre dos opuestos** órdenes de fuerzas...

La Guerra Oculta es un libro que ha sido calificado de "maldito"

El análisis más anticonformista de los hechos históricos

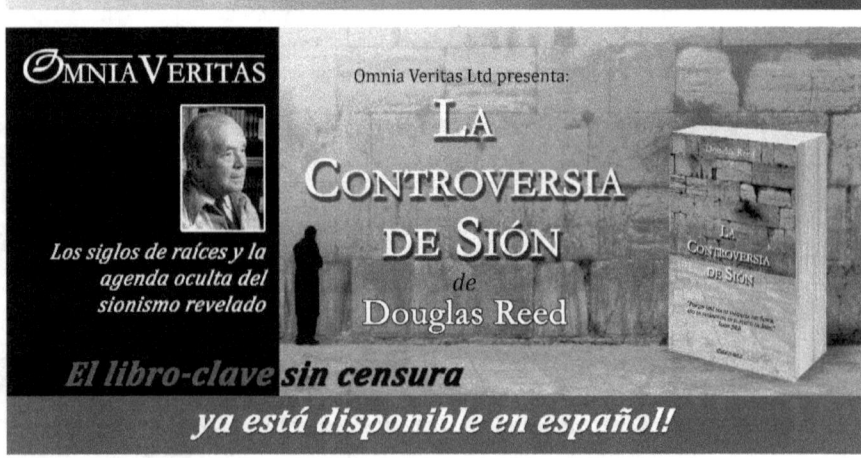

EL FANATISMO JUDÍO

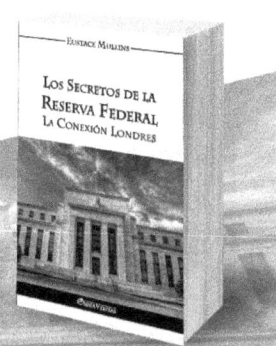

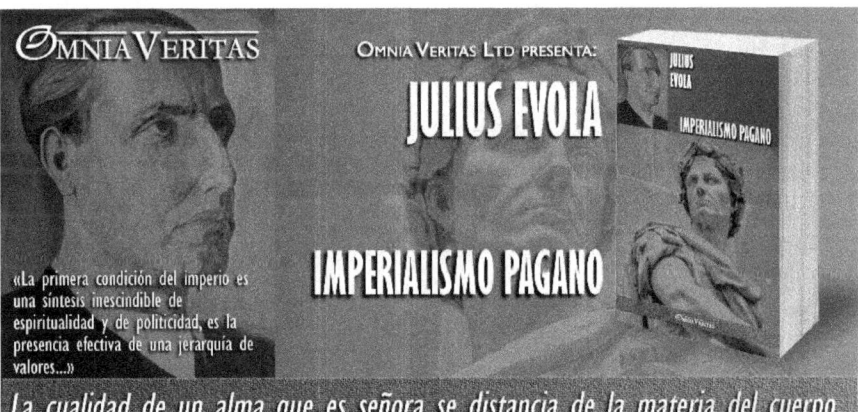

"En el islamismo, la tradición es de doble esencia, religiosa y metafísica"

Se las compara frecuentemente a la "corteza" y al "núcleo" (el-qishr wa el-lobb)

Omnia Veritas Ltd presenta:

RENÉ GUÉNON

APERCEPCIONES SOBRE LA INICIACIÓN

«A menudo nos concentramos en los errores y confusiones que se hacen sobre la iniciación...»

Somos conscientes del grado de degeneración al que ha llegado el Occidente moderno...

OMNIA VERITAS LTD PRESENTA:

RENÉ GUÉNON

APRECIACIONES SOBRE EL ESOTERISMO CRISTIANO

«Este cambio convirtió al cristianismo en una religión en el verdadero sentido de la palabra y una forma tradicional...»

Las verdades esotéricas estaban fuera del alcance del mayor número...

Omnia Veritas Ltd presenta:

RENÉ GUÉNON
AUTORIDAD ESPIRITUAL Y PODER TEMPORAL

"La distinción de las castas constituye, en la especie humana, una verdadera clasificación natural a la cual debe corresponder la repartición de las funciones sociales."

La igualdad no existe en realidad en ninguna parte

Omnia Veritas Ltd presenta:

RENÉ GUÉNON
EL ERROR ESPIRITISTA

En nuestra época hay muchas otras "contraverdades" que es bueno combatir...

Entre todas las doctrinas "neoespiritualistas", el espiritismo es ciertamente la más extendida

« Dante indica de una manera muy explícita que hay en su obra un sentido oculto, propiamente doctrinal, del que el sentido exterior y aparente no es más que un velo »

... y que debe ser buscado por aquellos que son capaces de penetrarle

"Cuando consideramos lo que es la filosofía en los tiempos modernos, no podemos impedirnos pensar que su ausencia en una civilización no tiene nada de particularmente lamentable."

El Vêdânta no es ni una filosofía, ni una religión

OMNIA VERITAS LTD PRESENTA:

RENÉ GUÉNON

EL REINO DE LA CANTIDAD Y LOS SIGNOS DE LOS TIEMPOS

« Porque todo lo que existe de alguna manera, incluso el error, necesariamente tiene su razón de ser »

... y el desorden en sí mismo debe encontrar su lugar entre los elementos del orden universal

OMNIA VERITAS LTD PRESENTA:

RENÉ GUÉNON

EL REY DEL MUNDO

"Un principio, la Inteligencia cósmica que refleja la Luz espiritual pura y formula la Ley"

El Legislador primordial y universal

«La consideración de un ser en su aspecto individual es necesariamente insuficiente»

... puesto que quien dice metafísico dice universal

"Nuestra meta, decía entonces Mme Blavatsky, no es restaurar el hinduismo, sino barrer al cristianismo de la faz de la tierra"

El término teosofía sirvió como una denominación común para una variedad de doctrinas

"Considerando la contemplación y la acción como complementarias, nos emplazamos en un punto de vista ya más profundo y más verdadero"

... la doble actividad, interior y exterior, de un solo y mismo ser

Omnia Veritas Ltd presenta:
RENÉ GUÉNON
ESTUDIOS SOBRE LA FRANCMASONERIA Y EL COMPAÑERAZGO

«Entre los símbolos usados en la Edad Media, además de aquellos de los cuales los Masones modernos han conservado el recuerdo aun no comprendiendo ya apenas su significado, hay muchos otros de los que ellos no tienen la menor idea.»

la distinción entre "Masonería operativa" y "Masonería especulativa"

OMNIA VERITAS LTD PRESENTA:
RENÉ GUÉNON
FORMAS TRADICIONALES Y CICLOS CÓSMICOS

«Los artículos reunidos en el presente libro representan el aspecto más "original" de la obra de René Guénon.»

Fragmentos de una historia desconocida

Omnia Veritas Ltd presenta:
RENÉ GUÉNON
INICIACIÓN Y REALIZACIÓN ESPIRITUAL

«Necedad e ignorancia pueden reunirse en suma bajo el nombre común de incomprensión»

La gente es como un "reservorio" desde el cual se puede disparar todo, lo mejor y lo peor

OMNIA VERITAS LTD PRESENTA:

RENÉ GUÉNON
INTRODUCCIÓN GENERAL AL ESTUDIO DE LAS DOCTRINAS HINDÚES

« Muchas dificultades se oponen, en Occidente, a un estudio serio y profundo de las doctrinas orientales »

... este último elemento que ninguna erudición jamás permitirá penetrar

Omnia Veritas Ltd presenta:

RENÉ GUÉNON

LA CRISIS DEL MUNDO MODERNO

«Parece por lo demás que nos acercamos al desenlace, y es lo que hace más posible hoy que nunca el carácter anormal de este estado de cosas que dura desde hace ya algunos siglos»

Una transformación más o menos profunda es inminente

Omnia Veritas Ltd presenta:

RENÉ GUÉNON

LA GRAN TRÍADA

«En todo ternario tradicional, cualesquiera que sea, se quiere encontrar un equivalente más o menos exacto de la Trinidad cristiana»

se trata muy evidentemente de un conjunto de tres aspectos divinos

OMNIA VERITAS

« La metafísica pura, al estar por esencia fuera y más allá de todas las formas y de todas las contingencias »

no es ni oriental ni occidental, es universal

OMNIA VERITAS

«Vamos a hablar de un hombre extraordinario en el sentido más estricto de la palabra. Pues no es posible definirlo ni "clasificarlo".»

Omnia Veritas Ltd presenta:

PAUL CHACORNAC

LA VIDA SIMPLE DE RENÉ GUÉNON

Por su inteligencia y su saber, el fue, durante toda su vida, un hombre oscuro

OMNIA VERITAS

«Según la significación etimológica del término que le designa, el Infinito es lo que no tiene límites»

La noción del Infinito metafísico en sus relaciones con la Posibilidad universal

OMNIA VERITAS LTD PRESENTA:

RENÉ GUÉNON

LOS PRINCIPIOS DEL CÁLCULO INFINITESIMAL

«... nos ha parecido útil emprender este estudio para precisar algunas nociones del simbolismo matemático»

Esa ausencia de principios que caracteriza a las ciencias profanas

OMNIA VERITAS LTD PRESENTA:

RENÉ GUÉNON

MISCELÁNEA

"Hay cierto número de problemas que constantemente han preocupado a los hombres, pero quizás ninguno ha parecido generalmente tan difícil de resolver como el del origen del Mal"

Este dilema es insoluble para aquellos que consideran la Creación como la obra directa de Dios

 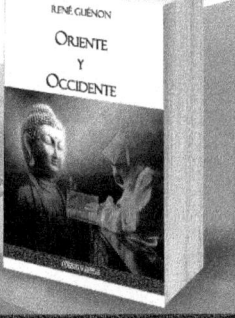

Omnia Veritas Ltd presenta:

RENÉ GUÉNON

ORIENTE Y OCCIDENTE

«La civilización occidental moderna aparece en la historia como una verdadera anomalía...»

Esta civilización es la única que se ha desarrollado en un aspecto puramente material

«Esa copa sustituye al Corazón de Cristo como receptáculo de su sangre. ¿Y no es más notable aún, en tales condiciones, que el vaso haya sido ya antiguamente un emblema del corazón?»

El Santo Grial es la copa que contiene la preciosa Sangre de Cristo

«Este desarrollo material ha sido acompañado de una regresión intelectual, que ese desarrollo es harto incapaz de compensar»

¿Qué importa la verdad en un mundo cuyas aspiraciones son únicamente materiales y sentimentales?

www.omnia-veritas.com